乡村伤变史

朱正安 著

文匯出版社

读《乡村伤变史》

梁永安

当代文学创作有一个难题：如何从乡村社会的"中层"，描绘二十世纪三十年代以来的驳杂历史？所谓"中层"，从乡村来说就是一个乡镇的众生百态，从城市来说是一个街区的风云流变。我们的很多小说，要么从大历史的宏观书写"红与黑"的对弈搏杀，要么从个人悲欢细描坎坷浮沉。乡镇是村落的中心，它聚集着农民生活全部要素，将近100年来，中国乡镇的人们是怎样走过来的？这是文学创作的重要领域，却一直缺乏纹理清晰、内蕴丰厚的标志性作品。

因此，读朱正安的长篇小说《乡村伤变史》，就有种久盼的欣悦感。小说的背景开阔漫长，从抗日战争一直写到改革开放，乡土所经受的雷霆风雨如呼啸的巨耙，粉碎性地纵横往复，给乡村带来一次次伤变。非常宝贵的是，小说中主要人物，无论是金珠、潘鹤鸣、小麻子、剑光、严芳、周兰畦，还是严文魁、杨宝乾，都是赤松镇的本乡人物。这与以往"外来者"主导的乡村小说（如柔石《二月》、古华《芙蓉镇》、周立波《山乡巨变》）大不相同，具有强烈的原生性，是从乡土的内部去反映动荡的外部世界变迁，写出了乡村族群关系、权利关系、伦理关系以及道德文化的整体淬变。

作者有意识地调用了大量乡土方言，愈加调浓了小说的地域情味，这种"由内向外"的写法，需要对故土、故人的深厚感情，诚如作者所说："我就是那个大块头，这部小说的作者，我生于赤松镇长于赤松镇。"正因为具备如此真挚的故里乡情，小说中人物没有黑白分明的脸谱，而是情感上千丝万缕的勾连。印象尤深的是杨宝乾，他抢夺金珠如黄世仁，打击日本鬼子如勇士；传说天下第一军的头领汤天宝就是他，文武双全，文能出口成章，武能百发百中，而且手段残忍，杀人如麻。就是这样一个人，晚年"却像变了个人，自责，寝食难安，足不出户，不停地抽烟，嘴里不停地讲着两个字：作孽"。生命的最后一段，他以港商的身份回家乡，想为赤松镇的生路出把力，却死于破产。土地的胸怀是宽广的，人们往往更念及一个人的好，作者笔下流溢着传统的温情，道德逻辑更趋向于善，具有悠远的历史视野。

现代小说艺术发展出复杂的叙事技巧，这是任何小说家都不能忽视的。《乡村伤变史》在谋篇布局上显示出娴熟的把控力，讲述时间并不受线性的约束，灵活运用了积木式的建构方式，一切围绕人物的心理节奏和相互关系展开描写。特别是第一章，用一场"公审大会"辐聚了小说的关键人物，在生死线上入木三分地暴露出每个主角的性格内质，使读者建立起对人物的基本感觉。小说的开篇需要的就是这种力度，它很考验作者的功力。

中国拥有全球最大的乡村社会，拥有人类最大的农民群体，却未能写出世界上最经典的乡村小说，这是中国文学最大的遗憾。原因一言难尽，希望仍在未来。《乡村伤变史》是这个进程中的宝贵努力，提供的不仅是一部作品，是一片虔诚，更是一份遥远的期待。

2018 年 8 月 23 日

目 录

第 一 章 …… 001
第 二 章 …… 015
第 三 章 …… 027
第 四 章 …… 045
第 五 章 …… 058
第 六 章 …… 073
第 七 章 …… 084
第 八 章 …… 095
第 九 章 …… 103
第 十 章 …… 111
第 十 一 章 …… 123
第 十 二 章 …… 134
第 十 三 章 …… 145
第 十 四 章 …… 160
第 十 五 章 …… 171
第 十 六 章 …… 178
第 十 七 章 …… 187
第 十 八 章 …… 195

第十九章	……	202
第二十章	……	213
第二十一章	……	224
第二十二章	……	235
第二十三章	……	247
第二十四章	……	256
第二十五章	……	266
第二十六章	……	273
第二十七章	……	282
第二十八章	……	291
第二十九章	……	299
第三十章	……	308
第三十一章	……	313
第三十二章	……	322
第三十三章	……	331
第三十四章	……	340
第三十五章	……	348
第三十六章	……	359
第三十七章	……	372
第三十八章	……	383
第三十九章暨跋	……	399

第一章

　　经过不晓得几日几夜的刑讯逼供，金珠终于吃不消了，她浑身疲软，精神恍惚，任凭他们辱骂吊打用冷水浇，最终还是瘫倒在地上困去了。困去了的金珠做了一个梦，梦见自家变成了戏台上苏三一样的女人，穿着黑色囚衣，戴着枷锁，一步一挪地走在一条望不到尽头的大街上。她喊冤枉，身后的两个解差就用枪托打她，她还是喊，喊着喊着就听得前头锣声震天——噔、噔、噔……抬头望去，一片尘土。飞扬的尘土里隐约可以看见几块牌子，牌子上写着"肃静""回避"的大字。不晓得啥人在她身后向她喊："金珠，钦差大臣潘鹤鸣来了，有人搭你申冤了，快喊呀，喊冤枉，喊呀，声音大点……"

　　金珠做这个梦的辰光，潘鹤鸣真还坐着胥浦县委的吉普车行驶在从胥浦县城到赤松镇的路上。

　　其时正值仲秋时节，坐在车上向外望去，水稻灌浆了，风掠过，形成一波又一波厚重的稻浪；棉花地里有的棉铃已经吐出了白花花的棉絮；被翠竹绿树环抱的村庄郁郁葱葱，白墙青瓦房和低矮的草棚参差不齐若隐若现地显现其间……不远处有歌声飘过来——

八月里来是白露，
青青棉铃满枝桠。

太阳一出开白花,
好比是天上的云朵。

九月里来是重阳,
家家户户落秋秧。
蚕豆小麦油菜籽,
来年丰收有保障。
……

顺着歌声传来的方向望过去,头包芦花布头巾身挎袋子的女人们正在棉田捉花,她们的笑容与绽放的棉铃一样热情奔放。不过,这边的《种田歌》还呒没收场,那边又传来了悠扬的《采菱歌》——

小小菱桶荡湖心,
我和阿哥采红菱呀采红菱。
绿生生菱秧盖水面,
掩的是四角红菱水中沉。

红菱拽着绿菱秧,
菱秧牵着小红菱呀小红菱,
妹是红菱哥是秧,
我俩同生同死不离分。

潘鹤鸣扭头一看——池塘里,绿水中,一大帮男女老少正在一边唱山歌一边忙碌着。他们有的坐在菱桶里拽着菱秧摘菱角，有的忙着递菱装筐，还有的就干脆打水仗乩烂泥玩白相了。于是，欢声笑语此起彼伏，四处荡漾。正听得入迷看得眼热呢，那一边又响起了嘈杂声，原来是一只小木船正沿着河浜搜索前行，船上一位戴凉帽的男子一边挥动着手中的竹篙，或撑船前行或用竹篙击打船帮发出"梆梆梆"的声响，一边呼叫着催促水中的摸鱼公公钻下水去，十多只摸鱼公公有的在水面河下追逐扑腾，有的嘴叼着大小不等的各种拼命挣扎着的活鱼昂首向小船游去，向主人炫耀邀功。

月是故乡明，物为故土亲。潘鹤鸣兴奋得像吃多了老酒一般，差一眼手舞足蹈起来。

一歇歇，赤松镇就到了，华严塔那高高的塔尖越来越清晰了。潘鹤鸣突然之间觉着眼门前一亮——巍然屹立的华严塔两边，那两株早已枯死的白果树竟然枝繁叶茂，郁郁葱葱。他在心里对自家讲：看来草木也是有灵性的啊，解放了，枯树也发芽长叶了。紧接着，过去发生在赤松镇上的许多事体像放电影一样地涌向眼帘……突然之间"嘎嗤"一声，司机把车煞住了，潘鹤鸣不由得身体向前一倾，惊叫了一声。"老潘同志，"司机红着面孔转过身向潘鹤鸣表示歉意，说，"到了。"潘鹤鸣推开车门，司机解释道："老潘同志，桥让国民党撤退时炸了，不过有摆渡船。我出来时听李书记跟山东胡子打过电话了，让他们到渡口接你。"潘鹤鸣这才发现原来的赤松桥已经不见了，河面上只有几根老桥桩孤苦伶仃地戳在那里。潘鹤鸣说："谢谢，小庞。回去向李书记汇报一下，就说我潘鹤鸣已经安全到达目的地。"一边又在心里笑道：还老潘同志，不晓得我还是个童子团吧？司机向潘鹤鸣敬礼告别，潘鹤鸣还礼目送，然后转身，就望见从河对岸过来的摆渡船上，有一位穿军装的大块头正向这里招手。他想，这可能就是县委李捷副书记介绍的那个山东胡子了。

与大多数水乡江南的河流相仿，赤松溪是一条波澜不惊、温顺平和的河。要在以往，此刻赤松镇应该正是最热闹的辰光——河面上船只穿梭不绝，有捉鱼的舴艋小舟，也有扯着白帆乘风破浪的扯篷船，偶尔还会开来一艘冒着黑烟的小火轮，拖着一长串驳船匆匆而过；河对岸的滩渡头一定会停靠着交交关关做小生意的小船：卖甘蔗腰菱地栗的，卖鱼卖螺蛳蚬肉的，卖大头菜萝卜干的，还有上镇来放小猪籴米摇粪的本土农船。岸上就更加热闹了，靠河茶馆的窗口早已是人头攒动坐满了孵茶馆的茶客，酒店里也开始响起刀砧锅勺的碰撞声。市声嘈杂，热气腾腾。可是如今却变得异乎寻常，整个小镇像是凝固了。尤其是对岸房墙上铺天盖地的有关土改、镇反的大幅标语，让人一看就好像闻到了一股火药味道。他不由自主地把头转向河这边的隆泰米厂——那座高高的铁烟囱里正飘出淡淡的烟雾，烟雾里他好像看见一位婀娜多姿的女子正向这里姗姗走来，"金……"他情不自禁，正要呼出一个名字来，他的手却被一双生满老茧的大手紧紧握住了。

"俺姓秦不姓金——哈哈，辛苦了辛苦了潘镇长！俺们来迟了来迟了，俺还以为吗都安排好了，可刚去会场一瞅，妈的连个大会会标都还没扯起来，好让俺狠狠地收拾了一顿，结果……哈哈哈！"

潘鹤鸣这才醒悟过来．抬头看着这个长一码大一码的山东大汉，忙说："哎呀——山东胡子！你好你好，我也是车刚到，你瞧——"他用目光指了指远去的那辆吉普车，说，"临走时李书记又找我去谈了次话，要不然我早到了。"潘鹤鸣奉命回胥浦县虽已三天了，但昨天下半日才接到让他到赤松镇就任镇长的命令，所以来赤松镇之前，也就是今朝早晨头，县委副书记、组织部长李捷才给他做了个简单交代。从李捷嘴里得知，赤松镇的党委书记姓秦，名富贵，因为缺干部，是胥浦县东区区委副书记兼的，山东人，渡江干部，大胡子，人称山东胡子。山东胡子文化程度低，阶级觉悟高，爱讲江湖义气，人直爽，好处。不过也有个致命弱点，易冲动，爱听顺风话，主意一定，啥事体侪敢做出来。

山东胡子听得潘鹤鸣直呼其绰号，就觉格外亲切，乐得像个笑弥勒："听说潘镇长就是俺们赤松镇人，今后镇上的工作可就全靠潘镇长你啦，哈哈哈！"

潘鹤鸣连忙摆手："哪里哪里，我一定做好你的助手。"又说："我家就在潘家湾，不过说句实事求是的话，小学毕业我就离家读书去了，后来又是打老蒋又是抗美援朝什么的，已经好几年没回来了，这里的情况说不准还没你熟悉呢。"

山东胡子说："你谦虚，再咋的也是强龙压不过地头蛇嘛，哈哈哈……"

正在这个辰光，潘鹤鸣冷猛生听得有人用本土腔的山东话说："秦书记你别听潘镇长的，人家抗战时在这儿就很有名气了，又是办学校又是搞武装的，文治武功侪蛮来三的！"潘鹤鸣扭头一看，呆住了。这个人身矮体瘦，穿一身蓝布中山装，头上却戴了顶大一号的黄军帽，所以大半个面孔就藏在帽子里了，让潘鹤鸣看来看去总觉得似曾相识却就是回忆不起来究竟是啥人。山东胡子哈哈大笑道："严副镇长你都不认识啦？刚才他还跟俺聊起你们当初吗事吗事呢。"

潘鹤鸣又紧紧盯牢那人。李捷也说起过他,但潘鹤鸣当时不敢相信,一厢情愿地解释为同名同姓的两个人了,所以也就一只耳朵进一只耳朵出了。

"严文魁。潘镇长忘记脱了?解放前……杨宝乾当镇长辰光……"严文魁向潘鹤鸣敬了个不伦不类的军礼,说。

潘鹤鸣不由得倒抽一口凉气,不过马上还礼笑道:"你好你好,严镇长,要说资历,你才是赤松镇嫡嫡呱呱的元老了。所以今后啊,还要靠你严镇长多多操心啰。"

山东胡子生性直爽,直言不讳:"俺实话实说,严副镇长毕竟是起义过来的,所以工作嘛还得你潘镇长主抓、把关,具体事务嘛老严你就多干些——"

"不不不,不是还有你书记么。"

"俺不是还兼着东区区委的职务呢嘛,再讲有你们两个人共同合作,没问题,俺一百个放心。"

严文魁显然已经发觉潘鹤鸣对自己心存疑忌,就势接住山东胡子的话打了个岔,说:"听书记的没错。潘镇长,据我观察啊,秦书记目前最大的问题是我们政府食堂里的菜没放大葱,所以把他憋的……嘿嘿嘿!"

潘鹤鸣本来就对严文魁有猜忌,又听他江北骡子学马叫,讲那不生不熟的山东话,心里就更加反感,不过他还是顺势呵呵笑道:"这可是个普遍矛盾啰。我大前天一到县里报到,就已经听得好几个人讲起这件事情了,刘县长,还有组织部的老陈老董他们,几个人全是山东侉子嘛,说要让我在乡下老家专门弄一块地给他们种大葱……"讲着闲话三个人已经上了摆渡船,山东胡子这才言归正传:"潘镇长,李书记可能跟你说起了吧,今天俺让机关企事业包括学校全停市停课停止办公了,加上各村指派的名额,至少也有七八千人,所以叫万人公判大会。你也来得巧,正好上台去亮个相,让大小干部还有老百姓都认识认识。"

潘鹤鸣说:"李书记也就简单交代几句话,说赤松镇最近破获了一个国民党东南反共救国军特务潜回大陆作案的案子,今天这里有个公判会,让我趁此机会先亮个相。最近台湾那边反革命气焰十分嚣张,是要搞出些气势来震慑震慑,只是保卫工作一定要做得万无一失。可能你们也晓得了,江西有个县开公判大会,竟发生了劫法场!"严文魁说:"这个嘛——请潘镇长放心。那两个特务一清早我就去看过了,老实多了。那个——还有的侪是些死蟹了,啥人也不要想捣乱!周菊畦是昨日夜里才从县里秘密押送来的,单独关在镇政府一间房间里,我专门派了八个武装民兵分两班倒看着的,除非他能长了翅膀飞出去!"潘鹤鸣一听"周菊畦"三个字就兴奋起来:"啥?周菊畦!"山东胡子笑得像弥勒佛,说:"嘿嘿,这就叫法网恢恢,疏而不漏。不过这次破案,严副镇长是立了头功的。这个周菊畦啊,抗战胜利,他就以吃素念佛为掩护,又打通了国民党胥浦县县长钟世杰的关节,结果就没有得到应有的惩罚。50年'镇反',这狗日的就蒸发了。嘿,正好前些日子大陈岛的东南反共救国军派人来跟他接头,让俺们给盯住了,还让严镇长来个放长线钓大鱼,结果你说咋的啦?哈哈,他就躲在俺们眼皮底下——让俺们严镇长从他妻弟家挖的个地洞里给搜出来啦!哈哈哈……"

严文魁讨好地对潘鹤鸣讲:"潘镇长,你猜东南反共救国军的头目是啥人？嘿嘿，想不到吧——就是绿玫瑰和杨宝乾！"潘鹤鸣听了这句话，心里不由得格登一下。

这时三个人已经上岸来到大街上。大街上都是从四面八方汇聚而来的参会群众队伍，每个人手里擎着彩纸做的小旗，小旗上写着标语：坚决镇压反革命！坦白从宽，抗拒从严！伟大的中华人民共和国万岁……他们一个个面色凝重行路匆匆，就像奔赴前线的战士，给整个小镇带来了别样的悲壮气氛。一歇歇三个人来到城隍庙，只见抗战胜利纪念碑下，红旗招展，人头攒动，已是一片喧嚣了。面北搭了个临时木台，上书"赤松镇镇压反革命分子公判大会"，台的左右两边及会场四周贴满了革命标语，口号声也已此起彼伏，一浪高过一浪了。

大会正式开始之前，山东胡子首先把潘鹤鸣推到台前给大家做了个简单介绍。潘鹤鸣是本地人，抗战前后在这个地方办过难童学堂做过地下工作，早已为大家熟知，所以台下立即响起一片掌声，同时又传来了一片啧啧之声。正在这个辰光，会场东南角发生了骚动，接着就见几个武装民兵扭着一个人的臂膀向这边过来，那人不服，一边犟一边叫喊，民兵就把他半拖半抬地弄到台上。接着有个后生民兵跑步来到山东胡子面前，立正，敬礼，然后用比严文魁还要蹩脚的浦南山东腔汇报："报告秦书记，这个人扰乱会场秩序，让我们抓来了，哪能处理，请指示。""吗个捣乱的？""他说今天开犯人大会，开会去的俦是犯人。"还没等山东胡子发话，严文魁就发开了淫威："他妈的彻底的反革命言论！孙秋根，给我把他捆起来！"那个后生"是"了一声，立即与其他几个民兵把那人五花大绑扎得像肉粽子一样。潘鹤鸣凑近一看，很熟的个人，南阳春茶馆倒开水的江北阿三,心想本地方言"万"与"犯"一个读音,也许这江北阿三只是开个玩笑而已,何必如此小题大做呢。不过他在心里告诫自家:新官上任第一日,啥情况俦还不大了解,还是少发表意见为妙。不想严文魁对这桩事体还吭没罢休,非要让江北阿三讲出说那句反动话的动机来,非要让江北阿三讲出是受何人指使破坏这次公判大会的。江北阿三被逼急了,说:"我没得讲呀,我要真讲了就嘴上生疮天打五雷轰!我一个从江北逃难出来的穷小鬼,解放前是啥情况,解放后又是啥地位,我能拎不清啊?反而要讲共产党的坏话啊?感激还来不及呢!不信你们可以问问我老板,我哪个辰光有过反革命的闲话么?"啥人晓得,江北阿三这一番辩白,竟把南阳春茶馆的老板南进泉一把扯了进来。"你还满嘴大道理呢你!孙秋根,马上给我把南进泉传来对质,我倒要看看这个反革命分子老实不老实!"从1950年"镇反"到眼前,"三反"、"五反"、"取缔反动会道门",政治运动一个接着一个就吭没空隙,有辰光开会,同行街坊正在台下低声讲张,冷猛生台上一声吼叫:"把啥啥分子某某某押上台来!"眼睛一眨,老母鸡变雄鸭,也许刚刚还在跟你嘎山湖讲山海经的那人已经成了啥分子被绑到台上了。所以南进泉听得台上要他上去,早就吓得急尿急污拆一身,一弯腰从人缝里溜了出去。错就错在他这一溜,让阶级觉悟特别高的山东胡子认为这是做贼心虚,便立即命令民兵缉拿南进泉。一歇歇工夫,南进泉就被五花大绑押上台来,同时台上台下就响起了"坚决镇压反革命"之类的口号,南进泉也就成了"反革命"。潘鹤鸣看不懂了。可是他又觉得自家不好讲啥,就只得故意抬腕看看手表,又抬头看了看天空,对山东胡子说:"秦书记,我看时间不早了,天气好像也不太正常,弄不好要下雨,咱们还是按原来安排好的议程进行吧?"山东胡子这才吩咐民兵先把南进泉和江北阿三押到一边去,然后宣布大会正式开始。

在山呼海啸般的口号声中,周菊畦被押上了历史审判台。接着是那两个台湾派来的特务以及周菊畦的妻弟一家,再接下来是本镇几乎每个运动每次斗争大会俷要被像狗一样牵出来示众的几个老运动员。让潘鹤鸣担心的事还是出现了——就在这堆人里,让他日夜牵挂的金珠也被五花大绑地推到了台上。严文魁在犯人被押上台来的同时,已经在慷慨激昂地宣读一篇讲稿,随时掺进一些大一半从山东胡子那里学来的下巴禅——"三扇门两只狗"(俺们、你们、他们;这个——,那个——),他妈的,操,狗日的,龟孙儿……以此突出自家爱憎多分明,觉悟有多高。据讲话中揭露,由绿玫瑰、杨宝乾为正副司令的台湾国民党东南反共救国军最近派遣了两名特务从大陈岛潜入到了赤松镇,并与潜藏在本镇的大汉奸、老牌反革命分子周菊畦取得了联系。按照台湾方面的旨意,绿玫瑰、杨宝乾要求暗藏的反革命分子,网罗地痞流氓和社会上仇视共产党新中国的人,大力发展反共势力,组织一个以周菊畦为首的胥浦县地下政府,进行反革命破坏活动,并以此与台湾方面反攻大陆时内应外合。结果不但那两个特务被发现了,还手拔萝卜带出一坨泥,周菊畦一帮反革命分子被我人民政府一网打尽。会场上还出示了缴获的手枪、电台和金条等罪证。周菊畦抗战辰光就是全县出名的大汉奸,民愤极大,老百姓吺没一个不对他恨得咬牙切齿的,今天终于让挖出来了,便在会场上造成了极大的轰动效应,口号声一浪高过一浪,有的人还不顾民兵的劝阻,跑到台上去发泄愤恨,这个一记耳光那个一沰馋唾，争先恐后控诉他的罪行，纷纷要求人民政府立即镇压。潘鹤鸣虽然表面上十分镇定，可心里头却已经乱成了一团。抗美援朝负伤回国治疗伤愈后，组织上正要提拔他了，他却提出了转业回原籍的请求，理由是父亲病故后家中老母孤苦伶仃，无人照应，组织上就把他安排到了胥浦老家。不过，扪心自问，要求回老家赡养母亲果然不假，但更多地考虑恐怕是在另一个女人的身上。为此，他常在内心责备自家，为自家的不忠心存愧疚。而那个女人就是现在正被五花大绑跪在他面前的金珠。从他与母亲通信中的片言只语里，他得知杨宝乾解放前夕去了台湾，因此金珠被戴了顶反革命家属的帽子，也受到了多次冲击，但还在经营她父亲名下的隆泰米厂。可是今朝……

周菊畦和那两个特务及周菊畦妻弟几个解决得十分利索，乡公安助理员按判决书照本宣科，宣布一个，就由武装民兵拉下去押赴刑场，一歇歇就能听到一两声枪响。潘鹤鸣正紧张得心要跳出喉咙了，只见严文魁在山东胡子耳畔讲了些啥话，紧接着山东胡子就捋起了袖子，大吼一声："把反革命分子南进泉和金珠、金兆隆一起给俺押过来！"南进泉早被刚刚那几声枪响吓坏了，就爬到了山东胡子脚跟前，一边叩头一边喊冤枉："秦同志秦书记，我是冤枉的啊，我哪能晓得江北阿三瞎三话四讲这种反对政府的话呀，嘴生在阿三自家身上他要瞎七搭八跟我有啥关系啊！你们不信可以问问镇上的左邻右舍嘛，我是哪能介的人大家侪晓得，我冤枉呀！再讲，我跟那个杨宝乾从来就是冤家死对头，更加不可能——""哎——对了，你不讲我还想不起来，俺就要问问你这码事呢！"山东胡子截住南进泉这话道，"当初日本人把你们抓了，你是怎么跟杨宝乾一起被放了的？日本鬼子能随随便便放走抓去的人吗？你跟杨宝乾到底是吗关系？嗯！再有，据那两个特务交代，他们到赤松镇第一个去的就是你家茶馆，还向你打听了周菊畦他妻弟家住吗地方，你都一一讲给他们听了……""……我、我……当初日本人……我……别人家来吃茶问路嘛，我……他们两个额角头上又呒没写着特务两个字……"这个辰光，南进泉早就乱了方寸。可山东胡子却步步紧逼："所以俺说啊，什么藤结什么瓜，什么树开什么花，你原来就是个汉奸卖国贼，现在人民当家做主了，你狗嘴里还能吐出象牙来？还有……"此时，会场上早已是人声鼎沸，"坚决镇压反革命分子南进泉"的口号声把山东胡子接下去的话淹没了。严文魁一边摆手，一边即兴表扬赤松镇的人民觉悟高，然后说："南进泉，是不是反革命，群众的眼睛是雪亮的；群众最有发言权，俺们、人民政府，一切按人民的意志办事。这样吧——我给大家三分钟的考虑时间，啥人认为南进泉不是反革命的，请举手（抬腕看表）……一分钟……两分钟……还剩三十秒……十秒……三秒，两秒，一秒。好，没有举手的，全体通过。我代表赤松镇人民政府、赤松镇全体人民群众，宣布：南进泉，是一个彻头彻尾、十恶不赦的，双料的，反革命分子！"南进泉反而冷静了不少，他说："你们这叫啥政策啊！不是讲不冤枉一个好人吗？还有你——严文魁，你也不摸摸自家屁股头清爽不清爽……"可是迟了，他后面的话早被又一阵口号声盖住了。

　　也就在这时，一个声音压过铺天盖地的口号声："冤枉！我冤枉！"原来押金珠的武装民兵已被眼前的气氛感染了，他们迫不及待地从地上拎起了金珠，往台当中拖。也就是在这一拎一拖之间，金珠才有可能抬起头来，潘鹤鸣也才有可能看清她的面孔。也就在这一眨眼的工夫，四目相撞，心有灵犀，让金珠想起了刚刚做的那个梦，心里一记头迸发出了强烈的求生欲望。

其实，自从前几日被他们带去关押以来，她就做好了死的准备。她不怕死，因为活着太苦了，歧视，凌辱，甚至打骂，一日到夜胆战心惊的生活，倒不如死了安逸。死了一切就侪了却了，就可以安安稳稳困一觉了。不过，一想起家里老弱无依的父亲和三个孤苦伶仃的小孩，她心里还是要时不时地升腾起一种生的欲望。可是，自家的命运早已捏在别人家的手里，而且这一次案情重大，看来是逃不过这一劫的了，那就一了百了了！然而就在她准备从容赴死的当口，潘鹤鸣的出现让她心里那个生的欲望又呼地升腾起来了。"我不能死，我要活下来！"她对自家说，随后用尽全身力气大声呼叫："冤枉！我冤枉！"

山东胡子把面孔都气歪了："妈的你个反革命臭娘们！人证物证俱在，你还喊吗冤枉不冤枉的！"

"我是真正冤枉的！那几根金条我连见都呒没见过，那个死鬼走了后就呒没一眼眼信息，我也早与他一刀两断——"雨水打湿了金珠的面孔，她的双手被反绑着，无法伸手抹去一头的水滴，只得摇了摇头，抖脱一面孔的雨水，然后看着山东胡子说。

"一刀两断？一刀两断杨宝乾怎么又是给你写信又是捎带金条的？前天俺们也给你看过杨宝乾写给你的信了，你还想抵赖？嗯！"

"那信是你们从特务身里搜出来后让我看的，那个死鬼信里说的是顺便让那两个人带点金货来，作为几个小团生活费用的，根本不是啥特务活动经费不经费。我要是真的见到这两个特务分子，我敢保证，我也会把这封信搭仔金条交给政府的，坚决不要这个杀千刀钞票的。杨宝乾你个害人精啊，你害得我好苦呀……"

经金珠这么一抗争，竟引起了台下一片议论。山东胡子几次摆手也呒没压下去。他火了，说："行，这个反革命婆娘说她冤枉，俺们还是走群众路线，该杀该关还是该放由群众决定。老严，你给俺问问群众。"听山东胡子这一说，台上台下的人几乎侪停止了呼吸，只能听见雨水击打在身上的声音。严文魁好像迟疑了片刻，但又振作起精神，重新玩起了刚刚在南进泉身上玩过的把戏。

潘鹤鸣眼前一片漆黑。他心里明白，在这个特殊年代，生杀之权已下放到区一级，山东胡子是区委副书记，一旦他要意气用事，金珠完全有可能……

这一次严文魁又玩出了新花样，第一个三分钟问的是金珠是不是反革命特务分子，不同意的举手，自然呒没人愿当出头橼子；第二个三分钟问的是金珠该不该逮捕法办，不同意的举手。这可把所有的人弄懵了。不举手吧，金珠刚刚把案情冤情全讲清楚了，这不明摆着是睁着眼睛害好人么；可是举了手啥人晓得自家又是啥结局呢。整个会场笼罩在了一种恐怖窒息的气氛之下。

突然之间，台下的人首先看见台上有人高高地举起了右手。那只手像一股神秘的力量打开了人们心中理性的大门，于是，一只手、两只手、三只手……先是犹犹豫豫似举不举地，后来是勇敢地抻展了的臂膀……台上的人见台下举起的越来越多的手臂，也像是中了邪着了魔，先是左顾右盼，随后就神志无主地先后举起了手。山东胡子也懵了，他前后左右地扫了几圈，看到严文魁自己也举起了那半抻不抻的右手，竟鬼使神差般地也将自己的手举了起来。

潘鹤鸣举起的那只右手，不仅救了金珠，也救了后面好几个人。其中有金珠的父亲、敌伪时期任伪镇长的金兆隆，还有汉奸费金龙的姘头季小妹，等等，当然江北阿三也在其中。

大会经潘鹤鸣这么一搅，局面就不好控制了。不知不觉中，雨也落大了，台下撑起了五颜六色的雨伞，有的人开始偷偷溜走，就与站岗的民兵发生吵闹。镇政府的通讯员拿了几把油布伞来，首先抽出一把送到山东胡子手里，山东胡子不晓得骂了句啥话，一巴掌将那把伞打落在地，弄得那个通讯员尴尬得戳在那里一动不动。山东胡子这个辰光已经气得根根胡子竖起，可是不但雨越落越大，他也一时拿不出啥招数将大会引向原来设定的方向，只得骂了声"娘的散会"。

第二章

人与人之间就讲个缘分。缘分其实就是一种偶然性，尤其如爱情、婚姻乃至死生，一次邂逅，一时冲动，一个选择，就会刻下一个人一生一世的生活轨迹。金珠与潘鹤鸣的相识相知，也是从十几年前的一次邂逅开始的。

学校放寒假之后，金珠与同在云间女校读书的一位上海市区同学去了趟上海，然后乘小火轮回赤松镇。沿江而上，黄浦江上船只穿梭不息，煞是热闹。有扯着外国旗的钢铁巨轮，有火车一样拖着长尾巴的拖轮船队，也有高扬风帆的大木船；还有些农船和渔舟，就像一片片树叶撒落在江面上，不时被涌起的浪头冲得七零八落，险象环生。不过，船过吴泾不久，江面上的船就少了，浪头也小了。忽听得有人叫喊："江猪！一只，两只，三只……快看江猪！"一船的人几乎侪拥挤到了船的一侧，争抢着把面孔贴到玻璃窗上去看江猪，以致船体发生了严重倾斜，把好几个乘客甩倒在地上。金珠早已被许许多多定洋洋的眼光看得羞涩不堪，现在又有人借船体摇晃的机会不怀好意地向她身上靠拢，就索性上了船头的甲板。她双手紧紧抓住船栏，向江面上望去，果然，不远处有一长串高高低低的黑线蹿动在波峰浪谷之间，稍近些，就能看清这是一群首尾衔接的动物，是它们一个个跃起又淹没的浑圆的脊梁勾成了一串黑线。她曾经听得父亲讲起过这种叫江猪的动物。父亲说，有一次他亲眼看到过一只小木船被江猪掀翻的情景，船上一家人侪落了水，亏得周围的船搭救及时，那对夫妻才死里逃生，可惜的是他们只有两岁的囡儿连尸体也呒没寻着。讲到这里，父亲泪眼婆娑十分难过。从此，金珠脑子里就留下了这种怪物可怕的形象——面目狰狞，血盆大口，嘴里发出咝咝的声响；同时也留下了一个疑问。后来长大了，读书了，才晓得江猪就是江豚，可一直呒没机会亲眼见一见这种可恶的怪物。不想今朝不期而遇，金珠不知不觉探出半个身体，目不转睛地追随着那一串在波浪里穿行的黑影。突然之间，一只插着膏药旗的快艇迎面驶来，掀起的浪头越过小火轮的船头，船身就剧烈颠簸起来，幸亏她反应快，虽然半个身体已在船外，两手却死死地抓牢栏杆呒没松开，但是如果坚持不住，一松手就会落入江中。

千钧一发之际，一双有力的手总算将她拉了过来。

金珠惊魂甫定恢复常态之后，第一眼看到的是一张架着黑边眼镜的年轻的国字面孔。学生装，胸袋口别着支钢笔，一看就是个学生子。镜片后是一对细长的眼睛，炯炯有神又不失和蔼。

"哪能，不要紧吧？"青年问。许多旅客也侪上来向金珠表示关切。

金珠的面孔红了，一是因为自己出了洋相，二是想起了英雄救美这个词，有点难为情。

青年又问："衣裳湿了吧？我箱子里有件风衣，噢对了，你先揩揩头上的水迹头。"金珠不响，可对方已把一块皱巴巴的刺毛绢头送到她手里，又转身进舱去开皮箱取风衣，边走边气吼吼地骂道："这帮强盗！在中国的土地上横行霸道耀武扬威，哼！"话音刚落，大家也七嘴八舌地骂了起来。

"是呀，这是中国人的黄浦江啊，哪能可以让这帮东洋乌龟横行霸道啊？"

"唉，怪啥？怪中国人软弱，酱甏里落苏拣软的捏嘛。操你个日本狗杂种！"

"你这种闲话我听不进！啥叫中国人软弱？说书先生讲的，想当年明朝年间，也是这帮东洋乌龟——倭寇，从海滩边爬上来烧杀抢掠，嘉靖皇帝一道圣旨下来，还不是把狗操的东洋乌龟统统赶回去了，连乌龟头都不敢伸出来。"

青年提了件风衣走来，说："这位老伯伯讲得对，这些历史上是有详细记载的。当时倭寇人多呢，好几千，船就停在金山卫，所谓'桅樯一望如密竹'，声势大来吓死人。可是等到俞大猷、胡宗宪的大兵一到，还不是兵败如山倒，跑得比兔子还要快。我们赤松镇上的大石桥不就是被他们逃跑的辰光炸脱的？所以讲中国人从来就不曾软过，软就软在政府。就说'一·二八'吧，十九路军，蒋光鼐搭蔡廷锴，就吭没让小日本捞着啥便宜嘛，可是上峰软弱无能啊，一声令下——撤，还签了个丧权辱国的啥《淞沪停战协议》，呒！这叫啥协议呀，把上海划定为非武装区，中国不得在自家的上海到苏州、昆山一带驻扎军队，他们日本海军反而可以在中国的黄浦江上耀武扬威制造事端……"显然青年已经激动得不能自已，竟忘记了把风衣递给金珠。不过金珠也完全被他的高谈阔论迷住了。她还发现他有甩头发和用手指推镜架的习惯动作，不禁笑了出来。

青年的话引起了大家的共鸣——

"讲得赞！有水平！"

"是啊，国民政府也太推扳啦，我看搭清朝末年的政府差啥不多。"

"照我看啊比清朝政府还要推扳！就拿'双十二事变'讲吧，人家张学良一片苦心，不就是想让国民党搭共产党抱成团一起打日本人么，好，当面答应了，人放脱了，人家张学良还好心好意专门陪送到南京，结果呢？把张学良关起来了。这不是小人么！"

"听说军事法庭还判了张学良啥罪呢？"

"真的？"

"我也是听说的。"

"千真万确。"青年把头发一甩，又滔滔不绝地讲开了，"南京政府颁布的命令是这样写的：张学良所处十年有期徒刑，特予赦免，仍交军事委员会管束。大家注意——抗日有罪啊！当初张学良丢脱东三省，啥事体吭没；现在他要抗日了，反倒成罪人了。这叫啥？这就叫卖国有功抗日有罪嘛！这样的政府小日本还不爬到你头顶心上拆尿拆污呀……"

金珠感觉自家的面孔又红又烫。金珠在云间女子学校已经读了两年半的书，虽说女校呒没男生，可校方和学生会时常会组织一些与外校的联谊活动，其间有几个男生在暗暗向她靠近，却都没让她真正的怦然心动。可是今天……她觉得心口小鹿乱撞，便连忙将面孔转移开去。

当小火轮从黄浦江拐进当年伍子胥开凿的胥浦后，他们俩已经相互有所了解了。

他叫潘鹤鸣，家在赤松镇南边一个叫潘家湾的村庄，现在就读于上海一所名校的法律系。跟金珠一样，今朝也是学校放寒假回家过年去的。

潘鹤鸣倒是一上船就注意到金珠了。这是一个让人一见就会神魂颠倒却又无法形容的美人胚子。虽然只是学生打扮——短发齐耳，月白色上衣黑长裙，可头颈里围着的那条绿羊毛围巾无意间就把那张好看的面孔衬托得像一朵含苞欲放的鲜花了。而且，她态度安详，顾盼有致，一颦一笑一惊一乍里俦像灌了蜜似的，把对方的眼神都黏住了；从嘴巴里跳出来的每一个音符也像是着了磁一样的，似是天籁，荡气回肠。潘鹤鸣甚至想起了曹植《洛神赋》中的"延颈秀项，皓质呈露。芳泽无加，铅华弗御"。

小火轮拐进赤松溪后，因为河面更加狭窄，船速就更加缓慢，江风也弱多了。一些乘客就走出船舱，三三两两成一堆，吃香烟的吃香烟闲讲张的闲讲张。金珠毕竟只有十六岁，情窦初开，对潘鹤鸣已经一见钟情，却又羞赧难掩，所以有过几句礼节性的攀谈之后,就独自出了船舱。虽然已是寒冬腊月,但河两岸的江南风光依然是那么赏心悦目——被翠竹拥抱的村庄,绿生生的油菜小麦,还有那悠闲自在地反刍着的黄牛黑牛水牛和古拙的牛车棚……就像一幅画展现在眼前;也许是心里快活,就连那惨白的落日余晖在她眼里也充满了诗意。她情不自禁地轻声吟诵起来:

长泖东南近秀州,
半为烟水半汀洲。
鹭鸶飞破夕阳影,
万点菱花古渡头。

"竹枝词!"不晓得啥辰光潘鹤鸣已经跟到金珠身后,听得金珠的吟哦,他几乎喊了起来,"你也读过杨维桢的《海乡竹枝词》?写得太好了,把我们这里的三泖九峰风光侪写绝了。杨维桢还不是我们这里的人,是后来隐居在这里的。可是人家就是能把我们这里的风光描写得如此生动,了不起!不过平心而论,小辰光我确实对他崇拜得五体投地,现在就……国家已经到了生死存亡之秋了嘛,所以我倒更加喜欢南社那批诗人的诗词了,气壮山河!'万绿沉沉尽掩门,括囊国粹道犹存。拟将一盏黄炎血,滴入洪炉铸国魂。'听听,这就叫气势磅礴!有劲吧?"

金珠觉着耳熟,微蹙眉头想了起来:"这首诗我看见过的!好像……好像是……"

潘鹤鸣快人快语:"真的?这是我姑父的诗,他还是同盟会的老人呢。"

金珠失声叫道:"是了!"她记起来了,这是曾经挂在她寄爹周兰畦家一幅中堂上的诗句,只是她呒没去细辨上面的署名和印章,所以竟不晓得这是周兰畦本人的诗作。这样的话,他跟我还是转弯抹角的亲戚了——金珠想到此,心跳得更快了。

潘鹤鸣狐疑地盯住金珠的面孔看,好像是要从中看出啥秘密来,嘴里还在连珠炮似的讲话:"你去过我姑父家里?你认识我姑父周兰畦?哦对了,一个镇上的人嘛低头不见抬头见,总归认得的。他字仰葵,号剑父,一般作画写字用的是他的字搭号。他诗词书画侪蛮有名的,不过最拿手的还是画画,尤其是画兰……"金珠被他盯得蛮难为情的,就埋下头,心里却似翻江倒海一般难以平静。

小火轮"呜,呜,呜——"的汽笛声打断了潘鹤鸣的话,金珠抬头看去,高高耸立的华严塔就在眼面前了。接着是掩映在树丛翠竹之中的那几个大殿的飞檐翘角,那里,烟雾生树,云生五色,煞是壮观。

金珠向以往停船的南岸自家米厂滩渡头看去,竟呒没看见一个接她的人,正急呢,船头已向北岸靠去,这才发现新造的连接南北两岸的赤松桥,心里就埋怨自家今朝哪能魂也丢了。小麻子早已等在河北码头上了,他身后的墙上画着人丹广告和美丽牌香烟广告,由于年长日久,斑斑驳驳的,像小麻子的面孔,金珠边看边想便有点忍俊不禁。潘鹤鸣提着自家的箱子过来,说:"来,把你的箱子给我,我送你下船。"金珠心里比刚刚还要紧张:"不用了不用了,我有人在码头接呢。"说着用手指指,这个辰光小麻子已从石驳岸上直接跳上船头。潘鹤鸣只得说:"好吧,那就后会有期了。"此刻金珠有不少话想讲,可就是不晓得哪能一句也讲不出来,等到她立在码头上看着小火轮向潘家湾方向开去的辰光,一种怅然若失的感觉猛袭心头,于是只得拿小麻子出气了。"侪是你侪是你!"她一边打小麻子的后背一边喊叫,搞得小麻子莫明其妙。不过小麻子毕竟也是十四五岁的小青年了,他喜欢跟漂亮的小主人戏闹,从中得到些许快活,就一脸讪笑地问:"小姐,刚刚那个读书人样子的人是啥人?他是啥户荡的?"金珠这才想起临下船时想好的要与潘鹤鸣交换地址的话竟一句也吭没来得及讲,便继续发泄道:"小麻子,你嘻皮笑脸的啥意思?我信上又吭没讲要让你来接的,啥人要你来接!"小麻子说:"小姐,老爷太太叫我来接我哪能可以不来呢?再讲我刚刚听得那个人跟你讲后会有期,还以为是小姐的熟人就随便问一问嘛,还有啥意思么。不过小姐,最近我还真的看见有几家人家来搭老爷太太提亲——""你个臭小麻子你瞎三话四……"两人真闹得起劲,河对岸传来了引娣的喊叫声:"金珠——!囡囡!"金珠向河对岸望去,她的父母正在向这边招手,身后是她家米厂那冒着黑烟的铁烟囱;对岸码头上还停着几只轧米装砻糠的船,跳板上走着掮栲栳忙碌的工人。

以往金珠回到家里,整个家里总是断不了嬉笑声的。云间女校不仅上知识课,还会结合女生特点开设家政课,尤其以刺绣闻名江浙,请的是松江刺绣高手教习顾绣技艺。金珠人乖巧,啥物事侪是过眼不忘,一学就会,所以每次从学堂回来,邻舍隔壁的大姑娘小新妇就侪来了,请教她刺绣技术的,讨个图样的,忙得金珠一天世界。不过这趟回来就大不一样,一开始那些女人还来讨教,可是当她们觉着金珠心不在焉慵慵懒懒爱答不理后,就再不敢造访了,也免不了在背后议论金珠眼界高了,把过去的姐妹们不再放在眼里了。可是她们哪里晓得金珠已经跌到情网里去了。

这几日,潘鹤鸣的影子无时无刻不在金珠眼门前晃来晃去。尤其是在夜里,哪能也困不去,好不容易困去了,那个不停地甩着头发推着镜架的男人便乘虚而入走进她的梦乡。她也一再告诫自家:不要再异想天开了,人家是大学生,风流倜傥,大学里好的女同学摸老老,能看得上你个乡下姑娘。再一想,不对,他看我的眼光定洋洋地,明明是对我'那个'呀;再说人家一看就像个政治家,至少是个想做大事体的人,做大事体的人是不会世俗的……就这样,金珠已经目成心许,把自家作孽了好几日,突然之间有一日才跳脚骂自家道:我哪能这样笨,真笨,一铁搭垩出污来,笨死了!我寄爹不就是他的姑父么!想到这里,金珠连忙梳洗打扮一番,匆匆忙忙去了周兰畦家。

过去从金珠家去镇上,非要乘摆渡船到河北,现在因为战事需要已经一桥飞架南北。赤松镇不大,几百户人家二三千人口,一条石板街自东向西逶迤而去,一里多长。人走在石板路上,脚下会发出"跫跫跫"的响光,好像是来自远古的回声,让人遐想无穷。街道两旁边是参差不齐的房舍,除了中街的城隍庙和西街的关帝庙之外,基本上是鳞次栉比的店铺——药店肉庄、酱园染坊、南货店茶叶行、铁匠铺豆腐店、酒肆茶楼米行典当……有平房也有两层砖木小楼,大多是粉墙黛瓦,蠡壳短窗;南侧有些房屋枕河而建,在屋里能听得淙淙的流水声。沿街还有众多做小生意的摊贩,长久的和临时的侪有——水果摊馄饨担、绱鞋子修阳伞的、修电筒配钥匙的、敲洋铅皮搭碗搭镬子的、炸臭豆腐干佘癞蛤蟆的……五花八门,应有尽有。街中还有两条小河浜穿过,把小镇隔成东、中、西三截,上有石拱小桥相连,颇有马东篱笔下那种"小桥、流水、人家"的韵致。

周兰畦家开的宏济堂药店坐落于中街城隍庙隔壁,金珠下了赤松桥还得穿过整条东街半条中街才能到达。这个辰光早市刚散,街面上显得比较冷清,只有卖糖炒栗子的摊头上还在忙碌,摊主一边不停地用铁铲炒着铁砂一边叫卖:"糖炒栗子栗白果,娘娘吃仔肚皮大……哎,正宗的良乡栗子……"金珠自从上了寄宿制的云间女校就很少回家,难得在镇上露面,如今她出落得天仙一般,自然吸引眼球,各个角落里窃窃私语:"这不是隆泰金老板的囡儿吗?哪能认不出来了。""是金珠错不了,哪能长远不见就像仙女下凡了。""哎你讲稀奇不稀奇,金兆隆两只脚像蟛蜞螯走起路来像网船上下来的,还有他那两条眉毛,像两把破扫帚,哪能养得出这么漂亮的囡儿来——啧。""金兆隆比引娣好看不是一眼眼了,你看引娣那只摊面饼面孔,还有那个朝天鼻头,当花瓶插花都随随便便的,对,眼睛还斗鸡呢,也算得上我们赤松镇上一大怪了,哈哈。""可她偏偏碰着偏偏,养出个囡儿倾城倾国,沉鱼落雁,你讲这是哪能桩事体么?"

金珠听得出背后的声音多半是议论自家的,就三步并作两步走。她一脚踏进宏济堂,坐在高脚凳上铡药的冬生先是一呆,差一点把手指头当中药铡了;正在摁着舂筒捣川贝母的寿生也停住了手中生活,扭着头颈看牢金珠不放,直到金珠笑问"我寄爹在家里吗"才转过筋来。金珠得知周兰畦正在书房兼诊室和客厅的那间房里,就进了里宅,便有一股幽香扑面而来。周兰畦喜欢兰花,无论天井还是庭心里侪种了兰花,就是墙上字画,也几乎侪是以兰为题,所以一走进周家,无论春夏秋冬,总是幽香扑鼻,沁人心脾,当然也夹杂着药香的味道。金珠来到客厅门口,只见周兰畦正一边在铁船里碾药一边与华严寺住持智越讲张,就"钉"在了那里。周兰畦听得动静抬头一看是金珠,忙说:"金珠进来呀,长远不看见了,让寄爹看看。进来呀,智越师你又不是不认得的。"对于智越,金珠倒也不算生分,因为家里与镇上其他商号一样,每年对寺院侪有捐赠,叫香钿,智越也就经常要亲自到各家分个经疏啥的。金珠跨进门去,分别向两位长者问了好。周兰畦说:"学堂放假了吧,现在大桥通了你就常来走走嘛。你寄妈搭健仔到茶叶行王家做糕去了。我说不用做了不用做了乡下头亲眷送来的都吃不完,嘿,你寄妈哪能讲?说是年糕年糕,年年攀高,讨个口彩嘛,非要自家做的才算数。嘿嘿,你看你这个寄妈!"说着,手抚长须,放声大笑。

周兰畦五十出头,却还脸色红润,须发黑亮。他特别爱护自家的长须,总是收作得齐齐整整干干净净。

智越费了一大歇工夫才想起金珠来,用四川浦南话说:"不认得了不认得了,好像呒没几化辰光嘛就变成大姑娘了。我记得有一年兆隆去我寺里还带着她呢,一个小姑娘呀,爬上爬下,把我一只茶盅打碎了,还是雍正年间景德镇出的呢,呵呵。"说话间,用眼睛的余光看了金珠好几眼,念了声"阿弥陀佛",然后告辞,说是还要到隔壁人家去。周兰畦起身相送,让金珠稍坐片刻。

两位长者出门后,金珠转过面孔往墙上看,只见原来那幅中堂已被换成了深谷幽兰水墨画,右上角空白处题有"淡泊以明志,宁静而致远"两行小篆,凑近细看落款,确如潘鹤鸣所说,是"剑父"

两字；再看钤印，一个是"仰葵之印"，一个则为"吴越剑父"。

"哪能啦金珠，寄爹这幅画有啥不足，讲出来让寄爹听听？"周兰畦踏进门槛看见金珠正在近距离观看墙上的画，客气地笑道。金珠忙说："寄爹的画我哪敢评头论足，啥人不晓得寄爹的名声。哦寄爹，听别人家讲，你还是南社的中坚，又是同盟会的成员？"金珠此问，是想套出"别人家是啥人"或者"啥人讲的"这样的回问，她就可以自然而然地把潘鹤鸣抬出来，从而刺探潘鹤鸣的行踪。不想周兰畦呵呵一笑，说："咳，那侪是过去的事体了，不值一提。""南社可是赫赫有名的文化社团。""呔，啥南社北社的，侪是一帮秀才，成事不足败事有余。当初倒蛮好的，嗨——就为点芝麻绿赤豆大的小事体，亚子与天梅就闹起来了！如今天梅不在了我就不讲他了，可是平心而论，上海愚园那次会上，你柳亚子就不应该退会嘛！亚子不退会，南社也就决非今日之南社。我是想通了，吃素念经，悬壶济世，给自家寻个安逸，帮黎民百姓做点好事，比入这个党那个社实在多了。金珠你讲是哦？"金珠急啊，正要想出另一个话题把周兰畦的注意力引到潘鹤鸣身上，冬生突然之间闯了进来，说是六图村来人请周先生出诊。周兰畦问到底是啥人生病，啥症状，冬生讲是镇上小鸡行贾五昌的连襟阿火金，听说是三日三夜昏迷不醒了。周兰畦急忙一边准备药箱一边对冬生讲，今朝烟墩头的徐水林家里可能要来撮药，我给他开的三帖药昨日就吃光了，水林家里的境况你也是晓得的，你就照记账赊给他，千万不要讲钞票两字。交代清爽，一边提起药箱一边吩咐冬生去叫轿子，冬生说六图来的人已经去叫了。周兰畦双眉倒竖："快教退掉！阿火金旧年女人死脱买不起棺材，把两亩地顶给棺材店罗保林你不晓得！"

转身又对金珠说:"实在对不起金珠,要末你去隔壁茶叶行寻你寄妈?"金珠连忙讲不用了不用了,就与周兰畦一起出了门,却又被迎面而来的赵伯康挡住了。

赵伯康虽然身为商会会长,自家又开了爿远近闻名的酱园,在赤松镇也算个人物,但与周兰畦这样的社会名流相比,就是小巫见大巫了,所以他在周兰畦面前显得特别谦卑紧张:"周、周先生,新来的杨镇长讲……"周兰畦说:"我马上出诊去,长话短说。"赵伯康接着说:"新上任镇长杨宝乾开会讲了,为了贯彻蒋委员长'新生活运动'的精神,正月十五闹元宵,全镇辖下所有村、保侪要拉班子出节目,包括调龙灯、踏高跷、荡湖船、打连厢、串马灯……所以他要求各家商户有钞票人家慷慨解囊支持这次民间活动。"周兰畦面孔一拉说:"啥新生活旧生活的,老百姓饭吃不饱生病吭没钞票看还歌舞啥升平!伯康你代我告诉你们那个啥镇长,周某人不参与啥新生活旧生活运动!"讲完,扭头就钻进了刚好抬来的轿子里,扬长而去。金珠看着又粗又矮的赵伯康先尴尬地立在那里,像插蜡烛一样目送轿子远去,接着又追上去摇头晃脑嘴里咕噜咕噜地不晓得讲了点啥闲话,就想起了他的外号——宜兴夜壶,差一眼笑出眼泪水来。

第三章

眼睛一眨春节就过去了。元宵节夜快头,一家人吃罢荠菜肉汤圆,金珠就急急忙忙回到自家房间梳妆打扮,又是翻衣裳又是寻鞋子又是拍粉描眉的,弄得手忙脚乱。她嫂嫂桂芳跟进来坐在一边看,笑着说:"金珠妹,今朝莫非是要相亲去?""嫂嫂,别人家忙得来五荤六素了,你倒拿我寻开心。""真的妹妹,已经有好几家人家上门来提亲了,茶叶行的王家姆妈,绸缎庄的吴师母,哦对了,十三图的黄家也专门请媒人来向阿爸阿妈提过亲了,我听他们讲,那个男的还在上海啥洋行写字间里做大事体呢。"金珠一听急了:"啥人相亲么啥人相亲么!嫂嫂你才相亲哩你才相亲哩!"桂芳说:"你让我相亲去?嫂嫂我真还吷没这种福气呢。当初阿爸阿妈就一句话,连你阿哥是胖是瘦是长是矮侪不晓得,就把一世姻缘定下来了。""那是你封建,要是我,我就不嫁,不嫁不嫁不嫁,一生一世不嫁!"引娣听得吵闹声走过来,不问青红皂白就白了新妇一眼:"就你多嘴多舌!"看见自家囡儿打扮得天仙下凡一般,说:"我好像记得这身旗袍是去年去蔡家吃酒水辰光穿过的吧,吷没一个人不讲好看的。"这个辰光,金兆隆探进半个头来:"还吷没准备好啊?再不走等我们到那里别人家恐怕起铺荡夜壶了。"这一说又把金珠惹毛了:"我本来就讲的我不去嘛,你要等不及你自家去嘛。"引娣冲出金珠房间手指头戳到了丈夫额角头,压低声音说:"她今朝刚刚有点笑盈眼了你又要惹她不开心,老赤棺材!"金兆隆不服:"你就宠她好了。"引娣说:"你不宠?啥事体侪依她的。一开始我就讲了,你一个人去算了,你偏要带她去轧闹猛!我看呀,索介你们侪不要去了!"金兆隆瞪大眼乌珠说:"啥?那我一石米钿等于甩在黄浦里连水花也不起一个啦!"

怪只怪金兆隆一急之下放松了警惕,一不小心讲脱板,立即引来了女人一顿臭骂:"你个阿木林!轧个闹猛就一石米钿,啊?你不是对我讲的是半石米钿么?怪不得那个宜兴夜壶一来,两个人就跑到砻糠间鬼戳比兮兮不晓得做啥去了,瞒我呀。那个宜兴夜壶的话你听得啊?金镶边夜壶好只嘴!结果哪能?你阔气啊!可是上次我亲侄女远天远地从老家那边过来问你借点钞票翻房子,你倒好,狗屁倒灶,就给她几只洋打发走了,连来回盘缠也不够……"

金兆隆不敢响。引娣占了上风,越发起劲了:"哦对了,还搭我讲啥新生活旧生活的,你斗大的字识不满一升,跟牢别人家脚后跟跑还想哪能?当会长还是当镇长?嗤!"

金宝平时对父亲待妹妹宽容对自家严厉就心存不满,也落井下石插上来帮腔了:"阿妈,我哪能听别人家讲赵伯康自家也只出了半石米钿,哦对了,听说赵伯康去绸缎庄吴祥生家里摊派,差一眼让吴祥生赶出来,真的。"

"你个小棺材!"金兆隆操起水烟筒要打儿子,幸亏金宝跑得快才吰没吃上家生,只得一边在心里骂赵伯康个老滑头,一边半自慰半辩解地说:"老古话:一方曲蟮吃一方泥。噢你在这个户荡开店做生意,一毛不拔铁公鸡一只,你哪能在这个户荡落地生根?"

"阿爸,我有天到寄爹家里去也正好碰着那个……嘻嘻……那个宜兴夜壶到寄爹家里摊派去了——"金兆隆一看金珠上来帮他腔,就抢过话头说:"听得哦,这次是家家人家捐助了。周先生是要面子相信扎台型的人,我听伯康说,他一开口就答应出三石还是四石米钿呢。"

"寄爹才不是寿头呢,一只铜板不给还把他连带那个新镇长戳铲了一顿。嘻嘻。"

引娣气得差一眼岔气:"你听见哦你?你呀——阿胡卵一个!"金珠见状就连忙打圆场:"算了算了算了吧!你们这样吵来吵去,钞票都到别人家袋袋里了,还能再去挖回来啊!"

引娣发觉这几日自家的宝贝囡儿神色一直不大好,茶饭不思,脾气暴躁,动不动就来一眼小性子,直到刚刚听说金兆隆要带她去闹元宵才有了点笑盈眼,所以听得囡儿这样一说,连忙闭嘴不响了。金兆隆虽然还在为那一石米钿肉麻,可囡儿的这句话让他听着觉得焐心,就咽了口馋唾水,算是把那"亏"咽进肚皮里了。随后蹲下,划根洋火点着了纸撮,左手搂着水烟筒夹着纸撮,右手中指伸进烟匣挖呀挖挖出了一点水烟丝,然后在大拇指与食指中搓成个团,正要往水烟筒烟嘴里揿,又觉不妥,抬起屁股抻展头颈向金珠房里探了探,见囡儿又在照镜子拉衣角了,便又扳脱半团烟丝放回烟匣,将另一半按进烟嘴,"噗"的一声吹着纸撮,将火苗按到烟嘴上,"呼隆隆"地吃起烟来。引娣发现金兆隆把一件簇新的长衫拖在地上,又捉到了扳头:"你个老棺材,绸缎衣裳当揩灶布啊你!"桂芳灵清,连忙把椅子拖过来扶金兆隆坐好,说:"阿爸平常日脚做人家,一年四季就一身老布衣裳,侪是旧的,习惯了嘛。"引娣还在为那一石米钿生暗气,就挖了新妇一眼:"做人家?穿件衣裳横舍不得竖舍不得——今朝是听说镇长安排他到台上去坐的我才翻出这件绸缎长衫让他穿的——哪能上台去坐一歇就舍得一石米钿白送给别人家了!那只椅子是金做的还是银打的呀?"金兆隆听了这话,越发觉得肉麻,越发觉着自家吃了大亏,正想把心中的这股怨气发泄出来,见金珠已打扮一新出了房门,这才把这股气又和着一口馋唾水咽进肚皮里,向小麻子说了声"走"。

一行三人跨过赤松桥来到大街上,一轮金黄色的满月已遥挂东天,大街两旁张灯结彩,五光十色,行人手里大多擎着形态各异、五花八门的灯笼,来来往往,人声鼎沸。走近永安桥,只见桥头搭了座牌楼,毛竹柏树枝的,异香扑鼻;正当中悬一盏偌大的牛灯,象征着牛年的光临;上下左右又依次是十二盏代表十二生肖的灯笼,也扎得栩栩如生。金珠见街旁有卖灯笼的,就随手买了盏兔灯,提在手中跟着父亲向城隍庙走去。金珠从来不喜欢在众人面前抛头露面,可她想既然今天四乡八里的人侪要来闹元宵,说不定潘鹤鸣也会来轧闹猛或者借此机会来看看姑父母,所以做足了准备要与他见面。过年辰光,初一不出门,初二来了两个她父母的过房儿子及其家人,只得陪他们吃饭嘎山湖,等到初三去周家拜年,说是潘鹤鸣初二来拜的年,气得金珠又在父母面前使了一日小性子。所以金珠一边看热闹一边就关注着前后左右的行人,金兆隆见囡儿总落在后头,就喊:"金珠!还不快点走,再慢就来不及了。人看人有啥好看的!"金珠比他还急啊,几乎跳了起来:"人家看看灯嘛急啥呀急,元宵节不看灯我们还出来做啥!"戗得金兆隆只顾摇头。

　　城隍庙搭建的临时看台上已经点起了雪亮的汽油灯。金珠跟着父亲轧到看台右侧,农工商学各界人物济济一堂,正在相互之间作揖问安,谈天说地。商会会长赵伯康头摇得像拨浪鼓,嘴里也是嘀里咕噜呒没停的辰光。看见金兆隆父女过来,连忙跑过来拱手作揖,说:"哎呀金老板!我就讲哪能等来等去看不到金老板呢,正想差个人去请呢,嘿嘿,总算把你等来了。金珠也来啦?看看,我印象当中还是个小姑娘嘛,哪能眼睛一眨就成大姑娘啦。你看看你看看，比引娣后生辰光还要漂亮，简直是简直——哦我先去接接八图的刘保长……"金兆隆晓得赵伯康这是借故避开，就清了清喉咙，把刚才在心里想好的要讲的气话转化为一沰老痰，"噗"的一声吐在了地上。金珠吃不消了，她发现自家已经被各种各样难闻的味道包围了——茶叶行老板王振家身上的茶叶香、益寿堂药店老板朱德璋身上的中药味、典当老板刘照林身上的隔宿臭、腌鲜店老板胡吉官身上的咸鱼气、棺材店老板罗保林身上的漆味道、泰兴南货店老板吴泰兴身上的油腻味……所有的气味汇集在一起，把金珠熏得眼花黝暗，七荤八素，差一眼呕出来。可是正想突围出去，迟了，因为那边已有一大帮人正在向这里涌来。

先是一个身穿黑制服头戴镶白边鸭舌黑帽子、腰里挎着匣子炮的瘦小男人在前面开路，所有的人一齐向他点头哈腰，所有的人严队长长严队长短地与他寒暄。可是人一走过去，议论声一片："吗啡鬼！大前年苦得来还小瘪三一个呢，呆呆叫年夜头，吭没吃的了，到我家里来要借三升米，到今朝还吭没还呢，你看他现在卵老得来眼睛生额角头浪去了！""到我家里也借过。我看他苦恼，真叫头上帽子开花顶，脚下鞋子吭后跟，腰里束根烂稻绳，我是看在他爷老头子面上。严益春这个人还是不错的，大方，也有钞票，真叫造房子像搭鸡棚，讨娘子像捉小羊，可惜一大家子家产让这个脱底棺材儿子侪败光了，作孽。""王老板你也不要小看这小鬼，当初朱元璋也讨过饭当过和尚，后来呢？""就他——严文魁？人小来弮眼眼，还娘娘腔十足，做梦去吧！""娘娘腔哪能啦？说书先生讲的，汉留侯张良张子房就是一副娘娘腔，日后不是拜相封侯啦？""刘老板说得不错。宋江不是个矮子么，矮子肚里疙瘩多，才能成大事呢！""对了，这小子肚皮里学问倒是真有的，写出几个字来赤松镇上呒没几个人及得上的。""学问倒还是其次，你们看他走路的腔调——抬头女人低头汉，这种人城府深门槛精，讲不定哪一日真还能瓦爿翻身呢。""就他？这趟弄个警察小头目，听说还是拜了人家'大丘八'老头子，隁牌头才给了他个差使做的——大家侪认得的，就是那个县保安大队的邱队长，一吃醉酒就要腰里拔家伙的那个河南侉子。""这不就对了！大丈夫能屈能伸，龙门敢跳，狗洞能钻嘛。""啧啧，要不外号叫洞里赤链蛇呢……"正讲得起劲，只见新镇长在一帮人的簇拥下走过来了。

这是一个穿着藏青中山装戴了顶黑色大礼帽长一码大一码的中年男子。黑面孔，田螺眼，大蒜鼻头招风耳，刚刚刮清爽的面孔看上去乌青贼亮；当他摘帽向众人致意的辰光，左边额角头上有块伤疤在灯光下闪闪发亮，理着平头的头发像刺猬的刺一样纷纷奓起，后脑勺上看得到明显的肉沟。

赵伯康一面紧跟在新镇长身后，腰弯得像只煮熟了的虾，一面又要摇头晃脑地把新镇长介绍给每个老板，早已是汗流浃背。到了金兆隆这里，他先把新镇长介绍给金兆隆："这位是新来我们赤松镇任镇长的杨镇长杨宝乾先生。杨镇长为了办好这次元宵节，已经几日几夜不困觉今天又不辞劳苦亲临现场，哈哈……"然后对杨宝乾介绍道："这位就是我多次向你杨镇长说起过的赤松镇目前实力最雄厚也是胥浦县第一家轧机器米的隆泰米厂金老板金兆隆先生。要不是十几年前金老板开了米厂啊，我们赤松镇河南滩怕还是荒滩一片呢，现在杨镇长你也看见了吧——基本上形成个小集市啦。哦对了，这次元宵节活动金老板可是鼎力相助出手大方得很哪！"金兆隆第一次受人如此抬举，面前又立着个金刚一般的人物，早就语无伦次了："不敢不敢，谢谢谢谢，杨镇长……欢迎……光临……"杨宝乾笑道："杨某草莽之人，从政经验有限，今后还要仰仗金老板搭大家抬举——"冷猛生里发现躲在金兆隆身后的金珠，眼门前一亮，正要打问，赵伯康早就看在眼里话到嘴边了："金珠。金老板的宝贝囡儿。"金兆隆连忙把金珠拉到身前："快向杨镇长问好呀。"金珠一边向杨宝乾点点头，算是礼仪，一边朝金兆隆身后躲，说："阿爸，我、我寻小麻子去了。"杨宝乾说："金小姐就不用客气了，台上看起来清爽。"又回头对赵伯康说："你让严队长加个座位，马上。"赵伯康讨好地笑着说："不用了杨镇长，嘻，宏济堂药店的周兰畦周老先生传话过来了，说是发寒热来不成了。"杨宝乾手一摆说了声"请"，就挽着金兆隆向台上走去。金兆隆白了赵伯康一眼，心里讲："你敲竹杠让我出了一石米钿，老子就该多占你一只位子。"随手就拉上囡儿往台上走去。此时，闹元宵正式开始了。

　　按照以往的习俗，打头的是仙乐班。赤松镇街西有个吹打埭，实际上就是个为婚丧嫁娶吹吹打打的半专业村，以前镇上办啥庆典也是由这个仙乐班打头阵扎台型的。不过今朝打头阵的却变成了军乐队，洋鼓洋号，好不威风。据说这是新镇长专门从外头请来的，说这就是体现"新生活运动"的特点。对于赤松镇及周遭的老百姓来讲，这可是新娘子上轿头一次，所以所有眼球就围着军乐队转，还爆发出经久不息的掌声和喧彩声，把跟在后面的仙乐班掼在一边。这就大大影响到了仙乐班众位乐手的情绪，把一曲本当热热闹闹的《普天乐》，演奏得像《苦黄莲》，大煞风景。

紧跟仙乐班的是赤松镇闻名遐迩的拿手好戏"打连厢"——二三十人的方队，在江南紫竹调的伴奏下，每个人手持一根上下打通串上铜钿的竹竿上下左右翻动，边走边舞，而且不断变换队形，发出"嚓嚓嚓"的和声，倒也别有一番风味。因为是"镇粹"，就有人捧场，众人跟着欢呼，金珠也就跟着鼓掌。

　　"金小姐，你也喜欢？听说这是我们赤松镇的镇宝吧？哈哈。"冷猛生里，杨宝乾隔着金兆隆转头问金珠。金珠吓了一跳，一声不敢响，面孔已是红了大一半。

　　接下来是蚌舞——由两个人表演，蚌壳精为男扮女装，捉蚌人身背渔篓，人蚌追逐争斗，巧妙周旋，倒也颇有情趣。

　　再接下来的是鱼跃龙门、对虾戏水、蟹逗田螺、串马灯……俨是颇具水乡特色的民间舞蹈，个个精彩，引人入胜。金珠看得入迷了，竟大声喊起好来。

　　几乎同时，杨宝乾也惊呼起好来。接着是两柱像电筒光一样的眼光直逼金珠："看来金小姐搭我一样，就爱看这些有浓厚地方色彩的民间文艺，有人请我去看文明戏啥的，我是从来不去的。"

　　金珠只得"嗯"了一声，面孔上已是火辣辣滚滚烫了。

　　金兆隆也听得了，他说起了奉承话："我们金珠也是第一次。过去哪来这么大的排场，还不是你杨镇长来了就搞起来了。"说着，不失时机地从一盒美丽牌香烟中抽出一根毕恭毕敬地送到杨宝乾手上："镇长！"随即划着了洋火。杨宝乾不客套，一手接过香烟一手就从衣袋里摸出打火机"咣啷"一声点了，又将火苗伸过来，问："你自家哪能不吃，金老板？""吃，我也吃。"金兆隆受宠若惊，连忙从烟盒里又抽出一根，送到自家嘴上，伸出一掌挡风，连同嘴巴向那打火机凑过去,点着后深吐一口烟雾,说:"我平常辰光吃水烟,所以……嘿嘿。"

一只旱船摇摇摆摆地向前驶来了。渔翁不停地划桨,男扮女装的村姑一边荡船一边歌唱。金珠发现,旱船上挂着旗幡,绣的竟是"潘家湾"三个大字。她差点立了起来。这在当地叫荡湖船,通常唱的是《田歌》《十二杯酒》《龙灯调》之类的民歌。不过今朝夜里荡湖船的却别出心裁,唱的是《白蛇传》里的"水漫金山寺"那一段,昆腔。那白娘子扮得也像,一步一挪一挪一唱步步挪挪地,真像是立在船上颠颠簸簸破浪前行一般;唱得也好,字正腔圆,抑扬顿挫;还有那扮相,白、嫩、哆,看得女人们屏气凝神,个个垂涎三尺。接下来,那船就被刚才跳蚌舞、鱼跃龙门、对虾戏水和蟹逗田螺的虾兵蟹将们包围起来,场面也就更加热闹恢弘了。

不过金珠已经坐不住了。她总觉着有一对眼睛在盯着自家,弄得她心惊肉跳。再有,她今天跟出来轧闹猛,主要目的是要找那个潘鹤鸣,现在连潘鹤鸣的影子都不见一个,她哪能坐得住。他是不是也来镇上了?他会不会在我寄爹家?她从椅子上立了起来。

"金小姐你——"还吭没听得金珠告辞就传来了杨宝乾的声音。金珠只得躬身表示歉意:"杨镇长,我有点不舒服,先走了,对不起。"又跟父亲说了声,就向台下走去。不想一脚落到最下一个台阶,就看见严文魁笑嘻嘻地迎了过来:"金小姐哪能啦?看——调龙灯的过来了!"金珠不敢响,对他笑笑,急忙抽身,调头离开。

金珠进了宏济堂,见周兰畦书房里亮着灯,趴到窗口一看,老人正在挥毫泼墨。周兰畦机警,听得响光,大喝一声"啥人",吓得金珠尖叫一声。周兰畦听出是自家的过房囡,忙开门出来:"吙没吓出毛病吧?哈哈哈!金珠,今朝夜里镇上闹元宵,哪能不去看看?"金珠说:"看了一歇,也吙没啥大意思。""听响光好像蛮闹猛的嘛。唉,真叫'商女不知亡国恨,隔江犹唱后庭花'啊!这几天夜里,马路上军车不断,响光大来困不得,看来时局——哟,金珠,刚刚我好像还听得倢仔讲起要寻你来玩请坑三姑娘呢,她吙没去寻你?""真的!她现在人在啥户荡?""你自家到后头去看看,前半个钟头我还听得嘁嘁喳喳地有几个人过去了。"金珠一听开心死了,告别周兰畦就匆匆忙忙走进后埭去。

　　周兰畦有一男一女,原配生的儿子国怀去国外留学了,续弦生的囡儿倢仔侍奉膝下。倢仔要比金珠小三四岁,受到家庭熏陶加上父母的娇宠,诗词丹青已非一般,就是孤傲任性,嘴巴不饶人,不过跟金珠还有兴趣相投的几个小姊妹还是能白相得到一起的。金珠走近后埭正间,只见屋内烛光摇曳,凑前从窗口看进去,八仙桌上撒上了白粉,细香红烛也已点着了,倢仔与另外两个姑娘正一面孔失落地坐在一起发呆。听得天井里有响光,三个人几乎同时扑了出来。倢仔看到金珠,先是喜出望外,接着嘟嘴怪她事先也不告知一声自家去闹元宵不元宵的,害得她白跑了河南金家一趟。名叫慈华的姑娘说:"啥辰光了还埋怨来埋怨去的,快来叩头吧!"于是四姑娘排成一排,也来不及取个拜垫啥的,就正经八百地跪倒在香案前地上连叩三个响头。四人通过协商,分了工,金珠与倢仔就出了门。不多一歇,门"吱呀"一声响,她俩合捧着一只饭笾又走了进来,另一个叫乃敏的姑娘和慈华就一唱一和起来:

噢，张喜娘来哉。
李喜娘来哉。
抬轿，抬轿，抬轿，
请三姑娘去哉！

实际上去接三姑娘的所谓"花轿"，只不过是一只翻过来的饭箩。箩边上插了只大麦簪外，两边再各插一双筷，就算是轿杠了。金珠与健仔"抬"上轿子出了门，从周家后门拐进一个小弄堂，便来到了一只臭气熏天的茅坑前，就你一句我一句对起话来：

大姑娘在家哦？
不在家。
二姑娘在家哦？
不在家。
三姑娘在家哦？
在，有啥事体哦？
我们想请她去吃仙茶望神仙，
正月半里看红灯。
哎呀，三姑娘还吭没起床哩。
那就请她快点起嘛，
红灯就要熄灭哉，
仙茶就要凉脱哉。
快点让她梳起头来，
绕起脚来，

更起衣来。

三对蜡烛侪要烧光哉,

三姑娘哪能还不出来?

三姑娘头还吭没梳哩。

头吭没梳嘛两木梳解决问题哉。

三姑娘衣裳还吭没穿好哩。

那就让她披身上嘛算哉。

……

　　终于,两个人把三姑娘请上轿,正准备抬起朝家里走,倢仔"哎呀"一声叫了起来。原来,按照这套游戏的规则规定,半路上必须还要拉上一个给三姑娘施粉的小姑娘,轿子后头还要跟上一个提灯笼的小阿舅。小姑娘好寻,倢仔对着路旁一家人家的窗口只喊了两声,一个八九岁活泼可爱的小姑娘就跑出来了,还快活得连夸两位阿姐好。小阿舅就难寻了,两个姑娘家哪能可以随随便便捉个男小囡来供她们指派呢。也巧,正急得团团转呢,倢仔眼尖,只见弄堂口两道反光一闪,就大声喊叫起来:"鸣哥哥,鸣哥哥!"金珠不解,看着渐渐走近的一个人,古装戏里的小姐装束还吭没来得及卸去,手里拿了副眼镜边揩边走,心想这个倢仔,又要搞出啥名堂呢。不想那人说话了:"倢仔,身上带纸了哦?"金珠觉着耳熟,正在猜度,月光之下,那人已从倢仔手中接过手纸把面孔上的粉彩擦去大半,金珠一惊——这不是她正要寻找的潘鹤鸣吗!潘鹤鸣显然也发现了金珠,他连忙做了个保密的手势,问:"你们玩请坑三姑娘正缺个小阿舅是哦?我这不是来了么,呵呵。"倢仔一边踮起脚帮她表哥擦面孔一边说："你都廿岁的人了哪能可以当小阿舅。呜哥哥，你是不是怕大街上被别人看见就专门抄弄堂过来的？嘻嘻！你看你这乌苏相！"潘鹤鸣说："我小辰光当过好几次小阿舅的，再说我又咓没成家还是个童子团嘛，走吧，让我再当一次小阿舅吧。"健仔想想也咓没其他办法了，说了声"也就将就吧"，四个人就一脚高一脚低地把三姑娘请到了家里。烛光下，潘鹤鸣面孔上还留着竖一坨横一条的化妆物，还穿着白娘子的衣裳，乃敏和慈华见了先是一惊，接着就要笑出声来，却让健仔一个眼色止住了，马上恢复了一面孔认真一面孔虔诚的表情，郑重其事地从金珠健仔手中接过"轿子"，小心翼翼地将它放置在香案之上。也就神了，一歇歇辰光，只见那大麦簪竟神秘地动作起来，慢悠悠地有条不紊地就在那白粉上描绘出一朵细细巧巧端端正正的花骨朵；大家侪屏息静气，神情肃穆，自始至终看着。

游戏到了尾声，健仔就率先念道：

　　三姑娘勿要动气，
　　明年上元节再去请你。

金珠接着说：

　　三姑娘不会动气的，
　　等到明年再去抬你。

几个人就一起送三姑娘到门角，齐声说道：

三姑娘多谢你,

明年再会!

　　送走了三姑娘,又送走了邻居三个姑娘,健仔才咯咯咯地笑个不止:"鸣哥哥,你看你变成城隍庙里的泥老爷了,哈哈哈!听舅妈讲你扮的白娘子是吧,嘿嘿嘿!戴眼镜的白娘子,不把别人家笑倒了?"说着又取来手纸,踮起脚帮着揩面孔,又去打来热水拿来毛巾,让潘鹤鸣揩面。潘鹤鸣一边揩面一边说:"哪里,正因为没戴眼镜,一跤跌的——你看我这只手。"金珠见他右手背上有血痂,不由得"啊"了一声。健仔连忙拿起她表哥的手,翻过去调过来仔仔细细检查了一遍,才又笑着说:"不碍的,等一歇我到我阿爹那里找点药,一敷就好。噢对了,我给你们两个介绍介绍——金珠姐,我的过房阿姐;金珠姐,这是我表哥,潘大官人潘鹤鸣,上海名牌大学的大学生。"金珠与潘鹤鸣对看看,假装是初次见面相互点头致意。潘鹤鸣又故意问:"金珠现在是在读书还是……"金珠笑答:"云间女子学校,今年夏天就毕业了。"健仔突然之间跳了起来:"对对对,鸣哥哥,你不是正要办学堂么,金珠姐一毕业不就可以去你们学堂教书了!"金珠不解,说:"你表哥不是正上大学么?""我表哥不准备再去上学了,说是要搞教育救国,还想把家里的祠堂腾出来做教室,让我舅舅一顿臭骂。今朝趁闹元宵,他把我舅妈搬来求我阿爹去向我舅舅说情呢!""健仔你就瞎三话四!""我瞎三话四?我这就到我阿妈房里把舅妈请出来当面对证。你不敢了吧?嘻嘻,你还瞒呢,今朝点心头吃饭辰光,舅妈搭我阿爹讲张我俫听到了,我还帮你讲了不少好话呢,你个没良心的鸣哥哥!"潘鹤鸣这才红着面孔向金珠解释:"我和我的几位同学一致认为,中国之所以总是受列强欺侮,症结所在是许多年来积贫积弱,而积贫积弱的根本原因,是教育滞后。这个假期我们专门做了个社会调查,你猜目前农村的文盲率达到几化——百分之八十三!学龄儿童入学率也低得让人不敢相信,满打满算才达三成。就拿我们赤松镇来讲吧,就镇上一所中心小学和鸽庄、六图、黄泥浜三个初小学堂,所有在校生一塌括子加起来五百不到。这还是在最富饶的水乡江南,全国是个啥现状就可想而知了。所以倒不如为国家做点实事来得有用,可是你看,阻力就来自我自家的自诩为开明绅士的阿爸老头子!"

金珠这才搞清爽与潘鹤分手后一直杳无音信的原因,也因此对他近乎崇拜了。

"如果伯父横竖不答应你也呒啥办法啊。"金珠不晓得如何宽慰他,说,"我寄爹答应给你去劝说了?"

倢仔抢先说:"我舅妈说了,舅舅也不是一概反对我表哥办学,是想让表哥大学毕了业再讲。"

"那就再等等嘛。"金珠说。

潘鹤鸣说:"这、这等得起吗!你总晓得梁启超先生的《少年中国说》吧——少年智则国智,少年富则国富,少年强则国强,少年独立则国独立,少年自由则国自由,少年进步则国进步,少年胜于欧洲则国胜于欧洲,少年雄于地球则国雄于地球。现在日本人已经打进国门了,长此以往,民生凋敝,国力屡弱,后继无人,国将不国矣!所以我就说我阿爸平常辰光脑筋倒蛮清爽的,一讲起历史来不是文天祥就是岳武穆,可是一碰到自家的切身利益就、就……"潘鹤鸣一激动就又是甩头发又是推眼镜,热情奔放,红头赤颈,直到发现他姑妈笑盈盈地立在门口,这才收住话头,不好意思地叫了声"阿孃",尴里不尴尬地低下头来。

健仔娘与金珠打过招呼,就笑着对潘鹤鸣说:"讲呀,再讲下去,我看比你姑父年轻辰光还要慷慨激昂。"

健仔有点抱不平,说:"阿妈你还取笑表哥啊,以我之见,舅舅就是口是心非!让他想想看,国家亡了,守着个破祠堂还有啥用!"

"你这是长敌人志气灭自家威风。"周兰畦不晓得啥辰光已经立在健仔娘身后,"满洲人统治中华267年,一个辛亥革命不是照样把满清王朝推翻了,更何况一个跟我们中国边都沾不上一眼眼的小小列强!"他自知这句话讲得过于沉重严肃,又走上前和颜悦色地对潘鹤鸣说:"鹤鸣,你的想法我也是赞成的,不过你阿爸也有你阿爸的难处。祠堂是族里的产权,你呢又不曾毕业,再说办个学堂也不容易,上头给你批吗?资金啥户荡来?师资问题呢?而且你要办的还是义务教育,课本费、办公费、教书先生的薪水等等等等一系列问题哪能解决?"

健仔说:"阿爹,你不但不支持表哥你还泼凉水啊!"

周兰畦说:"小把戏懂啥你!凡事侪是水到渠成的。如果哪一天条件成熟了,我全力支持你表哥,你相信哦?"

健仔差一点跳起来:"真的阿爹?那太好了太好了!金珠姐,到辰光你也毕业了,你就到我表哥学堂里教书去,哪能?"

金珠说:"一定。那你呢?"

健仔想了想说:"我再不来三给表哥当个跑龙套总还可以吧——鸣哥哥?"见潘鹤鸣点头,又说:"那就一言为定——拉钩,拉钩呀!"

健仔娘笑着说:"八字还吃没一撇呢就一言为定了,嘿嘿。"不想潘鹤鸣向他表妹真的伸出了小拇指,说:"健仔,拉钩!"

健仔说:"还有金珠姐呢。"

金珠有点为难,就说:"我讲过的话一定会兑现的。辰光不早了,寄爹寄妈早点休息,我也应该回去了,明朝一早还要乘船去学堂里报到呢。"

周兰畦说:"日脚过得真快,明朝就开学了?鹤鸣你送送金珠。"

金珠与潘鹤鸣听了心里倷蛮乐惠,可以趁此机会单独讲讲闲话了,不想健仔说:"等等,金珠姐,我也送送你。"

三个人来到大门口,金珠绕着弯地说:"潘先生,那你办学堂的事体就……"

潘鹤鸣爽朗作答:"车到山前必有路。"

金珠转弯抹角地问:"潘先生,刚刚健仔妹妹不是搭我讲定了以后一起去你那里教书么,到辰光我哪能与你联系呀?"

还吃没等潘鹤鸣回应,健仔就开心地叫起来了:"金珠姐,这可是你亲口讲的噢!那我给你个联系方式——潘家湾潘景文转潘鹤鸣收。潘景文就是我舅舅,风景的景,文化的文,记清了?不过邮政所是不会给你邮去的,你就到街上南阳春茶馆寻潘家湾来镇上吃茶的,基本上天天有人来的。"

三个人出得大门,城隍庙那边的汽油灯熄灭了,街上不时有三五成群的人走过,行色匆匆,议论纷纷。"笃、笃笃!"随着那古老拙朴的击竹声,一盏昏暗的马灯从他们身边闪过。"馄饨担!"健仔眼尖,一声叫喊拉了潘鹤鸣和金珠就跑了过去。她对那挑馄饨担的说:"三碗!要放辣椒的——哦不不,金珠姐你好像不吃辣?"金珠说:"我出来辰光长了,再不回去弄不好我阿妈又要叫小麻子寻我了,你们吃吧,馋痨胚,嘻嘻!"

第四章

金珠哪能也想不到,那天夜里,她一回到家里,一场决定她毕生命运的风暴就降临到了她的头上。

闹完元宵,金兆隆与小麻子走上赤松桥,河南田间已是一片火海。这是本地的一种习俗,叫"炭癞子",也叫"放野火",实际上就是用放火烧荒的方法烧死暗藏在稻根野草里的害虫。元宵之夜,农民们用火把点燃稻根和野草,一边跑一边点一边喊:"炭炭田角落,亩收三石六",以此祈盼明年有个好收成。也有促狭的,喊的是:"癞子癞子,别人地里长稗子,自家田里生金子。"小麻子毕竟还小,看见这一天世界的大火心里就痒酥酥的,随手拣了个吭没烧尽的火把,点着了身边的枯草。其时夜深风高,火借风势,赤松溪南岸顿时一片火光,如同白昼,烧得百年老树"吱吱"哀叫。金兆隆吼一声"小麻子",手臂已经高高举起,但是还没落到小麻子面孔上,就被一只粗壮的大手接住了。

"小把戏玩白相嘛，金老板不必光火。"

金兆隆扭头一看，是杨宝乾。火光里，赵伯康立在杨宝乾身后正讨好地向他微笑。

"杨镇长你这是……"金兆隆不解，又看到杨宝乾手里提着两盒礼品样子的物事，就更加吃不准了。

"镇长是慕名拜访你。走走走，到你家里再讲。"赵伯康走上前说，"咋，你是不欢迎镇长到你家坐坐？"

其实到了金家，杨宝乾并呒没"坐坐"，把礼物往台子上一放，见引娣出来沏茶，就说了句"伯母你不要忙，我还有要紧事体马上要回去处理"，转身就走了。金兆隆听杨宝乾叫自家女人"伯母"，完全呒没听出话外之音，竟还殷勤地上去拉住说："连茶也不曾吃一口呢哪能就走了！杨镇长，有啥事体你只管讲，我金兆隆照办不误，放你廿四个心。"杨宝乾说："我真的有要紧事体，改日再来拜访。"赵伯康上前拉住金兆隆说："兆隆兄，镇长真还有急事体，我晓得的。镇长要讲的话做的事侪托付给我了，我们坐下来再讲。"金兆隆这才放了手。可是当他的屁股刚刚粘到椅子上，赵伯康向他拱手道喜的一眨眼辰光，他就呆脱了。

赵伯康不大生心看金兆隆面色，还在翻动着他那只夜壶嘴摇头晃脑地嘟哝："……所以讲运气是只狗，追也追不上，打也打不走，杨镇长第一眼看见金珠当场就呆脱了……有人讲十二图张义生哪能有钞票，良田三百，宅院五埭，就不想想他养的一个痴子一个吃吗啡的脱底棺材儿子，我看他张家也呒没几日好日脚过了。所以我讲啊，家中纵有金银山，不如生得子孙贤。你看你金老板，养个囡儿像七仙女下凡……"

"你是来做媒人的今朝！"金兆隆再也听不下去了，大声叫了起来。赵伯康一呆，发现金兆隆面色不好，这才回过味道："兆隆兄，我也是、也是……唉，人家哪里还用我做媒人呢，这不是——聘礼也放在你家台子上了，不就是让我来传达圣旨的。"

"婚姻大事，就这样硬吃硬做？"

"不过兆隆兄，我看这人……闲话讲回来，放别人家想巴结还巴结不上哪。"

"他啥年纪？我看比我小不了几岁。我们金珠只有几岁？"

"这倒是……不过他亲口搭我讲的，小辰光倒是讲了个童养媳的，可他十三岁就出门学生意，就把婚姻大事放到'慢'字间里了。我保证——"

"你保证个屁！我看啊，八成是讨小，把我们金珠弄过去当姨太太的！"

"不不不，我就怀疑是这样，他当面向我保证的，说是死心塌地一生一世跟金珠过日脚。所以你们家金珠就是正经八百笃定泰山的镇长太太。"

引娣憋不牢了："不要讲镇长太太，给个县长太太我们也不要！我们让出来好了，让你女人还是囡儿嫁给他算了，这样你不就是——"

"你……金老板，你听这种闲话……我也就是受人之托来说合婚姻罢了，再说我囡儿只有几岁，开裆裤刚刚换满裆裤嘛！"

"我刚刚不是也讲了，我们金珠也不大呀，再说还在读书。"

听金兆隆这样讲，赵伯康连忙解释："我也是这样搭他讲的。我说人家金珠还在读女中呢，是不是等她毕业了再提亲，他哪能讲？他就一句话：婚照结，结了婚愿意读书就去读书，铜钿银子不是问题。你们讲还让我哪能讲？"

金兆隆问："算是板上钉钉了？这搭强抢民女有啥两样么？"

赵伯康说："所以讲如今这种世道真坏！不过兆隆兄，你不是经常讲的穷不跟富斗，商不跟官斗么？再讲了，我就搭你关起门来讲——你不能随便讲给别人听噢——那个人，你不看见今朝夜里台面上装得斯斯文文客客气气的么，骨子里土匪一个！真的。我这几日让他弄去搞啥闹元宵不元宵的算是看爽了，脾气糗来啥人都吃勿消。动不动就'操你娘'，横得来要死。所以千万千万不要去惹这种赤佬，要不然，辣来不识相，要吃辣火酱，将来有的苦头给你吃。你不是搭我过不去么，好，今朝摊军饷了，金老板，你家里有钞票，带个头，出几化几化；明天又抽壮丁了，你，金老板，你家儿子正当年又是身强力壮，定了，要嘛拿出几化几化钞票来寻个人顶，不教你家破人亡也要弄你个妻离子散，让你有理讲不出有泪哭不出。"接下来赵伯康又讲了个说是他亲眼所见的故事。也就前几日的一天，保安队阿胡卵几个人嘎山湖，有人讲阿胡卵别人家侪讲你天不怕地不怕神不怕鬼不怕，你一个人夜里敢到义冢上兜风白相么？阿胡卵问有啥实惠，大家讲请你早上吃油炸桧呷羊汤一个礼拜，尽撑。阿胡卵讲说话算数。有人问哪能证明你去了那里，阿胡卵说你现在去买些大饼来，到天黑我去把大饼分给棺材里的死人吃，天一亮你们一起去查验。双方讲定后就派人去买来三十个大饼，天黑尽后一起把阿胡卵送到路口，阿胡卵就一个人提了大饼上了义冢。义冢就是吭没主人家吭没落葬地盘的死人的集聚之地，上三层下三层地堆得到处侪是，又经过日晒雨淋棺材脱落白骨森森好不恐怖，不要讲夜里，就是大白天也很少有人敢靠近的。阿胡卵不怕，就打个手电筒寻那有棺壳的一个一个大饼分发下去，等到他将最后一个大饼发掉，认为一个礼拜的油炸桧羊汤笃定尽撑白吃的辰光，突然之间从身边一只破棺材里伸出只手来："还有我的呢？"吓得阿胡卵呼爹喊娘连爬带滚急尿急污拆一裤子，差一点吓得翘老三。

赵伯康对金兆隆说："你晓得困在棺材里的是啥人了哦？这个人刚刚来镇上几日，保安队这帮阿屈死还以为新来的镇长也像王镇长寿头寿脑好对付，叫他们东他们就要西，让他们做啥他们偏不做啥。想不到新来的镇长比他们还要胆大结棍，这一弄服服帖帖百依百顺还得叫他亲爹亲大大，真的。"

金兆隆夫妻俩吓得面如土色，等赵伯康一走，两人就你看我我看你。

"对了，这个人我像煞看见过！"一大歇，引娣眼睛定洋洋地说。

"啥户荡？啥辰光？"金兆隆问。

"十六年前，就前头滩涂上。"

"天下第一军？汤天宝？你在讲鬼话！"

"我哪能越想越像，也是大块头田螺眼。"

"那日夜里天墨墨黑，黑灯瞎火的你能看得清啥？你在发大头寒热吧你。"

"声音也像，也是沙喉咙，有眼西头口音。"

金兆隆听女人这么一讲，也有点汗毛凛凛了。不过仔细一想，又苦苦地笑出声来："你不要太阳头里讲梦话好哦！老古话人吓人吓死人，汤天宝坟头顶上野草也怕长一人多高了。你也晓得的，那天我是专门搭塌鼻头金根、大脚疯阿四一起去胥浦城里看到的，七只木笼七颗天下第一军头目的人头，就放在县城关帝庙大门口，总头目汤天宝的人头居中，两边是童守义的，徐阿土的，还有四大金刚的，这能假得了？"

经男人这样一讲，引娣的面孔才松弛了交关。问："那我们就这样答应这门亲事了？要末让金珠明朝照旧上学堂去，你让那只宜兴夜壶带个口信过去，就说这桩婚事等金珠毕了业再讲。"

"老古话：躲得了初一躲不了月半。"

"那就让金珠明朝去了学堂再也不要回转来。"

"还是一句老古话，走得了和尚走不了庙。我这米厂还开不开？"

引娣急得哭了起来："那我们金珠就只能嫁给这个土匪了？"

金兆隆也哽咽起来："真要是土匪就好了，我告官去！"

"那我们只能哑子吃黄连了？"引娣抓住丈夫的衣裳又哭又闹，"侪是你侪是你，侪是你这个老棺材！在家里厢蛮好你偏要去轧闹猛出风头，还讲啥出了铜钿不去是阿屈死，还偏要把我们的宝贝囡儿拉了去……老赤棺材我搭你讲清爽：我们金珠啥人也不嫁！要嫁你自家嫁给那个土匪强盗枪毙鬼去……"

金兆隆不响，两沰眼泪水在眼窠里滚来滚去。

金兆隆夫妇这么大的响光早就惊动了全家老小。桂芳见金珠哭得眼胖鼻头肿的，就只能陪着她哭。金宝戆大一个，抄起根杠棒要去镇公所评理，让他父亲一巴掌打得五荤六素，只得捏紧拳头咬紧牙关骂这世道坏。小麻子反而有主见,轻轻地对金珠说:"小姐,嫁人不着一世苦,你是有文化的人,老爷是个捧牢卵子过石桥的人,你自家要拿主意。"不想,小麻子就这一句话,金珠不哭了。

第二天,金珠只得听她父亲的吩咐没去学校。金兆隆还心存一丝希望,等待杨宝乾听了赵伯康的汇报,能网开一面,让女儿先去上学,婚事以后再讲。哪里晓得,杨宝乾一连几天派赵伯康来威逼利诱,他终于招架不住了。那天夜里,引娣摸进了楼上金珠的房间里,帮她点上罩灯,说:"金珠,阿爸阿妈对不住你。"她这一说,金珠又哭了。引娣说:"人哪,侪是命里注定的,命好命苦,天老爷早就在你投胎到娘肚皮的辰光给你安排好了。真的。就拿阿妈来讲吧,头胎是个女的——你阿姐金珍,搭你小辰光一样,乖,七个号头就会叫阿妈啦,可是命不好啊,我给她看过指纹的,一个螺也呒没,就十只畚箕。老古话:一螺穷两锣富,三螺乖四锣巧,五螺背刀枪,六螺种萝卜,七螺开当铺,八螺卖豆腐,九螺骑白马,十螺把官做。十只畚箕命里苦。结果,两岁多一眼眼,落进黄浦里……"金珠惊道:"阿妈,我阿姐就是被江猪顶翻了船落进黄浦江里的……那个……"引娣连忙摆手:"唉,不讲这个不讲这个了,怪她自家命不好。后来我去算过一命的,算命先生讲金珍的八字就不好,又讲我的好福气在后头,所以第二年就有你阿哥了,你也不是跟着到我们家里了?所以我是相信命的,命里有的你打也打不走,命里呒没的你想扁头也是白费心思一场空。"金珠说:"阿妈,那个人你也看到的,我要嫁给他你能有好福气么?"引娣说:"有。你的生日是二月十九,搭观世音菩萨一个生日,大吉大利。"引娣说着从身上摸出只小盒子,揭开盒盖,金珠看到一串珍珠项链在盒子里闪闪发光。引娣拿出珍珠项链戴到囡儿头颈上:"这串项链是你三周岁的辰光你阿爸托智越到峨眉山请寺里大和尚开过光的。你看看,这颗玉上还有个观音菩萨呢,好看哦?金珠,你要好好保存好它,它会让你逢凶化吉遇难呈祥的。"说完,抱住金珠痛哭流涕。金珠鼻头一酸,母女俩哭成一团。

引娣走后不多一歇,金珠就听得很轻的敲门声,晓得是小麻子,连忙踮脚走去开门。

"来了?"

"来了,就等在桥南塄。"

"小麻子,谢谢你!"

"小姐,我怕就怕老爷太太……"

"这桩事体搭你不搭界的,你就只当啥事体也呒没做过啥事体也不晓得。"

"那小姐你……"

"我把信留在梳妆台上了,讲得清清爽爽的,是我一个人偷偷地走的,我阿爸看了不会怀疑你的,那个姓杨的也怪不到我阿爸身上。"

"小姐那你快走,桥南塄,记清爽了。"

夜阑人静,只有赤松溪在浅唱低吟。天黑得要命,月亮与星星被乌云遮住了。河对岸停着的船上只有两三艘还亮着微弱的灯火,却刺得金珠眼花缭乱。"喵呜——"突然一声猫叫,把金珠吓得心惊肉跳了好一歇。快到赤松桥了,远处一道白光飞来,接着是"扑通通"的声响,金珠心里也就"扑通通"乱跳,紧张得差一点把魂灵吓脱了。待那白光过去,才看清爽是条白板船——长长的船身,窄窄的船舱，形状就像一只织布的梭子，两侧安装着两扇刷得雪白的木板。这是条捉鱼船。夜间，渔夫只管荡桨前行，由于鱼类的趋光性，自有几条寿头寿脑的鱼"泼剌剌"跃出水面，落进船舱来。

金珠心里对自家讲：人也有那寿血血的，难怪鱼呢！

"啥人？"冷猛生听得一声惊呼，就看见几个荷枪实弹的黑影在向这里跑来。接着，手电筒刺眼的白光在金珠的身上面孔上来回地照射。

"呵，这不是隆泰米厂的金小姐！"

金珠不响。她要使自家镇静。

"金小姐，这么夜了还去啥户荡啊？"

金珠还不响，她寻思着最周全的回答。

"不要这样无礼，让杨镇长晓得了大家侪要吃排头。"

"我才不怕姓杨的呢，噢，让我们这些小八腊子连天连夜训练、站岗，夜里还要巡他娘的啥逻，他倒老牛吃嫩——"还没等那个臭嘴保安把话讲完全，金珠看见一个黑影蹿上来就给了那人一个大巴掌，接着就听得严文魁尖声尖气的训斥声："你个阿胡卵，癞痢头撑伞无法无天了啊你！还不快点巡逻去？你们几个——立正！稍息！立正！向右转！跑步走！"把那几个保安队队员支开后，严文魁彬彬有礼地向金珠鞠了个躬，说："金小姐，对不起！这些日脚地面上不大太平，杨镇长让增加廿四小时巡逻，弟兄们也是太辛苦了发几声牢骚。金小姐不要光火。"

金珠连说不会光火的，又将刚刚编好的话说了出来："我阿妈生病了，肚皮痛，我去宏济堂请我寄爹……"

严文魁在黑暗里上下左右打量了金珠一番，笑笑："那也不能让一个姑娘家半夜三更出来嘛。"

金珠忙说:"这几日厂里轧米生意好,阿爸阿哥还有小麻子连轴转,所以我就只能……"

严文魁笑出了声,说:"金小姐,那我就巡逻去了,你要走就快走,人命关天的事体,迟了要拆烂污的。"

目送严文魁远去,金珠心里琢磨起严文魁那最后一句话,越想越害怕越想越糊涂,不禁低声啜泣起来。"金珠,"她终于听得潘鹤鸣在叫她,就顺着声音走去。潘鹤鸣从桥堍下面钻出来问:"你的行李呢?"金珠这才想到因为慌乱,竟忘记把早就准备下的行李带上了,就又哭了起来。潘鹤鸣说:"不要哭,忘记脱倒好,刚刚要让保安队的那个头目看见了行李,反而露出馅头了。金珠,我们走吧。""走,我们先走,回头叫人带个口信让小麻子把行李送过去。"潘鹤鸣问:"你想让他把行李送啥户荡呀?""你准备让我躲啥户荡么?潘家湾?"潘鹤鸣失声叫起来:"你太幼稚了!潘家湾离镇上有几化远,不是还在他的鼻头底下?我们这一次要远走高飞!"金珠不觉一惊。前头几日,万般无奈之下,她受了小麻子的启发,就写了封信让小麻子去南阳春茶馆寻人带给潘鹤鸣,目的是想先到潘家湾还是啥户荡躲几日,避过风头后再讲,如果潘鹤鸣的学堂办成了,她就索性在那里教书不回家了。今朝一早,小麻子从南阳春带回了一封回信,潘鹤鸣只在信纸上写了一行字:今夜接你,先着人傍晚赤松桥南堍联系。连落款都呒没。金珠不晓得潘鹤鸣"远走高飞"这话意味着多远,心里就有点恐慌,问:"那你不办学堂了?"

潘鹤鸣回答:"跟老头子闹僵啦,本来就准备要走了,正好我们搭伴一起走嘛。""去啥户荡么?""先步行到渡口,摆渡到松江乘火车去上海,到了上海就天高任鸟飞了。"潘鹤鸣一边讲一边做了个深呼吸,好像他已经成了一只飞翔在蓝天的鸟儿。金珠一听到了上海还要"天高任鸟飞",就觉着与自家原来的设想远开八只脚,心里更紧张了,问:"你说我们到底具体到啥户荡去么?"黑暗里,潘鹤鸣的眼睛熠熠生辉:"金珠,请相信我,我会把你带到一个真正平等自由的地方去的。"金珠也是经常读书看报的,她当然听得懂潘鹤鸣指的是啥。平心而论,她是十分向往那个地方的,可是一旦它将成为现实或者说接近了它,反而让她不敢向前迈进了,更何况她至今还从来吭没远离过父母亲。金珠说:"要末……让我回去再见见我阿爸阿妈?"

潘鹤鸣摇头。

金珠又说:"我总得把行李带走吧?顺便,如果有可能,我再偷偷地看一眼……"

潘鹤鸣理解她,向她点点头。

金珠见潘鹤鸣这样,反而改主意了,说:"那就走吧,我到哪里落脚了再给他们写信。"

潘鹤鸣说:"还是把行李带上好,去吧,我等在这里。"

金珠犹豫了一歇,还是去了。

金珠这一走,就吭没回来。

金珠快到家门口时,听得父亲暴跳如雷的声音。她心里清楚只要再向前一步,也许就成了刚才跳进那只白板船上的鱼儿。可是当她正要反身离开,一阵声嘶力竭的叫喊声又把她牵了过去。她从门缝张到,昏暗的灯光下,母亲手里捧着她夹在信里的那串珍珠项链瘫坐在椅子上,桂芳不停地在给婆婆揉心口,金宝咧着嘴只管哽咽,金兆隆则左手摇晃着她的信,右手拖着根毛竹扛棒大发雷霆:"小麻子我告诉你,今朝金珠她阿妈真要有个三长两短,我……我剥了你的皮!"

小麻子说:"老爷,我真的不晓得小姐究竟去啥户荡了,小姐讲这桩事体搭我不搭界,小姐讲信上倷搭你讲清爽的。"

"讲清爽个屁!一个女小囡半夜里出门出了事体哪能办!哦对了,听桂芳讲前日子金珠还叫你上楼到她房间里去的,金珠让你做啥事体,嗯?讲,你还不讲是哦?好,明朝天亮你就给我起铺荡夜壶!"

"老爷!信,老爷……小姐就给我一封信……"

"信?寄给啥人的?"

"小姐就让我把信送到南阳春茶馆……"

"让你交给啥人?"

"她就让我拿到茶馆去,我就交到倒开水阿水手里了。"

"阿水?你又让阿水交给啥人?"

"老爷你是晓得的,我'不'字不识当三脚架子呢,我哪能晓、晓得……"

"你还想骗我!阿水也是有眼瞎子,你不讲交给啥人他哪能把信交出去?唉,算我当初瞎了眼睛!看见你苦恼啊,脚上鞋子吭后跟,饿得来前胸贴着后脊梁……好,好呀,现在倒反过来害我!滚,你现在就给我滚出这个门!"

"老爷老爷,我讲我讲,我讲不就是了……小姐把信拿给我的辰光,交代我让茶馆里的人交给潘家湾来吃茶的人。"

"交给潘家湾啥人?"

"老爷,小姐信上一定写了收信人的名字的,她不讲,我哪能好问?老爷,该讲的我侪讲出来了,我要有半点隐瞒,我就是个忘恩负义的王八蛋,天打五雷轰!"

"这个就不讲了。还有,听金宝讲他困觉之前出来看大门闩了没闩,说是你正好从楼上下来,说明你是去搭金珠碰过头的,你哪能会不晓得小姐是啥辰光走的,嗯?"

小麻子跪着抱住金兆隆的腿苦苦哀求:"老爷,小麻子今朝讲句真心话——你千万千万不要把小姐往绝路上逼啊!"

"我们家的事体不用你管!"

"我就是不服气!我就看得出小姐一百个不乐意一千个不情愿,老爷,小姐这样乖这样孝顺这样好看,你、你为啥要把她嫁给那个人!你是只软脚蟹!你是缩头乌龟胆小鬼!你你你⋯⋯"

"你——好,你骂得好,我金兆隆不是个男人家!我活来肮三啊!不过小麻子你给我听好了——你搭金宝给我马上出去寻金珠,你今朝要寻不回金珠我就打死你!"

"你打,你打,老爷你打吧,打死我我也不会去寻小姐的。"

"你!你这个良心让狗吃脱的小畜生!"随着金兆隆一声怒骂,竹杠击打身体沉闷的"扑扑"声像锥子一样直刺金珠的心。她再也听不下去了,就一步一挪地退下台阶,退离家门。也就在这个辰光,猛听得桂芳又声嘶力竭的一句"阿妈你哪能啦",她立即止住了脚步,最后一头撞开大门,哭喊着扑了进去:"阿妈⋯⋯"

潘鹤鸣等得不耐烦寻到金珠家门口,只听得母女俩正在一起痛哭,只得无奈地离去。

第五章

　　树上的叶子都开始飘落了，天亮前雷响霍险，大雨倾盆，天亮时又戛然而止，此时天空中便出现了一道七彩的霓，赤松溪像一条彩练，迷人地闪动着。随着"吱呀"一声开窗声，临河窗口露出一张与赤松溪一样美丽动人的女人面孔。这张面孔宛若一块千年美玉，虽然上面已刻满了历史的风云变幻，却因沁色的作用，反而显得更加赏心悦目又耐人寻味。

　　"旗，旗，奶奶，旗！"随着奶声奶气的叫喊声，窗口又露出半张小囝肉鼓鼓的面孔和一只舞动的小肉手。是金珠依旧带有磁性的声音："啥旗不旗的我的小祖宗？"小囝一把拉住他奶奶的衣角指着河对过说："就是这个小旗旗，奶奶给我买嘛！"金珠举目望过去，只见对岸不少行人手中托着各种彩旗，不禁失声叫起来："今天是重阳节啦？买，奶奶马上给笑笑去买重阳糕。想不到，真想不到绝迹几化年数的重阳糕又回来了，回来了！"接着连忙与孙子急匆匆出了门。

　　金兆隆正在灶披间揩面，看见囡儿搭重外孙从房间里出来，噜哩八苏地说："这些后生家，钞票像地上拾得来的。"金珠看到老人用来揩面的热水就一点点，就把热水瓶中的隔夜水给他加了些，说："你呀，就一耳勺水揩面哪能揩得清爽。"老人说："现在煤饼靠计划供应，哪能够烧，我也是——"金珠打断父亲的话："茶馆老虎灶上就一分洋钿一壶开水,你也太做人家了,木排余脱了捞铜勺柄还有啥意思。"金珠揩面刷牙辰光,看见了被父亲用竹筷撠得干干净净的牙膏皮,这才想到刚刚老人是嫌她儿子新妇把还呒没挤清爽的牙膏随便捯脱了,又说:"阿爸,现在的后生家不像从前了,你不要总是豆腐里挑骨头,他们听得不开心的。"老人不服道:"一只牙膏皮三分洋钿呢,啥人白给你三分洋钿过?"笑笑只惦记着那些彩旗,又旗旗旗地叫喊起来,金兆隆弄不懂,问金珠,金珠指了指对岸,老人眯起眼睛望了一大歇,才"哎呀"起来,说:"你看看你看看,重阳糕还真有卖呢!好像前日子啥人来搭我讲起过的,说是沈同和的歪头申公豹又亨起来啦,额角头昂得高来又不认得人啦。我问为啥,说是国家又允许私人开店了,申公豹正在砌灶头准备做软糕呢。所以讲老古人讲得好,三十年河东三十年河西,'文化大革命',重阳糕上插两面小旗也算封建迷信,连吃的软糕也一塌括子破'四旧'破脱了,还把个沈歪头斗得来五荤六素。哎,政策一变又啥也不是了,你说这——""阿爸,"金珠嫌老父亲闲话多,打断说,"我送笑笑去幼儿园了,顺便买点重阳糕大家尝尝。"老人眼睛追着金珠说:"快去,这小赤佬从娘肚皮里爬出来还呒没见过重阳糕呢,稀奇来。哦对了,不是沈同和的不要买,老话讲,万义丰的馒头王真记的饺,沈同和的软糕——哈——呱呱叫。"金珠牵着笑笑的手刚刚走出门口,邮递员的一声"信——金珠"把她叫住了。近年来,政治运动呒没了,世道总算太平了,而且与外界又呒啥瓜葛,一家人也总算可以平平静静地过自家的日脚了,所以金珠突然之间听得有给自家的信,无异于平静的池塘里被甩进了一块大石头,不由得心惊肉跳。她抖索嗖嗖从邮递员手里接过信件,马上又像接了只烫手山芋一样掼在地上。

金兆隆心里也七上八下的,问:"金、金珠,信是啥户荡来的?"

笑笑被两个老人突然之间的表情变化弄懵了,犹豫了一大歇才从地上拾起信交到金珠手里。金珠眼睛紧闭,深深地吸了口气,才鼓足勇气又扫了信封一眼——信是从香港寄出的,繁体字,收信地址还写的老地址"赤松镇隆泰米厂",下面是"金珠女士亲启";右下角写的是"香港某某路某某号杨宝乾缄"。

"金珠——"金兆隆又叫了一声。

金珠仍旧不响。

"啥户荡寄来的?"

"香港。"

"啥人?"

"他……"

"啥人?"金兆隆其实已经听懂了这个"他"指的是啥人,但是还是又问了一句。

"……"

金兆隆说:"这个杀胚还活着啊!可是当初不是去台湾了么?初解放辰光那两个台湾特务不是讲是这个枪毙鬼让他俩带过来几根金条的……"

金珠的面孔一歇歇变得煞白。

紧接着是笑笑的哭喊声,金兆隆就看见囡儿像根木桩一样倒了下来。

儿子剑光和新妇严芳闻讯回到家中,见母亲手脚冰凉,昏迷不醒，连忙请来医生，又是把脉又是打针又是灌药，忙了大半日才消停下来。

严芳拆信看了一遍，心里翻江倒海："外公？"

"信里写啥？"金兆隆急切地问。

"也呒没讲啥，就问问阿妈好哦，还有你，还问到了剑光的阿哥阿姐。"

金兆隆说："好，好，这个杀千刀！你们就回信讲我们侪蛮好的，侪给他害得死的死了气的气倒了！哦不，不能回信，烧脱！快把信给我烧脱，我们不认得这只众牲！"

"大大！"剑光惊愕地看着自家的外公。

"你们——快给我烧脱，烧脱！"

金兆隆的怒吼声像响雷震动整个房子，也震得金珠"哎"了一声睁开了眼睛，一家人急忙跑到床边，不停地呼叫，金珠却又闭上了眼睛。

传来欸乃之声，是一只小船从窗下摇过，金珠动了动身体，面孔上竟泛起一缕甜蜜的笑容。

小船的摇橹声把她带回了几十年前的那一天。

小船离开赤松镇后眼前一片开朗，金珠的心情也轻松不少。当时正是阴历五月天，风和日丽，一个个掩映在绿树翠竹中的村落充满生机，鸡鸣狗吠不绝于耳，还有牛叫声呢——哞！哞！顺着那叫声寻去，会望见放牛囝坐在牛背上的身影。正是插秧大忙季节，山歌这边唱罢那边和，耳朵里灌得满满当当。

　　正月里来是新年，

家家户户过新年，

男人罱泥挑河泥，

妇女锄菜铲花田。

……

　　小船在河里悠悠前行，两岸的茭白、艾蓬、菖蒲散发出来的香气扑面而来，让人觉着神清气爽。金珠虽然生于小镇长于小镇，可是乡下呒啥亲眷，两个老人又把她像心肝肉宝一样地藏着掖着，寸步不让离开，哪里近距离领略过这乡下的妙趣。她好奇地挪到船沿去够那些岸边不知名的野花，呼喊着让桂芳的阿哥桂林把船靠近一眼，再近一眼，吓得桂林连声叫道："当心！当心掼河里去！"金珠嘟起小嘴："我就要嘛，我要那朵蓝花。"桂林说："妹子，你现在是与镇长订了婚的人了，几个号头以后就是镇长太太了，万一落到河里——""你瞎三话四！你再这样讲我就下船不去曹家埭了！"桂芳白了自家阿哥一眼，说："妹子，金珠妹，我阿哥是为你好，天还凉，就怕掼下去把你冻坏。"金珠说："好好好，那我坐船头总可以了吧？"说罢往船头上一坐，脱了鞋袜把脚伸进水里玩水。桂芳急了，说："阿哥掉头！我们不去曹家埭了！"金珠这才不情愿地重新穿上鞋袜，可兴头未减，摇来晃去地从船头爬到船艄，从桂林手里抢过那支木橹要学摇橹。桂林呒没办法，只得让金珠与他一起摇了起来。可是由于金珠不会用力，橹拎头就常常被她扳落，弄得船头时不时撞到岸边"吃草"。风从水面掠过，也带来了悠扬的歌声，那首《种田歌》已唱到"五月里来"——

五月里来稻秧长，

　　家家户户去种秧。

　　手拿青秧山歌唱，

　　面朝黑土背朝天。

　　……

　　金珠踮脚朝那歌声来处望去，见一帮男女老少正在插秧，忽发奇想，说："桂林哥靠岸，我要学插秧去。"桂林笑着说："你当这生活是好白相的？一天秧插下来女人家连马桶也坐不下去。不信你问你嫂嫂。"桂芳说："妹子，我们家隔几天也要插秧的，要学就让我教你好吗？""真的？"看见桂芳肯定地点头，金珠才不再要求上岸。桂林因此埋怨桂芳说："馊主意！到辰光真要有个三长两短你哪能向你婆家交代！"又对金珠说，"你搭桂芳去坐舱里，你这样帮倒忙不晓得啥辰光能摇到曹家埭。去呀，坐好了我唱两只比他们好听的山歌给你听。""真的？""你先听听这只《采石榴》好听不好听。"桂林清清喉咙，蛮难为情地看了自家妹妹一眼，就红着面孔眼望天空，和着小船的欸乃声唱了起来——

　　姐在园里采石榴，

　　郎在园外瓦石头，

　　郎呀郎要吃石榴采只去，

　　要见妹妹请在黄昏后。

　　"太好听了太好听了！"金珠高兴得差点跳了起来，叫桂林再唱。桂芳说:"他呀,这眼花头经比我们阿爸差到啥户荡去了,不要叫他唱了,再唱我隔夜饭也要呕出来了。金珠妹,你只要安安稳稳给我坐好了,回转去我让我们阿爸好好给你喊几只。""真的?""我啥辰光骗过你?"

桂芳娘家在村里也算得殷实人家。三开间,前后埭,两厢房;后埭西面又偏出了两小间斜偏头,派猪圈羊棚和堆柴间用场。粉墙青瓦,屋顶上连瓦草都吭没一株,甚是清爽。房前是晒场,晒场前是一条弯弯曲曲的小河浜。屋后有一片竹园,周边植有一些树木,郁郁葱葱。西角落有棵石榴树正开得红红火火。金珠的卧室被安置在后埭东次间,一开窗就是一片绿,透过竹林能看到石榴花,很是赏心悦目。

每天的生活充满新奇和诗意。桂芳娘家养着不少鸡鸭,还有几只羊几头猪一头牛,这些动物就够金珠忙碌的。她一歇歇抓两把稻谷去场角落喂那些鸡,一歇歇又捧上一升箩瘪谷去浜兜头哄那些鸭,几天下来,那些鸡鸭就认得了她,一见她过去就叫喊着扑过来讨食,像自家的小团看见妈妈一样热络,喜得金珠嘴也合不拢来。桂芳还为她备了一只草篮一把镰刀,让她太阳不毒的辰光就近割割草当作玩白相,金珠倒不管日头毒不毒,一歇歇出去斫把青草来喂羊,一歇歇又去捞点水草放到猪食槽里,见它们大快朵颐的样子,自家快活得眉开眼笑,不知不觉一天光阴就过去了。为了不误农时,村里插秧是几家人家互相帮忙,按照事先排好的顺序一家家插过来的。那天轮到桂芳娘家,金珠晓得了就一定要去。桂芳娘说:"金珠你看这日头毒的,你就帮我在家里给他们准备饭菜吧。"金珠哪里肯依,说:"桂林哥,那天来的船上我嫂嫂讲没讲过让我学插秧的?"兄妹两个一看搭不过,只得应允了。到了那里,金珠就成了捣乱分子,不但帮不上忙,反而添乱。她插的秧不直,歪歪扭扭,而且每一行弯弯曲曲,非得用个人在她身后拔了重插。插着插着,她见桂芳身后咘没秧把,就抓过几只秧把向桂芳递去:"嫂嫂,秧!"话音刚落,让桂芳她阿爸一巴掌把秧把打落在地,还面色铁青地喊了起来:"你要做啥?啊!"金珠呆脱了,觉得自家吃力不讨好,憋得面孔通红,泪水就在眼里转圈子。桂芳笑着说:"这是规矩,手传秧,生毒疮。"金珠这才破涕为笑,向桂芳父亲道歉:"伯伯对不起,我实在是不晓得。"桂芳父亲也觉得自家有点过头了,就说:"金珠妹妹,听桂芳讲起你想听我唱山歌?上去,给我把牛赶好,我唱给你听听?"金珠正求之不得呢,说:"真的?那我马上上去。"说着,拖着满脚烂污泥就上了岸,随手拾起一根竹条当鞭子,跟在那车水的老水牛屁股后面,一边挥鞭一边嘴里"哒球哒球"地围着车盘走起来,引得村里来帮曹家插秧的人不是笑得鼻涕眼泪一起来,就是笑弯了腰直不起来。金珠也觉得大家在笑自家,又不晓得笑她啥,也就跟着戆笑,这辰光,一曲悠扬动听的山歌已荡漾在秧田上空——

> 手把青秧插新田,
> 低头只见水中天;
> 六株青针方为稻,
> 退步原来是向前。

这支《插秧歌》可把金珠听得入了迷，正要央求桂芳父亲再来一支，小河对岸桑林里已经飘来了醉人的歌声——

> 一个姑娘去采桑，
> 青桑地里搭识一位小情郎。
> 情郎说今朝来得真凑巧，
> 可惜上呒蚊帐下呒床。
> 奴有帐子奴有床，
> 脱去八幅罗裙当顶青纱帐，
> 花单管裤子当只床。
> 郎悠悠来姐悠悠，
> 两人悠悠凑一头。
> 姐把三寸舌头吐在郎嘴里，
> 好比是细细肉花热炒头。
> ……

那山歌还没唱完，田野里已是一片欢腾。浪笑的，起哄的，相互泼水乱烂泥的，有的就索性吼起了更加露骨更加肉麻的山歌。金珠也算得小家碧玉，难为情死了，却又几乎醉了，满面通红，为了掩饰自家的真实感情，就朝牛屁股上紧抽几鞭，跟着那老水牛手舞足蹈地跑起来。

桂芳娘家为了让金珠吃好，时常抽空去弄点荤腥，这不仅让金珠吃得焐心，还开了眼界。一次桂芳阿爸去扳罾，金珠缠牢脚后跟一定要跟去看看碗里的虾是哪能捉提得来的，老人只好把自家头上的凉帽摘下来给她戴上,让她跟去扳罾。来到浜兜头,老人先在一支白布做的罾上撒了些用蟛蜞麦麸糊成的饵料,然后放入水底。金珠不懂,盯牢水面看呀看,竟连个小水泡也看不见,就懊悔自家顶着大太阳毒日头来受这种罪,正要转身回家,只见老人轻手轻脚地扳起罾来——哇!那罾刚刚浮出水面,只见满罾的小虾米活蹦乱跳,金珠快活得手舞足蹈狂呼乱叫。她还缠住老人去看他钓黄鳝。就一根阳伞骨弯了只小钩,上面穿了条曲蟮,然后把它塞进洞里,抖动抖动,冷猛生看到洞口的水往外一涌,老人的手轻轻一提,一条小团臂膀粗细的金黄色老黄鳝就被甩到空中,像一道鲎,最后沉重地摔到地上,满地跳跃挣扎。金珠欢天喜地,便跑去捉,双手并用,不来三,就用脚踏,弄得一身烂污泥,最后还是捉不牢。桂芳阿爸看到她捉得实在吭没信心了,这才过来用右手的中指和食指随便一夹,夹到空中让金珠看那黄鳝在他手中徒劳挣扎,然后笑着将它塞进篦里。

最让金珠难忘的是跟桂林去"照黄鳝"。有日夜里,金珠起来上马桶,忽然间听得天井里有脚步声,爬到窗口一看,只见桂林半裤赤脚腰束鱼篦提了盏从来吭没看见过的油灯正要出门,就拿上衣裳边穿边跟了上去。桂林出门后发觉身后有人跟着,回头一看是金珠,就止步不走了。"桂林哥,这是做啥去?"桂林说:"天凉,快回去。"金珠说:"不怕,你看我穿得蛮厚的。"桂林说:"我去照些黄鳝来吃,你不要去了,夜里有蛇。"金珠吃了一惊,但好奇心还是占了上风:"不,我一定要去,我不怕。"桂林老实,只得说:"那你回去穿了套鞋来,我等你。再有,只准看,不可以下田。"金珠点头,生怕桂林骗她,几乎是冲着回去飞着回来,见桂林蹲着吃香烟，才放了心。这个辰光已是深更半夜，田野里却是东一盏灯西一捧火的，星星点点望不到边。桂林在路上告诉金珠，这些灯火侪是照黄鳝的；传说就一条公的，在天上，地下的黄鳝侪是母的，所以每日夜里母黄鳝就从地底下钻出来，翻过肚皮接受那条公黄鳝交配。桂林掂了掂手中用茶壶和铁皮做的灯具及竹夹子说，这叫黄马灯，乡下人买不起手电筒，就发明了这种灯，省钞票，也防风；这夹子叫黄鳝夹，专门用来夹黄鳝的，把竹片弄成锯齿形黄鳝就滑不脱了。金珠听得津津有味，就像小辰光听阿妈讲故事，入了迷，因此一开始还遵守约言，只是看到翻转肚皮的黄鳝就又蹦又跳地叫桂林去夹。后来不能自制了，见桂林迟迟不来夹她发现的黄鳝就索性脱了鞋袜下了田，吭没夹子就用手去捉，弄得满身泥浆也吭没捉牢一条。桂林看看金珠蛮可怜的，就把灯与夹子给了她，说："我上岸吃根香烟，你过个腻头，捉个两三条就上岸。"啥人晓得，桂林上得岸来，还吭没吃完半根香烟，忽听得金珠尖叫一声，接着是撕心裂肺般的哭叫声。桂林慌了，乱脱香烟奔了过去，一看，金珠小手指让蛇咬了一口——她把一条蛇当作黄鳝去夹，被蛇掉头咬了。不过桂林很有经验，在周围巡视一番，顺手拎起一条火赤链给金珠看，说："幸亏是条赤链蛇，吭没毒；今天要碰着条竹叶青或是蝮蛇啥的，你就……好，今朝不照了，回去！"金珠这才破涕为笑。又想起人家叫严文魁为洞里赤链蛇，心又虚了，问："那人家为啥说这个人像洞里赤链蛇，如何如何毒？"桂林笑笑说："那是说书先生讲祝枝山是洞里赤链蛇哪能哪能的，他们懂啥！这蛇真要有毒，你现在还搭我讲张啊，老早掼倒了。"此后，桂林再哪能请金珠去摸鱼捉蟹，哪怕是摸田螺挖蛳螺，她也把头摇得拨浪鼓一样。

乡下的夜晚也是丰富多彩的。因为静，那虫吟声听起来就格外清晰，真切；有辰光好像床底下有只油葫芦在叫，金珠就翻身下床去寻找，好像就在这里了，一歇歇声音又跑那里去了。还有鸟叫，就在竹林里，偶然一声两声地，听上去悠扬极了。若是雨夜，四周蛙声一片，是那么激动人心。还有桂芳和她阿妈、嫂嫂纺纱织布的声音，嗡嗡嗡，嘎叽叽，不吵，节奏性强。再侧耳细听，邻近人家甚而整个村庄，到处是织机声声，真让人心潮起伏跃跃欲试。所以她也曾吵着要学纺纱织布，结果不是把纱锭弄歪了就是将梭子打坏了，不但呒没帮上忙反而添乱，只得作罢。

不过，每当夜静更深的辰光，她也常常被噩梦惊醒，杨宝乾的影子总在她面前晃来晃去。金珠心里明白，这种乐而忘返的田园生活，对她来说是短暂的，这样的日脚以后不会再有了。金珠毕竟是受过现代教育的知识女性，她不可能就范于权势，嫁给一个比自家年长许多也不爱的男人，何况她心中已经有了白马王子。所以她被迫应了与杨宝乾的这门亲事后，就以休学来赢得对方的信任，却采取了故意刁难故意拖延的缓兵之计，提出要明媒正娶，也就是要经过说媒、相亲、问名、请期、迎亲一系列传统程序；还提出了价值不菲的彩礼，又故意要父母打一套精雕细刻的马子脚桶作陪嫁。杨宝乾见目的基本达到，婚一订等于是放进镬子里的鸭跑不脱了，而况他毕竟刚刚就任于赤松镇，还得考虑民心舆情，不敢强来蛮干，就全部同意了。这样一来，金珠反而又处于被动地位了。已定的"合婚良辰"是双月双日的阴历十月初四，她想赖婚，可人家对你所提的条件都答应了；难道这样束手就擒？太冤了。桂芳见金珠一日到夜闷闷不乐，就提出让她到自家娘家散散心，不想这一来就真有点乐不思蜀了。金珠曾几次托人去打听潘鹤鸣的消息，回话是一样的：出远门了，吆没回来过。金珠想不顾一切后果，乘在曹家埭之机，直接去寻找那"真正平等自由的地方"，但一个弱女子在兵荒马乱时期，这又谈何容易！再说，她屁股一扭走了，家里哪能办？曹家会不会受牵连？可是，难道我就这样等着被别人捉去关到鸟笼里了？金珠问自家。

一切都是命运。金珠后来曾经想过，如果自己当初从曹家埭一走了之，等待她的不一定是此后不堪回首的经历，因为战争的烈焰已经舔到了她所处的江南水乡。战争可以打乱所有固有的社会秩序甚至毁灭一切，更何况只是一对男女的婚约呢！金珠后悔啊！

桂林有天去垄沟里捉了不少螃蟹煮了，桂林阿爸边吃蟹边吃老酒边叹息："今年螃蟹这么多，不对头呀。"桂芳说："阿爸，你真是寿头，有蟹吃还唉声叹气。"老人一面孔严肃："你懂啥！'虾荒蟹乱'这是老古人讲的。"接着老人拿起一只雄蟹说："你们看见了吧，这蟹像啥？还看不出来？像不像一个戴了全副盔甲的武士？所以说，又要打仗了。"桂林说："我倒是听教书的李先生说北京发生了啥'七七'事变，中国人搭日本人又打起来了。可是那里离这里远开八只脚几千里地呢。再说这些日脚，赤松镇上进来出去调动过几化军队，侪讲要打起来了要搭日本人打仗了，哪能到今朝还吆没打起来呀？"老人面孔一沉："你晓得个屁！那一年——你还小——孙传芳搭卢永祥打，后来又是北伐军打孙传芳，那蟹多啊——不信问你阿妈——我早晨头只去地里开个缺放水，回转来就拾了满天满地一篑蟹。那蟹多得呀，岸上爬得脚也踏不下去。阿四宝，你还记得的吧。"金珠在一旁听着，脑子里出现了想象中的战争场面，枪炮声，人呼马嘶，成群结队逃难的人，其中还有自家的面孔。她还发现杨宝乾正在人堆里喊她的名字，急得满头大汗，她一弯腰就钻进人海里不见了……正想着心事，忽听得桂芳说"金宝你哪能来了"，就看见金宝已是满头大汗地立在她面前了。

金宝是金兆隆让他来催金珠回去完婚的。金兆隆带话说，杨宝乾说了，眼看战争越来越近了，他要求女方把婚期提前，然后把金珠暂送到上海租界去避难。金珠哪里肯依，又哭又闹地把金宝打发走了。

呒没几化辰光，"八一三"事变后，村里的人这才好像从梦里醒过来，许多人家把稻谷装去轧了米运回来囤积起来，挖地洞把值钱的物事埋起来。金珠正为自家庆幸着呢，杨宝乾突然间亲自来到了曹家埭。与杨宝乾同时来到曹家埭的还有一顶花轿两个轿夫。

杨宝乾既然踏进曹家大门，曹家只能按贵客接待，又是杀鸡又是宰羊的。听说镇长亲临曹家埭，就涌来了几乎全村的人，问这问那，打听打仗的事体。杨宝乾倒是一副大将风度，说："乡亲们也不要太惊慌，上海还在我们手里。国民政府本月14日已经发表了自卫抗战声明书。现在张治中将军正在调动大批部队支持淞沪抗战，陈诚将军刚刚视察了上海。大家要相信国民政府一定能够取得抗战的最后胜利！"桂芳阿爸问："侪讲国民政府这也好那也好，哪能就让狗操的东洋乌龟打到家里厢来啦？"杨宝乾面孔变得像只生蛋鸡，红透了，心里很是光火，可是碍于金珠的关系又不好发作，只得呵呵一笑说："所以说小日本坏呀！不过我还是希望大家不要恐慌，据我所知上面已经调63师到我们胥浦了，先头部队已在沿海一带布好防啦，听说61师也要马上调来啦。我们要相信政府支持政府,只要大家搭政府一条心,我看他娘的小日本还能灭了我们中华民族不成?那是白日做梦,痴心妄想!"

不过杨宝乾私下与金珠讲的大不一样。金珠说既然小日本打不到这里我们为啥要匆匆忙忙结婚。又说既然国民政府已经调兵遣将到这里了,就让我在这里快快活活白相几日再讲。杨宝乾面孔一沉说:"你还木知木觉!罗店、宝山一失守上海还能保得牢?小半个中国让他们丢失了,你还指望他们能守住上海!"金珠说:"那你刚刚还在讲政府哪能哪能的,哪能一歇歇又不来三了?"杨宝乾说:"刚刚是上面教这样讲的,怕造成混乱,懂吗?快点,把物事收作收作,我轿子都来了。""轿子?""今朝夜里你跟我走,明朝就拜堂成亲,隔些日脚我送你去租界。""拜堂成亲结婚?就明朝?我哪能来得及准备,不是还有两个多号头么?""你想哪能?"杨宝乾见金珠嘟嘴不乐意,压在心底的火就迸发了,"我给你讲清爽了——我们原来定的十月初四成亲不可能了,就明朝,迟一日也不来三!"金珠还想推诿,只见杨宝乾面色铁青,不长的赖柴胡子根根竖起,额角头上那块伤疤通红通红,又随手从腰里摸出一把手枪往台子上"啪"一拍,把金珠吓得"妈"一声叫了起来。

"阿妈!"严芳就守护在金珠床边,听得金珠一声叫,连忙说,"阿妈醒了,阿妈醒了!阿妈,你觉得哪能?"

剑光、金兆隆、笑笑和从学堂里回来过礼拜的外孙囡望望一齐扑向床前。

金珠微睁眼睛看了大家一眼,摇摇头,然后又闭上了眼睛,几十年前那些沉痛的镜头执拗地占据了她的眼帘。

第六章

金珠被杨宝乾逼婚成家不久，日本兵就打到了赤松镇。

日军正面进攻上海受挫之后，就派遣大批奸细在杭州湾一带活动，绘制了极其精确的海陆地形图和中国军队布防图。10月20日，侵华日军第十军在日本编成，由柳川平助中将任司令官，下辖第六、第十八、第一一四师团，独立山炮兵第二联队，野战重炮兵第六旅团，第一、第二后备步兵团和国崎支队，共11余万人。10月底，这些部队就陆续进入中国领海待命。11月5日拂晓，也就是原定金珠与杨宝乾成婚的阴历十月初四的前一日，大雾大潮，这11万敌寇接到命令，分乘运输船155艘，在赤松镇以南几十里地的海岸线偷袭登陆，长驱直入，兵分两路向上海方向进犯。

杨宝乾是快吃点心辰光接到邮政所通知去那里听电话的。到了邮政所电话又断了，接了一大歇才算接通。电话里胥浦县府把日军登陆的消息通报了他，要他立即组织民众撤离疏散。他大吃一惊，前几日只是几架日本飞机在头顶上飞来飞去，哪能眼睛一眨日本兵就到眼门前了！他接完电话从邮电所出来，街上已经乱成一团了。他挡住一个背了个包裹的男人问："跑啥跑！"那人说："杨镇长，你哪能还不跑呀？日本人打到张桥啦！"杨宝乾又是一惊：张桥离赤松镇就20多里路了。他连忙往镇公所跑，先进后埭让金珠准备行李，又派女佣人马上去通知金珠娘家一家人尽快来这里聚集，他打算弄条船把他们送乡下去避难,然后就召集相关人员组织镇上百姓逃难。金珠边收作行李边问:"去啥户荡呀?炮弹又不生眼睛的啥人晓得掼在啥户荡……""还能走啥户荡?曹家埭!前些日脚我就让你搬上海租界去,我说近来我也忙,部队一批接一批来,要吃的要住的,你就不走,你看你现在!"金珠还想辩解,说自家是因为怕动了胎气才不走的,可看见杨宝乾红头赤颈一面孔火气,只得把要讲的话咽了回去。

金珠虽然已经成了杨宝乾的人,心里却一直是不买账不服气的。她向母亲问来了自家的生辰八字,又问清了杨宝乾的生辰八字,拿去让镇上的神算瞎子阿瑞算过命。阿瑞将两人八字测算一番,沉吟不语。金珠急了,说,我是不大相信命不命的,只是闲来无事,测测白相相的,你只管打开天窗讲亮话。阿瑞这才说:"算命这种事体,也不是个个准的,比如讲你上辈人把你出生时辰弄混了,算出来就不准。"金珠见阿瑞在兜圈子,往他手上放了张大额钞票,说:"你不要绕圈子了,我晓得我的命不好,你说出来我不是可以防范么。"瞎子说按照金珠与杨宝乾两人的日元,是两金夫妻——两金夫妻硬对硬,有女无男守空房;日夜争打语不合,各人各心各白眼。又说,金珠的八字里出生月日时辰侪蛮好,是可以抵消两金硬对硬的。还说金珠老年肯定是金玉满堂,福星高照。金珠认定瞎子是心里怕杨宝乾,或者是宽慰她,才这样讲的,也就听不进下面的话了。

而在赤松镇的人看来,金珠与杨宝乾,一个是一镇之花,一个是一镇之长,是天造地设的一对,所以他俩结婚之日,镇上几乎是万人空巷。婚礼上,请来的侪是有头有面有财有势的,他们趁此机会送份厚礼巴结镇长；平头百姓则是轧个闹猛，一饱眼福。不但有铜管乐队，还有申曲、的笃班两个草台班子搭台演戏，让大家看白戏。好多人因此垂涎三尺："看人家金珠，排场大来像戏里头嫁公主！""看人家金兆隆搭引娣的福气！所以讲，嫁不好，双脚跳；嫁得好，哈哈笑。"这些人哪里晓得金珠心里的苦楚。平心而论，杨宝乾平时在外面颐指气使不可一世，但在家里对金珠很好，含在嘴里怕烊，捏在手里怕冷。可是金珠心里有人金珠心里有气，自然会流露出来，特别是在行房辰光，金珠的态度是被动的，冷漠的，有时甚至是排斥的。杨宝乾身强力壮性欲旺盛，所以就不开心了，有辰光忍无可忍了就会出粗口甚至想动手，直到金珠有了身孕才有所收敛。可是这一切已经在金珠心里造成了不可治愈的创伤，同时也使她更加思念那个"真正平等自由的地方"和潘鹤鸣了。

金珠一听到日本人打过来的消息心里已经乱七八糟的了，又吃了杨宝乾一顿吼，更加六神无主，刚刚行李箱塞满锁上了，一想不对，打开拿出来掼脱一点，再装上其他物事，锁上，再一想又不适合，再打开……结果弄了一大歇一只箱子也吪没装停当，屋里倒已是一片狼藉。杨宝乾进进出出几次，看见还是老样子，暴跳如雷："哪能弄来弄去还吪没收作好！你爷娘哪能还不来！啊！你们是存心让我脱不开身啊！我又要外头又要家里，侪要我一个人操心吃得消哦我！侪不要走了，让日本人来杀光烧光算了！"金珠委屈得要哭，杨宝乾更是火冒三丈："哭！哭哭哭！就晓得哭！等日本人过来你就哭不出了！"这个辰光，金宝带了一家人背着大包小裹来了，杨宝乾忍了又忍才吪没发作："快点快点，快点到肉庄滩渡头去等好，我刚刚弄着只船你们就给我磨洋工，结果让他跑了。"突然间看到吥没金兆隆,问金宝:"你阿爸呢?这个辰光还笃悠悠像做客人去呀,日本人已经追到脚后跟,啊!"金宝抖索哊哊地说:"我阿爸他讲不、不走了,掼不脱这堆家产……""不走就不走吧,我老早侪打过招呼的,东三省、卢沟桥,日本人奸淫烧杀无恶不作,就有人不相信,不见棺材不落泪!"

金珠等杨宝乾走后,又问金宝,金宝讲是老头子临走却改变了主意,舍不得这个家爿厂。"阿爸也是!"金珠急了,"你们先把行李铺盖搬到肉庄滩渡头等着,我去劝劝他。"

这个辰光,赤松镇就像森林着了火,逃难的人群狼奔豕突,鸡飞狗跳,哭喊声此起彼伏。石板街上因为慌乱丢下的包裹、箱笼、被头褥子、帽子鞋子,啥物事侪有,就是吥没人顾得去捡。好像是有家人家走失了小囝,哭得死去活来。店铺侪关了门,只有不愿意离去的几个老人将店门打开一条缝缝,神色黯然地从门缝向外看逃难的人。有几个士兵急匆匆从街上跑过,一副丢盔弃甲的狼狈相。有人问:"日本人究竟打到啥户荡了么你们就这样跑脱了,教我们老百姓哪能办么?"一个士兵用北方话回答:"俺们也不知道自己怎么办呢!"另一个士兵骂道:"他妈的也不知咋指挥毬的,还没交啥火呢就让撤了……"

金珠左躲右让好不容易走到茂昌典当门口,一声枪响把她吓得缩进房檐底下。她看见几个面熟陌生的保安队队员肩扛手提地从典当出来,典当老板刘照林紧随其后,死死揪牢其中一个的臂膀苦苦哀求:"兄弟,你们不能这样啊你们,这些物事侪是别人家当来的万一哪天来赎——""还赎只卵!日本人一把火把典当烧了赎啥?放开!刘老板你放不放?不放我他娘的就不客气了!"严文魁正好路过，刘照林就一把抱牢他的大腿跪下说："严老弟——不不，严队长，我们平常辰光低头不见抬头见的，你……你就讲句好闲话——""刘照林！现在是啥辰光？非常时期！你放开，放开！你是辣来不识相，想吃辣火酱是吧你！"金珠正在为刘照林担忧，突然间听得一声"侪给我站住"，就看到杨宝乾手提驳壳枪出现在弄堂口。严文魁反应敏捷，一轧苗头不对，就一边举起手枪一边大声喊："你们给我站住！"接下来是两声几乎同时响起的枪声，金珠就看到其中一个保安队队员应声而倒。再转过头来，只见杨宝乾与严文魁两人侪还平举着手枪，枪口侪还冒着青烟。杨宝乾说："狗操的想发国难财呀，啊！"严文魁说："报告镇长，我已经下了命令，趁火打劫者，杀无赦。可是……"杨宝乾打量了严文魁一番，说："你马上召集保安队到镇公所来，我要重申纪律，否则要乱，一乱局面就不好控制了。""是！"

金珠有生以来，这是第一次看到杀人的场面。她吓坏了，浑身发抖。再一想自家身边就困着个杀人的魔鬼，差一眼晕倒在地。

金珠好不容易过了赤松桥赶到娘家，只见大门紧闭。再仔细观察，门上吭没上锁，就敲门环，喊"阿爸开门"。敲了一大歇，小麻子才抖索嗦嗦地开了门。金兆隆从屋里出来，第一句话就是："你们哪能还不走啊？"又说："当年孙传芳搭卢永祥打仗，就逼牢交出些金银首饰，走了。真正弄得人家家翻宅乱的不是兵是匪，仗一打完，这些臭乌龟看见家里吭没人就撬门敲锁，抢光。"金珠说："这次不是孙传芳卢永祥了，是外国人，东洋乌龟！"老头子头颈一挺："东洋乌龟哪能啦？他们不是人啊？打仗你们兵对兵将对将去打好啦，拿我一个老头子能哪能？金珠你们快点走吧，太平了我就让小麻子去曹家埭接你们。""阿爸,你还是跟我们一起走吧,万一……"金珠"扑通"一声跪下来哀求,可金兆隆几乎同时跪下了,说:"你是要我们祖孙三代一道寻死啊?快走金珠,你再不走我就跳河了!"

金珠来到约定的滩渡头,杨宝乾已经急得团团转。"你——刚刚弄到一条船就是等你等不来……"杨宝乾一见金珠又要发火,大概考虑到丈母娘就在眼门前,只得忍了。引娣见金珠一个人回来,就说:"我晓得这只老棺材财迷心窍不会走的,你还不信。"这个辰光,赤松溪河面上也已乱作一团,大船小船伢在争先恐后,啥人不让啥人,结果许多船只横七竖八缠到一起,把整个水道堵死了。甚至有为此寻相骂打相打的,先是你推我我搡你地骂人,后来就操起竹篙,最后是人落水船还在老地方。杨宝乾终于等不及忍不牢了,"嗖"的一声跳上一只装满箱笼包裹的木船,问握橹的那个人:"走啥户荡?""黄泥浜。""正好,先走曹家埭,最多多绕十里地,来,这点钞票吃壶茶,不要嫌少。"杨宝乾一面与船主商量一面就招呼金珠他们上船。哪晓得对方就是不依:"我为啥要走曹家埭?你晓得我接啥人哦——商会赵会长!你们伢给我下去,快下去!"那人话音刚落,杨宝乾突然拔出手枪对准了那人的头,吓得对方裤脚管马上就湿了一长溜。"误会!误会!"金珠正怕事体弄僵了不好看,就见赵伯康一边说一边上了船,"镇长你还在为百姓撤离忙啊!我也是一家一户去通知全镇商家马上撤离——"杨宝乾问:"这只船……"赵伯康机灵,一看场面心里伢明白了,面孔一板对那个船主说:"阿狗,你哪能对杨镇长不敬!这是我们赤松镇真正的父母官杨镇长,快点向杨镇长道个歉!镇长,你是送他们去啥户荡逃难?"杨宝乾忙把嘴巴伸到赵伯康耳畔:"先到金宝丈人家曹家埭避一避再讲。拜托!"说完将一包美丽牌香烟虱给赵伯康,让他转交阿狗,阿狗哪里还敢接,两个人臕了一大歇,直到杨宝乾吼了声"一包香烟还要臕来臕去",才吓得收了下来。杨宝乾旋即跳上旁边那只船,用手枪划来划去大声喊叫:"不要抢侪不要抢道!那只船——就讲你呢,靠右,向右靠,还有那只船,操你娘你再捣乱老子一枪崩了你……"经他这样一张罗,秩序马上好了许多,航道打开了。

小船终于离开赤松镇,向曹家埭方向进发。不过金珠也已被吓得面如土灰。她与杨宝乾相处几个月来,从难得的交谈中只能约莫了解他的身世:家在浙北农村,幼年丧父,少年丧母,读过两年私塾,有过个童养媳,战乱一家人离散,他只得去一家南货店当学徒。店主是个老牌国民党员,见他乖巧就介绍入党,后来慢慢走上了从政之路。可是金珠觉得,从今天亲眼所见可以断定:姓杨的决非等闲之辈,弄不好……她越想越怕,再也不敢想下去了。

离开赤松镇不多一歇,头顶上就来了只飞机,先是"嗡嗡嗡",接着就发出尖利的叫声,那架飞机俯冲而下,几乎贴着地面飞过,又突然冲上天空,把河里和岸上逃难的人侪吓坏了,一个个停住篙橹止住脚步趴了下来,等待掼下来的炸弹送上西天。过了一大歇,听没炸弹爆响的声音,人们这才抬头张望,那飞机早就飞得无影无踪了。不过接下来就听得了从赤松镇方向传来的隆隆炮声。再接下来就能看到镇上蹿起的几股浓烟。金珠不由得双手合十祈祷,一祈阿爸和小麻子平安无事,二祈杨宝乾安全撤离。祷告了三遍,回头想想,自家也觉得难以解释:我被杨宝乾逼婚成亲,有一肚皮的委屈，为啥要为他祈祷呢？是肚皮里的小囝还是她确实已经离不开他了，一离开就觉得心里空荡荡的不踏实了？

又是一连串的炮声。船上的人伫立起来踮起脚伸长头颈向赤松镇方向望，终于赵伯康望着望着"哇"的一声哭了。"完了，侪炸脱了，我的酱园侪给这帮日本狗强盗炸脱了！呜呜——我的酱园，我不活啦，我还活着做啥……"他一家大小就劝他，金珠一家也劝，说现在也看不清爽到底炸脱哪几家人家的房子，说亏得人侪出来了，人活着就好，只要人活着啥侪有了。赵伯康说："你们看嘛——最大的那片黑烟不是就在我家房子那个户荡？阿狗停船，靠岸阿狗！我要回去，我要回去！阿狗……"摇橹的阿狗不晓得听赵伯康的还是听众人的，一不留心木橹脱落，船就横在河中打起转来。赵伯康趁机跳上傍上来的一条船，再七跳八跳就跳上岸去，一个人朝镇上跑去了，急得船上的家人连呼带喊。正在赵伯康一家老少哭天哭地的辰光，又传来了"嗡嗡嗡"飞机声，抬头一看，只见十几架飞机一字排开，连飞机上的膏药旗也历历在目，紧接着是机枪声和爆炸声……死一样的寂静之后，便是撕心裂肺般惨叫声。到处是炸得粉身碎骨的尸体和四散的行李铺盖，呼天抢地的号哭。金珠他们前面也有两只船被炸毁，木板在燃烧，船艄露在水面上，一个尸体斜倚在木橹上，面对着天空；水面上浮着的尸体有仰有俯，血水正向四周漫延。金珠因为有了身孕得到照顾，一直是坐在舱内靠中位置，飞机甩下炸弹之后，她被人重重地压住了。她喊了几声让压她的人起来，吭没听见回音，就用力掀开那个身躯，眼前出现一张血肉模糊的面孔，她"哇"地叫了一声，就昏过去了。

金珠醒来后发现自家躺在一张大床上。她转着眼珠四处打量，才晓得自家就困在前几个月困过的那张镂花大木床上。她觉得肚皮有点痛,她用手抚摸几下,又觉得不痛了。正好桂芳进来,看见她醒了,一边朝外跑一边喊"金珠醒来啦"。一歇歇房间里轧满了人,引娣、金宝、桂芳,还有桂芳家的人。金珠从他们的嘴里才得知,她已经昏迷两天两夜了,她是因为赵伯康的大儿子赵卫中扑在她身上救了她,不过他自己被炸弹炸死了。庆幸之余,大家又不免为赵伯康一家悲伤。金珠觉得,那个摇头晃脑的宜兴夜壶并不那么讨厌了,就问:"那伯康阿叔哪能啦?"大家摇摇头,只说已经让桂林去赤松镇看看了。

桂林很快就回来了。他说,远远望去,赤松镇西街还是浓烟滚滚,镇上不断传出一声两声枪响,就不敢再朝前走了。据讲,整个赤松镇已成一座坟场,处处是尸体,处处是废墟。至于具体情形究竟哪能,桂林因为只是听说,也就讲不出啥了。

后来几天,传来消息,说日本兵到近镇的几个村庄又抢又烧,见了女人不是当场强奸就是捉进镇里去供他们淫乐。这些话一传开,女人们吓得门也不敢出,一个个把头发剪了,把面孔用镬底灰抹了,弄是三分像人七分似鬼。就金珠不剪头发不抹镬底灰,说:"我真要碰到这种事体,就一头撞墙上撞死!"

因为战争,金珠发现几个月前让她情醉心迷的地方也彻底改变了模样。村里总是死一样地寂静,连狗叫也很少听得见,就是叫几声,也是哀哀地。推开后窗,石榴花自然开过吥没了,那竹林,那竹林背后的田野,佇透着一股肃杀之气。当然,也再听不到那温馨悦耳的纺织声了,更不要说那脍炙人口的山歌了。而且也怪,前几个月竹林里悠扬动听的鸟鸣声也已销声匿迹,倒有几只乌鸦在几棵秃柳上飞上飞下聒噪不休。尤其到了夜里，突然传来一声两声的猫头鹰叫声，让人胆战心惊。金珠因此就困不去，困不去就只能倚靠床头面对天花板七想八想。刷过白粉的瓦楞板上因渗漏留下的一坨坨水污，在昏暗的菜油灯灯光里呈现许多可怕的暗影，随着视角不同而变幻，如魑如魅，令她毛骨悚然。有一坨很像杨宝乾的头像，那头颅被子弹打穿了，一副血淋淋的样子；有一坨很像她阿爸金兆隆，两只脚外八字，背有点驼，腰上像被砍了一刀，血肉模糊。金珠吓得连忙闭了一大歇眼睛，换个视角，那两坨水污变得比刚才更加可怕：潘鹤鸣被五花大绑，头昂得高高的，一副大义凛然的样子，身后则是一群端枪举刀的牛头马面，还有两个夜叉小鬼正在用一把大锯锯他的大腿，血流如注……金珠大惊失色，尖叫起来，把困在头对脚一个被头筒里的引娣吓醒了。

终于，在一个落雨天，小麻子来了。小麻子一到，还呒没收起雨伞，两家人就把他围住了。小麻子一身泥水一头血污，右手还按着左手喊痛，龇牙咧嘴地说是被日本兵发现打了一枪，亏得他机灵一头跳进赤松溪总算捡回来一条性命。桂芳阿爸察看了一大歇说还好，呒没伤着骨头就擦脱了层皮肉，叫桂林领小麻子去揩掉血污泥浆，换身干净衣裳。等小麻子洗换清爽从里屋出来，全村的男女老少几乎侪闻讯过来了。引娣迫不及待地问："小麻子，金宝他阿爸哪能啦？我们家的房子呒没炸脱烧脱吧？姑爷现在人在啥户荡……"小麻子来不及答复，就点头"嗯嗯"应付，桂芳阿爸就说："亲家母，既然他能活着逃出来，就说明人还蛮好侪活着，你就让他吃口茶慢慢讲嘛。"小麻子说："对对对，人侪蛮好的，蛮好。就是我们米厂的房子侪让日本兵占脱了。"接着就放慢速度讲述,他讲日本兵一开始占用厂房,用来驻军和当马房,后来大队人马开走后就留了一个小队,霸占了整栋楼房,把他和金兆隆赶到了厂区原来搞修理放工器具的小杂院。引娣说:"那姑爷……"小麻子说:"姑爷是啥脚色?放你廿四个心吧!"引娣说:"那他们占了我们家的房子,台子椅子床呀厨的硬头家什搬啥户荡去啦?"引娣这话引来了一阵哄笑。桂芳阿爸说:"亲家母,铜钿银子吃得完用得完,人蛮好就是不幸中之大幸了,你让小麻子再讲讲镇上的情况。"

小麻子一讲起日本兵的暴行就放声大哭。他断断续续地讲,十月初三那天,日头还蛮高的辰光日本乌龟就进镇了,结果让中国军队在街口打了个伏击,死了三个日本兵。这帮王八蛋就疯了,拼命地把中国兵打退,从东街追到西街,其间中国兵有的被枪打死,有的跑不脱就跳河,结果在河里挨了一顿排子枪;有的逃进了老百姓家里,日本兵就挨家挨户搜,搜出来连同这家人一起捆走。这还不够,最后一把火烧西街。小麻子讲到这里,已经泣不成声:"东洋乌龟狠啊,大门被东洋乌龟插死了,房子里的老百姓跳窗逃,他们同样是打排子枪,一个不留。原大南货店的徐老板跳窗跳进河里,游到对岸,被日本兵你一刺刀他一刺刀地捅……"

引娣虽然一直对杨宝乾逼婚耿耿于怀,可是自从金珠怀孕后态度就有了改变。她总觉得木已成舟,只得嫁鸡随鸡嫁狗随狗。她把小麻子拉到一边问:"小麻子,姑爷到底哪儿能了?讲实话。"小麻子说:"听说蛮好啊。""你听啥人讲蛮好的?""反正他人肯定还活着的……""你骗我!""我、我……""小麻子,你是晓得的,金珠肚皮里已经有了杨宝乾的小团了,万一他要有个三长两短,我的小外孙……"引娣讲着讲着就哭了。小麻子连忙向金珠那边努努嘴,示意引娣不要哭,低声说:"不是我不讲的,是我临走辰光老爷叮嘱过的,让我不要随便讲给啥人听。太太,姑爷他被日本人捉牢啦,就关在我们厂的大仓库里。真的,这是我搭老爷亲眼看见的。"引娣这才稍微松了口气。

第七章

  后来金珠才得知,那天杨宝乾东跑西颠维持撤离秩序,忙了几个小时后正要抽身去曹家埭,迟了,街上发生了激烈的枪战。到了夜里,南阳春茶馆老板南进泉开了小半扇门探出半个头看情况,见杨宝乾慌里慌张从门前跑过,一把将他拉进茶馆。南进泉舍不得店里的壶壶罐罐,叫人把一家老小送到乡下,留下阿水和江北阿三两个伙计陪他守店。不过现在他已是后悔莫及。"杨镇长,"他哭丧着面孔说,"日本兵哪能又是杀又是烧呀,早晓得——""这个辰光吃后悔药顶只卵!"杨宝乾瞪眼说,"眼前的当务之急就是要想办法逃出去。"可是一连两日两夜日本部队一批接一批从街上开过去,又是摩托车又是马队又是辎重队的,夜以继日,他们根本呒没机会往外溜。第三日街上一片寂静,连个脚步声也听不见。杨宝乾怀疑:是不是日本兵埋伏在啥户荡?又熬了一日一夜,原先准备的那点吃的物事吃光了,饿得四个人前心贴着后脊梁了,才派江北阿三出去弄点吃的,顺便探个虚实。不想江北阿三不但呒没弄上一点吃的来，还被日本兵发现了，他就拼命地跑，还照旧跑回茶馆又是喊救命又是敲排门板的。南进泉骂了句"狗操的肯定把东洋人引来了"，就一口气搬了四张八仙桌顶住门板。杨宝乾苦苦一笑，随手把手枪从窗户甩进赤松溪，然后把八仙桌撤了，说："还顶只卵，听天由命吧。"

一歇歇就进来七八个日本兵，先把江北阿三捆了，又将其余三人团团围住，叽里哇啦地叫喊。杨宝乾只听懂"支那兵"三个字，就打手势告诉对方，支那兵统统跑了，这里的四人侪是倒开水的伙计，老百姓。日本兵似信非信似走非走，想不到这时南进泉惹祸了。南进泉原本左眼就有频繁眨眼的毛病，一紧张或一激动就眨得更加结棍。日本兵以为他在向别人做暗号，就"支那兵的干活，死啦死啦"地乱喊一气，任四个人再哪能比画着解释哪能哀求侪吭没用，把四人一根麻绳串起来押进了隆泰米厂的仓库。

仓库里已经关押着二十来个人，十一个士兵，十来个百姓，其中一个也就十一二岁样子，个个遍体鳞伤。其时天气已冷，仓库又空又大，也吭没被褥啥的，就摊了很薄的一层稻柴在地上，把这些人冻得牙齿打相打，鼻清水嗒嗒滴。尤其是一个跳进河里又爬上来让日本兵俘虏的军人，身上的衣裳侪湿透了，仓库里阴冷潮湿，哪里挡得住寒冷，很快就病倒了，又过了两天，就病死了。日本人还不饶，一歇歇提一个去审问，拖回来就成活死人了。南进泉因为被怀疑是奸细，提审次数就多，打得皮开肉绽，他实在熬不下去了，就用头撞墙，想一死了之，多亏被大家劝住了。杨宝乾平常辰光颐指气使惯了，突然之间变成阶下囚，砧上肉，而且生死渺茫，也想过死。不过他不撞墙，他说他要凑机会弄死几个日本人再死，弄死一个刚够本,弄死一双赚一个。可是就是觅不到这个机会。

一日早晨头,仓库门"咯吱吱"响,大家估计又要拖了啥人去审问毒打,侪屏住呼吸紧张得不得了,只有杨宝乾捡起一块不小的石头,吓得南进泉轻声喊:"你不是害大家么,快放下,放下!"杨宝乾怒目而视,做了个刀劈南进泉的姿势。门"吭啷"一声开了,进来一缕阳光,杨宝乾隐藏在门后,举过头顶的石头像被钉在了空中,随后石头被轻轻放到身后地上。他看到走在前头的是赵伯康。"杨镇——"赵伯康一见杨宝乾就惊呼,却让杨宝乾打断了:"是赵老板啊!赵老板你要为我们作证呀,我们几个侪是老百姓嘛。"南进泉见两个日本兵押着吭没捆绑的赵伯康,就像抓到了救命稻草,"扑通"一声就跪下了:"伯康兄快救救我呀!你是清清爽爽的,我南进泉开爿茶馆养家糊口,哪有可能去当奸细。赵老板,你对他们讲,只要放了我,他们要啥我侪给,只要我家里有的……"赵伯康脑筋转弯快,几句话一听就轧出了苗头,说:"南老板,还有你们几个,不急不急,皇军就是让我来认人的,啥人是良民啥人不是镇上的人,皇军讲了,只要是正经老百姓,侪要回去安居乐业共建王道乐土……"南进泉听赵伯康这样一讲,更加急了:"伯康兄,伯康兄你就搭皇军讲我是老老实实本本分分的老百姓啊,我是实实在在良民……"讲着讲着,一激动他那只眼睛就又开始剧烈地眨动起来。这就又引起了日本兵的怀疑,一枪托当场就把赵伯康打倒在地,嘴里狂叫着"支那兵的狡猾狡猾的,统统死啦死啦的!"随后关上大门走了。

日本人一走,杨宝乾就捏牢赵伯康的手问:"外头到底啥情况?"杨宝乾从赵伯康嘴里得知了十月初三那天船上发生的事体,由此推断金珠他们十之七八已经到达目的地。赵伯康说，他在镇上给日本兵捉牢，一开始也是怀疑他是奸细，打他，后来不晓得啥人供出他是镇上的商会会长，日本人就放了他，有时叫他去认"好人坏人"。现在赤松镇上驻扎着一个小队日本兵，小队长叫龟田。龟田让他召回镇上逃散的旧职人员，帮助皇军维持秩序，劝说大家返镇复市，建设啥"王道乐土"。南进泉一听笑道："快，那你就快敲门让日本人过来跟我们讲呀！只要放我们出去，明朝就开门营业。"杨宝乾一把揪住南进泉衣领提了起来："南进泉，你身上还有没有一点中国人的骨气？啊！你要再这个样子，看我哪能收作你！"又转向赵伯康说："你千万千万不要讲出我的身份——你们几个也给我听好了——我是坚决不当汉奸卖国贼的。"

几日后的一个早上，仓库门被打开后，一记头冲进来几个日本兵。大家还弄不明白哪能桩事体呢，就听得惨叫声此起彼伏。日本人先从那十个军人开始，直接用刺刀挑开锁骨下面的筋肉，再用一根铁丝穿过去，就像海滩边人家晒鱼干一般将这些人用铁丝串在一起。把所有人串到一起后，就被押着穿过赤松桥，来到赤松镇大街上，最后停在了城隍庙前。一路上，大家侪晓得今朝肯定凶多吉少，所以胆小的早就吓得面如土灰，裤裆里湿了一片。南进泉索性躺倒在地，又哭又求饶，反而让日本兵用枪托暴打一气，打得头破血流。还是那几个当兵的有骨气，面无表情地迈着不紧不慢的步子，表现出视死如归的样子。杨宝乾心里矛盾极了——立出来亮明身份，先对付着给日本人做事体，然后凑机会逃到曹家埭？不，一个一镇之长，堂堂七尺男儿，岂能卖国求荣，最后落得一世骂名！那就含笑赴死，或者喊几句口号，或者临死前凑准机会拼死一搏？

不不，万一还有一丝活的希望呢？而且我这一死，金珠还有她肚皮里的小囝……想到这里，杨宝乾有点眼泪出了。从隆泰米厂到城隍庙，一路上铺满了鲜血，鲜血滴在阴冷的石板街上，石板街发出嘤嘤的呻吟。日本兵把他们牵到城隍庙门前，用枪托让他们一字排开。接着就听得马蹄声响，一个日军小军官策马来到跟前，狞笑着。再过一歇，几个日本兵赶羊一样地赶着几十个百姓过来。杨宝乾一想不好，万一有人供出他的真实身份哪能办？细细一看，好像侪是陌生人，大概是从四处捉了来的，好在自家到赤松镇就任才半年光景，认识他的人不多，尤其是乡下的农民。突然之间，他在这群陌生人中发现了一个半生不熟的身影，排在后面闪闪忽忽的——低矮的身材，头上扣一顶遮住大半个面孔的破毡帽，露在外面的面部黑不溜秋，显然是化了妆的。他心里一惊，正要设法弄清这个人的真相，那人好像一伛腰，就再也寻不着了。日本人吵嚷了一大歇，看见呒没人出来指认，那个军官从刀鞘里抽出寒光四射的军刀，举起，几个日本兵就退后几步，扳起了步枪刺刀……这毕竟是性命交关的辰光，杨宝乾两脚不由得抖了起来，他想喊他们先不要动手，他想讲自家就是这里的镇长，他想表明自家愿意为皇军效力……可是他忽然看见那些日本兵不晓得为啥又放下了举起的枪刺。

杨宝乾当然不会晓得，就这一眨眼之间，是周兰畦将他和南进泉赵伯康一帮人从死亡线上救下来的。

这天天一亮，宏济堂药店外面就来了一队日本兵，在门前排成夹道两行。过一歇，一个日本军官在一矮一高两个中国人的陪同下，走上了宏济堂的街沿石，其中一个穿西装的矮胖中国人用右手轻轻地敲了几记门。周兰畦开开半扇大门，不禁大吃一惊。

"二阿哥，我是菊畦！你哪能认不出我啦——菊畦！"

周兰畦故意上下左右打量了周菊畦一大歇，摇摇头，准备关门，那个日本军官拔出军刀抵住了门扇。周兰畦就自顾自地返身朝里屋走，那三个人也就跟了进去。

"二阿哥不要误会不要误会，我们是专门来拜访你的。"周菊畦追上来说。

"是呀是呀，老师，我们是特地来拜访你的。"

周兰畦回头定睛一看，那个穿着便衣戴着日本军帽的瘦高的中国人正是他过去的门生费金龙，面孔就烧得通红通红："城隍拜土地，小神受不起，岂敢！"

周兰畦面孔发烧是有原因的。那个周菊畦是他的堂弟，早年曾就读于同济大学，不晓得哪能投靠上了国民党的一个要员，在南京供职。后来抽上了鸦片，在南京混不下去了，就回到胥浦县做起了专门替人包打官司从中敲诈勒索的勾当，周兰畦因此与他不相往来。费金龙也是赤松镇人。十几年前，周兰畦与本县南社的几位社友办了个叫《赤松潮》的刊物，用以鼓吹革命。周兰畦见费金龙要求进步，也有点文才，还有一手好字，就吸纳他进了《赤松潮》编辑部，帮助做些抄写收发工作，从此两人有了师生之谊。好几年前，费金龙突然向周兰畦告别，说要去日本留学，周兰畦怕他去了人生地疏，当即写了几封信让他带上，说有啥困难就去寻找他的这几个同学朋友。可是啥人能料到阔别多年之后，见到的却是这么个货色。

周菊畦虽然一见面就碰了一鼻头灰，但不气馁，仍旧一副笑面孔，因为他是带了重大任务来的：县维持会见赤松镇至今返镇百姓寥寥无几，维持组织也还未成立，旧职人员更是杳无音信，就要求"宣抚班"出面调停，尽快将赤松镇的维持会组织起来，通过维持会再劝说市民复市复业。宣抚班是日本军队的特务机构，网罗一些中国人为日军提供情报。周菊畦也在里头混，还给了他一个小职务。周菊畦知道周兰畦对国民党现政府心存芥蒂，南京方面好几次请他出山侪让他一口回绝了。周菊畦想利用周兰畦对南京政府的不满引诱他为日本人做事体，以此达到日本人对自家的信任和重用。当然这是汉奸逻辑，周菊畦自家是不会怀疑自家的判断能力的，所以当周兰畦面色稍许平和一点后，他就夹杂着刚学来不久的日语讲述了今朝的来意。不想，无论他怎么苦口婆心滔滔不绝，周兰畦就是不响，声色不动。

周菊畦急了："二阿哥，阪本大队长真的很赏识你，才让我陪高桥少佐今朝专门来请你的，真的。"

周兰畦摇头："刚刚你讲的话是杂交的，我真听不懂，哪能啦，啥辰光把祖宗也忘记脱了？"

周菊畦哭笑不得，用赤松镇方言说："二阿哥你随便哪能介挖苦谩骂我我侪无所谓，不过阪本大队长是亲口对我讲的要请你出山做眼事体。二阿哥，我也就是为了生计……"

"哈哈哈，"周兰畦用笑声阻断了他的厥词，"这么讲你得回去代我谢谢阪——啥大队长了。可惜啊，可惜我一介书生又能做得了啥事体呢。"

"二阿哥你太谦虚了，南京政府——"

"你不要给我提南京政府！"

"对对对，是是是，那个娘希匹的，我晓得二阿哥一直就对他——"

"此一时彼一时也，我们今朝免谈过去。"

"噢噢噢，对对对，二阿哥，我就长话短讲实话实讲了。上面的意思也不是讲要你二阿哥哪能哪能的，只是想请你出面维持一下秩序，动员动员逃难出去的人回来复市复业。哦对了，县里维持会的徐会长也说久仰你二阿哥的大名了，他讲赤松镇现在辰光吤没你撑腰啥人也不要想收拾残局，他还讲你要愿意他完全可以让出位子……"

"哈哈哈，"周兰畦又用大笑打断了周菊畦的话，"那好啊，我给你撑腰，赤松镇这个维持会会长让你当，哪能？你也不当？不敢当？周菊畦，凤凰不入乌鸦窠，我的脾气你还不清爽？请你把你带来的客人带回去吧，我要到华严寺做功课去了。请！"

费金龙也是邀功心切，连忙上前对周兰畦说："老师，讲是讲让你出山，其实是借你的威望稳定人心，具体的工作你根本不用操心的，有我呢。真的老师，从今朝起我就留在镇上协助龟田小队长并当翻译，你想念经你只管去念，我只要你的名气。老师，江南这种地方你比啥人侪清爽，才子佳人有的是，可是不像北方，燕赵多慷慨悲歌之士……"

费金龙的话同样被周兰畦的大笑打断了："哈哈哈，费金龙，第一，我吤没教过你书，从今以后请你再不要叫我老师了，我听了筋肉痱子一身。第二，是不是有了新主子把祖宗十八代侪忘记脱了！是的，自古以来燕赵确实多慷慨悲歌之士，可是江南一隅也是英雄辈出的，想当年东林党人，几社复社，陈子龙夏允彝……"周兰畦越讲越激动，长须飘逸。

高桥少佐虽然听不懂，但闻得出是什么气味，就"唰"的一声抽出腰中军刀，但看着周兰畦纹丝不动镇静自若的样子，竟又将军刀插回刀鞘。

费金龙心里很恼火，就手指门外对周兰畦说："周先生，你到外面去看看，龟田小队长马上就要处决一批抗日分子。"

周兰畦急步走到门口，向城隍庙方向一望，心里一惊，气得声音发抖："两国交兵，不杀平民，这是国际惯例；还有，这几个穿军装的，既然他们已经放下武器成了俘虏，你们哪能可以随便杀戮！"

周菊畦以为事体有了转机，说："所以我们要请二阿哥出来维持秩序嘛。维持会成立了，啥人是良民啥人是抗日分子，就由维持会讲了算，省得皇军亲自出马了嘛。"

"那你们马上放人！"周兰畦急切地说。

"二阿哥你答应了！"周菊畦喜出望外，连忙向高桥嘀咕了几句，转身对费金龙说："快，快让龟田太君把老百姓放了。"

事体到此还呒没了结，因为日本人放了那些百姓后就开枪打死了那十名俘虏。周兰畦气愤极了："你们！我刚刚讲了，他们已经放下武器成了俘虏，可你们……"

周菊畦说："二阿哥你听我解释，高桥少佐说那些军人打死了皇军三个士兵，所以一定要用他们的血来祭奠死去的皇军。二阿哥，你一个维持会会长主要的职责……"

"啥人是维持会会长？"

"二阿哥，刚刚你不是答应了的？"

"这样的维持会会长我能当吗？"

"周兰畦！"周菊畦面孔气紫了，"你哪能……我们把人放了你又反悔，这不是把我周菊畦往火塘里推么！"周菊畦一把将周兰畦的领子揪牢，显出一副要拼命的样子，费金龙从外面急匆匆回来说："不好了不好了，刚刚放走的老百姓里有这个镇的镇长杨宝乾。"

周菊畦一惊："你哪能晓得的？"

费金龙向周菊畦耳语，声音轻得旁人一点也听不清。

几天后，街上贴出了赤松镇自治分会的安民告示，无非是让老百姓尽快回来开市开业，建设王道乐土云云，布告上的署名竟然是金兆隆。这几乎是一个爆炸性的新闻。

自然，金兆隆出人意料当自治分会会长是事出有因的。周兰畦拒绝出山后，驻守胥浦县的日军头目十分恼火，下死命令要求龟田小队长必须在某月某日把镇维持会成立起来。龟田就与费金龙商议，但费金龙一时找不出会长的合适人选。眼看限期已近，费金龙这才献出他自家称之为下策的计谋：让金兆隆交出杨宝乾，交不出杨宝乾就让他顶这个差。那天，金兆隆一听得龟田请他到楼里去，早就吓得魂飞魄散，对小麻子叮嘱来叮嘱去，说："今朝我要是出不来，尽早去曹家埭报个信，千万千万不要让他们回来收尸，让金宝把一家大小照顾好。"不想金兆隆进去后不是他想象的那样，费金龙一声一个金老板，龟田还给他让座敬烟。金兆隆正在弄不懂，费金龙开口了："金老板，太君想请你帮个忙哪能？""请我帮忙？"金兆隆只得皮笑肉不笑。费金龙也笑笑，说："金老板不要紧张，不是坏事体是好事体,皇军的意思是想让你女婿杨宝乾当镇上的维持会头头,哪能?"金兆隆这才松了口气,连说"好事体好事体",接下来就装出一副悲痛欲绝的样子:"要是他们俩活着就好了,十月初三逃难一逃散,到今朝一个人的信息也吨没,呜呜!费先生你讲是哦,老古话活要见人死要见尸,我现在连一个尸首也寻不着今后让我一个孤老头子哪能活下去呀,呜呜……"费金龙笑着说:"金老板,你看镇上逃难的人不是正在陆续回来么,不要急不要急,再等几日弄不好一家老小俩回来了。太君的意思要重用杨宝乾,懂哦?""懂懂,我懂。"金兆隆连忙点头称是拔脚就跑,出了门还摸了摸自家的头,觉着总算还在身上,才舒了口气。

过了十来日,费金龙又请他到楼里去。这一次龟田一眼也不客气,一见面就"叽里哇啦"地叫起来。费金龙对他说:"太君讲了,县里维持会已经改成自治总会了,我们赤松镇哪能连个会长也寻不出来。"费金龙又说:"太君讲,你既然交不出杨宝乾,这个自治分会的会长就你来当吧。"金兆隆一听吓一跳,连忙拱手说:"太君太君,我一没文化二没当过官,你就饶了我吧!"龟田看懂了金兆隆讲的是啥意思,还吨没等费金龙翻译过来,就拔出军刀对着金兆龙"死啦死啦"地吼起来。费金龙就说:"金老板这样吧,这个会长你就先做起来,你女婿啥辰光回来就啥辰光让他接过去。"金兆隆说:"费先生,你一看就晓得我这人有几斤几两了,现在你们把这么重要的差使掼给我,将来收不上粮草收不上钞票你们就不要怪我不出力噢。"费金龙大笑道:"你说你不来三哪能把个隆泰米厂搞得来风生水起的?你这话讲给啥人听么?好了,就这样定了,到辰光收不上来你就先垫嘛,哈哈哈!"

金兆隆当了自治会长之后，活得来就像他自家讲的——人不是人鬼不是鬼，生不如死。每次收来粮款，金兆隆还要抽出一些孝敬费金龙，自家还要把账轧平，生怕日本人寻出毛病来。这还是次要的，最让他受不了的是赤松镇上那一双双仇视轻蔑的眼光。有一日他去剃头店剃头，赵伯康见他来就故意顶了个阴阳头让出座位。他说："伯康弟何必这样客气，你剃你的。"赵伯康说："现在你实际上是赤松镇的镇长大人啦，我算啥，给日本人烧得上无片瓦下无立锥之地，卵佬一个人！"金兆隆说："老古话，三十年河东，三十年河西。伯康弟不要太悲观。哦对了，镇上第二保正好缺个保长，伯康弟你看……""不不不，我赵伯康让他们烧成这样，还要我去给他们做事体认贼作父？谢谢谢谢……"赵伯康说得金兆隆眼门前金星直冒，差一眼拿起剃头刀割了自家头颈。

回到家里，金兆隆越想越觉得自家冤枉，还有苦讲不出，就爬上骨牌凳在房梁上挂了根麻绳，打个结，把头颈伸了进去，不过临末这一脚就是哪能也踢不出去。跳下凳，他想还是搭周兰畦诉诉苦，请教请教办法，就过桥直奔宏济堂。冬生告诉他，周兰畦现在不看病不做生意，不晓得忙点啥，人时常不在家，要寻他得问华严寺智越。金兆隆拔脚就朝华严寺奔了去。

第八章

十月初三，日本人打到赤松镇，周兰畦一家人躲进了华严寺，过了些日脚才一个人回到店中。那天，他与周菊畦一伙周旋一番之后，估计他们还会再来，不是迫其就范就是对其下手，所以当天就离开了赤松镇，直到今朝才又潜回华严寺。在方丈室，智越问他去哪里了，作何打算。周兰畦不答，拿起毛笔一边踱步一边沉思。智越为他铺宣纸，磨墨。他将笔在砚台里蘸了又蘸，写下一首诗——

  国难滔天巨，
  病根端可寻。
  五百待兴起，
  一阳看复生。
  鸡鸣乾坤晦，
  松柏破寒清。
  抱道坚贞手，
  凭将天柱擎。

  "好诗，好诗！"智越啧啧称赞，眼睛看着周兰畦的面孔不放，待周兰畦将毛笔扔进笔洗，才问："你要出山了？"

  周兰畦哽咽道："家国不幸，吾辈焉能袖手旁观乎！"

  "上面可有此意？"

  "就是上面不点我的将，我也不能青灯黄卷无动于衷啊！"

  智越摇头："阿弥陀佛！这真叫好刀无事不出鞘。看来你我缘分不深，要分道扬镳啊。"

  周兰畦抓住智越宽袖，说："国难当头，同仇敌忾。只是我担心我这把剑出鞘，弄不好要玷污这佛门之地。所以我最近还要出去几日,把该安排的事体侪安排定当,回来就接家眷向你告辞,这些时日就请智越师多多操心了。"

智越点头:"你放心去吧,你家眷的安全不是问题。他们日本国也信奉佛教,谅他们也不敢来骚扰这佛门之地。"

周兰畦摆手:"这些禽兽不如的畜生心里哪里还有慈悲两字!明朝曾有过倭寇火烧杭州雷峰塔事体。你还不晓得吧——日本兵在南京栖霞寺已经动武杀人啦!所以我在为你担忧,如今寺里还住着几化难民?我的意思不如给些盘缠钿让他们各奔东西,免得让那些畜生毁了这古刹佛地。"

智越说:"也就剩下些走投无路的外乡人了,里面比外面要安全些。我写几封信你随身带上,侪是团近寺院当家和尚,万一碰上啥麻烦就去寻他们。佛家宗旨,普度众生。你这次出山,为的就是解黎民于倒悬……"

两人正说着,有小和尚来讲,隆泰米厂的金老板已经接连好几日来寺里寻周先生了,今朝又来了。周兰畦说,快让他进来。

金兆隆一见周兰畦就痛哭流涕。

"周先生,我活不下去了啊!"金兆隆一把揪牢周兰畦不放,像个走丢了的小囝寻到了自家的父母。周兰畦心里明白,故意笑着说:"听说兆隆兄官服加身了,恭贺恭贺!"金兆隆马上面孔涨得通红,说:"别人这样讲倒也算了,你周先生还不晓得我金兆隆是个哪能的人!我今朝来寻你,就是想请周先生出个主意,想不到——""开个玩笑开个玩笑,兆隆兄不必介意。"周兰畦连忙把金兆隆按到椅子上,"讲句老实话,我也正想寻你去呢。"金兆隆这才舒了口气,一五一十地把近来情况、自家心里的懊恼讲了一遍。

"周先生,你说我现在哪能办?"金兆隆希望能有一个让他脱身的办法,不想周兰畦说:"当,继续当下去。"

金兆隆不相信自家的耳朵,两只眼睛盯牢周兰畦不放。

周兰畦边踱步边说:"兆隆兄,我能忍心看着别人指着你的脊梁骨骂你汉奸吗?不过,实不相瞒,我马上就要拉起一支抗日队伍了,今后最头痛的问题就是给养问题。所以我的意思……"

"周先生!"金兆隆已听出周兰畦还吭没讲出口的后半句话是啥意思了,"周先生,我怕就怕背汉奸的名分啊。"

周兰畦说:"我理解你的难处,可是你想想,如果你现在就掼纱帽,日本人能饶了你?而且他们的目的是要把杨宝乾引出来。"

"我大不了一死了之!"

"这是气话。就算是真的,你死了他们再物色个会长,万一是个铁杆汉奸呢,老百姓不是更要触霉头了吗?"

"这种道理我也懂。怕就怕万一让这帮日本乌龟发现我在为抗日军队提供粮饷,不把我吃脱!"

"风险是肯定有的,不过我们会随时随地保护你的,也算是帮我一次忙。"周兰畦说,"据我所知,小日本侵占中国之后,他们的主要精力放在攻城略地上,后勤保障倚靠伪政权张罗。你想想,大凡有点良心的中国人有几个会心甘情愿、死心塌地为侵略者卖命的?你再想想,如果每个乡镇每个县的维持会组织俦能暗中为抗日队伍提供一些支持,抗日力量不断发展壮大,那末他们小日本的末日也就越来越早了是吧。你要相信:一个民族暂时霸占另一个民族的国土历史上的例子摸老老,可是永远也休想征服另一个民族的心!"

"周先生，我明白你的意思——为了抗日，这个会长要继续当下去。"

周兰畦上前一把抱住金兆隆，热泪盈眶："兆隆兄，对不起，对不起你，不过这个情，将来——抗战胜利之后——一定会还你的，一定……"

接下来，周兰畦就向金兆隆交代了联络方法等方面的细节，突然之间问他："听说严文魁去你那里了？"金兆隆说："是费金龙硬塞过来的，说给我配的几个乡丁侪是'不'字不识认作三脚架子的，严文魁肚皮里有墨水，今后写写算算就由他弄，让我省力点。"周兰畦说："防人之心不可无，何况你是要在日本人刺刀尖上跳舞，除了日常事务，千万不要让他晓得任何事体。讲实话，这个人我真吃不准。"

一个小和尚慌慌张张冲上楼来，对智越说不好了，日本人强行闯进寺里了。金兆隆马上吓出一身汗，说："不好了，一定是他们跟梢我跟到这里来了，周先生……"周兰畦拍拍金兆隆肩膀，同时把刚刚写的那诗折叠收拢，塞进长衫，说："那倒未必。智越师你陪兆隆吃茶嘎山湖，后会有期！"跟着拱拱手，打开后窗嗖的一声跳上窗台，一纵身不见了。金兆隆正要走近窗口去看看周兰畦这一跳究竟如何，让智越挡住了。智越边关窗边大声说："吃茶，金老板吃茶！"金兆隆这才相信了过去听来的有关周兰畦的侠义传奇故事，心里就好像轻松了许多，举起茶盅说："吃茶，智越师！"

几个日本兵荷枪实弹跑上楼来，在方丈室门口两旁笔笃站好，接着就见费金龙引着龟田走了进来，金兆隆的屁股连忙离开椅子迎了上去，智越双手合十念了声"阿弥陀佛"。费金龙把整个房间扫了一眼，说："智越，这是龟田太君！"智越问："施主有何盼咐？"龟田并不理睬，只顾观赏墙上字画，后来叽里咕噜说了一气。费金龙对智越说："太君问你呢，听说这华严寺是明朝洪武年间建的，一定有啥好物事，拿出来给太君饱饱眼福。"智越吃了一惊，不过很快平静下来，说："听先生的口音，一定是本乡本土的人。翻译官先生应该知道的，这地方自明朝以降，战乱不断，匪患不绝，哪还有啥值钱的好物事呀。""太君不是这个意思。太君的意思是这几百年的古刹，能不藏些镇寺之宝？""啥？镇寺之宝？""几卷经书。""几卷啥经书？""几卷……我哪能晓得什么经书么，反正我是早就听说过的，是华严寺那个叫啥禅师刺指沥血抄的啥经，对对，是华严经，华严经！""我……哪能吭没听说过？""你装你！一个当家和尚不晓得自家寺里藏了啥镇寺之宝你骗啥人呀骗！""哦——施主你讲的是华严经？有，有。""那还不快去拿出来让太君看看！""我哪能拿它下来呀？""园啥户荡了？""你看——"费金龙顺着智越所指望过去，那是华严塔之顶。费金龙说："那就叫人上去取来。"智越皱皱眉头说："这塔下三层是空心的，有楼梯可上，四层以上是实心的，当时这么设计，肯定是为了保证血经安全。"费金龙将信将疑，盯了智越一大歇，与龟田嘀咕几句，一起下楼去了。

一歇歇工夫，一个日本兵又上了楼，气势汹汹地用枪驱赶智越下楼。华严塔旁白果树前已立着一群在寺里避难的外乡人，在他们的周围是闪闪发光的刺刀。龟田挥着军刀在吼，费金龙对智越说："老和尚，皇军早就布告四方，啥人也不许窝藏军人，你违抗皇军命令该当何罪？"

"老衲不敢。"智越从容回答。

"你看看这些人是从哪里来的?"

"这是些无家可归的人,出家人以慈悲为怀,就收留下来了。"

"你哪能晓得这些人里头就呒没当兵的,嗯?"

"你们仔细看看,不侪是些妇孺老弱之躯?"

费金龙用手指点着人群中的妇女说:"你们侪给我走出来,年纪五十以下的!"见呒没一个走出人群的,就向龟田嘀里咕噜一阵,龟田听罢嘿嘿怪笑,随后一声令下,那些日本兵就饿狼一般扑向人群,专挑头发长的往外拖。那些妇女心里明白是怎么一回事,拼命地挣扎对抗。她们的老人和孩子为了帮助亲人,与日本兵纠缠在一起,有抱大腿的,有扯衣裳的,更有胆大的拾起地上砖瓦与日本兵对峙的。于是,日本兵就用刺刀和子弹来对付他们,刹那间,血肉横飞,惨叫声不绝于耳。一个十二三岁的男小囝张嘴咬住了抢他母亲的日本兵手背,那个日本兵甩开男孩后,开枪打死了他,然后用刺刀刺穿他母亲的肚子,挑在空中狂叫狂舞。一个十岁左右的女孩被一个日本兵追逐着要就地强奸,她的祖母跟上去阻挡,日本兵恼羞成怒,一刺刀刺向老妇人,老妇人用双手拽住刺刀就是不放手,龟田见那女孩跑远,举起手枪就是一枪……眼看古刹成了屠场,人群中有人喊了声"住手",就见站出一个人来。

那人一副年老农民打扮,老布衣衫蒲草鞋,一顶罗宋帽像行灶一样扣在头上,只露出一嘴一鼻两只眼睛。他走向龟田,同时将罗宋帽摘下掼到地上,就显露出了军人特有的气质。他用一口北方话对龟田和费金龙说:"你们不是要抓武装人员么?我就是,十月初三那天就是我组织了部分士兵在街口打伏击的,后来我从镇上逃了

101

出来，混进难民中间逃进寺里的。所以你们有啥话就跟我讲，想剐想杀随你们，跟他们毫无关系，跟这个寺里的师父也毫无关系。"那人说着，从腰间取出一把手枪掼到地上，吓得龟田和费金龙倒退几步。一个士兵拾起这把手枪拉开枪栓，枪膛呒没子弹；另一个士兵去搜身，呒没搜出其他武器。这两个日本兵拳打脚踢地折磨了他一大歇，然后将他捆了。

费金龙阴阳怪气地问智越："老和尚，你不是讲你这里侪是妇孺老弱么，那这个人是啥？"智越回答："我不晓得他化了装混在百姓里头。""你当我阿胡卵啊你！不是你故意隐藏军人还会是啥人？嗯！"智越说："确确实实不是我故意藏的，不过这桩事体由我负责，你们快把难民放了。""放呀，啥人讲不放了？皇军要建设王道乐土靠啥？皇军要修炮楼筑工事靠啥？靠人！哦对了，刚刚你不是讲这桩事体由你负责吗，有种，老和尚有种，哈哈哈！来人，把他也捆起来，两棵树上一人绑一棵。太君讲了，今天要烧这两个抗日分子以儆效尤！"

两个日本兵要来捆智越，冷猛生里只见另一个和尚挡在了智越身前。他说："这桩事体与我寺住持无关，侪是我慧超所为。"费金龙问："你是做啥的？"慧超说："我是这里的首座，后勤由我负责，难民在这里的来去吃住也由我过问，是我暗藏军人，我反对日本人侵占中国，我对你们烧杀掠抢荼毒百姓恨得要死……"慧超越讲越激昂，自家走到一棵白果树下，与对面一棵白果树下的军人相互点头……

金兆隆就在楼上，当绑在树上的人被烧着之后，只见智越的身体在颤抖，最后竟瘫倒在地上。

智越醒来时已躺在床上。周兰畦及其夫人女儿和金兆隆均在床前。智越正要讲啥，周兰畦说："我侪晓得了，我准备把她们转移到远一点的乡下去。"智越说："亏得这帮强盗呒没搜到偏殿密室，要不……""当时我就在那里，最多拼个鱼死网破而已。""那你把肩上的重担就掼脱了？你掼脱了让啥人来出头号召？"智越的话让周兰畦对这个佛门弟兄更加看重了。金兆隆受到惊吓，反而胆粗了不少，说："周先生，智越师讲得对，你一定要帮镇上的老百姓出出这口恶气啊。""有你这句话我就放心了。"周兰畦说，"联系的方式我侪交代给你了。不过你放心，我们不会无节制地向你要粮要钞票的。你要小心，不要暴露自家。哦对了，那几个伤得重点的难民我侪给看过了，就两个肚肠摊出来的，因为流血过多恐怕……药我也给西堂交代好的，只管以我的名义到我店里去拿，寿生和冬生心里侪有数的。只是……""兰畦你不用管了，我晓得你想讲啥，我会给他们念经超度的。这些强盗竟然在古刹佛地大开杀戒……"智越老泪纵横。

华严塔旁那两株白果树被烧过之后，就日渐枯萎了。

第九章

华严寺发生的惨案不胫而走，传遍四乡八里，还登上了上海的报纸。所以本来引娣极想返回赤松镇，为丈夫分忧解难，后来就不敢回去了，直到得知镇上生活已基本趋于平稳，她才与金宝一起返回镇上。

这些日脚,事实上乡下的日子也越来越不太平。日寇占据市镇后,国民党63师的一支部队和共产党小股抗日部队,就吭没停止过在江浙交界一带的军事活动,瞅准机会就打一个伏击,打完就无影无踪。日军因此非常恼恨,发誓要消灭这些小股武装,就经常对农村进行扫荡。不过抗日部队凭借地熟人熟,很少让日寇得手,杀人魔鬼就把气发泄到老百姓身上,不是抓人,就是放火烧房,弄得农民四处躲藏,苦不堪言。可人还要活下去地还要种下去啊,所以只要不见日军有啥动静,就得赶紧忙活,盼望着有个好一眼的收成,把灾难深重的日脚熬过去。

黄梅天一过,正是水稻耘耥的关键辰光,眼看着田里稗草比稻棵还要长得高了,为防日本人的扫荡,乡亲们心急火燎又无可奈何。一连三天的大风大雨后又是细雨不断,落得村路泥泞不堪,曹家埭人估计日本兵不会出来骚扰了,就不约而同地下地做生活去了。女人们头顶芦花布头巾,跪走在稻行中拔草;男人们头戴斗笠身披蓑衣,手里握着竹耥竿,一来一往地梳理着板结的地皮;岸上还有送水送饭的老人小囝,此起彼伏地呼喊着自家亲人的名字。

金珠待桂芳家一家人下地去后,就把小竹床搬到门外房檐下,然后把出生不久的小囝放到竹床里。小囝因为早产加上营养不良长得瘦小,也不晓得哪里有了毛病,夜里不困觉,哭,弄得桂芳一家人把"天皇皇,地皇皇,我家有个小儿郎,过往君子读一遍,一夜睡到大天光"的红条子贴遍村里村外。不过也许正因为这,这小囝两只眼睛就显得特别大而呆滞,让人见了更加爱怜。本来农村有的是鱼虾鳅螺,只要桂芳家有人去捉点来给金珠补补身体,奶水是丰足的。可是有一次桂林捎了把铁铲去给金珠掘泥鳅,被日本人撞见以为他扛的是枪支追了两里地,亏得桂林躲进了坟场的蔷薇丛里才逃过一劫,不过出来时发现身上扎满了蔷薇刺。自此金珠就坚决不让桂芳家人为她去冒险了。哄小团安静下来后,金珠就返身进屋拿来针线盘和一个马上要完工的小肚兜,坐在竹床旁一边缝纫一边唱儿歌——

  天上星,地上星,
  阿妈给你拿点心。
  拿的啥点心?
  豆腐炒面筋。
  面筋甜,买包盐;
  盐味咸,买只篮;
  篮底漏,买斤豆;
  豆味香,买块姜;
  ……

因为缺少奶水,吮没吃饱,小团又饿了,哭。金珠觉得对儿子愧疚,抱起儿子亲吻,儿子就哭得更加响亮了。小团的哭声飞向田间地头,一歇歇工夫,田野上飘来了歌声,像是桂芳阿爸——

  十月初三雾露开
  东洋乌龟打进来,
  大地一片哭哀哀。

……

血债还需血来还，

总有一天把身翻。

……

金珠泪流满面，边香着儿子边说："宝贝听见了吧，血债要用血来还，血债……"她突然想起啥事体，把小团放回竹床，说："宝贝乖，阿妈给你拿个好物事来，去去就来。"

金珠是去取她那串珍贵的珍珠项链让儿子玩白相的，可是当她捧着项链回来时，被眼前的情景吓住了——一个男人正抱着她儿子狠命地香着小面孔，香得小团哇哇直哭。她连忙藏起项链，随手从大门背后抄起一把竹刀，屏住呼吸向前靠去。那男人听得背后响光，突然掉过头来，然后就叫道："金珠，我是宝乾，杨宝乾。金珠！"金珠还不敢相信，身体向后缩了缩，细细打量——杨宝乾一身农民打扮，过去总刮得铁青的面孔上爬满了赖柴胡子，胡须上沾满了摇摇欲坠的雨珠。她放下竹刀，跑过去，用拳头擂杨宝乾的背脊骨，嘴里不停地发泄着心里的怨气："你个死人！你还来做啥你哪能不死在外头……"杨宝乾任随金珠打骂，直到她发泄完了，才把小团用左手拢住，用右手一把将她搂进怀里："金珠，你受苦了，侪怪我，怪我……不过现在好了，我是专门来接你们的。我已经托人在上海法租界弄到一间房子了，明朝，不，等一歇，等一歇你和宝宝就跟我一起走。"金珠还在生气："不，我不走，宝宝也不去，你既然把我们母子俩掼脱了连看也不来看一看，你晓得我搭宝宝……呜呜……""金珠，不是我不来看你们，是日本人四处在搜我，我若贸然来到曹家埭，万一被日本人发觉了，这不害了你们搭桂芳娘家一家人吗？快点准备准备，我去寻桂芳家的人，酬谢酬谢，多亏他们照顾你们母子……"杨宝乾的话被一声枪响打断，他将儿子送进金珠怀抱，随后拔出手枪，跳上房前的柴堆向枪响处望了一歇，跳下，对金珠说了声"我先去那边看看"。

杨宝乾跑到村口一看，在田里做生活的村民已扔下农具四处逃窜，远处十几个日本兵在两个穿便衣的汉奸引领下向村里扑来。杨宝乾奔回桂芳家，见金珠一手抱着小团一手提了个包裹在屋里转圈，就跺脚道："你还等我做啥！快点寻个户荡躲起来。"金珠说："快，快跟我去曹家老坟。"杨宝乾摇头："来不及了，这样，你领你的小团装得搭平常一样，我想办法把他们引开。"说完他就要冲出门外，可是来不及了，村里已经鸡飞狗跳，场角那棵老榆树上的一群乌鸦惊叫着纷纷飞起……

日本兵一到桂芳家门口，就先把整个宅院包围了。金珠此时已将小团放回竹床，自家拿起那红肚兜缝制起来，不过心里紧张得不能自控，针尖不时戳到指头。叽里哇啦的叫喊声停歇之后，一个穿便衣戴军帽的中国人来到她面前。她连忙垂下眼睑，故作镇定地继续缝纫。

"嘿嘿，一看这张面孔就晓得是赤松镇镇长太太第一大美人金珠了。"那人围着金珠转了一圈，随后与一个留仁丹胡子的日本军官嘀咕，接着又对金珠说："太君问你：你把杨宝乾藏啥户荡了？"

金珠略微抬头，觉着这人有点眼熟。

"他死了。"金珠尽量用平静的语气回答。

"死了！杨宝乾死了？嘿嘿，啥辰光死的？死在啥户荡？"

"旧年十月初三。十月初三逃难逃散后就再呒没见到过他,不死还能活着?"

"金珠小姐——哦不不——杨太太,你不用怕,我叫费金龙,也是赤松镇上的人,你小辰光我肯定见过,真的,对对,好像在周先生周兰畦家,好像还抱过你呢,两只小辫子,已经蛮出俏的了。"

金珠再次微微抬头看了费金龙一眼,说:"既然是本乡本土的,那就请费先生多照应了。"

"那当然那当然。所以我刚刚对龟田队长讲了,杨太太是个灵清人,要不然他们早就……早就不客气了。"

"费先生的意思……"

"杨太太,你晓得我们来这里的意思。"

"为了杨宝乾?我不是讲了,死了,十月初三——"

"可是据我们所知,杨宝乾呒没死,弄不好就躲在这里!"

龟田已经等不及了,哇哇哇地叫起来了,几个日本兵就冲进去,分头到各个房间搜查起来。金珠听到各个房间传来噼里啪啦的声响,眼前已是一片空白。

"杨太太不用怕。"费金龙说,"龟田队长寻找杨先生的目的不是要想把他哪能哪能的,是想让他出来为皇军做点事体。听明白了吧杨太太?"

金珠这个辰光的注意力集中在各个房间的动静,她记得刚刚杨宝乾是向屋里头跑去的,估计他今天是在劫难逃。一歇歇工夫,几个士兵先后从里面出来,没有带出什么人来。金珠一颗跳到喉咙口的心终于落了下去。可是她感到离奇:就屁股大的地方,人躲啥户荡去了呢?难道飞了不成?

费金龙自言自语:"会不会情报有误?"就又转身威胁金珠说:"你快讲,你再不讲太君就要光火了。"

金珠已经打定主意,还是那句话:"他死了,十月初三至今……"

费金龙急坏了:"不可能!我实话告诉你——杨宝乾让皇军抓到过,是周兰畦把皇军骗了才让他逃脱的,杨太太你不要敬酒不吃吃罚酒!"

她还是重复着那句话:"真的,他死了,自从十月初三……"

费金龙失去了耐心,一巴掌打过去,金珠面孔上立即留下了五个指印。他气急败坏地说:"我把丑话亟在这里了:你今朝必须把杨宝乾给我交出来,交得出得交,交不出也得交!"

金珠觉察到嘴边有血在往下淌,抬起手背揩了揩,又拿起针线做起生活来。她自家也觉着弄不清爽了,事到如今,哪能手也不抖了,心也不乱跳了。不过,当她用余光瞥见龟田一边与费金龙交头接耳讲话一边定洋洋地看着她,心又剧烈地跳开了。

果然,费金龙对金珠说:"走吧,太君讲了,让你跟我们走一趟。"

"去啥户荡?"金珠紧张地看着费金龙。

"嘿嘿,还能去啥户荡,皇军那里嘛。"

"我还有个吃奶小囝。"

"那就把小囝也带上。"

"不!我不去!"

"杨太太哟,龟田队长这样看得起你,你还臭豆腐摆架子呀,啊哈哈,走吧!"费金龙说着就去拉金珠,金珠双手拉牢竹床不放,吓得小囝哇哇直哭。金珠甩开费金龙抱起儿子哄着，费金龙示意了一下，两个日本兵就向金珠走去。费金龙说："请吧，杨太太！"

金珠心想看样子不走是不行了，说："那我一个人跟你们走吧。"

"不来三！太君讲的，小囝是人质，看他杨宝乾出不出来。"

金珠一急，随手从针线盘里拿起一把剪刀，怒不可遏地说："姓费的你听好了——要末留下我儿子要末我跟他一起死！"这一着还真灵，龟田跟费金龙嘀咕几句，费金龙向金珠摆手说："快把剪刀放下，放下，太君讲了，就你一个人走总可以了哦？"

金珠生怕有变，一手仍旧握着剪刀，抱着孩子走到墙角，背对着他们，将小囝的头塞进衣襟之内。小囝的面孔一碰到乳房，小嘴马上就叼住乳头吮吸起来。金珠轻轻地说："宝贝，快吃，吸呀，狠命吃，把阿妈的奶水吃光，吃光……"小囝可能吸不出多少奶水，小嘴失望地放开乳头，汗涔涔的小面孔从阿妈衣襟里钻了出来，眼睛骨碌碌地望了望那几个凶神恶煞般的陌生人，吓得又钻进阿妈的衣襟。金珠一手抱着儿子一手狠压乳房，她要让儿子吃饱喝足。终于儿子从衣襟中钻出，小面孔红扑扑的，小嘴边溢满了乳汁。金珠帮他揩干嘴巴，自己扣好纽扣，把儿子放回竹床，心里默念着天老爷保佑。小囝吃饱喝足，咂咂小嘴巴，一歇歇就困去了。金珠把被单给儿子掖好之后，就被日本兵带走了。

当杨宝乾从灶膛里钻出来的辰光，已经成了泪水、汗水和着草灰的泥人了。他抱起熟睡的儿子，跪在大门口，向着村口方向呆望。村民们看着日本兵远离了村庄，这才三三两两地从各个幺二角落里钻了出来。桂芳第一个奔回家中，见杨宝乾怀抱着小囝跪在细雨中，哇的一声就哭了。桂芳一家人陆续回来后，都劝慰过杨宝乾，但他依然跪着不起，而且一面孔杀气。桂芳不忍心小囝淋在雨里，就说："你把小囝给我，他会淋出毛病来的。"杨宝乾这才如梦初醒，抱着小囝立起，朝桂芳走两步，又"扑通"一声跪下："嫂嫂，我求你看在金珠面上，无论如何将这个小囝收留下来。"说着将小囝送进桂芳怀里，向桂芳连叩三个响头。杨宝乾因自家有权有势，加上年纪比金宝桂芳侪要大不少，所以还咙没叫过桂芳一声嫂嫂，平时见面多以点头为礼，万不得已辰光也就叫声金珠阿嫂或金珠阿哥，所以桂芳这一刻让他叫懵了："……你、你……要做啥……"

"此仇不报，我杨宝乾枉为堂堂七尺男儿！"

桂芳阿爸在一旁老泪纵横地说："杨镇长，有道是君子报仇十年不晚，你就这样单枪匹马的，你这不是去送死么？"

杨宝乾仰天大笑，笑得大家汗毛凛凛。他又朝桂芳阿爸连叩三头："我先谢过你搭你一家人了。不过老伯你说我单枪匹马去送死，那就是小看我杨某人了。老伯你放心，我杨宝乾再怎么样，也是不会拿了鸡蛋去碰石头的。不过你等着，看我是哪能搅它个赤松镇天翻地覆的！"讲完，他噌的一声立起，抖落身上雨水，头也不回地扬长而去。

第十章

就在金珠接到杨宝乾的来信病倒后还咙没完全康复过来的辰

光,杨宝乾回乡省亲的电报又发过来了。不过这一次不像前一次,前一次是突如其来,这一次思想上已经有所准备,所以金珠吮没被这个消息击倒,不过赤松镇因此几乎沸腾了。

赤松镇是个弹丸之地,东街放个屁,过一歇西街就臭气冲天,哪家发生点鸡毛蒜皮的事体,用不了半个时辰就会炒得满镇风雨,更何况是大名鼎鼎的杨宝乾要回来这样爆炸性的信息了。有的说,杨宝乾如今是香港大老板,这次回来就是要接一家老小去那里享福的;有人讲杨宝乾实际上人还在台湾,早当上大官了,弄不好还是借因头来刺探情报的;有的说杨宝乾在那边早就重新成家了,这次回来是要与金珠正式解除婚姻关系的;还有的讲杨宝乾通过他儿子金剑光与镇上的领导通过气了,说是要回来办厂办公司,一记头就投资一个多亿港币……总而言之,一个比一个讲得头头是道,言之凿凿。金珠走在街上,会有许许多多羡慕的同情的嫉妒的目光追随,也会听到许许多多闲话。"看看金珠,一副福相,当初我就讲过的,这个女人将来一定会大富大贵的,王宝钏一个,哪能?""金珠真不容易,苦了大半世,总算熬出头来。""听说杨宝乾在那里早就子孙满堂了。""那他姓杨的就太对不住金珠了,一个女流之辈为他背了半世罪名,差一眼把性命也搭进去,他要掼脱金珠,还是人不是人!""嘿,香港台湾就搭我们旧社会一样,有财有势的照样三妻四妾,你也不能强迫人家杨宝乾一个人过日脚嘛,再讲啥人晓得还有个改革开放最后还能衣锦还乡么。""杨宝乾真要在那边成了家养了小团,这出戏倒难做下去了,嘻嘻。"金珠听得这些议论,恨不能掘个地洞钻进去,所以就极少出门,万不得已出门也是来去匆匆。

金珠心里一清二楚：是儿子和新妇回了信，对方就决定回来探亲了。这本来是很正常的事体。改革开放以来，尤其是国家允许大陆百姓与港澳亲属相互来往以后，过去被视为灾难的境外关系已变成了荣耀和财富的代名词，儿子完全有权利与自家父亲联系；反过来讲，做父亲的要认自己的亲生儿子，也是天经地义的，作为妻子和母亲，有啥权力可以去阻止呢？可是……金珠为难啊，她几次要想与儿子新妇交换一下各自的想法，可是话到嘴边又缩回去了。同样，儿子与新妇显然意识到他俩的这种先斩后奏做法已经伤害到了母亲，因此总是想方设法回避这事，把话题岔开。不过，随着杨宝乾归期越来越近，这话题免不了。

　　那天早晨，金珠送孙子上学堂回来，只见镇政府几个人和儿子在家门口讲话。

　　"金珠同志，送孙子上学去啦？我们是专门来看看你的，嘿嘿。"说话的是镇长孙秋根。孙秋根过去是镇上的民兵干部，当过武装部部长，历次政治运动中金珠呒没少跟他打交道，她最怕他那张冷若冰霜的长面孔，平时一看见他就要下意识地躲避。可是，今朝那张马面好像被铁匠锻打过，变成了热情洋溢的圆面孔。金珠已无路可退，只得竭力装出一副高兴的样子说："孙镇长，你们……到屋里去坐吧。"

　　"不用了不用了。"孙秋根说，"金珠同志，听剑光同志讲，前些日子你身体不大好，我们早就想过来看看了，就是忙，呵呵，多多见谅多多见谅！噢，我还有个会要参加，长话短讲吧，听说杨先生就要从香港回来探亲了，我们想了解了解你们家还有啥其他困难需要镇上解决……"

剑光说:"阿妈,孙镇长的意思是要给我们家落实政策,把楼上那几间房子腾给我们住。还有……"

"房子问题我们昨日会上已经定了,楼上先腾出来粉刷粉刷,你们可以搬上去住,楼下当年'共产风'刮脱的几间嘛,我们核实好了就给你们个答复。剑光,你明朝就去小倪那里拿钥匙,啥人要推三阻四,你就直接告诉我。再有就是——哦来啦,镇政府给你们买了一套家具,你们看先摆放在哪里。金珠同志,总不能让港澳同胞回到家里一看太那个了嘛,啊——哈哈哈!"

金珠顺着孙秋根眼光的方向看去,一辆装有家具的绿色解放牌卡车正从赤松桥上开下来,披红挂彩的。接着响起了锣鼓声,一大帮小把戏撑着车屁股向这边涌来。金珠吃了一惊,大声喊叫:"不要不要,我们有,我们啥也不缺,啥也不缺。"可是汽车一眨眼就开到家门口了,镇政府的人就爬上车卸家具,金珠左拦右堵,孙秋根把金珠劝到一旁说:"金珠同志,这是镇党委镇政府开会定了的。我晓得你们心里有顾虑,那侪是极'左'路线留下的阴影嘛。现在改革开放啦,炎黄子孙一家人,过去的事体就让它过去吧!杨先生出门三十多年妻离子散天各一方,回来就很不容易了,他的爱国之心可敬可佩……"孙秋根讲得起劲,一直坐在墙脚根孵太阳的金兆隆突然之间像发了疯一样,"扑通"一声跪在孙秋根脚跟前,鸡啄米般叩头:"同志你们就不要为难我家金珠了,我求求你同志!那个姓杨的我们不认得,老早就断绝关系了,再说当初也是姓杨的逼婚……"讲着讲着,眼泪就下来了,浑身上下抖得像筛糠。这一来倒把大家吓坏了,抬人的抬人掐人中的掐人中,乱成一团。孙秋根也慌了:"金珠同志,这……我们完全是一片好心……县统战部蒋部长亲自在电话里讲了的……这……"金珠说:"孙镇长,你能不能让他们把锣鼓停一停?我阿爸听得锣鼓家生响,可能以为又要抄家了,又要拉出去批斗了,所以……再讲今朝你们拉了物事朝我们家里送,他一定是七想八想想不明白,就……"

那帮人走后,金兆隆才恢复正常,金珠笑道:"你也是!听到锣鼓家生就吓成这个样子。现在是啥年代了,报纸上广播里讲过几化遍数了,让动员外头的亲属回来。黄泥浜褚景龙不是前两个号头回来过了,不是一眼也呒啥么?"

"褚景龙在解放前只是当过几天警察,我们家那个杀胚哪能可以搭褚景龙比,有十个头也早就被杀脱了。"金兆隆说,"金珠,你真要认那个杀胚?"

金珠看着父亲,不响。

金兆隆摇头苦笑:"寒天呷冷水,滴滴在心头。不过剑光要认,你也不能阻止他去认。"

金珠的眼光从父亲身上移开,看着窗外的天空——阳光灿烂,令人目眩。

金兆隆晓得囡儿的难处:"那你就搭剑光讲清爽了,我们不回音不理睬,他还回来做啥。"

金珠还是不响。

金兆隆完全理解囡儿的矛盾心理,说:"我晓得你难,吃这个杀胚的苦头吃得也太多了,应该让他回来补偿补偿了。"

金珠吃惊地说:"阿爸……"

金兆隆说:"这个社会也真是的,一个十十足足的反革命现在反倒吃香了,镇里专门为他腾房子买家具——哦,听说那个洞里赤链蛇也平反了,就要回镇上来了。好人呢——你讲潘老师几化好的一个人,嘿,反而到现在也不晓得死活,要是潘……"

"阿爸!"

"哦不讲了不讲了。不过我又想啊,这个人啊,骨子里强盗胚一个,可在情义两个字上,倒是呒没闲话讲的,你想这么多年数了,还要寻到家里来。"

"他想要儿子,儿子可以给他传宗接代。"

"这是当然的,老古话,血脉相通嘛。不过金珠,这个杀胚对你还是蛮……那个的,血性得很哪,那一年你让东洋人从曹家埭带走,他不是把赤松镇差一眼弄了个底朝天?"

日军在赤松镇河南滩修筑了炮楼,一小队日本兵搬了进去,金家的楼房成了汉奸队的住所,金兆隆一家则仍然住在厂区内的小杂院。镇上大部分人家回来了,人们一边落眼泪一边在废墟上重建家园。许多商铺重新开业,只是再也看不到昔日的繁华了。

金兆隆就像换了个人,黑头变成了芦花头,背佝偻了,两只脚趴得更开了,走起路来像只螳螂。他忙,忙得不可开交。伪县公署成立后,赤松镇自治分会改成了镇公所,凡是县公署压下来的任务他就要去完成,像催粮要款、社会治安,给日本兵和汉奸队筹措各种各样物资款项等。除了给伪政府卖命,他还要为国民党地下县政府服务。他们呒没固定的办公地点,不过讲来就来了,来了就是要粮要款,十万火急,能不给吗?对此局面,县伪公署也无可奈何,县区两级政权各自为政,到了乡镇保甲这几级就只得默认了。这就苦了这些乡镇保甲长们,本来已是民生凋敝,又要让他们收双份捐，能不遭百姓唾骂？为此，金兆隆几次想逃之夭夭，只因为舍不得那点家产又碍着周兰畦面子，只得苦苦支撑。

当然最让金兆隆心焦的还是金珠。那天金珠被日本兵从曹家埭带走后，消息很快就传到了他耳朵里。据讲，这些畜牲沿途又捉了七八个妇女，快要到镇上的辰光遭到了一股武装的袭击，所以只看见日本兵押着三四个女人回到镇上。金兆隆问费金龙要人，费金龙却说："你来问我要金珠？皇军还想问你要金珠呢！你讲实话，你到底把金珠园啥户荡去了？"金兆隆一头雾水，差小麻子去曹家埭打探消息。小麻子回来讲曹家埭已成一片废墟。小麻子听曹家埭邻村的人讲，因为那天日本兵在回去的路上遭到袭击，第二日就实施了报复，把曹家埭的房屋都烧掉了，所幸当天曹家埭的人不知为何侪不在村中。

眼睛一眨，又是半年过去了。这天夜里，金兆隆像往常一样困在床上辗转反侧，忽然间听得外面有啥响光，一惊，翻身下床，蹑手蹑脚走到窗前撩起窗帘一只角向外看去，只见几个黑影陆续跳进院内，接着就听得压得很低的叫门声。引娣懵里懵懂问他："啥人么？"金兆隆在黑暗中作嘘声手势，耳朵贴到门缝上，终于一边开门一边骂了起来："姓杨的，你把我们金珠害得……"话还吪没讲完，就被杨宝乾用手捂住了嘴巴。"弟兄们快进来。"他轻声向外招呼，就有四个黑影闪进屋里。杨宝乾叫了一声"阿爸"，以前是用"金珠阿爸"称呼他的。"我侪晓得的，狗操的东洋乌龟，今朝我要救不出金珠，我就搭他们同归于尽。"金兆隆一听吓一跳，少有地叫了一声"宝乾"，说："你们这是拿鸡蛋去碰石头。"杨宝乾说："就真的是鸡蛋碰石头我今朝也要碰一碰。""你们这是寻死，我不……"杨宝乾听得金兆隆声音越喊越响,就用枪口顶住了金兆隆太阳穴,说:"你他娘的再喊我就……"见金兆隆不出声了才又放低声音说:"那天我去镇公所寻你,就是想接你们搭金珠一起去上海租界的,想不到你人不在,只有严文魁这个赤佬坐在你办公户荡吃香烟,只得掉转身去了曹家埭,啥人晓得把日本乌龟引到了曹家埭,结果……"金兆隆惊魂稍定,轻声说:"那你还用枪顶牢我做啥?还不请大家坐下来歇歇。"又说:"炮楼里有一个小队日本兵呢,再加上楼房里的三十多个汉奸,加起来顶你们十倍多,你们这不是来送死么!"杨宝乾轻声笑道:"送死?情况我们侪摸清爽了,你就看我哪能弄个天翻地覆吧。"金兆隆说:"宝乾,金珠是死是活在炮楼不在炮楼还不晓得,我看你就……""我活要见人死要见尸。"金兆隆听杨宝乾这么说,估计不可能说服他了,就说:"那你们千万千万要小心啊。"杨宝乾说:"你放心,我们就在这里避一避,等一歇外面炮声一响我们就走的,你们困你们的觉,就当啥事体也吭没看见。"就在讲这话的辰光,河对过真的响起了几声土炮声,还夹杂着枪声,接着就听得炮楼上日本兵打出的机枪声,再接着是楼房里汉奸吹响的警笛,最后就是杂乱的脚步声和越来越激烈的枪炮声了。"走!"杨宝乾一声令下,五个人相继蹿了出去。

杨宝乾袭击日军是经过缜密安排的。早在好几日之前,他就乔装打扮带了几个弟兄弟来过赤松镇。先是侦察熟悉情况,夜里又下了赤松溪,想捞出十月初三国民党士兵攒在河里的那些枪支,可惜捞了半夜就捞上来他从南阳春茶馆甩下去的那支手枪。昨日天刚黑,他们就来到了镇旁边的村庄里了。

杨宝乾用的是调虎离山计,用五十多人吸引敌人到河北,五个人在河南解救金珠。他们五个人接近炮楼一看，炮楼竟然大门洞开，杨宝乾就叫喊着金珠的名字带头进了底层。呒人回应，他们就打开手电筒搜寻，仅有几双幽魂一样的眼睛在闪烁，细一看，是几个气息奄奄的妇女。问她们可晓得金珠下落，一问三不知。一个弟兄就呼着金珠的名字往楼上冲，被突然响起的机关枪射中从楼梯上滚了下来。杨宝乾想想金珠凶多吉少不可能在上面，就命令一个弟兄点燃炸药包，其他两人帮助那几个妇女撤出炮楼，导火索哧哧地越烧越短，他跃出炮楼跑了没跑几步，身后一声巨响，炮楼摇了几摇，轰然倒塌。杨宝乾含着热泪大声喊道："金珠，金珠！我给你报仇啦！"

杨宝乾的队伍毕竟是一支刚刚拉起来的乌合之众，那边五十多人与日军汉奸一交火，就被打得七零八落，逃之夭夭。杨宝乾带着三个弟兄过了赤松桥准备与他们汇合，敌人早已回头杀过来了。他们四人且战且退，终因寡不敌众，被逼进了一个死弄堂里。龟田见炮楼被炸，气得嗷嗷直叫，命令手下停止射击，一定要把炸炮楼的活捉到手，然后用残忍的方式将其处死，以泄心头之恨。费金龙就朝弄堂里喊话，诱骗投降。杨宝乾心里明白自家已经落入虎口，与其束手就擒，让日本人捉去受尽摧残凌辱而死，不如拼个鱼死网破，便索性把没有子弹的手枪往地上一掼，把剩下的三颗手榴弹绑在腰上，对三个弟兄说："侪怪我救人心切害了你们，这份情这份债我就到阴曹地府去还了！"那三个弟兄也把剩余手榴弹绑到身上，准备殊死一搏，说："老大，我们早已是歃血为盟的弟兄了，那我们就来个但求同年同月同日死吧！"日军汉奸步步逼近，龟田的军刀在黑暗中划出一道道光影。杨宝乾喊了声"狗操的日本人"，就突然间从角落里跳了出来,这时不晓得从啥方向传来一声枪响,龟田就扑倒在地上了——杨宝乾呆住了,对方也呆脱了,纷纷趴倒在地不敢向前一步。"杨先生快跟我们走!"杨宝乾听得一个陌生的声音在喊他,接着就有两个黑影上来一边一个,架起他就跑。杨宝乾根本弄不清刹那间发生的一切,也不晓得是哪能七绕八弯逃出日军汉奸包围的。

杨宝乾清醒过来,发现自己已坐在周兰畦的家里。周兰畦的家杨宝乾以前来过,杨宝乾发现原来墙上那幅深谷幽兰图被换成了一幅书法:风声雨声读书声,声声入耳;家事国事天下事,事事关心。

"杨先生,把你的裤脚管捋起来。"周兰畦笑吟吟地进来,手里托着装药膏的瓷钵。杨宝乾这个辰光突然觉着左小腿上一阵剧痛,低头一看,裤脚管破了个洞,血迹斑斑:"哎哟,我受伤了?刚刚哪能一眼也觉不着。"周兰畦一边给他处理伤口一边笑道:"你刚刚只顾逃命了,当然就顾不上腿伤了嘛,不过不要紧,这说明吚没伤着骨头,哈哈哈。"杨宝乾跟着也笑,笑罢环视了一遍,问:"周先生,这究竟是哪能一桩事体么?"周兰畦答非所问:"救死扶伤,这是医生的天职嘛。"又说:"药,我全部给你弄好了,一日换一次,先用碘酒消过毒再敷,记住了。"杨宝乾说:"周先生,我是问刚刚救我的是啥人。"还吚没等到周兰畦回答,杨宝乾的三个弟兄进来了,后头跟着个戴眼镜的年轻人。杨宝乾想立起来谢谢人家,不想脚刚一着地就把他痛得龇牙咧嘴地哎哟起来。年轻人一把扶住他说:"杨先生你坐,伤筋动骨一百天哪。"周兰畦问年轻人:"鹤鸣,侪准备好啦?"年轻人回答:"准备好了,船就停在滩渡头。"周兰畦转身对杨宝乾说:"杨先生,眼下日本人正在收尸,还呒空搜捕你们,你们就趁此机会转移出去,天一亮你们怕就插翅难飞了。""转移?到啥户荡?""潘家湾。""这位是……""哈哈哈,噢,人家冒死救了你们四个人的性命,到现在还不晓得他是啥人啊!潘家湾的潘景文你认得的吧,他呀,就是潘景文的儿子也是我的内侄潘鹤鸣。"杨宝乾连忙拱手致谢,又转向周兰畦说:"周先生,听说那天我和赵伯康、南进泉几个从日本人手里死里逃生,也是你周先生救我们的,一直还呒机会来谢恩,今朝我一并谢过了。"说着就要跪下叩头,让周兰畦一把拽住了。

周兰畦突然之间一面孔严肃:"杨先生,抗日一家人,再不要提谢不谢。杨先生能在民族危亡之秋抗击敌寇,我们是非常感佩的。实话告诉你吧——我,周兰畦,就是胥浦县地下抗日政府县长姬剑。"

杨宝乾眼睛直了:"啥?姬剑?你就是那个把胥浦与江浙交界处的敌伪军弄得团团转的姬剑?你就是那个被日本人高价悬赏缉拿的大名鼎鼎的姬县长?"

周兰畦挑眉抚须反问:"哪能啦?你看我不像?"

"像,像!我一看就相信你是那个在武昌起义辰光身上绑了两捆炸药包把上海兵工厂拿了下来的大英雄。"

"好汉不提当年勇。"周兰畦连连摆手。

杨宝乾突然一拍大腿叫了起来:"对呀,我哪能有眼不识泰山呀!周文王姓姬,周先生号剑父,呵呵,我们还一直在议论这个姬剑到底是啥户荡降下来的天将呢!"

周兰畦又摆手，说："杨先生言过其实了。"

杨宝乾说："不不，凭你敢在小日本眼皮底下这样，就让我佩服得五体投地了。哦对了周先生，日本人后来呒没把你哪能？"

周兰畦抚须笑道："他们不是说要维护新秩序嘛，我，一个开药店看病的老百姓，他们还能把我哪能。哈哈哈！再讲我是在螺蛳壳里做道场，他们晓得个啥。杨先生你说是吧？"他面色变得十分凝重地说："杨先生我们言归正传吧。你能够拉起队伍打日寇很好，不过我是不赞成单打独斗的，一定要把所有的抗日力量组织起来，就像这五个指头紧紧攥到一起，才能给侵略者以沉重的打击。现在，在江浙交界处有许多抗日的队伍——61、62、63师的部分军队，新四军浦南抗日救国自卫团，胥浦县政府的淞沪游击队第八支队，还有一些小股.的游击队伍⋯⋯"

周兰畦从国内到国际、从近期到长远、从胥浦到全国洋洋洒洒一路讲来，杨宝乾频频点头称是。潘鹤鸣拉了拉周兰畦的衣袖，老人这才"喔唷"一声，说："看我！天快亮了，你们若是再不离开这里，我这个地下县政府就成地上县政府了，哈哈。"

潘鹤鸣扶住杨宝乾说："杨先生，我背你上船。"

杨宝乾摆手："不，我出来辰光发了誓的，此仇不报，誓不为人！"

潘鹤鸣说："龟田今朝必死无疑，你还要报啥人的仇？"

"费金龙。周先生，我求你了，让我在这里养几日伤，不出数日，我提了费金龙的人头来向抗日政府请功。"

潘鹤鸣说："杨先生，费金龙认贼作父作恶多端会有人惩处他的，你现在脚伤在身，如何行动？走吧。"

"不，我要不是亲自杀了费金龙死不瞑目！"

周兰畦笑问："杨先生，你不就是要为金珠报仇么？"

杨宝乾不响，只见周兰畦将美髯捧拢，一抛，爽朗地笑道："杨先生，你走你的，养伤要紧，过些日脚我过去再与你细谈。至于金珠嘛，呵呵，她还是我的过房囡呢，我负责还你一个囫囫囵囵的金珠总可以了吧？啊——嘿嘿嘿！"

杨宝乾呆在那里，目不转睛地盯着周兰畦。

第十一章

从赤松镇到潘家湾有十几里水路，遇上逆水行舟，潘鹤鸣索性跳上岸拉纤去了。杨宝乾心里很过意不去，三个弟兄也下船去拉纤。潘鹤鸣不允，说："就一条小船，哪能需要这么多人拉，你们上船打个瞌睡去。"小船在赤松溪上缓缓前行，汩汩的水声，四周一片漆黑，村落里阒寂无声，连狗叫声都听不见。那三个弟兄一歇歇就困去了，昏涂打得像雷响。杨宝乾困不着，心里乱七八糟的。临走时周兰畦的话让他百思不得其解。当时周兰畦讲还他个囫囵囵的金珠，他就想问个一五一十，不过话到嘴边又缩回去了，他不愿意让别人看出他的儿女情长。他想，那末金珠真的还活着？金珠被日本兵抓走的辰光他近在咫尺，难道后来脱险了？不可能！一定是周兰畦在安慰他，一定是周兰畦怕他莽撞行事，在骗他。可是，周兰畦的样子又不像在骗他……

杨宝乾不晓得自家是啥辰光困去的,等他被一阵歌声惊醒,天已经蒙蒙亮了。晨曦里,有人在唱——

冲冲冲,
努力打前锋,
锄头扁担当武器,
杀敌振雄风。

杀杀杀,
努力杀上前,
打倒日本侵略者,
夺回我河山。
……

杨宝乾揉揉眼睛,四处白茫茫一片,以为自家是在做梦。

"杨先生,下船了。"是潘鹤鸣朝气蓬勃的声音。

"到潘家湾了?"杨宝乾发现自家身上披着件棉衣,棉衣上已经落满浓霜,再看潘鹤鸣就一身单衣单裤,心里不是滋味。"唉,潘先生你要是冻出毛病来我哪能对得住你么。"

"拉纤热,你看我——一身汗。"潘鹤鸣上船扶起杨宝乾,"杨先生,你看你看,那边,唱歌那个方向。"

"……"

潘鹤鸣说:"潘家湾不像赤松镇敌占区,这里是阴阳界的户荡。"

杨宝乾说:"这我晓得的。"

随着抗战逐步进入相持阶段,胥浦县出现了三种地带:敌占区、游击区和敌我交错区(人称"阴阳界")。杨宝乾曾考虑过把队伍拉到游击区或者阴阳界,以便站牢脚跟,可是与弟兄们一商议,大部分人还是怕自己的队伍被别人大鱼吃小鱼一样吃脱,就提醒他不要轻举妄动。

上了岸,潘鹤鸣向杨宝乾介绍说:"唱歌的是正在出早操的难童学堂的学生子,这学校去年年底办起来的,现在已经有八十三名学童了,刚刚他们唱的是《冲杀歌》。"

杨宝乾说:"好,唱得好!不过我在想,你们这样搞,日本人、伪政府就不管?"

"管。不过他们管他们的我们搞我们的,呵呵。譬如讲教科书吧,我们就备了两套,平时采用商务版审定本,日本人派人来查我们了,就拿出他们定的课本,应付过去就是了。"

"万一让他们发现呢?"

潘鹤鸣呒没直接回答,反问杨宝乾:"杨先生,就你所知,那些伪职人员中有几个是死心塌地为日本人卖命的?还不是睁一眼闭一眼。"然后拍拍腰里的手枪,头发往上一甩,又说:"万一要来真的,我们的武装也不是吃素的。"

讲着走着,他们已经来到难童学堂操场,潘鹤鸣手一指:"杨先生你看——那个穿洋蓝布衣裳的,就是跑在队伍最后头的那个。"

杨宝乾死盯住那人看了又看,呆脱了。

"金珠!"他大声呼喊起来。

金珠的虎口脱险,讲起来蛮有传奇色彩的。

也巧了,就在杨宝乾去寻找金珠的前一日夜里,潘鹤鸣带了三个抗日救国自卫团的战士来到了赤松镇。他们捞到了十月初三国民党士兵掼在河里的一支手枪、九支步枪和两挺机枪。潘鹤鸣吭没料到会捞到介许多武器,一下子带不走,就去了宏济堂。周兰畦说:"你嫌多了是吧?那就留给第八支队吧。"潘鹤鸣笑了笑:"姑父,我就在你这里放一天,明朝夜里肯定来船运走,要末我把这把手枪送给你,正宗勃朗宁,算是付给你的保管费,哪能?"周兰畦哈哈大笑:"想不到过去一个戆头戆脑的大少爷,一歇歇变得门槛介精。你放心,我不吃嗟来之食。"说着就把他们领到后进灶披间,指着一只寿材说:"就囥这里厢吧。"又寻开心说:"不过我有话在先噢,过了十天不取走,就全部充公,由我统一调配。"

四个人从宏济堂出来,本来应该一起回潘家湾的,潘鹤鸣因为从周兰畦那里听说了金珠的下落,就心潮澎湃起来,便叫三个战士先回去,自家向曹家埭方向走了。

因为天黑加上性急,后来又落起了毛毛雨,走到天亮,潘鹤鸣竟发现自家方向走反了,突然间又发现身后有人盯梢。他一惊,机警地闪入树林里,一歇歇工夫,就见他带来的那三个战士中的两个,东张西望地从他身边过去。潘鹤鸣从树林里蹿出,吓得那两个战士连忙拉枪栓。潘鹤鸣笑问:"啥人让你们盯我梢的?"其中一个回答:"潘校长,你这不是让我们回去受处分么?现在好了,阿仁已经回去报信了,你也不要甩我们了,你这大半夜的辰光把我们两个甩来甩去,跑得来肚肠也快跑断了。"潘鹤鸣看看被细雨淋得湿漉漉的两个战士,心生愧疚,就把自家去曹家埭找金珠的想法告诉了他们两个,其中一人说:"早讲就好了,阿忠丈母家就是曹家埭的嘛,不然老早到曹家埭了。"

也是金珠命大,正因为潘鹤鸣这么来回一耽搁,就在他们向曹家埭走去的辰光,突然发现有一队日军汉奸尾随而来。他们连忙闪入路旁隐蔽起来,不想这股队伍根本不理会他们,一直朝曹家埭方向奔去。潘鹤鸣心里格登了一下,就带着这两个战士跟进。村里发生的一切潘鹤鸣不清爽,因为村前是一片开阔地,他们无法进入村庄。在经受了无法言说的煎熬之后,潘鹤鸣才看见金珠被他们押着从村里出来。他全身热血沸腾,与两个战士商定了战斗部署,然后一路暗中跟着。他们目睹了这伙禽兽沿途掳掠妇女的行径,几次想拔枪相助,最后还是忍住了。快要到赤松镇时,不远处有一块瓜田,这伙禽兽停了下来,打算顺手牵羊弄些瓜回去享受。他们就利用敌人下田摘瓜的时机,发动了袭击。这一记把敌人打了个措手不及,纷纷摁脱甜瓜拿起枪支。那几个拴在一起的妇女听得枪响拔脚就跑,却因为慌乱竟忘了解开绳索,所以一个也吓没跑脱。那几个没有被拴的妇女,除了金珠都在逃跑时被日军开枪打死。金珠的幸运,是趁乱躲进路边的一个柴包棺材里。为活命金珠啥也顾不得,一头钻了进去,等到日本人走后,才发现自家趴在一堆烂木板和死人骨头上。

潘鹤鸣从日本人手里夺回了金珠,又把他们一家人连夜接到潘家湾。曹家埭上的其他人家也侪躲到别的户荡去了,就怕日本人要去曹家埭报复。正如潘鹤鸣所料,敌人第二天就火烧了曹家埭。

几月之后,桂芳娘家一家人回曹家埭去了。金珠和桂芳还在潘家湾。金珠已经是难童学堂的教师,想走也走不开;桂芳帮助料理一些学堂的杂务。

金珠简直像换了个人一样，成天哼着抗日歌曲，面孔上充满幸福感。她很忙很充实，给难童上课，带小团，在潘景文出头捐助给难童学堂的潘家家族祭田里做农活，还排演抗日文艺节目。最让她快活的是看书，看车尔尼雪夫斯基的《怎么办》、法捷耶夫的《毁灭》、高尔基的《我的童年》《母亲》《燎原》、托尔斯泰的《战争与和平》《安娜·卡列尼娜》、肖洛霍夫的《被开垦的处女地》，看巴尔扎克、莎士比亚、歌德、狄更斯……看了这些书籍，她心中的惊惧、沮丧也随之稀释了，好像眼门前打开了一扇视野开阔的窗户。

潘鹤鸣的家人对她像自家人一样。潘景文学识渊博，人也随和，爱与健仔和金珠嘎嘎山湖。有一次健仔说："金珠姐，我看你比当镇长太太要快活得多，反正那个姓杨的死活不晓得，索性让我舅舅舅妈介绍个种田郎算了。"金珠说："那有啥不好的，下辈子我就要投胎到乡下头。"潘景文说："乡下就是做生活苦一眼，吃穿推板一眼。不过俗话讲，做官一阵烟，种地万万年。这是千真万确的。我也是听老辈人讲，鹤鸣的高祖父了吧，我要叫他曾祖父了，做官惹祸回来，穷得叮当响，后来朝廷总算把事体弄清爽让他官复原职，他还不情愿呢。当差官弄不懂，讲你是冤枉的，上头是专门派我来请你的，哪能，难道你还要万岁爷亲自来向你赔礼道歉！他就讲，我这里有封信有劳大人回去面呈某大人，其他的事体你就不要管了。"健仔听得入迷，急问："舅舅，那信里写啥？"潘景文手捋胡须笑着说："就一首打油诗。""打油诗？""你听好了——家住小桥北，三间茅草屋。屋前种稻麦，屋后几株竹。吃的粗茶饭，穿的布衣裤。不管他人事，不受人家辱。一世无顾虑，快活乐逍遥。啥人学得我，也是前世福。大人慈悲心，恩准老臣嘱。""那后来上面就准啦？""我刚刚就讲了的，是听说嘛。要真那样，皇帝不要了他的头。不过这以后传来传去就成这里的民谣了，名字就叫《知足歌》。"金珠听罢连连点头。

潘家对金珠的小囝也照应得很周到。金珠上课或参加劳动去了，老两口就像待自家孙子一样给他吃的喝的，给他换尿布擦屁股，哄他白相骗他困觉。金珠让潘景文给小囝起名，老人推让再三看看推不脱，就给他取名剑声。金珠心里明白老人的意思，是用古人"匣中宝剑夜有声"之意，所以就起小名叫抗抗，一是寓意抗战时所生，二是望他日后也参加抗日的斗争。

难童学堂有两个潘鹤鸣的同学也很关心金珠，一个叫李捷，男的，皖南一带人，戴高度近视眼镜，给学生子讲课辰光习惯摇头晃脑，声情并茂，讲着讲着就吟陆游的诗，声泪俱下，一点也控制不住自家。他与金珠相处，彬彬有礼，金珠觉得他对自己是有些爱慕之意的，所以在他面前也表现得比较矜持。一个叫宋雪梅，南通那边的人，与金珠同居一室，亲姊妹一般融洽。她对抗抗也是亲如骨肉。久而久之，金珠与宋雪梅几乎无话不讲了。

而金珠与潘鹤鸣之间，倒好像横亘着不可逾越的鸿沟，交往中总显得十分生硬刻板。他很忙，经常不在学堂里，回来也是一阵烟工夫，把学堂里的事体检查布置好，又不见了。偶尔撞着了，也是一副公事公办的架势。能看见他大多在早晨头，赤膊半裤，不管炎夏严冬，从河浜里拎起一桶桶河水，举到头顶往身上冲。金珠晓得，他是在学《怎么办》中的拉赫美托夫锻炼自家的意志力，就更加肃然起敬。金珠有时会想，是不是他还在为我那天失约，后来又嫁给杨宝乾生气？不会的，如果还为那件事体生气，他又哪能会冒着生命危险去曹家埭看我救我呢？可是，他又为何这样回避我疏远我呢？金珠想来想去解不开这个谜，就打算找个机会与他谈谈。有几次她还书借书寻到他，不想潘鹤鸣就像个图书管理员，几次侪是收了书只问想看哪本书，然后把书交给她就匆匆走了。金珠在屋里偷偷落眼泪，让宋雪梅发觉了，就问她为啥哭，金珠将自家不幸的婚姻和爱情经历细细讲了一遍，气得宋雪梅面孔通红，先把金珠数落了一顿，说现在是啥时代了还这等封建，说你金珠也算是受过现代教育的女性哪能如此屈从……金珠解释说也不侪是封建不封建的事体，抗抗是我与杨宝乾所生，我不能为了自家的幸福亏了小囡，又说杨宝乾为了寻自家和小囡差一点落到日本人手里。宋雪梅听了这种解释更加火冒三丈，说杨宝乾是为了自家的小囡去曹家埭寻你金珠的，又说金珠你是一走错步步错。接下来又把潘鹤鸣批了一通，说潘鹤鸣也真有你的，平常辰光讲起革命道理来口若悬河，一开口不是"五四"精神就是反帝反封建，哪能碰到现实问题就胆小如鼠了，简直是个口头革命派。说着就拉住金珠袖子说："走，金珠，我们现在就找姓潘的评评理去！"金珠苦苦哀求："梅姐我求求你了，早晓得你要这样，打死我也不会把我的苦处讲给你听了，求你了梅姐！"

　　有一天金珠上完课去潘家接抗抗，刚进门外头就雷响霍险风狂雨猛，潘鹤鸣父母就留金珠吃夜饭。一歇歇潘鹤鸣淋得落汤鸡一般回到自家家里，两对目光一碰上，面孔就都红了。吃完饭，雨还没停，潘家老人就说，我们困得早，你们不如到鹤鸣房间里去讲讲张，等雨停了再走也不迟。金珠与潘鹤鸣面面相觑。

自从来到潘家湾，因为抗抗的缘故，潘家是金珠几乎每天必来的户荡，可是潘鹤鸣住的房间她还真吭没进去过。房间里一床一被，一桌一椅一书架，被子叠得方方正正的，桌椅也擦得干干净净，就是床上桌上的书籍掼得东一本西一册，合拢的摊开的，比较紊乱。潘鹤鸣从金珠面孔上看到了她的疑问，就说："没有养成好习惯，要不是我阿妈每天进来收作，嘿嘿……"金珠捏了捏床上的被头，说："天凉下来了，你看这条被头薄得像脚皮，当心困出毛病来。"潘鹤鸣说："温室里长不出好苗。你倒跟我阿妈一样，冷呀热的总对我不放心，所以你晓得的，早晨冲冷水澡我就只能到学堂里去冲……"金珠为掩饰自家内心的慌乱，就故意面对书架浏览书籍，突然间她觉着自家的腰被一双手从背后紧紧地箍住了。

金珠吃惊地回头。

"金珠，我……"潘鹤鸣气喘吁吁地说。

"金珠，你晓得的，我一直深深地爱着你，真的。"

金珠默默地看着潘鹤鸣。

"金珠，如果那日夜里……"

金珠等盼的就是这句话，她喃喃地说："那日夜里我是诚心诚意跟你走的，结果我阿妈……唉！后来，你为啥就不来一个信息，害得我……现在吃后悔药也吭没用了……"

"不怪你，怪我……不过现在还不晚，我晓得你心里在想啥……我不在乎你……"

"你哪能晓得我在想啥？"

"你的眼睛。"

"那末你哪能总避着我？"

"呒没，我只是……"

"只是啥？"

"你让我哪能讲么。我是这里的校长，我忙……有许许多多事体要我去做……"

"你是共产党新四军？你们的组织纪律很严，我……一个国民党镇长的太太……"

"不不，不侪是……马克思讲过的，共产主义，是通过人并为了人而对人的本质的真正占有。也就是讲，共产主义的目标就是人的解放，实现自由。所以马克思主义根本不像反动派诬蔑的那样，是啥禁欲主义，不尊重人性，甚至是洪水猛兽……"

金珠看到他甩着头发慷慨激昂的样子，摇摇头："你讲的也许是真的，不过我不能害你，我已经是一个……"说着，她去抱床上的儿子。

潘鹤鸣松开了双手。

金珠一跨出潘鹤鸣房间门就又后悔了。她对自家讲：我死也死过一次了，还有啥可怕的？而且是他救了我的命，我就应当是他的人。不过，真要打算鼓足勇气投进他怀抱的辰光，就畏缩不前了。她把怨气出在儿子身上，轻轻地拧他的屁股，儿子被拧哭了她又觉得肉麻，就去哄他香他。

不久后的一日夜里，潘鹤鸣来寻宋雪梅布置工作，正巧宋雪梅出门了，金珠就给他沏茶，并作好了思想准备——只要他一张开臂膀，她就毫不犹豫地投进他的怀抱。潘鹤鸣好像啥也不理会，吃了两口茶就讲有要紧事体准备离去，金珠忍不住一头扑进他的怀里。

"金珠，我真还有事体……"他推金珠的肩胛，金珠就踮起脚香他。他终于抵挡不住了。他拼命地将她抱紧。"鹤鸣，"她说，"那天我是考虑到……我是人家国民党镇长的……"他用舌头把她下半句话顶了回去，同时右手伸进她的上衣……她乘势躺进他的怀抱。片刻，她将熟睡的儿子推向里床，"噗"地吹灭了油灯。

"不不金珠，我们不能……不能这样……"他突然松开手。

"为啥？我本来就是属于你的，你还说马克思……"

"我是讲……"

"我再不想听呒没任何实际意义的话了！我要你，我要跟着你，鹤鸣，我们走吧，离开这里，到你曾经讲起过的那个地方去，那个真正平等自由的地方。"

"金珠，现在我的战斗岗位就在这里——潘家湾。"

金珠将他抱得更紧，好像生怕他飞了似的。

"金珠，不要误会，我是讲……你应当理解我的难处。"

金珠不响。金珠盯牢他的面孔，想从这张面孔中看出他内心的真实想法。

"金珠，有些话我不能对你讲的，我工作的性质……"

"我并不要你讨我做你的女人，我只是想把我剩下的一切，我的身体，还有我一颗完完整整爱你的心，献给你。"

"金珠，我讲了有些话我不能讲给你听，真的。我今朝如果一时冲动，是要坏大事的。"

"大事？啥大事？"

"以后，你……可能会明白的。"

不到一个月,杨宝乾来到潘家湾。金珠想,这应该就是潘鹤鸣所讲的那个"大事"。

第十二章

杨宝乾在潘家湾休养几天后,一连几日被潘鹤鸣像贵宾一样用小船载着在"阴阳界"转来转去。难童学校、潘家宗族捐助的"救亡田"、农民扫盲夜校、难童勤工俭学作坊,潘鹤鸣一一向他作了介绍。潘鹤鸣在不露声色地做杨宝乾的工作,争取收编改造他这支队伍。杨宝乾虽然感谢潘鹤鸣救了他,但已有了心理戒备,几十天后的一个夜里突然对金珠说:"我伤快好了,你做些准备跟我走吧。"

金珠不解:"去啥户荡?你不是讲这里蛮好的吗?"

杨宝乾说:"我呒没讲这里不好,不过这里是别人家的地盘,不是我们的久留之地。"见金珠不响,又说:"潘鹤鸣在我面前一直呒没亮出自家的真实身份,可我看出来了,他不单单是难童学校的校长,肯定还是这里新四军队伍中的重要脚色。"

金珠说:"这有啥关系么,只要是抗日,分啥这个军那个军的。再讲,现在不是讲国共合作共同抗日么。"

"金珠,你不懂这里面的弯弯曲曲。他们是想把我的队伍收过去!"

金珠一面孔天真:"你不是讲再也不离开我了吗?你把你的队

伍弄过来，不是啥问题侪解决了？"

杨宝乾不语。

金珠说："人家还救过你我两条性命呢，你把队伍拉过来了，一、有利于团结抗战，二、恩也报了，这不是一举两得的好事体？"

"这完全是两桩不相干的事体！"杨宝乾急了，"我杨宝乾绝对不是个有恩不报无情无义的人，我讲过总有一日要报答潘鹤鸣救命之恩，就不会言而无信的，今生不报来世也要想办法补报的。问题是——嘖，你让我哪能搭你讲么！我要是凭义气讲交情把自家好不容易拉起来的队伍弄过来了，万一将来——嗨，我再哪能讲你也可能听不懂的，要么这样吧，你先跟我去我们那里住一段辰光看看，好了住下去，不好再回到这里也不碍嘛。"

金珠赌气说："不，我已经习惯了这里的环境，再讲学堂里人手本来就紧张，前几日宋雪梅又走了，我要再走了，学生子哪能办？"

"嗨，死了张屠夫，不吃混毛猪。他们肯定有办法的嘛。"

金珠想了想又说："我听你讲起过的，你们那个队伍一日到夜搭日本人避野猫，连个长住的窠也呒没，我去了哪能吃得消。"

杨宝乾笑了："你个噁女人！呵呵，我哪能让你跟我们队伍跑嘛。我已经给你想好了，就在镇上租个僻静些房子住下来，雇个女佣人陪你，啥人晓得你是我的女人。"

"我不去我不去，你这不是把我往虎口里送么，我不愿意在日本人鼻头底下过亡国奴的日脚。"

杨宝乾听了觉得金珠说得在理，就不再劝说下去了。

他到潘家湾后，周兰畦也曾派人带来过口信，让他好好考虑接受淞沪游击队第八支队的收编问题,他心里盘算了一番,认为相比新四军浦南抗日救国自卫团,加入第八支队倒是比较可行的一步棋子。问题是目前自己这边的筹码太轻,万一进去后让人冷落呢?他还从金珠与潘鹤鸣的交往中发现,虽然这两个人在他面前总是一副公事公办的样子,可是他俩的眼神里总好像有一些异样的物事让他产生疑虑……

潘鹤鸣与杨宝乾之间最后没有达成合作意向,不过潘鹤鸣还是在杨宝乾临行这天中午搞了个饯行仪式,摆了八仙桌两桌酒水,难童学校的老师和村上乡绅侪到了。这一来,杨宝乾倒觉得有点过意不去了,他在潘鹤鸣敬过头酒后,连忙举杯回敬,说:"多亏潘校长和几位弟兄搭救,才有杨某的今天。这杯酒我敬潘校长和几位弟兄了,我杨宝乾日后一定会报答救命之恩的,干杯!"

潘鹤鸣说:"打日本人是我们共同的目标,一家人不讲两家话。"头一仰把酒呷了。

"这第二杯酒是我代我女人金珠敬大家的。是潘校长和两位弟兄的搭救,她才从日本乌龟手中生还,来到这里又承蒙各位照顾抬爱,今后可能还要给在座的添麻烦,我和金珠谢谢大家了,干杯!"

"这第三杯酒……"

杨宝乾一连吃了七八杯酒,金珠见他吃酒吃得面孔像猪肺头,就用臂撑子碰了他几下,杨宝乾不理,竟然叫喊着换来了大酒杯,然后斟满了还要与潘鹤鸣单独碰杯。潘鹤鸣也很有豪气,端起满天满地一大杯酒举至额前,抢先说:"杨先生,这一杯就让我向在座的各位敬一敬吧。来,大家举杯,为我们共同的抗日事业,干杯!"

放下酒杯,潘鹤鸣从腰里摸出一支手枪,说:"杨先生,这把枪送给你。"杨宝乾接过手枪，在手中摩挲把玩，连说："好枪，好枪，还是把'花口噜子'呢！"

潘鹤鸣头发一甩眼镜一推，说："正宗比利时的勃朗宁，漂亮哦?"又说："赤松溪里捞上来的，但愿你用它多杀日本侵略者。"

杨宝乾一听这句话呆住了，原来是潘鹤鸣赶在我前头把赤松溪里的枪支侪捞走了。霎时，顺着酒劲，一股妒火直冲天门盖，看来姓潘的跟我还真是棋逢对手。他一把握住潘鹤鸣的手，说："多谢潘先生！潘先生，那天你不但帮我虎口脱险，还打死了日本小队长，我杨某绝对感佩之至。你等着，等着我用你送的这支枪，把赤松镇上那个姓费的乌龟王八蛋崩了。"

杨宝乾此刻已经酒至半酣，端着的酒杯摇摇晃晃，满脸杀气。

第二日潘家湾就得到了杨宝乾杀死费金龙的消息。

就在杨宝乾离开潘家湾的前几天，他的部下找来汇报，由于那里的抗日力量相对薄弱，他们让日伪军赶得到处流窜，狼狈不堪，因此吃用更加紧张，有辰光就不得不顺手牵羊拿走老百姓的物事。在潘家湾，杨宝乾从潘鹤鸣等人嘴里得知，胥浦县地下抗日政府是有一些粮饷来源的：一部分由省、行署抗日政府提供，一部分是抗日捐款。游击区不用讲了，就是许多日伪据点周围的乡、保长也暗地里给抗日队伍经常筹措一些给养；胥浦县境内还有一个不成文的规定——米商只要贩运大米经过游击区，每石米收取一升，叫做"抗日粮"。地下县政府就根据收来的粮饷数量和各支抗日队伍及相关机构的需求进行平衡。杨宝乾得知这些信息后，曾想过等周兰畦来潘家湾时就接受收编之事跟他讨价还价的问题，他还打算一旦被收编,也要建一个比潘家湾还要潘家湾的抗日堡垒村,把金珠和儿子接到身边来,但周兰畦一直呒没亲自到潘家湾来。

杨宝乾一走出潘家湾,就拐上了去赤松镇的路,到镇上后,先是去了宏济堂。当他不声不响穿过店堂向客厅走去的辰光,冬生一个箭步上来挡住他:"你要做啥?"杨宝乾火了:"你!我是周先生的熟人,我寻周先生有事体。"冬生打量了杨宝乾一大歇,还是挡住不让他进去,说:"周先生不在家里。"杨宝乾又气又急,右手不由自主地举到了半空,周兰畦闻声迎了出来:"你看你一身乡下人打扮,面孔又用罗宋帽遮起来了,教冬生哪能认得出是你。"杨宝乾这才哈哈大笑。

进了客厅,周兰畦说:"本来早就想去潘家湾了,这里走不开啊。昨日头倒已经安排好了,后日无论如何要去一趟潘家湾的,结果你来了,呵呵。哪能,伤好啦?"

杨宝乾连连道谢,"姬县长,你看",说着就在地上来回走起来。周兰畦厉声道:"这是啥户荡?敌占区!"杨宝乾晓得自家讲漏了嘴,警觉地向四周扫视,抱歉地说:"周先生,对不起。"

周兰畦向杨宝乾杨简单介绍了最近敌伪方面的情况:由于胥浦县及周围几个县的日军经常受到日益发展壮大的抗日武装力量的袭击,他们就成立了各级警察局(所)和特务队,把地方治安一类的头痛事体交由警察局(所)和特务队处理。赤松镇新任日军小队长土屋见费金龙卖力还能干,就让他当了镇警察所所长。

周兰畦说:"据可靠情报,日军很快就要在这一带搞一次大规模的扫荡。杨先生,你这是要回西边去吧?你想好了今后的发展方向没有?如果仍旧举棋不定,也要考虑好这次反扫荡的对策。"

杨宝乾心里一沉，不过他不愿意表露出内心的恐慌，装笑道："让他扫，让他扫，我就等着跟他们拼个鱼死网破呢。"

周兰畦说："抗战不能凭匹夫之勇。杨先生，抗日政府对你这支队伍是抱有蛮大希望的，你回去考虑考虑，如果有意加入我们第八支队的话，请在下月十日到张桥一晤。"接着就把联系方法交代清爽，然后压低声音说："有桩事体要告诉你——不过你千万要压住性子——你岳母上月十五去世了，急死的，就为金珠，可是我又不能把这件事告诉金珠他们。"

杨宝乾听了牙齿咬着咯咯响："费金龙！"正在这时，冬生慌里慌张从店堂奔进来，说："不好了不好了，师父，费金龙讲要见你，还带了一大帮汉奸警察呢。"

周兰畦笑笑："估计是来搜药品服装的，可惜他们又迟了一步。冬生，你出去先与他周旋周旋，说我马上就来。杨先生，快跟我来！"杨宝乾犟牢不动，说："我正要找他他倒送上门来了，好啊！"周兰畦突然变色，拉起杨宝乾走进斜对面一间房间，说："快躺床上去，用被头捂好。不要脱鞋子！"随手从夜壶箱里取出一双女人绣花鞋子，放到脚踏板上，转身出门。

费金龙已闯进客厅了，说："老师你好啊！忙啥呢忙？"

周兰畦镇定自若："哟，费所长费翻译官！这不——老太婆生病了，刚刚服侍她吃了药困下去。"

费金龙虚情假意地说："师母病了！哎，早晓得我就应该买点物事来了。哪能，不要紧吧？"

周兰畦笑答："不敢不敢，哪能让费所长费翻译官破费，也就伤风感冒流鼻涕，吃过药发身汗就好了。"随后不客气地坐到椅子上,问道:"我晓得你是无事不登三宝殿的,讲吧,寻我有啥事体?"

费金龙笑笑:"老师你不要多心,学生子也是吃别人家的饭为别人家做事体。"一直跟随在费金龙身后的严文魁上前一步,点头哈腰:"周先生是这样的,皇军——日本人让镇公所……嘿嘿,配合警察所……对不住了周先生,就让他们随便看看,履行履行公事……"说着就领着一帮警察汉奸闯进后宅搜了起来。

周兰畦抚须大笑:"费金龙,今朝你是带了人来抄你所谓的老师的家来啦?好啊,我宏济堂蓬荜生辉啊,有你费金龙这样的学生子也算老夫三生有幸矣,哈哈哈……噢对了,来来来,要抄就抄个彻彻底底,老太婆快起来吧,我的学生子要抄你师母的房间了。"周兰畦一边喊叫一边推开那间半掩的房门,自家闪到一边,做了个"有请"的手势:"费所长费翻译官,公事公办,你请!"

费金龙有点尴里不尴尬,只得摆手:"不敢不敢。"哪还好意思踏进门槛去搜查。

搜查的结果自然是一无所获。

外面的动静杨宝乾听得清清爽爽,由于紧张加上蒙着被头,全身上下又穿戴得严实,早已是汗流浃背,热气腾腾,那支手枪也被握得湿漉漉的了。他心里十分佩服周兰畦,当听得周兰畦走进房间叫他,他就翻身下床,拱手说:"周先生,我从今以后跟定你了。"

周兰畦高兴道:"欢迎欢迎!记住,下月十日张桥见面。"

杨宝乾从宏济堂出来,去了南阳春茶馆,在靠河窗口一张僻静点的八仙桌前坐下,早有江北阿三将一条热烘烘的毛巾抛了过来,问:"客官红茶绿茶?"杨宝乾接住毛巾回应要红茶,随后给送茶来的江北阿三递过去一支香烟,阿三嘴里已叼着根香烟了,就接过来夹在右耳朵上,斟上开水,说声慢用,提着水壶走开了。杨宝乾偷偷笑了,为自己成功的化装暗自得意。他边喝茶边琢磨下手的办法,觉得只有弄清了费金龙的起居情况,才好谋划动手的时机。正好南进泉亲自提了水壶来续水,杨宝乾一把揪牢南进泉的左臂问了句:"南老板别来无恙?"南进泉吓得差一眼跳起来,不停地眨动那只病眼。

杨宝乾将罗宋帽帽口拉拉大:"不认得我了?"

南进泉失声叫道:"是你呀——杨……"又马上压低声音说:"炮楼是不是你炸的?日本人四处捉你呢,你也太胆大包天了!哪能,现在躲在啥户荡么?"

杨宝乾嘿嘿一笑:"我是属老鼠的。"又说:"哪能走起路来一跷一跷的了?"

"还不是上次关起来的辰光让这帮杀千刀打的。当初好像还没啥大的问题,哪能越来越……"

还呒没等南进泉说完,杨宝乾问道:"费金龙现在住啥户荡?"

"费金龙?这个十恶不赦千刀万剐的枪毙鬼!你认得我外甥囡吧?豆腐店季阿发最小的囡儿,季小妹。"

"就是那个叫灰菱白的?人倒生来蛮好看的,就是面孔上雀斑多点。"

"就是她。唉,人家旧年头腊月里就搭染坊里盛家的儿子盛保根成了亲的,哎,让这个枪毙鬼看中了,当然……也怪我那个外甥囡,平常辰光就骨头轻来呒没几两。"

"那费金龙现在住在啥户荡？"

"杨镇长……"

"讲，在啥户荡？其他事体你就当啥也不晓得。"

"你是想杀……杨镇长，镇上人十个人有九个猜想那次炸炮楼就是你……你就再不要炸呀杀的了，你把镇上的人害得……结果，这帮灰孙子叫我们老百姓修炮楼……"南进泉面孔铁灰。

这时，阿水在老虎灶上故意高声喊道："严先生里面请！"南进泉一听就差呒没瘫下去。杨宝乾捏住南进泉一只手低声叮嘱："有我在，怕只卵！快去打声招呼，放轻松点。"

严文魁已经在临街一张八仙桌前坐好，脱了鞋子透气，一副精疲力尽的样子。江北阿三将一壶新泡的茶水放到严文魁面前，说了声慢用就急忙走开了。茶馆门前有个卖鸡蛋糕、马桶糕的摊头，摊主叫殳七斤，苏北人，将一盘马桶糕端了上来："严先生请，刚刚出炉，嘻嘻。"严文魁将盘子推了过去："去去，收摊辰光了还会是刚刚出炉的？老子今朝吮没胃口。"南进泉这时已镇静不少，大声说："哎哟是严……你好像长远辰光吮没来这里吃茶啦。阿水！泡壶好茶来，用昨日子刚刚进的那种茶叶泡上，小箱子里的。"又讨好地问："哪能啦？看你好像一眼气力也吮没……"严文魁说："操他娘现在啥事体侪朝镇公所推，金兆隆不就是个摆设？好，今朝查这样，明朝追那样，后天死脱个人要镇公所负责掩埋，忙死我了。好事体呢，样样挨不着——哦对了，最近有没有看到形迹可疑的人上茶馆吃茶的？"南进泉说："严老弟你也晓得的，来孵茶馆的也就是些老茶客，我侪认得，要真有生面孔我老早就去报告了。"严文魁听到这话就像条件反射一样，警觉地扫视，眼光停在杨宝乾那里不动了。南进泉急啊，那只病眼也就眨动起来。严文魁倒呒没认出杨宝乾，又掉头与南进泉说话，只见他眼睛越眨越结棍，就觉着今朝不大对头，便穿上鞋子准备溜走，杨宝乾早已子弹上膛，箭步过来，用枪头抵住了严文魁的腰。

"你、你是啥人？"严文魁问。

杨宝乾脱掉罗宋帽，说："你看清爽了？"

严文魁一看吓一跳："杨镇长，你……你让我想得好苦呀……我打听来打听去……"

杨宝乾笑笑："你小子装得倒蛮像的。我现在呒没工夫搭你兜圈子，只要你老老实实把费金龙的情况告诉我，我就不跟你计较。"

严文魁说："杨镇长，费金龙手下有几十支枪……"

"你以为我怕他？我要为民除害！"

"对对对，为民除害，这个家伙确实太坏了，镇上人都对他恨之入骨。"

"快说，现在费金龙夜里住在啥户荡？"

"他住啥户荡我哪能晓得？人家是啥人，我是啥人？"

"我说的是他搭灰炱白就是那个季小妹现在姘居的地方。"

"季小妹？哦对对对，可是……可是……"

"你小子是想拖延辰光好让日本人来抓我是吧？还不快说！"

"这这不是冤枉好人吗？"

"冤枉？"

"天大的冤枉。杨镇长，总归要有人出来做事体的……"

"好，那我问你，那天我去镇公所寻我丈人，从头到尾在赤松镇就碰着你一个熟人，哪能我前脚到曹家埭，日本人后脚就到那里了？你讲呀！"

严文魁还想张口分辩，杨宝乾已经一把拎起他的衣领，用枪柄砸他的头部。也就在这时，杨宝乾觉着自家脑门一侧有眼不对劲，接着就听得一个似曾相识的声音："还讲啥呀？跟我到太君那里去讲就是了。"杨宝乾斜眼一瞟，一把手枪正抵着他的太阳穴。费金龙狞笑着说："他呀，还不是看中你女人漂亮，想先灭了你再那个嘛，嘿嘿。快把枪给我放下！"

杨宝乾把手枪放到茶桌的同时，抓过茶壶打在了费金龙面孔上，烫得费金龙哇哇直叫，紧接着就听得"砰、砰"两声枪响，费金龙就直挺挺地掼倒在地不动了。严文魁门槛精，乘着杨宝乾与费金龙交手之际逃之夭夭了。杨宝乾岂肯罢休，提着手枪到大街上追寻，吓得行人纷纷躲避。正好赶猪郎阿土根赶着一只像水牛一样的大种猪过来，这众牲受了惊吓，一个蹦跳挣开阿土根手中铁链就往前奔跑，害得阿土根在后头边喊边哭："我的猪郎！我的猪郎……"也是今朝那众牲该倒霉，看见前面有人挡道，就一头向杨宝乾身上撞去，杨宝乾一见这众牲上来打朋，一枪就把它撂倒了。阿土根的生路被杨宝乾一枪打没了，急红了眼，揪牢杨宝乾衣裳不放手，杨宝乾哪有闲工夫与他纠缠，随手从衣袋里摸出一沓钞票往地上一甩："这总够你再买一只猪郎了吧？滚开，再乌里蛮里老子一枪把你也崩了！"

南进泉被这突如其来的一幕吓呆了，长远辰光才醒悟过来。他觉得这次穷祸闯大了，就哭喊起来："杨宝乾你这个天打的，你杀人也不能偏偏跑到我店里来杀人呀！你这不是存心要让日本人来寻我吼势吗……"

杨宝乾在街上一圈转过来听得南进泉在骂他，就用手枪点着他："南进泉，中国人要侪像你这样软骨头就完结了。你再给我喊一声看看！"吓得南进泉那只一紧张就要乱眨的眼睛一眨不眨。

杨宝乾撇开南进泉拖起费金龙就朝外走。茶馆东隔壁正是胡吉观开的腌鲜店，胡吉观这个辰光吓得筛糠，只见杨宝乾把费金龙的尸体上半部分拖到砧板上，操起一把斩肉刀，三下五除二就把费金龙的头斩了下来。随后，他一手提着手枪一手拎着人头向街西方向走去。此刻夕阳西下，晚霞满天。

一歇歇，日军汉奸几乎倾巢而出，直向西边追去。不过迟了，他们只在路边一座五圣庙的供台上发现了费金龙的人头，旁边人家外墙上有杨宝乾用碎瓦爿写的两行字：

汉奸下场
杨宝乾

第十三章

军港的夜啊静悄悄
海浪把战舰轻轻地摇
年轻的水兵头枕着波涛
睡梦中露出甜美的微笑

女歌星柔美甜蜜的歌声,轻轻撩开金珠紧闭的双眼。随着杨宝乾回乡日子的临近,她心事重重,寝食不安,最后还是病倒了。她转过头去,向窗外看了一眼,外面正落着毛毛细雨。歌声是从隔壁金兆隆那只半导体收音机里传过来的。去年,望望参加了学校的知识竞赛,得了奖,就把奖品——半导体收音机送给曾外祖,让他"解解气闷"。老人从此就与它形影不离,啥也听,听得懂听,听不懂也听。

一只燕子呢喃着从气窗飞进屋内里,落在窠上,五只小燕子伸出嫩黄的嘴巴,叽叽喳喳争先恐后地抢食大燕子叼回来的食物。不久前,天气乍暖还寒时,金珠发现有一对燕子飞到屋内梁上筑窠,她怕惊着它们,出出进进就格外小心,夜里也情愿自家冷一点,再吥没关过那扇气窗。后来小燕子就出来了,叽叽喳喳叫个不停,与她父亲的那只收音机成了势均力敌的竞赛对手。闲来吥事,金珠就经常观察它们的一举一动,讲起来让人不信,公母两只大燕子一日到夜忙忙碌碌飞出飞进,不管窠里的小燕哪能争食,它俩总能挨个喂食,一次也不乱。

"奶奶,燕子在唱啥呀?"笑笑蹦蹦跳跳进来,问他奶奶,又爬上床与奶奶作哆。正在厨房里烧菜的严芳手里举着铲刀探进头来,说:"燕子在唱'归也归也'嘛,是专门给你奶奶报喜的。笑笑,还不快到门口去等着,一歇歇爸爸接了大大回来,你就马上进来给妈妈报个信。"笑笑说:"妈妈,我又吥没见过大大,我哪能晓得哪个是大大?""戆大!"严芳说,"你只要看见爸爸陪着啥人走过来,那个年纪最大的就一定是你大大了嘛。记住了,见了大大先要鞠个躬,再问声大大好,就马上回来告诉我,晓得哦?"

海风你轻轻地吹

海浪你轻轻地摇

远航的水兵多么辛劳

……

"妈妈，奶奶，大大回来了！大大回来了！"一歇歇，笑笑大呼小叫地跑了进来，紧跟着是严芳将铲刀扔进镬子里的叮当声。

来了，他来了，真的来了！在拉着拉杆手提箱的儿子引领下，在新妇严芳、外孙囡望望以及一大群邻舍隔壁的簇拥下，一个白花花的头出现在大立柜镜子里，他身穿米色格子西装……

金珠再次睁开眼睛，看到五斗橱上有的许多包装精美的物品：香港嘉顿糖果、印有英文字的奶粉、高丽参、蜜蜂牌绒线……

"醒了！金珠，你……肚皮饿了吧，我去给你冲杯奶粉？"金珠一听见声音连忙闭上眼睛。她听到的是一个熟悉的沙哑的声音，就在耳畔，这声音苍老多了，没有了过去那种颐指气使，杀气。

"金珠，侪怪我……害你吃了交交关关苦头……三个小把戏也跟着吃苦……"金珠听到了哽咽，这是她第一次听到他发出这种声气。

"金珠，你有气就出，骂也好闹也好，我侪接受，我这趟回来就是赎罪的，向你，还有剑光，还有他死去的阿哥、阿姐……"

"金珠，我晓得你这些年带大三个小人不容易，其实我在那里也一样的，真的。你们大陆上搞运动，查三代，台湾也一样的，一个'整肃'，就枪决了多少人！讲出来你肯定不相信，他们要我交代与潘鹤鸣的关系，还说你是我通共的联络人，差一眼把我捉进去，幸亏几个朋友帮忙，我跑到了香港……"

"金珠你想过呒没，假如当年我不跟他们出走，我还能活到今朝？不可能的。听说连南进泉这样的人也死在劳改农场里了……"

梁上的一只小燕子不知为何发出一声尖叫，接着是扑腾着翅膀撞在玻璃窗上的响光。金珠听得杨宝乾连忙走过去捕捉，小燕子恐惧地"吱吱"乱叫。老人对小燕子说："哎呀你还啄人呢，不怕，不怕，我把你送自家窠里的，我的小乖乖。"

外面传来剑光的声音："阿爸，孙镇长他们看你来了！"

"噢，请，请请！"杨宝乾一边搂着吱吱叫的小燕子一边应答。接着是杂乱的脚步声和寒暄声。

杨宝乾对剑光说："我先陪孙镇长他们上楼去，来，你把它放回窠里去。"

剑光说："咳，我当是啥好物事。"

"这也是一条命。要不孙镇长你们先上去坐，楼上最西头那间，茶几上有香烟，我一歇歇就到。再不放回去，等一歇大燕子回来看见缺了个小宝宝，不要急死了。"

孙秋根对身边的人说："小陈，你负责把它放窠里去。金剑光你也真是的，让老人爬上爬下，你说危险不危险！"

金珠不由自主地微睁眼睛，她从大立柜镜子里瞥见了杨宝乾面孔侧面密集的老年斑，头颈挂着条好像有十字架的白金项链，她怎么也无法把他与几十年前那个一手提着手枪一手拎着人头的杨宝乾联系到一起。她又听得孙秋根在门外说："楼上的房子不是腾出来了么，哪能金珠同志还住在楼下脚？"剑光回答说："我们侪搬上去了，我阿妈我大大不愿意搬，就只能……""你看你你看你，你阿妈身体一向不大好，楼下脚潮湿得这个样子，出了事体我是要拿你是问的金剑光！"

她记得清楚，土改时楼上的房产是全部没收的，不过楼下六间房子也足够住的了。1959年刮"共产风"，一家老少被赶到楼下靠西的两间房子里，从此一家几代就一直挤在这两间房子和一个临时搭建的灶披间里。剑光与严芳带了笑笑从东北返回，她只得把大两间用板壁隔成小四间，才解决了困难。后来听说落实政策，剑光回家讲，啥人家的房子还了，啥人家补了几化钞票，劝金珠也去要求退还楼下的房子，金珠不愿意看别人家面孔，剑光只得自家去跑。有几次，好像已经跑出点眉目来了，忽然又在哪里卡牢了。一次讲楼下靠东的四间房子划到米厂的固定资产里了，补偿利息也拿了，还要啥房子不房子！金珠对儿子说，公私合营辰光家庭住房就呒没算到厂里固定资产里面去，这是可以查到的，那四间房子是刮"共产风"辰光刮掉的。剑光于是去要求查原始资料，对方却提出要看房产证和土地证，剑光回来问金珠要，金珠说"文革"辰光抄家，掘地三尺，啥人晓得这些物事烧了呢还是给弄丢了。剑光气得跺脚，说你哪能把这样重要的证件随便弄没了。金珠说你又不是不晓得"文革"抄家是哪能桩事体。总而言之，对方每次有每次的讲法，气得剑光几次吃了老酒去跟对方"评理"。现在好了，一样物事也不要，就客客气气把楼上"土改"没收的房子让他们白住。

这时响起了汽车喇叭声，这是镇政府的车把杨宝乾从香港托运来的物事拉来了。车上有彩电、冰箱、音箱、洗衣机一大堆家电。

车子刚停到门口，就传来了围观人群发出的惊叹声，接着就听得严芳招呼几个人将这些物事往楼上搬。

板壁上笃笃笃响了几响，接着是金兆隆的声音："金珠！金珠你好点了哦？"金珠轻轻嗯了声算是回应。金兆隆压低声音讲："金珠，我想了几日几夜，看在小辈的面上，认了。所以这个杀胚进来叫我阿爸，还送我礼物，我本来准备好不理睬不接受的，再一想……唉，看在剑光的面上，也只有……这小囝吃的苦还少啊，批斗，游街，差一眼捉进去，后来又去了黑龙江，现在也该让剑光享点福了。不过金珠，实事求是讲，这个杀胚总算良心还好，他对你讲的话我侪听到了，当初他也是吙没办法才甩脱你们母子几人的，苦是苦了抗抗搭剑华了，吃尽苦头最后……"老人说着说着，就说不下去了。

金珠说："你就不要七想八想了。"

"不是七想八想，我是心里头对不住你搭这些外孙。我早就是烂污泥埋过头颈骨的人了，我就是怕死了闭不牢眼睛啊。想当初你搭潘老师……那个，结果让我把你们拆散了，唉！金珠啊金珠，那个辰光你不要管你阿妈死活走也就走了嘛，弄不好现在……至少要少吃几化苦头呀。吃了苦头还从来吙没埋怨过我，一句闲话也吙没，你哪怕骂我几声我心里也要好受不少的，真的。所以我回过头来想了又想，归根结底，潘老师也是我金兆隆害的，这么好的人，让我害得……"一阵剧烈的咳嗽，老人可能觉着自己气短，就没再出声。一歇歇，金珠听得老人在摆弄收音机。那收音机叽里哇啦响了几下，就吙没声音了；再弄，又响了，还有人在里头讲话，后来又吙没声音了。

"芳芳！望望！"老人喊。

"大大，来啦来啦，来，我扶你上楼去。"严芳气喘吁吁下楼，进了外公的房间，说，"阿妈搭你也真是的，放着楼上这么爽气的房子不去住，偏要缩在这种幺二角落里。"

"你讲啥？要我上楼？不去不去。喏，半导体吪没电了，哪能调也调不出声音来，你给我去买节电池来。"

"买电池？大大，以后不要听这种物事了，掼脱算了。来呀，我扶你上楼看电视去，师傅刚刚装好天线正在调试，颜色比镇政府的那台还要正。"

"不要！你让我掼脱这只半导体？要吪没这只机器我还真不晓得这么多日脚是哪能过来的。望望！望望跑啥户荡去啦？你要末给我把望望叫来，让她帮我跑一趟，买两节电池来。望望！"

"她现在还有辰光给你去街上买电池？早就被电视拴牢脚了。这样吧，等一歇空了我给你去买两节电池来……啥人要你钞票，大大！大大，来来来，好像就上次我陪你去林家伯母家看过一次电视，你今朝要看了我们自家的电视呀，以后啥人家的电视机侪不要看了。"

"看你讲的，不侪是机器做的？"

"不一样就是不一样。来来，揪牢我臂膀，慢点。大大，林家伯母家里那只是黑白的，国产，哪能好跟我们家的比，我们是彩电，五颜六色的，还是日本原装货，就是赞！"

"啥货？"

"日——本——原——装——货！"

"你放开我！"

"大大？"

"我不要看！东洋乌龟的物事，我见不得！"

严芳低声嘟囔："真是的，我是马屁拍到马脚上了。"金珠忍了又忍，还是忍不牢，"噗哧"一声笑了出来。金兆隆听得了，问："金珠，你笑啥？"见金珠吭没回应，他说："这些小囝吭没吃过日本人的苦，只认日本的物事好。"金珠说："我跟你讲过几化遍数了，我们老了，搭他们讲不到一起的，你就是不听。人家芳芳好心好意拍你马屁，你倒反踢人家一脚，不作兴的。"金兆隆笑道："人老了就这样了。金珠，凭良心讲，现在上面政策好，下面的干部也搭过去不一样了，至少不怕他们弄你了嘛。你记得哦，当初不要讲你我了，连我们家的小人也像酱甏里的落苏，啥人侪要捏一把的。"

金珠记得，那一次潘鹤鸣将她从公判大会上救下来后，她又被审查了半个月；除了南进泉被判刑去青海劳改，她与她父亲、江北阿三、季小妹几个被放了出来。回家后她就等着潘鹤鸣来家里见上一面。左等右等，不见音讯，她就通过各种渠道打听潘鹤鸣的消息。依然杳无音讯。她急了，她意识到潘鹤鸣可能为她这桩事体吃排头了。可是，再哪能，撤职也好，吃官司也好，事体总得有个说法呀。金珠为此坐立不安，度日如年。周兰畦知道后来安慰她说："现在的政府做事体保密性强，纪律严，不过从这次事件的性质来讲，也不是啥太大的问题。听说中央最近还专门发文下来，要求下面纠正运动扩大化的问题。我分析啊，弄不好也就降级调个地方安排工作罢了。"金珠这才稍稍舒了口气。

金珠后来才得知，那天大会结束之后，第二天夜里潘鹤鸣就被召到县里去了。先是让他讲清爽那天会上的情况，接下来是写检查，后来就通知他不要回赤松镇了。他只得静候发落。潘鹤鸣心里想不通，就找李捷谈话。李捷说："鹤鸣，现在谁是谁非就不要深究下去了。当初宋雪梅同志有啥问题，啥叫'抢救失足者运动'！后来又说扩大化了，整错了，可是人没啦！所以……不讲了，你现在就只有认错，管它真错假错，一百个是自己的错。然后呢，我看你还是离开那个是非之地。"最后，经过李捷的斡旋，把他安排在由胥浦县及杭州湾相关地区军政公安部门组成的一个临时指挥部。他们的任务是：为配合人民解放军解放一江山岛，摸清本地区潜伏的敌特联系网络，切断盘踞在大陈岛一带的东南反共救国军向大陆渗透的地下通道。李捷在潘家湾难童学校的辰光就觉察到潘鹤鸣与金珠不一般的关系，再加上潘鹤鸣现在所担任的特殊使命，所以他再三提醒潘鹤鸣，决不要再接触赤松镇上的任何人与事。潘鹤鸣当然应承了，只是苦了金珠，在那里苦苦等盼。

  金珠经过了又一次人生大洗礼之后，性格变得更加恬淡和坚韧，眉宇之间多了一种含蓄和沉稳。过去的她，旗袍高跟鞋，如今是旧衣裳改的衣裤，身材也显得秀美；头上随意盘了个发髻，也能烘托出她面孔的白净。金珠无意间发现有许多眼光追逐着她，就有意识地把自己弄得素净些，再素净些，可是愈是这样素面朝天，就愈加引人注目。金珠心里明白：一个镇上的人，大家侪是知根知底的，有些还是长辈，他们也就是对自己多看几眼而已。只有一人的目光引起了金珠的极度不安，就是严文魁喷射着邪火的目光。

  土改时，金珠家楼上房子没收后，成了镇上领导的家属住房，严文魁是镇长兼副书记，就住在了金珠家头顶。一解放，他深晓共产党纪律严明，就让别人把自家捆绑在床上，几日几夜不让别人进去，也不吃饭不呷茶水，一记头就把毒瘾戒掉了。对待女人也一样，上楼下楼，只要碰到金珠，就把面孔拉得像马脸，或者索性眼睛朝天，装作呒没看见。那时他与冯梅香新婚燕尔，眼里自然没有别的女人。后来变了，那次潘鹤鸣救下金珠之后，他就更加觉着金珠这女人不一般了。不怕不识货，就怕货比货，严文魁心里拿自家的女人与金珠比，一比就把自家女人比下去了。他听说有人在背地里叫他女人"冯大屁股"，就想，女人就是要妈妈大屁股大才好，养出小人来奶水也多。现在掉转头来细看看细想想，总觉着冯梅香的穿着打扮举手投足中冒着一股乡气。他问自家：当初我哪能觉得冯梅香像长得像仙女一样的？

金珠觉察到严文魁在她面前的微妙变化，就尽量避开他，但又不敢做得太明显，实在避不开的辰光还得应酬应酬，生怕得罪了他。这给严文魁造成了一种错觉，以为金珠并不讨嫌他，就经常主动向金珠献殷勤套热络："你看你看金珠，你家剑光搭我家芳芳白相来几化开心！我听他们班主任讲了，全班就数剑光和芳芳听话了，将来呀……金珠，不如我们现在就给他们……那个，嘿嘿嘿。""金珠，听说你有一手好绣工……等你闲了能不能……"每每遇到这种情况，金珠心里七上八下，不晓得如何是好。不过就像上苍安排好了似的，不远处出现一个人影，眼睛冒着火，吓得严文魁不敢越雷池一步。

这个人就是小麻子。

小麻子现在是隆泰米厂的工人代表。小麻子不仅不与金家人作对，还依旧与金珠一家相处如初。前几年搞"镇反"和"五反"，每当金珠疲惫不堪地从接受审查的户荡回家来或是有人直接到她家审讯，金珠总会发现，小麻子就在不远的地方，金珠心里也就踏实了许多。有辰光厂里放假，小麻子就到金珠家里来，帮助做些重生活，不是把水缸放满了水就是把硬柴劈好了。金珠笑着说："家良，你现在是领导阶级了，教别人看见了还以为我们还在剥削你劳动力呢。"小麻子说："啥领导不领导剥削不剥削的，我只认得好人坏人。"金珠心里感激不尽，每逢节庆日或者给祖宗过时酒，就请他过来吃饭，隔些日脚就让他把被头褥子拿过来，帮他浆洗干净。

端午节前夜，金珠把粽箬煮好，糯米泡好，红枣浸好，豆沙拓好，猪肉切了酱好。今朝起了个大早，上班前把粽子包好，有大肉长粽，也有豆沙枣子三角粽。小麻子老早就过来帮忙，劈硬柴，在灶肚里架起了柴火，上班了还抽空回来添点水加点柴，不到中午，粽子就煮得香气四溢了。剑光中午从幼稚园放学回来，金珠也已中午休息时间回来做饭了。小麻子也来了，他用手蘸了蘸调好的雄黄酒，给剑光在额角头上写了个"王"字，剑光就兴奋得手舞足蹈，又是扮老虎又是装僵尸的。白相了一歇，他突然说："阿妈，听小朋友讲，端午节还要吃黄梅呢。"金珠正在烧小菜，就说："你看阿妈忙的，还来捣啥乱！"剑光坐到地上："不嘛，我就要吃梅子嘛……"金珠正要打儿子的屁股，小麻子说："不哭不哭，我这就带你去买。"金珠白了儿子一眼，对小麻子说："你就宠吧，将来他问你要月亮，你爬天上去摘！"小麻子不响，拉上剑光上大街去了。金珠烧好小菜，端了只板凳来到门口，准备把香草挂到门上，不想因为急，那只板凳就吭没放平实，人一上去就摇晃起来，吓得喊了声"妈呀"，闭上眼睛，准备掼个眼花黜暗了。

"你看你，我要来迟一步不晓得跌成啥样子呢。"

金珠听得是严文魁的声音，睁眼一看，自己正被严文魁搂着，连忙挣脱出来，面孔绯红："谢谢你，谢谢！"

严文魁说："谢啥谢，邻舍隔壁的，谢啥。哦金珠，我正好有事体要寻你商量。"

"寻我？商量？"

"嗯，进屋里谈吧。"严文魁擅自进了房间，从公文包里取出一张纸来。"金珠同志，你来，来，先看看，有啥疑问就提出来，再给我填好，一式两份，下半日还要开会研究呢。"

金珠有点莫明其妙，拿起那张纸头一看，才晓得县里要召开工商联成立大会，镇上推荐她当赤松镇的代表。金珠是瞎子吃汤圆——心里有数，就说："严镇长，你是晓得的，我们家那个死鬼……"

"一人做事一人当，这是共产党的一贯政策。"严文魁一面孔正经。

"你晓得的，我还有一家老少要我照顾……"

严文魁又堵住金珠的话："工商联嘛，主要是一种荣誉，地位，有几化事体要你亲自去做的？还不是到辰光让鼓鼓掌举举手。再说呢，金珠，这里吰没外人我就实话实讲了——能教你白挂这个衔头吗？嘻嘻。"

"严镇长，你晓得的，米厂照理是我阿爸……"

严文魁说："这些政府是晓得的，现在不是你在撑着这爿厂嘛，要是吰没你，隆泰米厂早就关门了。"

"我可从来吰没参加过这个会那个联的。"

"不懂可以学嘛。你女中差半年就要毕业了，我晓得的，文化程度蛮高了。"

"不不，经营企业搭文化程度高低呒没啥大的关系的，茶叶行的王振家，听说连学堂门也呒没进过，把个茶叶行经营得……"

"我们主要考虑到的是代表性，代表性懂哦？再讲了，这是镇上几个头头碰头商议过的，我一个人哪能好随便换人？金珠同志，我看你不要推三阻四了，来，快把这张表格填好。"严文魁说着就向金珠身边靠，摘下自己的钢笔，拧开笔帽，捏住金珠右手把笔塞进她右手里。

金珠急了："严镇长，我真的不能当这个代表，我男人……"

"我不是说了这是镇上几个头头商议过的，怕啥？天落下来还有我严文魁撑着呢。来，填上！"

"严、严镇长，不要……"金珠已经感觉到有几根稀稀拉拉的胡须戳在面孔上。

严文魁一把抱住金珠，说："你不要怕，在赤松镇。"

"严镇长，我有小囝，你也有家。"

"不，我心里只有你，那个女人，我早就想那个了！"

"严文魁！"金珠猛一用力挣脱了严文魁，美目圆睁，"天天在讲三大纪律八项注意，难道这侪是嘴上讲讲而已啊！"

不想，严文魁见了金珠这种好看的生气模样反而更加心旌摇荡，失去了理智，竟又上来抱住她，死死地抱住不放，金珠用了吃奶的力气才挣脱出来。

"你不要拿这种话来压人好哦，我们就不食人间烟火不准有七情六欲啦？"他发觉自己的话有点脱板，连忙换一种口气说："金珠,你放心,我严文魁做事体从来光明正大,你等着,我马上跟那个女人离。"

"不可能!我也不会再嫁人了!"

"算了吧金珠,你四十都没到。"

"我一个人活得自在。"

"金珠,你也不要遮遮掩掩。"

"我遮啥掩啥了?"

"你还嘴硬!我问你,那个姓潘的与你是啥关系?"

"你讲是啥关系?你们可以去调查嘛。"

"用不着调查的。他能不顾一切严重后果把你从公判大会上救出来,这就是证据!"

"那是因为我吭没罪,人民政府不冤枉一个好人。"

严文魁从牙缝挤出一声笑:"嘿嘿,说得轻巧!那天要不是他潘鹤鸣打朋,你今朝还能在这里搭我讲闲话?运动运动,吭没点杀气哪能运动?不运动能有今朝的太平日脚?"

金珠觉得全身的血在涌动,说:"你这个害人精!你害我不算还害潘鹤鸣,你说,是不是你把潘鹤鸣告倒的?"

严文魁又笑了:"我今朝就搭你讲清爽:啥人要动你的脑筋,我就动啥人的脑筋。"说着,他重新打起精神,张开双臂向金珠走去,突然又停下来,若无其事地拿起桌上的公文包,转身走出门去。

金珠稍微平静下来后出了家门,见剑光一身泥浆,额角头上一个乌青块足有鸡蛋大小,气就不打一处来,一边打儿子屁股一边骂:"又去打相打了!我教你打!打!你忘记性哪能这样大啊,前日子学堂里打相打让老师送到家里来,我哪能搭你叮嘱的?好,就好了一天,又打起来了,你吃饭吃到啥户荡去了,哪能只长身体不长记性!我教你打,我教你打!"

小麻子说:"今朝不能怪剑光,侪是洋铅的儿子惹厌胚的不对。这个惹厌胚,今朝把这家人家墙壁挖倒了,明朝又把那人家的烟囱堵牢了,真叫十人见了九摇头,阎罗王看见皱眉头,不然为啥叫惹厌胚?太惹人讨厌了嘛。剑光在吃梅子,他上来就要,剑光不给,他就骂剑光'小台湾'。这不是欺负人么,大人做啥坏事体搭小把戏有啥关系?再讲,杨宝乾逃台湾去,剑光养还吭没养出来呢。"

听了小麻子这一番解释,金珠一把抱住儿子,泪水在眼眶里滚出滚进。

金珠想,因为杨宝乾,解放后一家人的苦头算是吃饱喝足了。每次运动她被关押审讯、批判斗争就不讲了,三个小孩也跟着吃苦。大儿子抗抗从小学到中学,学习成绩一直是出类拔萃的,品行方面也交口称赞的,可在入团问题上就是过不了关。囡儿剑华也是品学兼优,还擅长唱歌跳舞,就因为她父亲的关系受人歧视,学校里重大的社会活动侪不让她参加。小儿子剑光,与小朋友一道白相,玩"中国美国"游戏,他只能当美国兵;玩捉特务,他只能扮国民党特务分子,被人骑在身上打呀骂的。抗抗与剑华对杨宝乾还有印象,剑光连父亲的面也吭没见过,所以有辰光就问哥哥姐姐自家父亲到底是好人还是坏人,哥哥姐姐不晓得哪能回答,只有黯然神伤。后来金珠一句"他死了",把剑光吓得不敢再问了。

第十四章

　　想起自己与潘鹤鸣的情缘，金珠眼前常会浮现出抗战时期离开潘家湾之前的那段经历。

　　听到杨宝乾杀了费金龙的消息不久，金宝就来到了潘家湾。金宝讲起引娣临死还在叫着金珠，死了都咉没闭上眼睛的情景，金珠心如刀绞，悲伤不已。金宝说，现在赤松镇上的汉奸谈杨色变，根本不敢单独出门。他还说，他自己、他父亲和小麻子也曾被叫到警察所盘问过，反正是一问三不知，他父亲已从周兰畦那里得知金珠的下落，就故意在汉奸面前痛哭流涕："这个杀千刀！先是逼婚，害得我家金珠连书都读不成，现在又死活不晓得，老太婆就是因此急死的，还要闯下大穷祸害我，杨宝乾，你个天打的！枪毙鬼……"那些汉奸怕惹恼了杨宝乾落个费金龙一样的下场，也就马马虎虎不了了之了。咉没几日，严文魁也从赤松镇上蒸发了。金宝又说，最近局势有点变啦，日军汉奸不像过去那样气焰嚣张活动频繁了，镇上逃难的人家也基本上回来了，所以金兆隆想让他接桂芳和金珠回去。金珠与桂芳一商量，觉得家里三个男人确实需要有个女人关照，金珠这里有课要上，也怕回到那里再遭不测，桂芳有意与金宝团聚，就决定让桂芳先回。桂芳在潘家湾住过一段辰光，对这里的一草一木有了感情，临别辰光就与金珠手拉手依依不舍。金珠笑着说："嫂嫂，你看我们俩像啥了，简直成生离死别了。你回去后,阿爸就靠你照应了。阿哥是个好户头,啥事体不操心的,你就多担待些。我啥也不想,就想着哪天回到镇上抱侄子了。"桂芳面红耳赤:"妹子,你就会拿嫂嫂我寻开心。"潘鹤鸣在一旁说:"桂芳嫂你就回去吧,家里呒没个女人照料也确实不来三,等抗战胜利了,你再回潘家湾来,大家聚到一起好好庆祝庆祝。"桂芳问:"那要等到啥辰光呀?"潘鹤鸣头发一甩眼镜一推,说:"不会太远了,不会的!"桂芳颔首,又把金珠拉到身边低声叮嘱:"妹子,你又有了身孕,我走了就照顾不上你了,自家当心。"金珠说:"我又不是头胎,再讲还有健仔呢,今朝我就让她搬来搭我一起住。"

桂芳走后,金珠的肚皮一日日大起来,妊娠期的反应有辰光使她不能去正常讲课。不过还好,健仔不但周到地照应着金珠和抗抗,还主动代金珠给难童上课。到底是书香门第出身,虽然还呒没进过中学,给难童们上课却已游刃有余。健仔擅长画图,学校就增设了一门美术课。学校还办了个名叫《抗声》的油印刊物,潘鹤鸣自任主编,健仔便是副主编兼美编,在校内传阅,也捎一些到附近学校去交流,赢得了很高的声誉。为此胥浦县伪政权教育部门还专门派人来"彻查"过,不过最后也呒没查出啥结果来。

俗话讲,女大十八变,以前在金珠眼里,健仔一直是个活泼可爱的小姑娘,可是也就眼睛一眨之间,这个小姑娘就变成大姑娘了。

那天吃好夜饭,健仔与金珠闲聊一阵,就讲今朝夜里要去加班出《抗声》,出门走了。金珠晓得,出这种刊物是保密的,所以侪是在更深夜静的辰光搞,地点也是随时变更的。金珠等她走后就哄抗抗困觉,然后在灯下看书,消磨辰光。

门外传来狗叫声，金珠以为健仔回来了，连忙起床开门。这是一个美丽的夜晚，天上星光灿烂，耳边蛙声一片，空气里弥漫着沁人心脾的稻花香。一股凉风扑面而来，她不禁缩了缩头颈。她记得健仔走的辰光只穿了件香云纱衬衫，便回身为她取了件布罩衫，把门轻轻带上，给健仔送衣裳去了。

金珠出了潘家祠堂，挺着大肚皮向村中走去，就看见路上有几个男小囝手里抢着"落苏灯"，打闹着从身边过去。金珠马上想起今朝是农历七月三十了，是落苏节，即地藏节，每年到了这日夜里，赤松镇上每家每户侪是要在门前地上插棒香的，看过去整条街像一条火红的河，飘动着烟雾，云天雾地。家里也是要摆几样果品点上香烛供奉的。男小囝们将点着的棒香插在落苏上，用绳线将竹棒与落苏相连，边跑边舞，相互追逐打闹，很有意思。果然，当金珠走进村庄，便有一股热浪扑来，接着呈现在她面前的，是一片星火的海洋。据说，元末农民起义领袖张士诚爱民如子，因此深得人民拥戴，他小名"九四"，与"狗矢"谐音，所以烧棒香也叫烧狗矢香，有纪念张士诚的意思。

金珠估计健仔七八成在潘鹤鸣家，因为潘家三进五开间的宅院，是藏身的好户荡。她想把衣裳送到潘家老人手里，待健仔回家时转交给她穿上，想不到还呒没走到村东，就看到前面路上走来两个熟悉的身影，便下意识地闪进了路边的一个小竹园里。

是潘鹤鸣与健仔的声音——

"……"

"健仔，你还小，你还不懂得爱情与婚姻究竟是哪能两桩事体。"

"呜哥哥,我已经十六岁了,还小啊?金珠姐十六七岁就嫁人了。"

"金珠当初有金珠的难处,你不是一眼也不晓得的。"

"你不是讲我还小,还不到恋爱年纪么?"

"那也要看啥辰光嘛。现在抗战到了关键时刻,特别像我这样的人,你是应该想得到的,啥人晓得明朝还在不在这个世上。"

"我不怕这个,你死了我也——嗨,你、你哪能一开口就死不死的!"

"这是现实。战争不可能不死人。"

"现实我也不怕,真要是……我就一生一世不嫁!我就当尼姑去。"

"你看你,你也瞎三话四了!"

"这是你逼我这样讲的。"

"真的倢仔,我是一直把你当自家的亲妹妹一样看待的,你我是姑舅表兄妹,从血缘上讲也是不允许……那个……"

"《珍珠塔》里,方卿搭陈翠娥,不也是你与我这样的血缘关系么?别人家哪能就允许了?"

"那是封建社会嘛,再讲那个辰光的人不懂科学,再讲戏剧嘛侪是虚构的,就是瞎编的,哪能好看,能吸引人,就哪能编。"

"那我不管。"

"倢仔,我的好表妹,你听我讲……"

"呜哥哥!"

"倢仔你先冷静一点,我如果讲得不……"

"我不听我不听!"

"偍仔，你哭了？你……你听我把话讲完嘛。"

"我不要听我不要听！我晓得你心里从来就吭没我，你心里只有……"

"对，我现在心里只有抗日两个字，我既要管这所难童学校，又要……那个……"

"你骗我！我觉得着的，你心里早就有人的。"

"我……"

"我哪能横看竖看好像你对金珠姐……"

金珠心里"噗嗵嗵"乱跳起来。她不敢再听下去了。她穿过小竹园，拐回到自家屋里，反手关门，背靠着门扇喘气，像偷了别人家物事似的，心里久久不能平静。良久，她才走到床前，吹灭油灯，一头钻进被头筒里。

金珠心里矛盾极了。自从自家与杨宝乾成婚之后，她就希望潘鹤鸣尽快找到个好女人，然后生儿育女，这样的话，她也许就会逐渐摆脱那种无休止的牵挂和自责。来到潘家湾后，她看见潘鹤鸣仍旧孑然一身，觉得是自家背叛了他，尤其是当她得知他一直吭没将她忘记，心里就更不是滋味。不过，当她今朝夜里亲眼目睹了他被另一个女人爱着之后，她马上又觉得自己好像失去了啥一样，心里空荡荡的。她突然间想起有一次帮偍仔晒被褥无意间发现的一个秘密——偍仔为其表哥画的一张人物素描压在褥子下面，当时她没有多想，现在看来，偍仔对其表哥早就有了爱心。

金珠竖起耳朵听着偍仔回到屋里，轻手轻脚地，但从她粗重的呼吸声里，能觉得出她内心的剧烈波动。第二日早晨起来，金珠看见偍仔的眼泡皮有点红肿，说："你昨日夜里啥辰光回来的？我哪能一眼也不晓得。"倢仔一边梳妆一边装笑："老早就回来了,你困得来像死猪一样哪能晓得。"金珠突然间就发现今日之倢仔已非昨日之倢仔,她冷猛生里长高了,长大了,也长美了。

这是一个典型江南水乡的美人胚子,削肩,有点瘦,因为有点瘦,已经发育成熟的胸、臀就更加惹人注目;瓜子脸,挺鼻梁樱桃口,下巴骨稍稍有点前倾,清秀中透着一股灵气,像她自家画的兰草一样,骨骼清新,气度不凡。倢仔从镜子里看到金珠正打量着自己,面孔一红："金珠姐,你看啥看,我们两个人日日夜夜在一起,有啥好看的。"金珠说："我发现我们的周倢仔小姐长大了,长得太美了。"倢仔说："金珠姐你这不是在吃我豆腐么,啥人不晓得你金珠姐是赤松镇上第一大美人嘛。"金珠说："也许,不过那是过去,现在啊,赤松镇第一大美人是非你周倢仔莫属了,真的。我要是个男人啊,就非你不娶。"倢仔嘟起小嘴："你瞎讲你瞎讲,金珠姐你再这样瞎三话四我就不敢搭你的腔了。"金珠说："那有啥,男大当婚女大当嫁。""我就不嫁,一生一世不嫁。""真的?倢仔,这可是你自家讲的噢。"倢仔不敢响了。金珠鼻子一酸,抱住倢仔说："好妹子,金珠姐晓得你……你要真爱一个人,你就追牢不放,天崩地塌也不放……"

过去,金珠最怕听到杨宝乾要来接她的消息,从那天以后,她急切地盼望着那边来人。一天,桂芳和金宝带了些供她生小囝用的物品来看她,她就问起镇上的情况,桂芳说："妹子,现在太平多了,阿爸就想等你生了接你回镇上去呢。"金珠一听眼泪水就在眼眶里转,说："我又何尝不是日日夜夜在思念阿爸呢!"说话间,瞥见倢仔也在一旁陪她伤感,心一横,说："那今朝我就跟阿哥嫂嫂回转去。"倢仔说:"不是讲好了杨……那边要来接你去他那里的么?""不等他了,他死在外头,哪里还把我和小团放在心上。我今天就走。"

杨宝乾炸炮楼杀死费金龙等故事,经过民间加工传播,使杨宝乾名声大振,他的队伍很快从几十人发展到一两百人。在多次协商之后,他的队伍被编成了淞沪游击队第八支队下属的第四营,支队给他添了些枪支弹药,补充了一些给养。杨宝乾也确实能干,收编过来不久,就一连打了几个漂亮仗。周兰畦倚重他。他骄傲了,骄傲过了头就有点骄横了;加之队伍中新招来的几个地痞流氓推波助澜,吸毒赌博等恶习也在四营蔓延。这些事捅到了周兰畦那里,周兰畦把他传去臭骂一顿,并提出了警告。在周兰畦面前,杨宝乾当然不敢有半点抵触,表示一定带好队伍管好自家,为抗战再立新功。

这时,杨宝乾的人生中又遇到了一个女人。她原名是陆玫瑰,吴地"陆""绿"同音,人们就称她绿玫瑰。绿玫瑰出身贫寒,小时候给人家做童养媳,后解约回家,以贩私盐为业。当年贩卖私盐猖獗,民国政府不但在产盐区设有盐警,还专门成立了水巡队,负责缉拿私盐贩子。绿玫瑰为了打通水上交通关卡,曾经委身于一个姓范的水巡队队长,后来又拜太湖盐霸黄大麻子为老头子,并与其姘居。他们配备武器,内应外合,进行武装贩私,不仅生意越做越大,绿玫瑰自家的本领和胆气也越练越大了。绿玫瑰和黄大麻子的势力一大,就引起官方的高度关注,最后动用了大批军警进行水陆围剿,才驱散了这个贩私武装。时势造英雄,也就在绿玫瑰末路之际，抗战爆发了。绿玫瑰的父母兄弟都是在日军登陆金山卫、乍浦一带的辰光被屠杀的，家仇国恨，把她推上了抗日的战场。她把被驱散的贩私武装人员重新召集到一起，打出了抗日的旗号，很快得到了官方和社会各界的支持，呒没几化辰光，她的"江南挺进队"在杭州湾一带就遐迩闻名了。这绿玫瑰也的确了得，由于以前贩盐走的是河湖港汊，对这一带水上交通尤其熟悉，所以她的队伍流动性大，活动范围广，隐蔽性强，往往到某个户荡骚扰一下，吃掉日伪一小股部队后，就像从地上蒸发了一样，不留任何痕迹，弄得日伪军叫苦连天，咬牙切齿，却又无可奈何。有一次她活捉了一个日军中佐，大摇大摆地将他押至浙北的一个城镇中心，当众一枪崩了这个中佐，然后跳上一条在大运河上航行的帆船，眨眼消失得无影无踪。一时绿玫瑰成了传奇人物，有人说她能飞檐走壁，百步穿杨，称其为双枪女侠。

杭州湾一带活动着多个武装力量：国民党陆军62师和独立45旅的零星部队，江浙各地专区及县一级的抗日武装，共产党新四军的游击队，还有陈阿四、姜大奎等杂七杂八的队伍。汪伪政府正式成立（1940年春）之后，一方面在此建立了和平军的一个师，驻扎在敌占区与游击区的相交地带；另一方面扩充了各县保安部队。当时周菊畦是扩充后的胥浦县保安大队大队长。这个赤佬因为在南京混过一段辰光，汪伪政府里有熟人，很快就争取到了一批武器弹药。就在接送这批装备之前，杨宝乾和绿玫瑰分别打听到其水运路线：运船先由黄浦江进胥浦再到赤松溪，在赤松镇卸下一些枪支弹药后再由赤松溪西行到干圩、张桥、钱巷，最后到胥浦县城。杨宝乾让队伍埋伏在离赤松镇三里远的赤松溪上游两岸。

杨宝乾自从受到周兰畦的训斥之后，他在第八支队的威信下降了。这次杨宝乾是铆足了劲道要打好这一仗。他准备了两套作战方案：用两岸猛烈的火力夹击船上的敌人，待对方受到重创后，就放出几只隐蔽的小船靠上汽船，上去控制住残余的敌人，卸下武器弹药；如果两岸的火力未能奏效，为防止敌船逃走，就用一只装满炸药的小船冲上去炸船，在小船撞击汽船爆炸之前，小船上的人跳水逃生。

杨宝乾他们一直等到日头将落，才听得从上游方向传来马达声，紧接着河道转弯处出现了一只挂着黄色猪尾巴青天白日旗的汪伪汽船。他的命令刚刚下去，只见那只汽船劈波斩浪疾驶而来。霎时枪声大作。看来敌人是有所防备的，船头船尾都垒着土包，四挺机关枪吐着四条游动的火舌，压得杨宝乾他们抬不起头来。杨宝乾有点急了，生怕时间一长赤松镇上的敌人前来增援，便下令执行第二套作战方案。不想，就在汽船开到他们设伏的河段时，他们扔出去的几排手榴弹竟将四挺机枪炸哑了两挺，可是那只载有炸药的小船已经从下方小河浜里蹿出，导火索冒着火星，杨宝乾后悔莫及，眼看着唾手可得的一批枪支弹药就要化为灰烬，一切努力将付之东流，情急之下，他嘴里说了声"兄弟我对不住了"，挥手一枪，一声巨响，那只装满炸药的小船还吭没靠上汽船，就被炸沉了。杨宝乾一跃而起，指挥手下追打汽船，眼看着汽船就要被逼停，上游突然飞快地驶来两只木船，一眨眼，这两只木船已一左一右傍住汽船，随即有几个人"噌噌噌"跳上汽船，三下五除二就把汽船上剩余的敌人控制住了。杨宝乾被这突如其来的变故弄懵了，刚缓过神来，就大声喊道："呔！你们是啥人，竟敢抢劫我们的物事！"对方不响,从船舱里拖出一捆捆武器弹药,传给木船上的人。杨宝乾急了:"快把物事给我放下!要不我们就开枪啦!"说着,一梭子弹就出了膛,他的手下也从两岸向船上开起枪来。两只木船上马上有两挺机枪还以颜色,压得杨宝乾这边抬不起头来。一歇歇,杨宝乾听得机枪停了,便迅速组织反击,迟了——对方连俘虏都已押上木船,并在汽船上安放了炸药,两只木船,双橹齐动,帆也徐徐地升起来了。

　　杨宝乾带领手下边追边喊:"快给我停下!再不停下老子不客气了!"靠里那只船上传来一个女人的狂笑:"何方蟊贼,竟敢在老娘面前口出狂言……"话音未落,一发子弹从杨宝乾耳边擦过,吓得他冒出一身冷汗。杨宝乾想,乖人不吃眼前亏,倒不如搭人家讲讲好话,总不能让揿进镬子里的鸭飞走了,就继续喊:"这位女豪杰暂且停停,我是八支队杨宝乾,有话好商量……"也怪,就这样一讲,只见正在上升的风帆开始下降,船速变慢,并且向岸边靠了过来。只见一个黑衣女子走到船头,她秀发齐肩,双手叉腰。"你可就是江南挺进队的绿玫瑰陆队长?"绿玫瑰的名字早已如雷贯耳,杨宝乾猜想就是她。杨宝乾的传奇故事,绿玫瑰自然也有耳闻,所以她一听是杨宝乾,就让两只船落帆减速。此刻,她还是立在船头,一手搭在腰间的手枪柄上,嘲弄般地扬起好看的下巴,也不回话,看着杨宝乾气喘吁吁地向这边跑来。等到杨宝乾跑到船边,她才伸出一只手把杨宝乾拽上船去,拱拱手,憋住笑,对上气不接下气的杨宝乾说:"杨营长,实在对不住,早晓得是杨营长来接这批货色,我绿玫瑰是绝对不会插一脚的。"杨宝乾臊得无地自容,讪讪地说:"哪里哪里,陆队长威名远扬,我杨宝乾要早晓得你陆队长盯上了这批货色,也是断然不敢插手的。只是……陆队长的船哪能是从上水方向……"绿玫瑰嘴角微翘,笑道:"难道杨营长想让我们的木船搭他们的汽船碰个头破血流?这种寿头我是从来不做的。其实我们的船昨日夜里就躲在赤松溪河口了,一看见两只汽船进了赤松溪,就跟上了,跟了十多里路呢,就是吚没机会下手,后来那只船不晓得为啥,到泖桥就靠岸了,我们才找到了下手的机会,就紧跟上这只船正准备动手了,想不到你这里帮我……"杨宝乾一听这话,心里酸溜溜的,说:"唉,可惜我死了的那几个弟兄了……""要不是我们两家合力作战,这一仗不可能打得如此干净利索。哦对了,杨先生,你放心,船上的货色,你一半我一半,哪能?"杨宝乾连忙点头:"如此看来,我们水陆两军若能协同作战,仗就要好打多了。""杨兄此话当真?"绿玫瑰突然之间就改变了称呼,并提出了一个很直接的话题,让杨宝乾有点措手不及,可是说出去的话又不好收回,只得含糊其词地应道:"陆队长要看得起杨某,杨某哪能……哈哈哈……"绿玫瑰是个爽快女人,说:"杨兄你够义气,那就让你的弟兄们快快上船。"也就在这时,不远处又有马达声响,紧接着便见一只汽船从上游追来。绿玫瑰说:"就是那只在泖桥靠岸的船!"她从一个士兵手里要来步枪,瞄准,连发三枪,打着了前面那只顺水余来的汽船上的炸药,"轰"的一声,汽船燃起冲天大火……吓得后面那只汽船一个急转弯,差点撞到岸上。

木船过了赤松镇,绿玫瑰收起手枪,把杨宝乾领进自家舱内,三杯庆功酒碰过,她一头钻进了杨宝乾怀抱……

第十五章

金珠回到赤松镇后,基本上足不出户。后来生了女儿剑华,就连房门都难得出了。除夕之前,智越来金家分经疏,讲起引娣,金兆隆有点眼泪出来,说,当时也吤没给引娣好好操办丧事,心里总是过意不去。金珠说我连阿妈最后一面也吤没见着,请智越师最近给阿妈做个法事超度超度,也让我尽点孝心。智越就给看了日期,定于正月十三在华严寺为引娣做度亡法事。这天吃罢早饭,金兆隆就蹲在小杂院门口吃水烟,等一家人收作停当一起去华严寺。

赤松溪静静流淌着,因为天寒,河面上罩着一层白色的水汽,凝固了似的。忽然,从河岸上走来两个"打田发",挑着小担,到了门口。担子里供一尊小佛像,点一炉香。两人放下担子,一人敲起小锣,一人拿起三个木槌虱上虱下表演起来,嘴里唱道:

  庚辰辛巳天眼开,
  天上神仙下凡来,
  善男信女善心拜,
  天下太平吤灾难。
  吤灾难,吤灾难,
  猪牛强壮农门开,
  骨碌碌元宝滚进来,

一年四季大发财。
……

金兆隆心里苦,一听到这些口彩话特别反感,几乎跳起来喊道:"你们这些打田发的,闭仔眼睛瞎三话四!一年四季大发财?日本人给你家送金元宝啦,啊?"金珠不晓得父亲在喊啥,一手抱着囡儿一手牵着儿子,出来一看,连忙腾出一只手,从衣袋里摸出几张零碎钞票,塞给那个敲锣的,让他们速速离开,然后回头招呼屋里的人快快动身。

进了华严寺山门,一个小和尚在前头引路,带他们向大殿走去。华严塔高一百五十尺,有七层,方形砖木结构,飞檐外出,檐牙高啄,扶栏傍翼,风铃叮当。日本兵占领赤松镇之前,华严寺的碑廊,楼上方丈室,碑刻字画琳琅满目,其中南社社友的墨迹较多。南社三巨头陈、高、柳中的高旭高天梅,是本县人氏,在他的影响下,全县入南社的有三四十人。住持智越是张大千的四川内江同乡,这里也成了张大千经常驻足和会友的处所。文人墨客喜好交游对话,吟诗作画,华严寺留下了他们许多诗画墨迹和轶事佳话。所以,专门来华严寺观赏碑刻字画的人不少,加上烧香拜佛的,一年四季倒是蛮闹猛的。松江籍南社社友姚鹓雏有一首吟唱华严寺的诗《凭吊》:"半亩荒池萍藻凉,经楼栏槛近斜阳。偶遇蜀叟谈飞锡,便认巴山是故乡。"其中"蜀叟",指的是智越和尚。

金珠正跪在拜垫上闭目静听和尚诵经,忽觉得身背后有人轻手轻脚走过,扭头一看,竟是周兰畦,正要招呼,周兰畦示意她不要出声,自己走到靠边拜垫上跪下,直到和尚让众人站起拈第二支香，周兰畦才起身与众位寒暄问好。法事毕，金兆隆一把抓住周兰畦的手问："周先生哪能也来了？"

周兰畦笑答："我也来看看引娣嘛。她走的辰光，我忙，今朝算是补上了。"

金兆隆说："我是讲你一直忙得东跑西颠的，今朝哪能有空。"

周兰畦摇头苦笑："一言难尽。"

金兆隆想了想，问："上月的粮饷收到了吧？还是那个叫姚仁君的人来办的。"

周兰畦说："谢谢金老弟了。"

智越过来说："斋饭要等一歇才开，大家不妨各处走走看看。"然后对金兆隆说："金老板，搭周先生一起去我方丈吃茶？"

金珠在一旁听了，感到蹊跷。她晓得金宝夫妇今朝要借此机会去观音殿拜送子观音，就把抗抗交给他俩，也算给他们讨个吉利。结婚几年了，桂芳的肚皮还是瘪的，金宝为她"献菩萨"就献了三次，前不久又听了别人的话，吃了十几个旧年南瓜，也不见肚皮鼓起来。目送三人走后，金珠就抱着囡儿尾随智越他们，向方丈室走去。

方丈室里，等小和尚上了茶退出，智越才对金兆隆说："金老板，周先生来这里已经快半个号头了。前几日他就讲要去面见你，我讲今朝你们要来做佛事的。"

"我也正想找周先生请教呢，就是等来等去等不来。"金兆隆说，"周先生，哪能国民党搭共产党又打起来了？"

周兰畦说："你讲的是'皖南事变'。唉，日本人还呒没赶出去呢，自家弟兄又同室操戈了。"

金兆隆问:"那末到底是啥人先动手?"

周兰畦反问:"你讲呢?"

金兆隆也算在政府机构里头混过几年了,对国家大事还是了解一些的,就说:"那样的话我再也不给他们筹集粮饷了。给了共产党,国民党要追究我通共;给了国民党,他们吃饱了去打共产党,这不成了说书先生讲的助纣为虐么?"

周兰畦摇头:"也不能这样讲,抗战是一码事,内战又是一码事。我这次要碰头你,就是为的这桩事体,当然首先是要谢谢你这几年对我的支持。这次他们讲我有亲共倾向,让我告老回家,我不就是支持了抗日救国自卫团还有那个难童学校嘛!当初搞国共合作,共同抗日,这是经过国民党中央一致通过的,嘿,现在又想把共产党新四军置之死地而后快,你说这不是等于帮日本人忙么?所以老弟呀,我是脚炉盖当镜子照——看穿了。可是如果大家侪不抗日了,啥辰光才能把东洋人赶出去?"

金兆隆听得糊里糊涂,问:"那你到底是让我哪能办么?"

周兰畦不语,捋着胡须沉思了一大歇才说:"该办的事当然还是要办的,我就怕你不认他们才找到你打声招呼的,不管哪能,抗日的目的是一致的嘛。不过讲实话兆隆啊,当初我跟智越师吃素念经,两耳不闻窗外事,何其逍遥。抗战枪声一打响,我就坐不住了,还大开杀戒,啥人晓得到头来——唉,不瞒你们两个,皖南事变,惨哪,新四军几乎全军覆没……"

金珠听到这里再也忍不住了,跨进门槛就问周兰畦:"寄爹,那健仔他们哪能啦?"

周兰畦忽然看见金珠进来,先是一呆,然后压低声音说:"还能哪能，皖南那边一动手，就侪跟着动起手来了。不过还好，鹤鸣他们得知消息早，在他们动手前就去那边了。"

金珠心里一块石头落地，又问："那健仔也去那边了？"

"我让她住到上海她阿孃家了。"周兰畦看到金珠怀里抱着小囝，问："又生了？儿子还是囡儿？哪能刚刚吪没看见？"

金兆隆代为回答："刚刚困去了，就放在大殿门背后一张台子上，你可能吪没注意。这次是个小姑娘，搭金珠小辰光像煞了。金珠，还不抱过来让她寄大大看看！那个人养下来小囡不管的——哦，那个人最近哪能啦？"

周兰畦不回答，只顾逗金珠抱在怀的剑华笑，很专心的样子，一大歇才漫不经心地说："我离开那里后就再不去过问那里的事了。哦智越，斋饭差不多了吧？我肚皮倒饿了。走吧，大家吃饭去。"

金珠一听周兰畦的口气，就猜杨宝乾出啥事体了。

周兰畦之所以不愿意在金珠面前讲杨宝乾的事情，一是他不想让金珠晓得杨宝乾与绿玫瑰的事体，二是这个人后来的所作所为，让他不屑齿及。

那天，杨宝乾与绿玫瑰云雨一路回到绿玫瑰营地之后，两人还是难舍难分。夜里，绿玫瑰趴在杨宝乾身上问道："杨哥，你认得钟老板吗？""哪个钟老板？""我也讲不清爽，他原来是62师的啥官，叫钟世杰。不认识？那你总晓得戴老板吧？""你讲的是戴笠？""还能是哪个戴老板嘛。""你认得戴老板！""人家戴老板是阿猫阿狗侪能认得的？你听我讲嘛，原本钟老板是戴老板的部下，侪是复兴社老底子的人嘛。前几年改啦，改成军统局啦。"杨宝乾吓一跳,说:"这些我倒是晓得一些的,军统可是搞特工的,你与他们……""嗯,你听我讲完嘛。上上个月钟老板来寻过我啦,讲是戴老板要把军统的工作扩展到党政军各个方面,所以说我们这里马上就要改朝换代啦,钟老板马上就要当胥浦县地下县长啦。""胥浦县现在不是有周兰畦么?""你讲的是'现在',我讲的是'马上'!拎清爽了吧?实话告诉你吧,上面对姓周的不大信任,听说他搭共产党有啥瓜葛,也不晓是真是假,反正这次不单单是换县长,军队也要调整,你们那个淞沪游击队就要统一收归第十集团军了,我们这里所有的政府武装由钟老板收编成第十集团军的一个纵队,下面设中队,统统归他领导。"杨宝乾吃了一惊,却笑着问:"姓钟的许了你个啥官么你这么积极?""中校。哪能?""那像我这样的人要是……""那就要看你过来辰光带多少兵来,人家对你赏识不赏识了。不过我敢打赌,只要你听他的话,到辰光再把你的兵完完整整带过来服从他领导,至少也得给你个少校吧。"绿玫瑰见杨宝乾不响,晓得在吃自家的醋,就扭捏一番,用手点着他的鼻尖说:"看,给你的官比我小就不开心了,我这也是瞎猜嘛。要末到辰光我对钟老说,给我们一个中队,你正的我副的。""我哪敢领导你呢,我只要与你朝夕相处就心满意足了。""你想也白想!"绿玫瑰突然间又变得强硬起来,"不是我自吹自擂,老娘我在这杭州湾一带真还吭没服过输呢。"杨宝乾已经领教过这女人的厉害,只得笑着说:"我哪是这个意思,我是在想,上面搞调整,把头一换,我们下面的这些营、连、排、班跟着调整过来就是了嘛,不可能不听上面调派的是吧?""那你就想得太简单了!"绿玫瑰说,"国民党里的情况你不可能一眼也不晓得吧,嫡系的杂牌的中央的地方的,搞也搞不清爽,你们八支队是姓周的一手弄起来的,据说还混进了共党分子,到辰光俦能乖乖地跟钟老板走?"

杨宝乾回到自家驻地,就开始按绿玫瑰交代的行动计划做准备工作。他先在四营密查共产党员和亲共分子,又联络其他营中的狐朋狗友,企图一旦时机成熟就按钟世杰那边的行动计划动手。周兰畦发觉了他的异常行动,就将他从四营调到支队担任副参谋长。杨宝乾心知肚明,这是明升暗降,但也吃没办法违抗命令,只得假装糊涂应付过去。"皖南事变"一发生,国民党军队内部就开始实施针对共产党的行动。周兰畦被扣上亲共的帽子离开了八支队,辞去了地下县长的职位,在此之前他提醒支队的几位军官对杨宝乾要多加提防。周兰畦刚刚离开八支队,杨宝乾以为自己夺权的时候到了,就来了个小兵变,结果马上被挫败了,慌乱中,杨宝乾只带了十几个亲信跑到绿玫瑰那里。这十几个人的见面礼在钟世杰眼里根本不算什么,好在绿玫瑰与钟世杰的关系不错,在她的请求下,他才给了杨宝乾一个第十集团军江南第一纵队三中队队副的差使,算是给绿玫瑰当了个副手。可惜的是,原来的第八支队因此分崩离析。这支部队是周兰畦在抗战初期一手创建的,周兰畦一走,杨宝乾这一搅,周兰畦的许多部下就离开了第八支队,最后被编进钟世杰纵队的原八支队人数,还凑不足两个营。

再说杨宝乾与绿玫瑰两人相处辰光一长,热情一过,绿玫瑰对杨宝乾就不像以前那样温顺黏人了,照她的个性,颐指气使是必然的,有辰光还要当着别人的面奚落他。杨宝乾也是个很要强的人,哪里咽得下这种气,可又不敢与绿玫瑰分庭抗礼,便经常借酒浇愁。这一浇就浇坏了身体,连绿玫瑰夜里的基本要求也满足不了。

有一次他出门与朋友吃酒,绿玫瑰竟提着盒子枪寻到酒店里。杨宝乾不愿意让别人看到自家在女人面前服软,就硬撑着与绿玫瑰犟了起来,说是男人的事体女人家少管啥啥的,绿玫瑰把枪朝酒桌上一拍,夹头夹脑就是一顿臭骂:"还男人呢你!你这个中队副还是老娘给你讨饭一样讨来的呢,你还硬啥,你哪能一到床上就硬不起来啦,一眼眼男子汉气概也呒没啦……"骂得杨宝乾七荤八素,恨不得跳河自杀。

第十六章

眼睛一眨,就到了1942年。六月,一场强台风刮倒了无数民宅;伴随着台风而来的是暴雨,稻田被水没得白茫茫一片。眼看所剩无几的稻谷就要收割了,突然间天空中又飞来黑压压一大片野鸭,一日之内就被啄个精光。紧接着是霍乱,一病一个村庄,一死一家人,弄得人心惶惶,哀鸿遍野。

赤松溪沉默不下去了,赤松溪愤怒了。

黄浦江水系潮汐属半日潮型,也就是每日两次涨潮两次落潮,可是这年农历八月的一日,赤松溪竟涨了三次潮水。于是,一个传闻不胫而走:赤松溪一日三潮,马上要改朝了。紧接着,类似的传闻铺天盖地。

胥浦县日伪政府的头目坐不住了,一边下令彻查这些传闻的源头,一边在全县范围内实施强化统治的粗暴措施:一是从海滩起扎竹篱笆为封锁线,把每个集镇与交通要道的进出口设"检查所",严格盘查进出行人,同时清查户口,实行"联保连坐",但凡某甲某保发生抗日事件,同甲同保上自保、甲长下至平民百姓以同罪惩处。二是禁止法币流通,规定以"中储券"一元折法币二元比价收兑,实际上是将老百姓手中的钞票贬值,变为日军的侵华经费。三是为了保证日伪军用粮供给,成立"米统会",对粮食实行"统制",严禁粮食出境和自由买卖,分摊"军米"指标到各乡各保,无论丰收还是歉收甚至颗粒无收,均以每亩地 5 斗派购,而且还要压价强购,名义上以布匹、肥皂、蜡烛和肥田粉等统制物资作交换,实际上几经克扣,到农民手里就所剩无几了。四是开展大规模"清乡",凡是稍有反日嫌疑的人就抓,凡是有抗日迹象的村庄就烧,还顺手牵羊,把老百姓家中吃的穿的稍微值点铜钿的物事拿走。

赤松镇的"清乡"是由和平军的一个营配合日军小队一起进行的。保安队、警察所则负责督促协同镇公所清查户口、建立"联保连坐"体制,控制"军米"。和平军让镇保安队腾出了隆泰米厂的几间房子,他们的营部就设在那里。

一日夜里,金珠囡儿突发高烧,金珠本是想马上给她去弄药的,只因家门口住着这些兵,不敢出门,只得给剑华熬了碗姜糖汤呷了,不想第二日剑华的高烧不但不退,还咳了起来。金珠心里急了,好不容易等到那些和平军"清乡"去了,才出家门向宏济堂奔去。

金珠想好的,周兰畦多半在华严寺深居简出,俗话讲三年药店半郎中,让店堂的伙计寿生或冬生弄点药。不想,她刚刚走进店堂与寿生搭话，就听得周兰畦在叫她："金珠！快进快进！"金珠说："寄爹不是在庙里吃素念经么？"周兰畦说："国家被弄到这种样子，我哪能静得下心来吃素念经！哪能啦，小把戏生病了？"金珠把剑华的症状讲了一遍，周兰畦说："伤风感冒，我给她开几帖药吃了就好。你再顺便带点治霍乱的药回去，以防万一。这是我专门为防治霍乱配制的，好多人吃过了，侪讲蛮灵的。"金珠说："寄爹你心肠真好，自家被他们弄得这样了还放不下……"

从宏济堂出来，冷不防身边"咔嚓"一声响，扭头一看，金珠吓了一跳——严文魁一身和平军军装，一杠两星，腰里挎着手枪，直直地立在那里。金珠连忙转身就走，却让严文魁挡住了。"金珠，是我呀，严文魁。我听说你回镇上来了。"严文魁眼里熠熠生辉。金珠只得支吾，又要走，又让严文魁挡住了，说："金珠，你仔细看看我，我不再是过去那个严文魁了！"金珠举起手中的中药包，说："那就祝你步步高升。我囡儿生病了，我要马上回去煎药给她吃。"严文魁抓住金珠一只手，说："我就几句话。金珠，我晓得的，侪晓得，他姓杨的当年逼你成亲，镇上的人侪讲是一朵鲜花插到牛污里了，作孽。""这与你无关。""不，与我有关，要不那日夜里你搭人约好了要逃走，我为啥放你走？我就是不愿意看到姓杨的把你弄到手。结果你又不走了——哦不讲了不讲了，怪只怪我当时是他部下，臂膀拧不过大腿。不过金珠你放心，现在你可以叫他出来，我姓严的一定奉陪到底！"金珠急了："严文魁！你再这样我就要喊人了。""喊呀，喊，你最好现在就把杨宝乾喊出来，看我哪能收作他！金珠，你再不要指望他了，人家早就搭一个女土匪头子困在一张床上了，真的，我不会瞎讲的，我们情报……"金珠趁他讲得起劲，一甩手挣脱他就要走，却被严文魁挡在了岸边。金珠索性走到石驳岸沿口，说："你不要过来，你再过来我就往下跳。"严文魁摇头："你还是看不起我，好吧，你等着，三年，不，两年，你看我扛个两杠一星——不，两杠两星回转来！金珠，你不要小看我现在肩上这一杠两星，我搭我们师长是原个头朋友，在我们军司令部里，我也……"

金珠好不容易摆脱严文魁的纠缠回到家里，一屁股坐倒在椅子上。桂芳进来，看看金珠面色不大对头，就把剑华放在坐车里，问："金珠，哪能啦？药撮回来了吧？周先生哪能讲？周先生讲不要紧的就不要紧了，我马上给她煎药，吃了就会好的。"桂芳见金珠还是两只眼睛定洋洋，就叫来了金宝。金宝进来一看也急了，问："妹子，刚刚出去不是还蛮好的，哪能回转来就变成这副样子了，啊？"这时小麻子走了进来，说："小姐，我刚刚在街上侪看见了，你不要怕，他姓严的要真敢动你一根汗毛，我就灭了他！"金宝夫妇听小麻子讲了刚刚目睹的一切，急得团团转，金珠反倒镇定下来了，说："我死也死过一次了，他要真来横的，大不了拼个鱼死网破！"

当日夜晚，金兆隆刚回到家，金宝就把事情经过讲给他听，金兆隆说："我晓得他回镇上来了，他营里的人今朝搭我讲的，昨日刚刚从他们师部调过来的，给雷营长当副官。"金宝说："阿爸你这几天不是搭那个雷营长混得蛮熟了么，你就搭雷营长讲一声，他一个副官能不听上司的话？"金兆隆摇摇头，说："你懂啥！营里的副官就是副营长级别的官，听他们讲这个赤佬的靠山还不小，我怕就怕万一他是冲着金珠……"这一夜，金兆隆就吭没合上眼睛，可是

181

思来想去，也呒没想出啥好办法来。把金珠再送曹家垯或是哪家农村亲友家暂避风头？如今搞了"联保连坐"，啥人家还敢收留？那个周菊畦如今不仅是县保安队队长，还兼了米统会会长，最近倒是经常下来又吃又要的，要么让他讲句话？可是周菊畦为了讨好日本人，最近又向全县商界摊派款项，讲是讲要搞一个叫"樱梅庄"的娱乐场所，可听知情人讲，这个樱梅庄实际上是专供日本人发泄的妓院，如果真是这样，求他不等于把金珠朝虎口里送？可是万一严文魁真的找上门来哪能办呢……

过了将近半个号头，倒还相安无事，金兆隆就说："不要怕，金珠。我现在再哪能讲也算个镇长嘛，他姓严的也就一个副营级别的军官，他也得掂量掂量他自家搭我的分量对哦？再讲，费金龙是哪能死的，他亲眼所见，他就不怕有朝一日自家也搭费金龙一个下场？"话音刚落，和平军的一个士兵突然来找金兆隆，说是他们长官让金镇长马上去一趟营部，有要事商量。金兆隆一听这话，也呒没细问，估计又是为军米的征收数讨价还价，就叫来小麻子，让他把院门关好闩好，便跟着那士兵走了。金兆隆来到和平军营部，一个士兵一边给他沏茶一边说："严长官有点事体刚刚出去，他请金镇长稍等片刻。"金兆隆心里就格登了一下，问："你们雷营长人呢？"说着就要往外溜，却被门口两个站岗的挡住了。

此刻，严文魁已经醉醺醺地踏着月色来到了金珠家的小院门前。敲门。小麻子以为是金兆隆，半跑着来开院门，开开门眼睛就拨直了。他一伸手挡住严文魁："我们东家不在。"严文魁抬手就给了小麻子一巴掌："给我滚开！"小麻子马上换了一副笑面孔："严……长官，你有啥事体寻我们东家？你先坐，坐，我马上就去叫他回来。"严文魁又是一记巴掌打上去:"你小子给我滚远点,再不识相老子一枪崩了你!"金宝听得响光从屋里出来,看见是严文魁,心里就觉着今朝有点不对头,连忙打躬作揖,搬来一把椅子,请严文魁就座。严文魁故意把手枪从身上拿下来,"啪"一声拍身边一只板凳上,说:"不关你的事,你困你的觉。"金宝斗胆问:"严先生严长官今朝来我家里做啥?"严文魁打了个饱嗝,眯起眼睛笑道:"做啥?你妹子晓得……我讲了,今朝夜头啥人也不要来打搅老子,否则老子就一枪送他上西天!"就在金宝吓得瑟瑟发抖的辰光,金珠出现在了房门口。

"金、金珠……"刚刚还不可一世的严文魁突然间变得慌里慌张起来。

金珠问:"严文魁,天这么晏了,你还来我家里做啥?"

"我这不是来看看你……我是查夜查到这里了,想来这里坐坐,呷口茶,讲讲张。"

"查夜不是警察所的事体么,你们和平军也管这种事体?"

"金珠,我求求你了,我等你等了几化年数了,我等不及了……杨宝乾他再也回不来了,现在日本人正在寻他算账,再讲他姓杨的早就把你搭小团掼在脑后头了,早就跟那个女土匪绿玫瑰拜堂成亲了,真的。绿玫瑰你呒没听说过?过去是太湖上大名鼎鼎的女土匪,现在是杭州湾里第一女强盗,真的。我要瞎讲一句嘴上生疮!还有,共产党也在寻他算账。所以金珠你听我一句话,赤松镇你是万万不能待下去了,弄不好日本人哪天要寻上门来,共产党也讲不定要追到这里来。我们这支部队马上就要开拔了,金珠,你跟我走,你不要看我现在还是小八腊子一个,我向你保证……你不信？我身后有人，是个大靠山，大得来讲出来吓死人……"

金珠一言不发，直到严文魁讲得自家也觉着吼没意思了，才冷冰冰地说："姓严的，我生来吼没福气，你就是给我一座金銮殿也白搭。"

"金珠，你要不答应，我今朝夜里就死在你这里！"

"答应你啥？我已经是个有夫之妇，还有两个小人。"

"我不是这个意思，我只是想搭你……"

"妄想！"

"金珠，你再不答应我就、我就真的那个了。"严文魁把枪弄得"咔嚓咔嚓"响。

金珠不理，返身而去。

"金珠，你不要逼我，你再逼我我就一枪把你也崩了，我们两个同归于尽！"严文魁把枪口转向金珠。

金珠转过身："来吧，严文魁，我早就在日本人手里死过一次了，啥侪无所谓了。开枪呀严文魁！"说着，缓步向严文魁走去。

严文魁没想到金珠这么镇静，他一面向后退一面色厉内荏地说："你……你给我退回去……好啊你这个臭女人，敬酒不吃吃罚酒，你再上前一步我就真要开……"

金珠吼没被吓住，继续向严文魁走去。严文魁步步后退，突然，他饿虎扑食一样地冲了上去，抱住金珠就把嘴巴贴上去。金宝吓坏了，跪在地上向严文魁求饶。严文魁一边将金珠往房间里拖，一边厉声叫道："我讲过了，今朝啥人也不要来搅场子，否则我的手枪不是吃素……"也就在这个辰光，只听得"嘭"的一声响光，严文魁应声而倒。

金宝看见小麻子手里提着根毛竹扛棒气呼呼地立在那里,失声叫起来:"小麻子,你闯大穷祸了!"

小麻子说:"这种人我早就想除脱了,他今朝还寻上门来了,哼!"

金宝说:"你讲得轻巧,人家和平军还有警察所能饶了我们!"

小麻子一身正气:"一人做事一人当,金宝哥,拿根麻绳把我捆了送警察所吧。"

这时,金兆隆出现在了门口。他见严文魁迟迟不到营部,就怀疑这个家伙很有可能去了自己的家,硬是冲出和平军营部回到家中的。

小麻子当日夜里就逃离了赤松镇。临走,他想起了杨宝乾杀费金龙的事来,就到金珠房中找了块黄色的裁缝划块,因为只会写自家姓名和几个简单常用的字,想不起"杀"字如何写,只记得那字有个叉,便想当然地加了把竖刀,就在院墙上留下了五个字:

彭家良刈人

彭家良是小麻子的大名,金珠一家人和赤松镇上所有的人侪哝没叫过他的大名。临别之前金珠第一次叫了他的大名:"家良,一路保重!在了啥户荡落脚之后就给你金珠阿姐带个信来,免得我心里牵挂。"

小麻子平日里一直称金珠为小姐,今朝也改了口:"金珠阿姐,你放心好了,我一定会回来的,一定。"

送走小麻子,一家人就为如何处置躺在地上的严文魁皱起了眉头。大家心里侪清清爽爽，打死一个和平军军官的后果将会如何。金宝好像换了一个人似的，说："啥人晓得家良能不能逃得出去。不如我去自首算了，姓严的这个乌龟王八蛋我也早就想把他杀了。"桂芳一听说自家的男人要去顶杀人的罪名，冲上来抱住金宝就哭。金兆隆说："你还哭！你就不怕让楼里那些杀胚听见！金宝，趁现在天黑，先把这只众牲抬出去埋脱再讲，快去寻条破被单来，再拿两把铁锹。快！"

金珠从自家房里拿来了一条被单出来，金兆隆就将被单摊在地上，招呼扛了两把铁锹过来的金宝一起给严文魁翻个身，把他翻到被单上面去。万万呒没想到的是，金宝刚刚扳动严文魁的身体，严文魁就被扳醒了。严文魁一骨碌坐了起来，吓得金宝一个跟斗掼出几步远。严文魁长长地出了口气，左望望右看看，右看看左望望，眼光最后落在小麻子写在墙上的那五个字上。那五个字虽说写得歪歪扭扭，大小不一，却在月光里光彩夺目。金宝随手操起扛棒拉开架势，准备作殊死搏斗。严文魁摇摇头，如梦初醒，就伸手去拿那把落在地上的手枪，被金宝用扛棒挡住了。

"姓严的，你要再敢动我妹子一根手指头，我就一扛棒……"说着就高举起扛棒。

金兆隆喝住金宝，对严文魁说："严文魁，我们家与你无冤无仇，你在我手下做事体辰光我也从来不曾亏待过你，你为啥盯牢我家金珠不放？你再要这样，我就向你的上司告状了！"

金珠怒目而视，操起一把剪刀说："严文魁，从今以后，你要再敢动我的坏脑筋，我就把你的眼乌珠挖出来喂狗吃！"

严文魁眼睛骨碌碌转了几圈，突然痛哭流涕道："金珠，侪是我的错，我吃醉了我对不起你。"又转过身对金兆隆说："金老板，我也是一时糊涂……"金珠根本不愿意听他的话，冷冷地说："严文魁，你给我滚吧。"

金珠看着严文魁仓皇而去的背影，好像自家陡然变了个人一样，心里再也呒没恐惧感了。这以后，两人在路上遇见，严文魁变得像怕她一样，不敢拿正眼看她一眼。

后来，和平军一夜里跑得无影无踪，金珠一家人心里更加踏实了。只是，小麻子音讯全无，让金家人一直为他担着个心。

小麻子是直到赤松镇解放才回到镇上的。他一回来发现严文魁成了镇上的领导，怕他利用职权报复，就想再次远走他乡，金兆隆对他说："老古话：人怕鬼，鬼怕人，就看啥人怕啥人。再讲了，现在是人民政府了，他还想像过去一样欺负人？不可能！"金珠说："你这几年出去居无定所，吃尽了苦头，这里才是你的家，家良，留下来吧。"

第十七章

严文魁所在的部队突然撤离赤松镇，是因为接到上面的命令，去清剿钟世杰那个纵队的。在战场上，严文魁与杨宝乾狭路相逢。

那天，和平军突袭了绿玫瑰杨宝乾的三中队营地，一记头就使对方的战斗力受到了重创，接着就包围起来，步步向他们逼近。他让手下喊话，让对方的人反水，提了绿玫瑰和杨宝乾的人头来领赏。绿玫瑰搭杨宝乾商量，留下一人指挥部分兵力打掩护，另一人带领其余官兵突围出去，从水路逃生。两人俩要留下来担任掩护任务，争执起来。绿玫瑰火了："杨宝乾，你是副的我是正的，你再不听老娘的命令我就崩了你！"说着，枪口对准了杨宝乾的胸膛。杨宝乾泪如雨下，说："玫瑰！我在船码头等你，玫瑰，你不能……"

杨宝乾带着弟兄们突出重围来到船码头，一看，所有船只已被起了锚，漂走了。杨宝乾见水路已断，只得再从陆路杀了回去，经过一阵激烈的战斗，手下只剩下了二十余人，被逼进了一个小村庄。严文魁以为杨宝乾已成瓮中之鳖，兴奋得大叫大喊，让他快快出来投降。杨宝乾对他的手下说："弟兄们，再这样打下去我们一个也活不了，不如分散突围，能冲的就冲出去，冲不出去的就寻个户荡躲起来，留得青山在，不怕没柴烧，以后我们还要重整旗鼓，为死去的弟兄们报仇！"

杨宝乾跳进一只茅厕的坑缸里，把南瓜叶往头上一盖，竟然虎口脱险了。他虽然认定绿玫瑰必死无疑，还是到处打听绿玫瑰的下落。有的讲她已经以身殉国，有的说她已被俘虏，有的说她从死人堆里爬了出来……杨宝乾找了又找，最后心灰意懒，就找个地方给她堆了个坟包，撮土为香，并对天发誓，要为绿玫瑰报仇雪恨。

到了1943年冬季，胥浦县及周边地区又出现了一些新组合的部队，最大的要数由钟世杰领导的忠义救国军边防保安大队，其辖下有三个直属营与七个杂牌支队，号称人枪五千；另外还有各自为政的几支人马：王柏深的行动总队，陆进发的苏浙皖挺进中队，丁宏山的胥浦独立支队，猪头阿妹的浦南大队等等，被新四军和老百姓统称为"顽军"。日伪在胥浦县的实际驻军倒还不足千人，驻守在全县境内的十多个集镇，其捉襟见肘之状可想而知。赤松镇是水陆码头，在战略上有一定地位，可也就一个日军小队外加保安分队和警察所，统共也就七八十号人马，所以镇上的日军汉奸除了上面有集中行动的指令，全副武装出去执行任务以外，已基本上不敢有啥活动，只龟缩在自己的炮楼和驻地苟延残喘。

同时胥浦境内还出现了一支新四军的先遣队，一开始才二十来号人马，但发展相当迅速，不久就发展到了两百多人马。日军汉奸最恨先遣队，有一次调集几乎全县一半的兵力去围剿先遣队，结果不但扑了个空，反被先遣队端掉了一个武器库。顽军对先遣队也是既恨又怕，钟世杰经常挂在嘴边的一句话就是"人枪五千，消灭先遣"。他们得知了先遣队端掉日军武器库后决定开庆功会的消息，一面派出代表前去祝贺，一面暗中调集兵力，企图一举消灭先遣队，结果让先遣队中途设伏，把其中一个连包了饺子，不过先遣队从团结抗日的角度考虑，还是网开一面，放走了他们。

而土匪部队则昼伏夜出，杀人越货，搅得老百姓尤其是商户提心吊胆，惶恐不安。金珠家有日夜里就遭到了土匪抢。

那日夜里，更深人静，金兆隆忽听得屋顶上瓦片嘎嘎作响，心里就觉着不大对头，急忙从被头筒里钻出来，开了半扇房门探出头去看，只见几个黑影几乎同时跳进院里，连忙缩回头要关门，喊叫"有强盗"，但迟了，一个土匪先前已经在房门旁了，一闪身就进来挡在金兆隆身后。

"你喊呀，喊！喊保安队来捉我们呀，你咋又不喊啦！"一个土匪头子在几个喽啰的簇拥下走进屋内。金兆隆浑身发抖："哪敢哪敢，我是听得大王……正想出门迎接你……""扯你妈的蛋！"那土匪头子一口北方口音，"金老板，你心里应该知道，如今他们保安队警察所早就是泥菩萨过河自身难保啦，他们还会来管你这鸡巴事！你不信？我现在就让你喊，可着嗓门喊，不，干脆放你去报警，我们现在是又缺票子又缺枪支，你给我把他们请过来，金老板你呢就负责出票子，让他们负责出枪支，这叫有钱出钱有枪出枪，啊哈哈，怎么样？哈哈哈……"土匪头子一笑，喽啰们也跟着笑，笑得一个个前俯后仰，笑得金兆隆寒毛凛凛。一歇歇，金兆隆看见金珠和金宝夫妇也被押了过来，心里只有叫苦。接着土匪们就逼他拿钱，金兆隆早有防备，点上油灯照亮，故意从这个抽屉中寻出几张中储券，又从枕头里找出几张法币。土匪头子一眼就看穿了他的把戏，说："甭找了，我不要这些个擦屁股纸，要银元，金银财宝。"金兆隆哭起穷来，说日本人毁了他的家业，早就穷得叮当响了；又说不管是中央的还是地方的，真抗日的还是假抗日的，都问他要钱要粮，要这要那，哪还有多余的孝敬你大王呢。土匪头子一巴掌拍到台子上，把台子上的茶壶震下了地："你他妈的给我哭穷，赤松镇全镇的军饷在你手里过呢，你就大公无私不捞一点横财？嗯！"金兆隆哭丧着脸说："大王……司令……哪有这么好的事体嘛，我刚刚不是讲过了，侪是给别人家代收的，不就过个手，再说这两年年成不好，难收得很，有辰光收不上来，上面又催得紧，弄不好还要我自掏腰包倒贴……""好嘛，你既然肯给日本人倒贴钱粮杀我们中国人，那你也倒贴给我们一点吧，啊——哈哈！"金兆隆差一点自扇一记耳光。他还存有一丝幻想，万一保安队听见响光来察看呢，就又是找茶叶又是寻香烟地张罗，土匪头子哈哈大笑道："金老板，不要等了，警察所保安队跟我讲了，说是他们就不来老虎头上拍苍蝇了。弟兄们，要么就给他浇点煤油，炸一炸，油汆癞蛤蟆也挺好吃的嘛，啊哈哈！"喽啰一听他们头子发了话，就把随身带来的煤油浇在金兆隆身上，又"嗤"的一声划亮了一根自来火捏在手里。金兆隆真急了，一边拱手一边说："我拿，我拿，我有眼不识泰山……"就爬进床底下，起掉几块地砖，捧出一只陶罐来："我就这点老底了，原本是准备给自家死了买棺材的，想不到……你们要不相信，我就这么个屁股大的户荡，你们可以掘地三尺……"一个土匪从陶罐里抓起一把银洋钿，撒下去，发出了叮叮当当的声响。土匪头子拿起一块在嘴上咬了咬，把手一挥，说："走！谢谢金老板，后会有期。"也就在这时，忽听得怒吼："哪来的强盗竟敢抢到老子家里来了！"大家抬头看去，就见一个长长大大的人提着手枪挡在门口。那个土匪头子吃了一惊："你……你是谁？小的们，还不快给我动手！""敢！我杨宝乾今天就不客气了！"杨宝乾一报出自家的姓名，那些土匪先是面面相觑，然后浑身哆嗦，接着就跪求杨大爷杨英雄杨好汉饶命。杨宝乾看了看屋里的家人毫发未损，才将手枪"嘭"地拍在桌上，大喝一声："滚！"

　　杨宝乾这次回赤松镇是带着特殊使命的。临走前，钟世杰把他叫了去，先从《开罗宣言》讲到国际形势，再从国内战局讲到江浙皖交界国、共、日的兵力态势，然后给他下达了任务：立即回赤松镇去，给边防保安大队筹措急需的军粮，做好日军投降时接收的准备工作。杨宝乾正急着想回家与妻儿团聚，一接到这项任务，就匆匆回来了。

杨宝乾是以粮商的身份出现在赤松镇的。他一身商人打扮,开口粮食行情,闭口米价贵贱。他与早就关张了的本镇丰大米行合伙,开出了起名"宝丰"的新米行。杨宝乾曾在一家人的饭桌上说,他一开始学生意就吃的是米行饭,将来若能把生意做大了做发了,就搞个加工销售联合公司啥的,把宝丰米行与隆泰米厂合为一体。他也觉察到许多熟人包括家人对他的弃武从商心存疑惑,他的解释是自家为党国出生入死,到头来吃了败仗就被一脚踢到角落头里,如今是看破红尘了。有辰光他慷慨激昂地痛骂官场军界的腐败,有辰光他为过去自家没有好好照顾家中妻儿老小深表后悔。他说:"老子拼死为别人家卖力,倒不如做做生意把女人小囝养好。"

世上吥没不透风的墙,金珠早就听说杨宝乾与绿玫瑰哪能哪能,她已经认可了自家的命运,这个男人在她的心里一直是可有可无了,她只认一个理:活下去,把儿女带大。这次杨宝乾回来,金珠也吥没大喜大悲的感觉,她觉得一家人太平无事就好。她希望杨宝乾真的如他所讲,从此做自家的生意,担一家人的生计。不过,杨宝乾枪不离身,又让她不得不对他讲的那些话产生疑虑,杨宝乾的解释是怕日本人保安队来寻他麻烦。金珠想想也对,可是杨宝乾经常昼伏夜出,神出鬼没……金珠心想:但愿他说的侪是真的,但愿我猜错了,就是看在两个活泼可爱的小孩身上,他不应该也不会再去冒险了。

杨宝乾对自家的儿子囝儿确实喜欢得不得了,一有空,不是把囝儿抱着香面孔举高高,就是给儿子当"牛"作"马",让儿子骑在自家背上。那天新学年开学,金珠要领抗抗去报名上学,杨宝乾说:"让我去给他报名吧。这些年我亏欠他们的太多了,今朝就给我个还债的机会。"金珠说:"你不怕碰到保安队的人?"杨宝乾说:"听说这几天边防保安大队两个营就驻扎在八图村九图村一带,七八百人马呢,吓得他们连门都不敢出,还能把我哪能!"不等金珠表示同意与否,他就牵着儿子的小手去学校了。

杨宝乾从学校回来,脚还吮没跨进门,声音就传进来了:"金珠,你看我今朝把哪位贵客请来了!"金珠抬头一看,呆住了——潘鹤鸣正在门口看着她呢。

自从那天在华严寺听得周兰畦说潘鹤鸣去了"那边"之后,金珠心里一直牵挂着他。她几次找借口去宏济堂,想从周兰畦嘴里探得些潘鹤鸣的信息,老人守口如瓶,后来老人也不见了,问偑仔妈,偑仔妈只说出远门办事体去了。眼下,当潘鹤鸣突然出现在门口,金珠心里的一块大石头终于落地了。当然,她不能显露出自己的真实情感,便微笑道:"我当是啥人,潘校长!我们有好久不见了吧,贵客贵客,请进请进!"

"现在你要叫他潘教导了。叫你潘主任也可以吧?潘先生是我们抗抗的教导主任。"杨宝乾说,"你说巧哦金珠,我领抗抗去报名,听得有人在喊潘教导,他就跟那人搭话,我一听耳熟,回头一看,是潘先生!哈哈哈。"

潘鹤鸣说:"本来就想好了要过来看看的,忙,新学年嘛,我又是大前天刚刚到镇上接这摊工作的,哎,杨先生倒找上门来了,哈哈。"

金珠揩台子泡茶,说:"潘先生你们两个先讲张,我去买点小菜,今朝就在这里吃饭,几化年数不见了,聚聚。"

"菜我叫好了。"杨宝乾说,"小鸿兴叫的,四冷四炒,外加一只汤盆。等一歇就送来了。"

"杨先生你看你……我说不用了不用了,坐到一起呷口茶讲讲张就可以了,你就这样认真!"

"这哪能可以呢!想当初要吪没你潘先生,我搭金珠的命怕侪吪没了。我搭金珠讲过的,潘先生的大恩大德,我杨宝乾是一定要报的,今世报不了来世也要报。哦对了潘先生,还记得你专门设宴送我离开潘家湾吗?"

"哪能忘得了嘛,第二日我们就听到了你刀斩费金龙的消息。"

"哪里,这侪是瞎传的,是先用你送我的那支勃朗宁打死了这个汉奸,随后用胡吉观腌鲜店里的斩肉刀——嘿嘿,侪是些陈谷子烂芝麻了,不提,不提,我呀,现在要放下屠刀,立地成佛,哈哈哈。"

潘鹤鸣说:"刚刚在路上就听你讲在做粮食生意了,真的?"

"那你不是也改行做教书先生了么?"

"教书倒是我的本行。当初日本人还吪没打到这里,我大学也吪没毕业,我搭几个同学搞了个关于教育的社会调查,就决定这一生投身教育救国事业了。结果你也知道的,日本人打进来了,我的初衷就没法实现。所以前几年我一个安庆的同学他父亲开了家私人学堂,让我去主持教务工作,我求之不得啊。讲良心话,那边的办学环境还是不错的,我同学他父亲待我也很好,可是吪没办法啊,父母在,不远行。最近一年多来,我阿爸一直困在床上起不来,他身边只有我阿妈一个人……唉……现在离他们近一点,我心里也就放心点嘛。"

"潘先生讲得对。我也是，瞎混了这么多年，最后弄得来妻离子散，才算悟出了一点道理来。啥道理？还是老古人讲的，齐家治国平天下。你连自家的家都呒没顾全，你还是个男子汉大丈夫？"

金珠在一旁听着两人交谈，眉头渐渐锁了起来。她从两人言谈中，似乎觉着了一种不祥的预兆。她心里清楚，今天这两个人的话侪是言不由衷的，不，简直是在做戏……

第十八章

1945年新年伊始，胥浦县政府屋顶上出现了许多猫头鹰，黑压压一片，还叫，叫得人心惊肉跳，吓得伪政府那帮人连门也不敢出，等到保安队闻讯赶去，那群猫头鹰一阵怪叫飞得无影无踪，保安队的人个个身上头上被浇上鸟污。于是，民间议论纷纷，都说自古以来，猫头鹰叫就要死人，看来日伪的死期马上要到了。接着正月十五，一夜里胥浦县所有的竹篱笆封锁线几乎同时起火，呼啦啦烧个精光，民间便演绎出了多种版本的上天发怒用天火惩罚日伪的故事。到了农历三月的一天，赤松镇发生了令人不可思议的"鬼兵动"。

那一天太阳讲亮不亮，讲暗不暗，却十分刺眼，让人头昏眼花。赤松溪上，好像河底里支着只大镬子正在烧火一样，烟雾弥漫，热气腾腾。

那日半夜，金珠一开始像是在做梦，听得狗哭声，先是一只，接着是两只、三只、四只……她从小听老人们讲，夜里听见狗哭就是鬼来了，便闭紧眼睛捂牢耳朵，可是呒没用，那狗哭声非但呒没减弱，反而越来越近越来越响，铺天盖地。不久，狗哭声渐远，外面却是嘈杂一片，有敲锣、打脸盆、击铲刀铜勺的声音。她睁开眼睛，窗户被窗帘遮着，啥也看不见，便下床撩起窗帘向外看，不看不要紧，一看吓一跳，远远近近，高高低低，侪是一只只绿幽幽阴森森的火球。她双手捂住怦怦直跳的心，退坐在床沿上喘息一歇，听得两个小孩昏涂蛮响，心想也巧了，今朝夜里偏偏杨宝乾不在家，要有个男人在就好多了。再次鼓足勇气撩开窗帘向外望，只见那些火球正闪闪烁烁地直向她逼来，越逼越近，她"啊"的一声尖叫，一头掼倒在地上。

金珠好像腾云驾雾，一歇歇就飞到了半天空。她看见密密麻麻的火球拥向河对岸，对岸就响起了乱七八糟的金属击打声，还有人的呼叫声，声浪一浪高过一浪，于是火球反过来向河这边拥来。因为河南住的人家少，声响就小得多。她还清清爽爽看见她父亲和金宝也在拼命敲打各自手中的脸盆，火球又犹犹豫豫地退缩回去，过一歇火球再逼近……忽听得马达声响，循声看去，只见赤松溪由西向东驶过三艘汽艇，上面插着被烧得破烂不堪的膏药旗，河中却不见一丝浪花。接着听到摩托声、马蹄声和马的嘶鸣声，后面是有些紊乱的大部队的脚步声，武器、金属物品的磕碰声。金珠在空中，看着这些残兵败将向东南方向缓缓而去，发现了一个有点眼熟的身影，定睛细看，竟然是龟田小队长！他左手用绷带吊着，右手牵着一只呒没头的瘸狗，从修长的四腿来看，应该是费金龙……

金珠醒来的辰光，见金兆隆、桂芳，还有她的两个小孩正围在她身边哭得死去活来。金珠不解,问:"你们哭啥呀哭?"桂芳说:"你晓得你几化辰光不出气了?"金珠说:"我?死了?我好像就做了个梦呀。""你还做梦呢,我俦吓死了。你不晓得吧——昨日半夜里俦是鬼火,把我们家房子包围了,还有河对过,也俦是鬼火,一天世界。马路上俦是阴兵,只看见脚看不到头,魂灵也吓脱哉……"桂芳正说着,门开了,晨光熹微,走进来的是金宝和周兰畦。两人见金珠已经醒来,又惊又喜。金兆隆说:"周先生真不好意思,我是昨日街上碰着金珠她寄妈,说你回来了,就让金宝去请你来给金珠看看,啥人晓得她醒过来就一眼事体也呒没了,弄你白跑一趟。"又说:"我活到今朝,真还呒没看见过昨日夜里这种场景,你比我岁数大一眼,你看见过哦周先生?"周兰畦摇头,说:"按理讲磷火是要热天气温达到一定程度才会有的。我出诊走夜路就碰到过两三次,坟墩头,绿幽幽的,一闪一闪的,最多也就六七堆。不过在县志上是有记载的,是明朝万历还是嘉靖我记不清爽了,反正有。像昨日夜里这种一天世界的鬼火叫'鬼兵动',也叫'行阴兵',志书上也讲只看得见脚看不见头的。"金宝说:"是不是天要变了?"周兰畦说:"呵呵,不管哪能讲,我看啊,日本人的日脚不长了,抗战就要胜利了!"

不久,发生了一次农民暴动,原因是横征暴敛激起了民愤。赤松镇一带一亩水田一般正常年景收成也就两石不到一点,可是敌伪政府规定一亩要交粮一石五;养一头牛征收伪币30万元,一头猪征收伪币6万元。除此之外,农民还要给国民党地下县政府交地亩捐,以粮抵钱,每亩4至8升不等,外加行政费和主副食费每亩

300 至 440 元伪币。

导火索据说是从离赤松镇不远的八图村烧起来的。八图村有个叫王阿木的农民，家主婆叫陈月珍，夫妻俩平时老实本分，循规蹈矩。一日，陈月珍见家里缸空甏净呒没一粒米下锅，四岁的囡儿饿得哇哇直哭，就厚着面皮又去妹夫家借了三升稻谷，不想回来路上碰着几个"顽军"，三升稻谷被抢走不讲，还被这几个畜生奸污了。陈月珍蓬头垢面回到家里，看见饿得奄奄一息的囡儿，想想失身的自家，觉着无法向丈夫交代，一时想不开，爬上凳子把根麻绳门梁上一挂，头颈伸进绳套，脚一蹬，去了。王阿木回来见妻子已经气绝身亡，悲愤交集，就从灶间里操了把菜刀，先把自家的亲生囡儿杀了，然后在自家头颈上一抹，紧跟着妻女去了阴曹地府。八图村像王阿木一样家境的人家不在少数，他们求生无路，就聚合到一起，走上了造反的路，先是哄抢村里伪保长家，然后与七图、九图、北库等村的农民组成了浩浩荡荡的队伍，口号是"我们肚皮饿，我们要吃饭"。也就三四天工夫，"哄吃饭"就波及胥浦全境，人数多达四五千。

"哄吃饭"自然也哄到了赤松镇。

前两日，金珠听得风声，就对金兆隆说："阿爸，你还是出去躲一躲好。"金兆隆硬头颈，说："那是对那些作了恶的伪乡长伪保长的，我躲啥躲！"金珠说："啥人讲你作恶了么，人家饿急了才闹起来的，万一——""万一个啥，仓库里就那点粮，几袋籼米搭山芋干不晓得日本人是从啥户荡调来的，这帮杀胚要我再征点大米来，我讲人都快饿死了让我向啥人去征。哦对了，前日夜里抗抗他阿爸拉了一船白米半船面粉来，讲是宝丰米行从啥户荡进的我忘记了，准备先压几天，等粮价再涨一点抛出去的，讲好的就放两三天拉走，这点米面一拉走仓库里也就吭没啥物事了。"可是，第二天"哄吃饭"就哄到了隆泰米厂。

这是一群衣衫褴褛、面黄肌瘦的贫苦百姓，手举着扛棒扁担锄头铁搭，乱哄哄地拥到了隆泰米厂的大门口，一齐叫喊"我们肚皮饿，我们要吃饭"。见吭人理睬，就喊："金兆隆快快出来答话！不出来我们就烧粮仓了！"金兆隆一听要烧粮仓，急了，不过他还是装出一副镇定自若的样子，一手抱着水烟筒一手夹着纸撮走了出来，说："乡亲们你们听我讲，我金兆隆不是汉奸走狗王八蛋，日本人在这仓库里也吭没存几化粮食。"他指指炮楼又说："你们就为那一点点粮动手，万一日本人开枪哪能办？"那些"哄吃饭"听得仓库里有粮食，喊叫着让金兆隆马上打开粮仓。金兆隆挡住他们，解释说，里面还有些米面是宝丰米行临时寄存在这里的，他吭没权利把别人家的米面送人。一听这话，为头的喊道："穷苦百姓们，仓库里有大米白面，冲啊！"那些手挥扛棒扁担锄头铁搭的人就呐喊着像决口的洪水，直向粮仓涌去，金兆隆当场就被打得头破血流。他突然间看见炮楼上的日本人已经架起机枪瞄向这里，连忙挣扎着呼喊，要人们快快退去，可是那些饿疯了的人哪里还听得进他的话。

金宝急了，说"我阿爸教他们打坏了"，就从家里冲了出去。桂芳生怕丈夫有个三长两短，想追上去把他拉回来，却让金珠一把拖住了，说："你好不容易肚皮里有了，万一让别人撞了踏了，那还了得！"这才吭没让桂芳跟了出去。

形势越来越严重，一边是农民喊着口号猛砸仓库门锁，一边是楼里保安队令人毛骨悚然的集合哨。金兆隆心里明白，今朝的事体已经闹大了，他决意先开仓，让他们抢，越快越好，能抢走几化算几化，不能坐看着那些人一粒米吭没吃到反而让日军汉奸枪杀。所以当他看见金宝向他奔来的辰光，马上示意他把钥匙拿去立即开仓。当金宝打开仓库门锁，周围响起了震耳欲聋的欢呼声，人们蜂拥而入，用锄头铁搭刨开米袋面袋，将白生生的大米和雪白的面粉装进随身带来的麻袋布兜里。金宝被这洪流裹挟着到了库内，没办法逆向出来。这时保安队冲过来了，先是一阵扫射，然后把住库门，枪杀了几个想冲出来的人，把里面的人群逼到一个角落。只见两个年轻农民把随身携带的煤油，哗啦啦往米袋面粉袋上浇，保安队急了，又是一阵射击，刹那间一声巨响，大火腾起，烈焰吞噬了几乎整个库房。

一歇歇，镇上的救火队来了，保安队也一起参加扑救，可是单靠两只人力木揿龙和水桶提水是不可能把这么大的火扑灭的。这火烧了两个时辰才熄灭，烧死了十三个人：金宝、九个"哄吃饭"的农民，三个保安队的人。加上被枪弹打死的六个农民，死亡人数达十九人之多。

金兆隆虽然逃过一命，面孔上伤痕累累，一只脚也落下了终身残疾。

杨宝乾是天快黑的辰光赶到家的，身后跟着一队忠义救国军，有二三十号人。从河这边望去，还能隐约看到河对岸穿着忠义救国军军服的士兵在走动。杨宝乾在厂区空地上看到烧成焦树桩似的金宝，说："金宝，我会给你报仇的。"他让军医给他岳父疗伤，然后向士兵发号施令："侪给我盯紧了，只要这些狗操的稍有动静，你们就让对岸的弟兄们给我打,轰,狠命打!狠命轰!"然后对一个小军官说:"孟排长,你带几个人去把现场控制起来,只要名单上有的,统统给我捉起来,死了的弄清爽列个名单。"金兆隆听得杨宝乾要捉人,忍着伤痛艰难地说:"抗抗阿爸,火是保安队开枪引起的,这些人也是饿得活不下去了才那样的,你哪能还要捉他们?"

"这帮人扰乱治安,制造事端,强抢军粮。"

"啥?"金珠看见杨宝乾已经撕去粮商的伪装,就说,"如今赤松镇不还是日本人的天下么,你说他们扰乱治安,他们扰乱的是日本人的治安,你们为啥要帮日本人捉他们?阿爸讲得对,这帮农民也是实在活不下去了才来'哄吃饭'的。再讲你再怎么样,他们也赔不起这点白米面粉的。"

"金珠!"杨宝乾暴跳如雷,"你……你们哪能帮这些人讲话!要不是他们闹事,我这一船半军粮会烧个精光吗?你们不要掺和好吗?这是上面下的命令,泖桥昨日一天就捉了六十多个'哄吃饭'的。唉,我哪能搭你们讲得清爽!这绝对是共党分子有意挑起来的,搭正月半火烧竹篱笆封锁线一样的,动一动脑子就明白了嘛……"

见杨宝乾这般模样,金珠想起了不久杨宝乾与潘鹤鸣那次会面,心头不禁紧缩起来。也就在这个辰光,桂芳突然挣脱看护她的人,不顾一切地从自家房里奔了出来,几个女人呼叫着在她身后追赶。桂芳奔跑到金宝尸体跟前,撩开白布认了又认,终于抱住烧得像焦树桩的金宝放声大哭。哭着嚎着蹦着,裤脚管里就渗出了鲜血。金珠一看不好,连忙上前去抱她。她不仅是流产,脑子也不正常了。她有惊人的力道,几个人上去也吭没控制住她。她一歇歇抱住那个乌焦木头人,一歇歇手指着日本人的炮楼和汉奸住所叫嚷:"来呀狗操的小日本!来呀狗汉奸王八蛋!为啥不开枪了?这里,就朝老娘这里打呀,打!你们不打我就要飞了,我要搭金宝一起飞,飞呀飞飞到啥户荡?飞到外婆家,外婆问我从啥户荡来,我讲我从天上来……"金珠含泪说:"嫂嫂,你快把阿哥放开,你这样抱紧了阿哥他哪能飞呀?"桂芳死活不放手:"你是啥人?你们是啥人?你们想抢我的金宝?休想!金宝你不要走,我俩一个是牛郎一个是织女,我们两个是一阵风,来去无影踪。噢对了对了,金宝,我们的小宝刚刚飞走,他说在奈何桥上等阿爸阿妈,哈哈,我们飞吧,飞到奈何桥上去看我们的小宝……"

第十九章

"哄吃饭"过后,抗战就胜利了。按照赤松镇的习俗,只要呒没饥馑战乱,每年从阴历十月初一开始,就要闹庙会。庙会有大有小,有长有短,小的短的也就在城隍庙聚众烧香叩头,商家小贩在城隍庙设摊叫卖,辰光也就四五日而已。大的长的少则十天半月,多则一月出头,张灯结彩,除了重头戏城隍老爷"出会"之外,还要让所有的当地民间文艺节目亮个相,同时邀请外地的民间文艺团体前来捧场助兴,俗称"十月朝"。镇长杨宝乾讲了,抗战以来,赤松镇已经好几年呒没办庙会了,今年要大办特办,要把庆祝"双十节"与闹庙会连在一起,办它一个月两个月,就是讲要从阳历十月十号即阴历九月初五办到阴历十月。许多商家乡绅，不必动员摊派，纷纷慷慨解囊；各村各保早早就召集起村民排练拿手好戏；各地商贩更是跃跃欲试，抢占设摊摆点的地盘，算计着抗战后的第一桶金。华严寺也在积极筹划"香市"，有人问智越："办香市好像在春三二月，百花生日或是观音生日，你这个辰光把佛祖菩萨搭城隍老爷硬扭到一起？"智越说："佛心连着人心，佛家以慈悲为怀，如今小日本被赶走了，佛祖菩萨高兴还来不及呢。借此机会为抗日阵亡将士和无辜亡灵超度，也是佛家当仁不让之事，阿弥陀佛！"

这次庙会仍在城隍庙门前场地上搭了看台，庙会从双十节开始。这天一大早，赤松镇上已是人流络绎不绝，城隍庙前更是人头攒动，摩肩接踵。随着第一响高升冲天而起，鞭炮齐鸣，锣鼓喧天，出席庆祝大会的重要人物一一登台亮相。在杨宝乾的引领之下，周兰畦第一个走上台来，立即，台下响起一片掌声。周兰畦穿一身深灰色长衫，美髯飘飘，精神矍铄。他很谦虚，一再摆手让大家停止鼓掌，他越是这样，下面的掌声越是热烈。突然间，掌声戛然而止，原来，人们意外地看见严文魁也背着个匣子炮走上台来了。

这倒是杨宝乾已经预料到的。前几日，严文魁突然出现在了杨宝乾的面前。杨宝乾示意手下将他拿下，对他进行搜身。没想到竟然搜到了一张胥浦县政府的任命书：任命严文魁为镇公所警卫股股长兼自卫队副队长。杨宝乾不信，就专门跑到邮电所给县长钟世杰挂了个电话。钟世杰说，不错，一点不错，还让杨宝乾与严文魁好好配合。杨宝乾说，钟县长，他是个汉奸，应当就地处决。钟世杰讲，照你这样讲，你老丈人也应当就地处决了。杨宝乾讲，我丈人当伪镇长是当时地下县政府点了头的,他给抗日政府提供给养你心里也是有数的。钟世杰讲,这就对了,他严文魁把一个营的伪军给我拉过来了。杨宝乾一听这话,连忙回去亲自给严文魁松了绑,说:"误会误会,欢迎欢迎,严老弟我们又是一个战壕里的同志啦,啊哈哈!希望严老弟多多包涵了。"严文魁只说了"好讲"两字,头一扭走了。

按照上面规定,赤松镇设自卫队常备班一个,13人;义务班四个,编制50人;另设镇公所警卫股,归县警察局垂直领导。自卫队队长由镇长兼任,镇公所警卫股股长兼任副队长。严文魁虽然职位比杨宝乾低半级,却是钟世杰的红人,实际上还是专门安排在杨宝乾身边的眼线,杨宝乾心里很不痛快却又无可奈何。

杨宝乾等爆竹锣鼓停息后,就宣布庆祝大会正式开始。首先是追述八年抗战经过,接着是歌颂抗日英雄,然后传达县政府豁免田赋两年,并对抗战前旧欠田赋停止催征的一些决定。听说免交田赋,台下掌声一片。杨宝乾说:"下面请辛亥革命功臣、抗日老英雄、即将担任胥浦县参议会会长的周兰畦先生讲话。"

周兰畦先是推让,台下掌声如雷,就走到台前说:"父老乡亲各界代表,刚刚杨镇长把老拙一番褒奖,仰葵受之有愧矣。再讲参议会不参议会的,只是上面的意思,老拙年近花甲,是万万不敢担此重任的。我今朝之所以来到这个台上,一是开心。八年啦乡亲们啊,我们中华民族终于从日寇的铁蹄之下解放出来啦,能不开心吗?真是'剑外忽传收蓟北,初闻涕泪满衣裳。却看妻子愁何在,漫卷诗书喜欲狂'啊!第二,老拙最近困不去啊,一闭上眼睛,总有许许多多浴血奋战为国捐躯的同志在我眼门前出现,还有许许多多我熟悉的死在日寇屠刀下的街坊邻居、亲朋好友、兄弟姐妹，我心里不好受啊，痛不欲生！所以我就想啊想啊，我在想建纪念碑的事，抗战纪念碑，名字就叫：赤松镇抗日阵亡将士暨殉难同胞纪念碑。我想恳请大家慷慨解囊，让纪念碑早日耸立在赤松镇上……"

周兰畦话音未落，下面就又响起了热烈的掌声，台上台下好几个人就报出了捐款数额。周兰畦热泪盈眶，说："建纪念碑的事体，我看由镇上统一筹划操作，我也尽我所能凑上一份。还有就是我给这座纪念碑拟了一副对联，今朝让大家过过目。"

忠魂堆成纪念碑
热血浇出自由花

这联一展出，全场又掀起了热浪……庆祝大会结束后是庙会。

庙会的仪仗队由上百人组成。领头的是"夜巡班"，十六个夜叉小鬼鸣锣开道。接着是"旗牌班"，先是开道旗，天罡旗、地煞旗紧随其后，又有"肃静"、"回避"牌子以及写着各路神灵、诸天列宿名号的牌子相继过去。再接着，就是坐着八抬大轿的城隍老爷，在"銮驾班"和"香炉班"的簇拥之下，威风八面地被抬过来了。城隍老爷身着蟒袍，腰系玉带，手持折扇，一副慈眉善目的样子。城隍老爷身后还有"拜香"和"挂香"的。"拜香"的大多是毛头小子，青布衣衫，赤脚草鞋，捧香徐进，三步一回头，五步一叩拜，侪是为生病的父母还愿的。"挂香"的也是来还愿的，大多是壮汉，他们为了表示心诚，用铁钩钩进两臂肉里，下挂锡炉，炉内烧着檀香。

这天庙会又安排了不少喜庆节目,有舞龙舞狮,荡湖船踩高跷等。街道两旁,城隍庙、关帝庙的空地上搭了各种草台班子演出的临时戏台,有京戏、锡剧、申曲、的笃班,还有马戏、木偶戏、说唱因果等,加之小贩地摊的叫卖声,整个赤松镇就像一镬子烧开了的滚水。

不过,原定一个多月的庆典,当日夜里就被一件意想不到的事体弄黄了。

在杨宝乾的授意下,当日夜里还安排了"提灯游行",即由各界群众提灯结队,呼口号沿赤松镇大街和河南滩走一遍,以示欢庆。不想,提灯游行刚刚开始,一个自卫队队员就上气不接下气地跑来向杨宝乾报告:"不好了,不好了镇长,有人闹事体了!"杨宝乾问究竟是哪能桩事体,那个队员说:"他们在灯上做手脚骂党国呢。""哪能骂法?""反正是污蔑党国的,我也讲不清爽,镇长你亲自去看看吧。"杨宝乾心里一紧,不过表面上装得若无其事,说:"紧张个屁!我倒要看看他们能翻了天了!"

这个辰光,游行队伍正好走过镇公所门口,就听得几个看灯的在路旁窃窃私语:"有意思,有意思,你们看这盏——一只大袜子上写的'前朝今朝一只袜'。""'前朝今朝一只袜'?啥名堂啊?""你呀!前朝啥人?汪精卫;今朝啥人?不讲也侪晓得了。一只袜不就是一个样嘛,戆大!""噢,嘿嘿,对了对了,绝!"杨宝乾一边听讲一边向那里看去,只见一只很大的白色长筒袜灯,足足五尺有余,果然上槓"前朝今朝一只袜"几个大字。接着过来的是一只棺材灯,棺材里伸出一只大手。杨宝乾一看就晓得所指,不过还是按捺住自家,一声不响。他不响人家却兴致正浓。"这盏灯一看就猜出来了，棺材里伸手，死要嘛。简单。""是你把它看简单了。今朝会上杨镇长讲啥了你记得吗？""记得。我们镇上被日本人杀了几化人烧脱几化房子，还有是镇上有几化人参加抗战几化人为国捐躯啥的。""最后讲的是啥？""最后……噢，不是宣布要免脱田赋两年啥的么。""可是名义上讲是免，实际上呢？他们强行用低价收购军粮，还有……""对对对，前几日还上门来收啥抚恤费呢，讲是讲收来发给抗战烈属的，我问过隔壁阿宝其娘了，阿宝其娘讲啥辰光收着过一只铜板……"杨宝乾再也忍不牢了，低声向严文魁下达命令："马上集合队伍！"严文魁答应，又说："要么我先把这几个捉回去审问，看看到底是啥人在底下捣乱？"杨宝乾咬牙切齿地说："你还嫌不够乱？今朝这种日脚哪能好随便捉人！"

当日，自卫队队员名义上全部在值勤上班，担任庆典的安保工作，实际上大多数在吃酒的吃酒看戏的看戏，所以等到把这些人召集到一起，早把杨宝乾的鼻头气歪了。他本来就对严文魁心存不满，便抓住机会把严文魁训斥一顿："你是哪能带这帮人的！你是不是故意拖辰光让共党分子逃走……"随后亲自将这些人分成几拨下达了任务：一拨把守镇的四个方向的四条通道路口，检查每个过往行人；一拨沿街逐个场所逐个戏台搜查，按照他提供的名单捉人；一拨由他亲自带队包围中心小学搜捕潘鹤鸣。临末他特别强调：今天不准随便捉人打人，违者严惩不贷；擒贼先擒王，捉着共党头目潘鹤鸣和几个骨干分子有重赏。

这个辰光，提灯游行的已游到河南滩，忽然看见一帮自卫队的人从赤松桥上冲过来，就乱脱灯笼跑得一个不剩了。各处草台班子的演出倒是高潮阶段。杨宝乾怕打草惊蛇，再三叮嘱下面的人只准不声不响地认人捉人，不许弄出大的动静。哪里晓得，这个自卫队是维持战后社会秩序而匆匆忙忙招兵买马弄起来的，一些地痞流氓就乘机混了进来，加上成立至今还吭没像像样样集训过，所以到真要派用场的辰光就洋相百出了。到后台搜查的，看见哪个女戏子生得好看，不是面孔上捏一把就是屁股上捺一记，吓得女戏子连哭带骂流氓阿飞；在台下负责搜寻的碰见个熟人就喊："喂马阿四，你看见某某了吗？"对方讲吭没看到，哪能啦，这边就咬住对方耳朵说："看见了马上报告我，我们正在捉他呢。这个赤佬可能是个共党分子。这话我只跟你讲的，保密！"出了戏场，这些家伙还这个摊头上抓个烧饼那个砧板上拿只羊脚，惹起身后一片唾骂声，而他们要捉的人早就钻进人缝逃之夭夭了。

杨宝乾带人来到中心小学，先把看门的控制住盘问一番，据看门的讲，学堂里除了他再吭没任何人了，侪去街上轧闹猛了。杨宝乾让手下看住学堂两个出口，自家带了几个人让看门的领到了潘鹤鸣的宿舍，屋里一片狼藉，刚刚烧化的纸灰还在空中飞扬。杨宝乾若有所悟，说了声"快跟我来"，跑出了校门。

杨宝乾下令将金珠家楼房团团围住。听说要搜查镇长自家的家里，那些部下一头雾水。

自从那次"哄吃饭"事件发生后，金珠一直沉浸在巨大的悲痛之中。她基本上足不出户，过着几乎与世隔绝的生活。米厂的生意暂时停了，她每天就是照料两个小孩，伺候跷脚老父亲，看护好桂芳。抗战胜利后，杨宝乾想让她搬进镇公所那幢房子里去，她拒绝了，她说她有责任照料这个破碎的家，就都搬进自家楼房住下。杨宝乾蛮为她担心的，说，金珠，天灾人祸啥人也不晓得躲不开的，你不要钻牛角尖钻进去出不来,我们还有两个小人呢。

吃好夜饭,金珠服侍两个病人困下,又回自家房里把剑华骗困去,就督促抗抗做作业,然后给他揩面汏脚,送进被头筒里。忽然,不晓得哪能,有一种不祥的预感突然袭来,心跳一记头加剧了。这些日脚,每每有人来家里,杨宝乾讲得最多的就是共党哪能哪能,有一次还讲起过中心小学让人赤化了啥啥的……金珠踱到窗口,撩起窗帘向外一看,呆住了——赤松溪上,有一只小船披着夜色从对过向这边摇来,然后有个人上了岸。

金珠快步冲下楼去。

"我就晓得你们两个人总有这一天的。"这是她把潘鹤鸣让进房间后的第一句话。

"金珠,我对不起你。世道就是这样的,统治阶级为了维护他们的反动统治,就恨不得把革命者斩尽杀绝;被统治阶级为了推翻他们……"

"你现在还有工夫说这些话!"

"金珠,我也是情急之下不知不觉就……你放心。"

"啥人讲要赶你走么?如果他杨宝乾今朝真想把你哪能,我就困在他脚前,让他从我身上踏过去!"

"金珠!"潘鹤鸣感动得全身发颤,"不不,我要赶快离开这里。金珠,保重!"讲完,他就急步向门外走去,又不舍地掉头看她。也就在这一瞬间,下面响起了脚踏楼梯的声响。金珠对这个声音再熟悉不过了。杨宝乾模子大,每次上下楼梯,那薄薄的楼梯板侪要发出喊救命一样的声音。金珠一把将潘鹤鸣推进内房间。

杨宝乾进屋后,金珠毕竟心虚,就一边讨好地给他泡茶一边问今朝庆典情况。他看着她面孔上的表情,说:"本来这次庆祝活动搞得蛮顺利蛮好的,可是你猜哪能,让那些人搞七捻三弄得一塌糊涂。"

"哪能一塌糊涂了?"

"粘了污蔑党国的灯笼上街宣传。哎金珠,你猜这是啥人挑头做的?"

"啥人?我连门也不出哪能晓得是啥人……"

杨宝乾已经看出了些眉目,就故意大声说:"那还能是啥人,是潘鹤鸣!"

"潘……他不是教书教得蛮好的,他还……"

"教书是幌子,搞地下活动是正事,你还不晓得?想当初你在潘家湾教难童,你以为他真的就是办学救济一些难童而已?那叫以办学之名发展武装力量,噢你在那里住了长远辰光还看不出来?"

"那不是蛮好的么。打日本人打错了?再讲了,要不是这样,你这条命也活不到今朝。"

"我就晓得你要讲啥了。金珠,你应该晓得我不是那种忘恩负义的小人。不过现在……那个辰光是国共合作,一致抗日,呒没错。现在不同啦,现在我们要不把共产党消灭,明朝他们就要把我们吃脱,这点简简单单的道理你还搞不懂?"

"我一个老百姓不管这个党那个党,只要是好人,只要有恩于我们的,我就信啥人。"

"我是这里的镇长,我要以党国利益为重。讲吧,潘鹤鸣躲啥户荡去了?"

"我哪能晓得他躲在啥户荡?"

"我把四个方向的路口都堵死了,整个赤松镇也差不多搜遍了,难道他还能上天入地?"杨宝乾咄咄逼人。金珠美目圆睁:"你想把他哪能?"

"呒啥哪能,道理我俫搭你讲过了。"杨宝乾起身,拉了拉枪栓,就走向内房间,被金珠张臂挡住了,可是潘鹤鸣已经出现在房门口。

"你……"金珠面对杨宝乾怒目而视,"你要恩将仇报?"

杨宝乾说:"你闪开,闪开!"

潘鹤鸣扳金珠的手臂,却扳不动,一甩头发,说:"金珠你闪开,我跟他走就是了。"

"金珠,你这不是害我也害我们一家人吗?一个共党分子,现在就藏在一个国民党镇长家里,你再让我放了,我这个镇长还当不当?"

"你想当你就当去,你先把我杀了吧,杀了我我就啥也不晓得了,你想哪能就哪能了。"

潘鹤鸣说:"金珠你……你让我跟他走吧,我不会有啥事体的。"

"不!"金珠回头大喊了一声,然后面对着杨宝乾,"开枪呀你这个忘恩负义的小人!朝这里——开枪!"

杨宝乾犹豫再三,手中的枪终于垂下了:"金珠,这是我们两个政党之间的事体,你轧进来做啥么!"

"我讲过我不管啥党不党的事体。杨宝乾,你要不是个忘恩负义的小人,你就说你放他走。你说呀!"

室内的空气凝固了。三个人就这样僵持了长远辰光。

杨宝乾想不到平日温和的金珠今朝像一只被激怒的狮子,只得叹了口气,把手枪插进枪套,说:"姓潘的,今朝我们算是两清了。这样,我先出去把队伍带走,一支烟之后,你就从这里出去,尽快离开赤松镇。不过我今朝把话讲清爽了:从今以后,我再也不允许你踏进赤松镇一步,更不允许踏进我们家半步,否则的话,你就不可能活着走出赤松镇!"讲完,杨宝乾用田螺眼瞪了金珠一眼,气呼呼走了。

潘鹤鸣离开的辰光,金珠已经瘫坐在椅子里。潘鹤鸣拱手作别:"金珠,保重!我一定还会回来的,一定!"

潘鹤鸣走后不久,金珠就听得楼梯上一阵脚步声,她以为杨宝乾又回来了,不想跑上来的竟是严文魁和五六个喽啰。

"人呢人?跑了?"严文魁问,一副气急败坏的样子。

金珠端坐不动,一声不响。

严文魁用怀疑的目光盯了金珠一大歇,又问:"杨夫人,人呢?"

金珠故意反问:"啥人?"

"当然是潘鹤鸣啰。我刚刚听人讲的,他逃到这里来了。"

"潘鹤鸣?我哪能不晓得。"

"啥人放跑的?是姓杨的吧?啊!"

"严股长,小把戏在困觉,轻点。"

"你!"严文魁一呆,继而冷笑起来,"嘿嘿,你以为我不晓得啊,我已经搞清爽了,日本人把你从曹家埭押到镇上来,就是潘鹤鸣半路上把你救出去的,哦对了,还有,那天夜里,你逃婚,也是这个潘鹤鸣准备把你带出赤松镇去的——哦不讲了今朝不讲了,你快讲,姓潘的到底躲啥户荡去了?"

"我不是讲过了,我啥也不晓得。"

严文魁咽了口馋唾水,命令手下对几个房间仔细搜索。一歇歇辰光,远处传来几声零落的枪声。金珠面色惨白。

第二十章

潘鹤鸣这一走就是七八年,回来后与金珠公判大会上相遇,就又销声匿迹了。直到一年多后的一天,金珠终于收到了他的来信。信很短,只说自家那次是突然受命去完成一项秘密使命离开赤松镇的。现在根据上级安排,已经回到胥浦县,正在参加一个培训班,不久就将回到赤松镇负责中学的筹建工作。金珠读完来信先是一喜——心上的一块大石头总算落地了;然后是忧虑——自家管制分子的身份、严文魁阴险的面孔、嗷嗷待哺的三个小孩和跷脚父亲及精神失常的桂芳……正在金珠手握着这封信发呆的辰光,倢仔娘来了。她一进门,就阻止金珠给她泡茶让座,说:"倢仔回转来了,去我家里坐坐。"金珠是何等灵清的人,一听就晓得寄妈家里有急事体,而且是与倢仔相关的,啥人劝说也不听,就让她去做做工作。在路上,倢仔娘告诉她,倢仔她阿孃看见她年纪不小了,就在上海给她介绍了个对象,复旦大学的高材生,现在在一家报馆做事体,照片也寄来看过了,仪表堂堂,就是不晓得为啥,倢仔一口回绝,阿孃写信来让家里人好好劝说。昨日是礼拜六,倢仔放假回来,倢仔娘就与她谈起这桩事体,不想倢仔说再要有人逼她,她就到尼姑庵里做尼姑去。金珠心里一沉,问:"寄爹啥态度么?"健仔娘火气上来了:"这个人你还不了解?一日到夜抱牢本佛经不放手。我讲你是当爷老头子的,这么大的事体你总得表个态吧,你猜他哪能讲?他说现在解放了,不允许父母包办婚姻,还是让健仔自家决定好。健仔今年三十了,你看她还一眼不急,所以我想来想去,健仔就搭你讲得拢,你去劝劝或许还能回心转意。"金珠说:"寄妈,过去我搭健仔确实讲得来,后来她去上海读书,我们就很少见面了,再讲人家现在是大学里的老师,还是搞艺术的,想法跟别人不一样的,我尽力而为吧。"

金珠一到周兰畦家,健仔迎面就讲:"哎呀说客来啦,有失远迎!"金珠说:"哪能啦,不欢迎我啊?我是听寄妈说你回来了来看看你,不欢迎我这就走。"健仔一把拉住她,说:"人家寻个开心嘛看把你气得。"金珠坐下,先是东搭黄浦西搭海地跟她嘎山湖,同时盘算着如何突破对方的心灵窗口。扯来扯去,两人扯到了潘家湾,再由潘家湾扯到潘鹤鸣,金珠乘机问:"健仔妹,那次我回镇上后,你哪能吭没跟你表哥去解放区反倒去上海读书了?"

金珠这话一出口,对方就乩过一句话来,犹如石破天惊,让金珠半天回不过气来:"我还不是为了你金珠姐。"

"为我……"

"金珠姐,现在事体已经过去十几年了,我们可以打开天窗讲亮话了:我从懂事体后就一直把我表哥当做偶像的,长大就爱上了他,后来我发现他根本就吭没把我当桩事体,他爱的是……你……"

"不要瞎三话四健仔妹,那个辰光我已经有抗抗了。"

"金珠姐,爱是一个人的神圣权利,你为啥不敢承认呢?"

"我后来不是回镇上来了?"

"是的,也正是你回镇上后,我才意识到你与我表哥爱得有多深。"

金珠的面孔烧得通红,心里也突突地狂跳不止:"那我已经走了,你就应该……"

"我不能夺人所爱。"

"这不是夺人所爱,是你金珠姐自觉自愿诚心诚意……"

"正因为你慷慨,我就更加不能那样做了。"

"你晓得的,我与你表哥的事已经是不可能的了,那个辰光你只要跟他去新四军那边,或许……你们俩会走到一起的。"

"你把爱情与婚姻混为一谈了,金珠姐。"

"健仔妹,你哪能这么戆呀!"

健仔说:"金珠姐,你不戆?心里明明深深地爱着一个人,又不敢去争取过来,甚至还被另一个你所不爱的男人牵着鼻头走,还要装出贤妻良母的样子去依顺他,这不比我痛苦么?"

金珠心里隐隐作痛,问:"健仔妹,跟阿姐讲实话,现在你还爱他么?"

"爱,爱得死去活来。"

"要是他仍旧不愿意讨你呢?"

"终身不嫁!"

"好妹妹,他马上要回来了,你再不要错过机会了。"

姐妹俩相拥在了一起。

金珠在回家的路上,忽然听得有人叫她,回头一看,是季小妹。"哎呀金珠姐，我正要去河南滩你家里呢。到你寄爹家里去啦？周先生一家侪蛮好吧？来来来，吃两颗糖，喜糖。"季小妹一讲喜糖，金珠就想起最近镇上风传的季小妹与皮大胜的那档事体。

季小妹就是豆腐店老板季阿发的小囡儿，南进泉的外甥囡，染坊里盛保根的女人。要讲长相，这季小妹也算是百里挑一的美女——身材适中，不胖不瘦，面孔端端正正白白嫩嫩，腰身细软性感十足，美中不足的就是面孔上雀斑多一点，像得了灰斑病的茭白，镇上的女人因为嫉妒她就给她起了个"灰茭白"的绰号。她待人接物来三，会打扮作嗲，结果作来作去让费金龙"捉"去了。费金龙霸占灰茭白，她男人盛保根只能忍气吞声，不久就气出了毛病，同时灰茭白也怀上了胎。怀胎后的灰茭白还呒没生养，费金龙就让杨宝乾杀了，呒没几化辰光盛保根也翘辫子了。后来灰茭白生下来的这个小囡，就成了一段辰光赤松镇街头巷尾酒肆茶楼谈论中的一大热点。有人讲，从法律上来讲，这小囡应该算是盛家的根脉；有人讲，看这小鬼的长相，浑身上下侪像费金龙，不是姓费的种结下的果还能是啥人的？季小妹吃的苦头不比金珠少。费金龙在世的辰光，赤松镇的人侪不拿正眼看她，背后骂她汉奸姘头，她当然觉得到，所以只能低眉顺眼做人。抗战胜利了，镇上想当然地把她当成日伪家属对待，盛家的人把她逐出家门，她带着个遗腹子蜷缩一隅过日子。解放之后，她仍被想当然地视为坏人，只要一有风吹草动，每次挨整的人里头不可能少了她季小妹。那次万人大会枪决周菊畦几个，要不是潘鹤鸣力挽狂澜，季小妹就不晓得自家是个啥结局了。所以她对潘鹤鸣感激涕零，多次向金珠打听过潘鹤鸣的情况。

皮大胜是卖膏药的。赤松镇就那么个屁大的地方，许多行业独此一家，所以一些行业名称就替代了业主名字。如敲洋铅皮的钱明高就叫他洋铅，搭碗搭镴子的赵来宝就叫他搭碗搭镴子，绱鞋子修套鞋的仇五保就叫他绱鞋子，如此等等，卖膏药的皮大胜也就自然而然被叫做卖膏药了。

卖膏药不是本地人，他出生地是江苏盐城建湖十八团。那个户荡很早以前盛产晒盐，制盐业是历朝历代的经济命脉之一，官府对盐民控制得很严，实行半军事化管理，因此就有了十八团之说。盐民晒盐淡季呒没事体做，就练杂技，卖艺赚钱，久而久之，这里便成了杂技之乡。当年皮大胜父亲皮四爷是个领班，专门带着一班人马浪迹江湖，设场卖艺，很有点名气，人称皮家班子。有一年有一日，皮家班子来赤松镇设场子，观众把城隍庙门前挤得水泄不通。按照演出顺序，先是马术开场，形成热闹气氛，然后是抖空竹、练缸甏、走钢丝、顶碗之类的杂耍，最后是皮家班子的看家本事——困钉板。钉板一困完，两匹马绕场跑几圈，就算大功告成，谢幕收场了。不过这天就是怪，皮大胜运足气躺到钉板上后，皮四爷就从场外请出几个壮汉抬了块大石板压在皮大胜身上，接着让几个人轮流抡起铁榔头敲那石板。哪里晓得，那天弄来的这块石板就是吃硬，再哪能敲也吭没敲开，累得那几个壮汉一个个气喘吁吁汗流浃背。皮四爷看到儿子的面色慢慢发紫，连忙招呼众人将那块大石板从皮大胜身上抬下来，等到大家把皮大胜从钉板上搀起，只见他背脊上已鲜血淋漓，整个人也疲软得像只死蟹了。可是演出不可能半途收场，皮四爷只得双手抱拳连连道歉："各位父老乡亲兄弟姐妹，今朝实在对不住大家了，对不住大家！不过我皮家班子向来以信义处世，犬子今朝当众出丑，我就露一手多年呒没表现过的看家本事，权当为犬子向大家谢罪，也让大家开开眼界。"说完，他让手下把一块方砖用小石块四角垫起，这边他运气良久，只听得"嗨"了一声，纵身突然跃起，头脚倒置，那光头就直直地向那块方砖撞去，方砖断成两半，皮四爷若无其事地立在那里抱拳致意。刹那间，观众都喝起彩来，掌声雷动。不过散场之后回到住处，受伤的皮大胜就发觉父亲面色铁青，心想父亲已过花甲，平时不大练了，如何经得起今朝这一记，定是血瘀皮下，五内受损了。还呒没等他问父亲，皮四爷已在向他招手了。皮四爷让他把皮家班子的人全部招集起来后，说，吃卖艺这碗饭也是为生活所迫，不得已而为之的，绝对不是个好营生。我把大家招来，就是要把账结一结，该分的分了，从今以后大家各奔前程，寻个是人做的事体去吧。大家不懂，侪讲你四爷哪能啦，你这一散伙让我们今后吃啥花啥？皮四爷不睬，坚持让儿子把账算清，把钞票分完，等到一切就绪，大家再看皮四爷，已经死了。

皮家班子散伙之后，皮大胜就定居在赤松镇了。演杂技免不了经常受伤，所以干这一行的不少人都有一些伤科常识，皮大胜买了一间门面房，挂出了"祖传伤科皮大胜"的招牌，做起了接骨上骱、治疗跌打损伤的营生。有辰光也跑跑码头，空地上画个圈，劈个石头卷个钢筋练个钢叉舞个刀棒的，嘴里诌些"十人九伤，剩下一个生痔疮"之类的话，卖脱几张狗皮膏药。皮大胜女人原本是皮家班子里练缸甏也就是玩蹬技的，因为自幼习武的辰光被拔苗助长，脏腑受伤不轻，结婚后还像从石头缝里钻出来的葱，没有生育能力，年纪轻轻就病故了。

前些日子，金珠就听说过皮大胜与季小妹的坊间传闻，活灵活现的：季小妹家租住在永安桥下一幢两层木楼里的一楼一底，二层窗台正好与永安桥上一只桥耳朵相邻，为了不让困在楼下的儿子盛祖兴发觉，皮大胜每日夜里就从那只桥耳朵上攀越进二楼的窗台，然后与早已在窗口接应的季小妹抱到一起，同时迈步走向床位，这样，盛祖兴听得楼板上的脚步声还是一个人的，全然蒙在鼓里。

金珠现在想起这段传闻，不禁笑在心里，就说："好呀好呀，恭喜恭喜！不过吃几粒喜糖就算过啦？"

季小妹面孔一红，说："侪是二婚嘛，牵头皮的事体，还摆啥酒水，金珠你讲是哦？我们就给至亲还有讲得来的几家邻舍隔壁分几粒喜糖。"将金珠拉到一边低声说："还不是为了我那个小鬼，在众人面前一直抬不起头来，所以想给他寻个爷，姓一改就算卖膏药的儿子了，自由职业者家庭出身，看这些人再能把他哪能！"

季小妹的这几句话在金珠胸中掀起了波澜，潘鹤鸣、倢仔、严文魁、三个小孩在眼面前晃来晃去……当金珠一脚踏进自家门槛的辰光，一项重大的决定已经酝酿成熟。

一家人正在客堂间嘎山湖，因为是周末，抗抗也从县中回家来了。一见金珠进来，小儿子剑光就手捧几只桃子给她吃。金珠一眼看见了小麻子，心里猛跳了几跳，她把手中的桃子交给剑华，说："快拿去让你舅妈尝尝。"剑光说："家良叔早让我拿给舅妈吃了。"金珠心里一热，面向父亲问："阿爸，家良好哦？"金兆隆想了一大歇才说："天地良心，比别人家亲生儿子还好。"金珠又转向三个小孩问："讲，家良叔待你们哪能？"剑光抢先回答："好！阿妈阿妈，家良叔今朝还买奶油棒冰给我吃，光明牌的，脚踏车推来的，真好吃。"剑华用手指摁了弟弟额角头一记:"你就晓得吃,吃,家良叔的工资侪给你吃光了!"小麻子连忙护住剑光说:"小把戏嘛,除了吃还要叫他做啥?正好看见买棒冰的脚踏车从门口走过,快烊脱了,四分一根买两分,就让他尝个味道嘛。"抗抗说:"家良叔,以后你不能侪依他的。古人讲一个人要大了有出息,就先要饿其体肤,劳其筋骨,苦其心志。不然⋯⋯""你小辰光还不是一个样的!"金珠打断大儿子的话,然后转向小麻子说,"家良,我们明朝就去登记。"小麻子听不懂,问:"小姐,我们登⋯⋯登记啥物事呀?""结婚呀。""啥人搭啥人⋯⋯""还能是啥人搭啥人?""⋯⋯"

金珠的话不仅让小麻子震惊,也把一家人侪弄呆了。

"小姐⋯⋯"

"还啥小姐大姐啊,你眼睛当中的那个金珠小姐早就死了,你就当她吪没了,现在立在你眼门前的是另一个金珠。"

房间里一片寂静。

金珠心里明白,这个决定,无异于一颗重磅炸弹落在了家里。父亲与小麻子从来就是主仆关系,做父亲的哪能会想得通囡儿嫁给这样的男人?抗抗就更不用讲了,他已经长大了,让他突然之间去当拖油瓶,去叫一个特别熟悉的丑陋的男人阿爸,这是无论如何不可能接受的。静默了很长一段辰光,抗抗拐了个弯说:"阿妈,我原来就想今朝回来后搭你要讲的,我们班里的几个同学商量好了,大家侪不读书了,想出去找工作做。"

"找工作?去哪里能找到工作啊?"

"大西北,那边正在搞基本建设,需要大量人才,年纪差不多就收,不太抠家庭出身啥的。"

"大西北？听说那里侪是沙漠荒地，连水也吃不上的。"

"那是瞎讲的。我们上一个年级就去了几个男生，来信讲工作蛮好找的，工资也不低，唯一的不好就是缺大米，一年到头吃面食粗粮。"

"那也得等高中毕业了再去啊。"

"阿妈！"

儿子一声"阿妈"，让金珠心里明白，抗抗想跳出这个家庭，逃离这种生存环境，到外面去开拓一个完全属于自家的全新人生，今朝她向全家宣告自家与小麻子结合的决定，只是催化了抗抗心中的想法。不过把一个中学还呒没毕业的小团放到千里迢迢的大西北去，金珠无论如何是不放心的。

"抗抗，你去那么远的地方，阿妈能放得下心吗？"她说，虽然她晓得这等于是一句废话。

金兆隆说："那个户荡听说过去全是充军的人去的。"

抗抗挤出一丝笑容："大大，那是过去。现在讲好儿女志在四方，阿妈你不是也常常讲吃得苦中苦，方为人上人么？"

金珠眼眶一歇歇噙满了泪水。

金珠办好了与小麻子的结婚登记手续之后，就雇匠人粉刷新房间。礼拜日，她来到周兰畦家，健仔正好也在。周兰畦说："金珠，你第一次婚姻失败了，这一次你要想周全了。"金珠说："寄爹寄妈，这桩事体我已经考虑长远辰光了，别无选择。"周兰畦叹一声"红颜薄命"，金珠说："我把新房布置好了，就在你们家住几日，结婚那日就算是我从这里娘家嫁过去的，不晓得寄爹寄妈是否同意?"周兰畦说:"这样倒蛮好的。小麻子也可以算得是兆隆的养子了,你倒是嫁出去的囡儿泼出去的水。"又回头对妻女说:"健仔她娘,到辰光你把礼金准备好了,就以父母嫁囡的礼数准备。健仔,你就再做一次你金珠姐的伴娘,把你金珠姐送到……""不不,不要了,我这次就请了两家,加你们一家,也就两桌酒水,目的就是要让镇上人晓得我们是明媒正娶。"健仔早已泪眼婆婆:"金珠姐,你哪能可以这样呢!你何苦呢……"金珠安慰她:"这搭你无关,我侪是为了三个小人好,改成姓彭,摆脱家庭出身的阴影,再说只有家良能够待我的小人好……"

自从金珠在一家人面前宣布了那个匪夷所思的决定后,抗抗就一直避着小麻子。金珠对儿子的内心一目了然,所以就把婚礼安排在抗抗走后,并且把对儿子的爱和歉疚融入为他临行前的准备工作上。她给儿子缝了特别厚实的棉衣棉裤被褥,买了面盆茶缸等一应生活必需品,光口罩牙膏牙刷就买了一大包。为抗抗花完最后一只铜板之后,她就发起了个"摇会",讲定了自家是会头,其余人扔骰子排列收会钿顺序,每人每月缴会钿五元,一共十二人,这样当月金珠拿到了五十五元,也就足够抗抗的盘缠了。

可是,就在婚礼的前一天,小麻子被抓进去了。那天夜晚,镇基干民兵连的头头孙秋根带着几个民兵冲进了小麻子房间,不由分说就把小麻子绑了。小麻子问:"你们要做啥?哪能可以随便捉人?"孙秋根反问小麻子:"我们能随便捉人吗?"接着问道:"彭家良,我问你,日本人在的辰光,你逃到啥户荡去了?而且一走就是好几年,这么多年你做了些啥事体?"小麻子被这突如其来的袭击早已弄懵了:"我冤枉,我啥事体也呒没做过,我冤枉……""我们冤枉你啥了，啊？你讲那几年啥事体也呒没做过，那你吃啥？你困啥户荡？讲！"小麻子回答："我……我讨过饭，十六铺码头上做过脚夫，还有……拉过黄包车，再有就是在一家混堂里搓背……""还有呢？从混堂出来后又去哪里了？""……我在那个叫黄金大戏院的里头看过几日大门扫过几日地……""这就对了嘛，黄金大戏院是黄金荣的。我问你，你晓得黄金荣吧？上海滩上的流氓头子，青帮大亨！""黄啥？黄……好像听说过……""这就更对了。""我原来真还不大清爽，经你孙同志一讲，我就晓得……""晓得了就好，那就跟我们走吧！"小麻子意识到事体不小："孙同志啊，我是冤枉的，不信你可以去调查嘛。孙同志我求求你求求你，人民政府不冤枉一个好人……""你这样讲的话是我们冤枉你这个好人了？""不不不，你们呒没冤枉我……""那你就承认自己历史有问题了？带走！"

小麻子刚刚被捉进去，潘鹤鸣回来了。

过去的一段时期，潘鹤鸣很忙，为配合解放军解放一江山岛、大陈岛，他们不是今天破获一个暗藏的敌特组织，就是明朝捕获一艘前来骚扰的敌船。他们的对手正是绿玫瑰、杨宝乾率领的东南反共救国军，所以他心里更加兴奋，多次梦到自家亲自俘虏杨宝乾的激动场面。可是上级却把他调了回来，啥原因也呒没人搭他讲，李捷只说县里让他参与乡镇级中学的筹建工作。潘鹤鸣知道这是降级使用，可是一个共产党员哪能可以计较个人得失呢？再讲他的夙愿确实是要在教育事业上有所贡献，更不用讲那里正有一个人等着他回去。他欣然接受了组织上的安排，主动要求回赤松镇来筹建中学。

潘鹤鸣从县里赶到金珠家,首先在大门口碰到了金兆隆。老人看见潘鹤鸣,把水烟筒放到地上,从竹椅子上起来,先是摆了摆手,示意潘鹤鸣不要讲话,然后指了指紧闭的大门。潘鹤鸣向那里看去,只见门上贴着个大红喜字。

他有点稀里糊涂:"金伯伯,这是……"

金兆隆只是摇头,又挥动夹着纸撮的右手,让潘鹤鸣快走。

第二日,潘鹤鸣收到了金珠托人带来的一封只有寥寥数字的亲笔信:

鹤鸣:

　　我与彭家良已经领过结婚证了,你再不要等我了。

　　健仔一直等着你,求求你快与她喜结连理,且与她早早离开赤松镇。

金珠

第二十一章

潘鹤鸣当然不会离开赤松镇。赤松中学正式开课后呒没几日,剑华就高兴地问金珠:"阿妈,你猜猜看我们的班主任是啥人?猜不出吧,他讲还教过你搭阿哥的书呢。"金珠说:"是王水清王老师,他从中心小学抽到中学当老师了?教你们啥课?""地理搭历史。听说他教语文是最好的,可是学校里呒没教地理历史的,他就改课了。""王老师可是正经的大学中文系毕业生,还是个三脚猫,琴棋书画侪蛮来三的,象棋还得过专区第二名呢。当时他就因为讨了个自家埭上女人,只得留在镇上教小学。哦,那你们现在的语文是啥人教的呀?语文是基础,要是语文教不好,那可就害了学生子了。""你猜。""我哪能猜得出?""阿妈你猜嘛,我估计你一猜就准。"金珠不用猜也晓得是啥人了,只得说:"他教语文教得哪能?"剑华说:"潘校长可有学问了,又是典故又是故事的,出口成章;古诗古文不照书朗读,倒背如流,还有声有色,你看,就这样头发一甩一甩——君子曰:学不可以已。青,取之于蓝,而青于蓝;冰,水为之,而寒于水……咯咯咯,好笑死了。"金珠心里波翻浪涌,但又装出一本正经的样子说囡儿:"你哪能可以随便模仿老师的样子啊!今后可不能这样。"剑华白了母亲一眼,又说:"阿妈,你晓得潘校长带我们去做啥了?他让我们瞻仰抗日纪念碑,还沿赤松溪走了好长一段路,讲了许许多多抗战辰光发生在赤松溪两边的事体,回来后就出了道作文题——《我站在赤松溪畔》。"金珠听囡儿这么一讲,眼面前马上就浮现出那个年月的事情,尤其是与他相处的细节,眼圈就红了:"他也真是的,那个辰光你们这一拨人还小得很哩,记得个啥。剑华,你是哪能写的?""我这不是在请教你么。阿妈,我好像听你说起过抗战的辰光你曾经在潘家湾教过啥难童小学,你就给我讲讲那个辰光学生子读书的艰难,我就用新社会与旧社会学习条件的对比,歌颂社会主义社会的优越性啥的,你讲好不好?"金珠对那时的情景虽然刻骨铭心,但还是用"要有真情实感,靠听来的故事是写不好文章的"一句话把囡儿打发了。有一次剑华放学回来又兴高采烈地对金珠说:"阿妈,潘叔叔让我参加文艺宣传队呢，他写了个剧本，叫《社长的女儿》，宣传农业合作化的，还让我演女主角呢。""那你就演嘛。不过我要提醒你，人家现在是你的校长，再不要潘叔叔潘叔叔的。""哪能啦？人家潘叔叔让我这样叫的嘛，他还问起你呢。哎呀对了阿妈，那个潘叔——哦是潘校长还讲我长得特像你年轻的辰光，讲闲话也像。还说抗战辰光你们在难童学堂排演过戏的，叫……好像是叫《放下你的鞭子》，是哦？""唉，那是哪一年的事了嘛，我还是那句话：学生学生，读书是正经，唱个歌演个戏我不反对，但不能当桩事体。再有还是我刚刚讲的，不能再潘叔叔潘叔叔那样叫了，让别人家听到了不好。"剑华点头，但她发现母亲的面孔变得光彩夺目。

这一段时期，金珠的心情也确实好了不少。小麻子从安徽的劳改农场来了信，说在那里劳动生活一切蛮好。信中，小麻子还说不能因为他影响到三个小孩，主动提出了与金珠解除婚约的请求。抗抗的一封封来信说，找到工作了，在集中培训；被安排到一个国家重点水电建设工程；入团了。抗抗按月寄来了钞票。桂芳的病有所好转，有辰光居然能帮她添个柴火汏个菜了。年底，轧米厂公私合营，虽然工资不多，可自家总算从入不敷出的惨淡经营中解脱了出来，再加上金兆隆名下每季还能领到几个利息，生活总算有了基本保障。潘鹤鸣虽然与她呒没来往，但他近在咫尺，她心里就充实得多，对未来有许多憧憬和热情。

看见囡儿开心，金兆隆心里也轻松许多，经常一瘸一拐走进书场，摸出一角三分泡上一壶茶，悠然自得地享起了老来福。

赤松镇四个茶馆有两个设了书场，一个是现在被称为第一合作茶园的南阳春，一个是现在被称作第二合作茶园的望月楼。一般都是一日两场书，午场的听众大多是附近农民，做完上午的工，拎只篮头先到点心店吃阳春面、馄饨或馒头，再上茶馆泡壶茶听一场书，转头再去南货店柜台上买了盐油酱醋往篮头里一氽，回去了；还有的就是离镇远一点的村庄摇船来枭谷的拉肥田粉的运粪的农民。夜场基本上是镇上的男性居民。工厂下工了商店打烊了机关下班了，吃了夜饭无所事事，就来听场书。书有"一头碰"（即评话）、评弹、农民书。大凡"一头碰"说的是《水浒》《三国》《隋唐》《杨家将》《呼家将》等，说书先生口若悬河噱头多多；评弹以才子佳人题材为主，多数是"私定终身后花园，落难公子中状元"的套路，有《珍珠塔》《双珠凤》《三笑》《描金凤》等，一男一女两张嘴，吴侬软语，讲起来细致入微，唱起来抑扬顿挫；农民书就是浦东说书，由"唱说因果"演进而来，也叫钹子书，左手持钹右手拿筷，边敲边唱，因为最接地气，所以深得欢迎，有《施公案》《包公》《大红袍》《济公》等。有次说《包公》的大头刘龙生听说江北阿三偷婆娘崴了一只脚，就在说到展昭用刀背撬开窗户辰光插了一句："列位，南侠展昭有何等本领？早就飞身跃上窗台，用刀插进窗缝，轻轻一拨，那两扇窗就一声不响开了，哪能像现在某些人，笨手笨脚，寿头寿脑，呒没啥本事还想困别人家女人，结果哪能，爬墙头一跤跌断脚骨……"话还呒没讲完，下面听书的已一个个笑弯了腰，纷纷将目光投向正在一瘸一拐倒开水的江北阿三。江北阿三不愿意了，将水壶往地上一放就要上台去打刘龙生，台下人多势众，早把他死死揪牢。

那天金兆隆吃了夜饭早早离家就去了南阳春。通过老虎灶的辰光，几个户荡侪在扬手叫他坐过去。解放以来，尤其是经过最近国家对资本主义工商业的改造,镇上好像已经呒没人高人低了,大家不是公私合营的员工就是合作商店的店员,或者就是手工业联社的社员,侪是拿差不大多的工资吃饭,过去敲洋铅皮的、绱鞋子的、挑馄饨担子的、搭碗搭镴子的,不是进了手工业联社就是成了合作商店的店员,完全可以与吴祥生、王振家、胡吉观们平起平坐了。不过金兆隆还是习惯性地走向王振家那一拨的茶桌。茶桌上正在讨论严文魁最近经常在会上讲到的"楼上楼下,电灯电话"这个话题。几个人正议论得起劲,忽听得一个小公鸡学啼一样的声音传了过来:"各位爷叔伯伯父老乡亲,我们是赤松中学文艺演出队,今朝我们想利用书场正式开演前的一段辰光,给大家演出几个文艺节目。第一个节目:大合唱《农业合作化真正好》。"于是,大家就看见一群男女中学生走上台来,排成两行,在潘鹤鸣和几个老师手中的胡琴笛子伴奏下唱了起来。第二个节目是沪剧《罗汉钱》里的一个唱段,男主角李小晚由盛祖兴也就是卖膏药的继子皮祖兴扮演,剑华扮演女主角张艾艾。一开始台下还乱哄哄的,可是当这对金童玉女登台一亮相,全场惊呆了,刹那间鸦雀无声。平常日子,大家侪是在一个镇上住的,出出进进看惯了,最多背后头指指戳戳,说剑华这个小囡生得太像金珠了。不想今朝一化妆就越发教人眼睛发亮,简直是仙女下凡。那个皮祖兴也是相貌不俗,天生的奶油小生,要身段有身段,要喉咙有喉咙。金兆隆一开始还真呒认出自家的外孙囡,人家讲了,他还怀疑自家眼花,看错人了。看着听着,忽听得隔壁茶桌上的洋铅冲他说:"金老板,恭喜恭喜!嘿嘿。"金兆隆木知木觉,听不出洋铅讲的是啥意思,品来品去,总觉着话里有话,就问:"洋铅,你刚刚讲的是啥意思?"洋铅坏笑道:"啥意思?台上不是正在演么,我看呀弄不好真像镇上有人讲的,假戏可能要做成真戏了,嘿嘿。"洋铅一边讲一边还向其他人挤眉弄眼,其他人就朝金兆隆讪笑。金兆隆心里陡地一紧,丢开手里茶壶拔脚就往家里跑。

金珠听父亲回来一讲,就掂出了事情的严重性,因为她早就听说过皮祖兴上六年级的辰光就与赵伯康的囡儿赵卫华有点缠不清,弄得卫华去县里看妇科打胎啥的。于是她拿了个手电筒对父亲说,你就在家里等着,我去看看。

金珠来到南阳春,茶馆排门板外立着几个听"壁脚书"的,侪猴着腰从排门板缝隙向内张望。她凑到一个缝隙向里一看,说书的正在手舞足蹈地表演,就转身去了中学。赤松中学还在搞土建,临时借了中心小学几间房子办了两个班,金珠见有间教室亮着汽油灯,有唱歌的声音从那里传过来,就走了过去。趴到窗口一看,几个学生子正在排练节目,却不见自家囡儿和那个姓皮的小鬼,潘鹤鸣挥臂打着拍子,十分投入。金珠正要掉头回家,忽听得旁边那间黑漆漆的教室里有桌椅移动的声响,就蹑手蹑脚来到窗下,侧耳一听,里面有熟悉的笑声。金珠心里一沉,正想冲进教室里去,不晓得绊着啥物事一头掼倒。剑华和皮祖兴听得外面有响光,出来一看,吓坏了,剑华一头扑到金珠身上就哭了起来。

一对初中生黑夜里在教室偷情,而且是费金龙的儿子和杨宝乾的囡儿,这在赤松镇自然是一桩不小的新闻。金珠觉着牵头皮,蒙受了耻辱,就把囡儿打了一顿。剑华谈情说爱的辰光只晓得快活,穷祸闯出来后就吓坏了,再也不敢去学校读书了。健仔过礼拜从上海回来看望父母,听得这桩事体后就过来了。健仔埋怨金珠说:

"你哪能下得了手打剑华啊！她生下来过过一天好日脚么？再讲她虽然才读初中，就因为战争上学耽搁了，十六七岁的姑娘家，一眼也不想男女之间的事体，可能哦？"金珠听倢仔这样一讲，心里也后悔起来。剑华生下来之后，杨宝乾基本上就在外面闯荡，后来又去了台湾，十几年来母女俩相濡以沫，已经形成了一种相互支撑的默契。抗抗毕竟是个男小囝，心粗，很少与母亲交流沟通。剑光还小，只晓得吃、白相。只有这个囡儿时时处处关注着她母亲的一举一动一颦一笑。在无休止的政治运动中，金珠每次被提审或关押结束回来，常常能看见剑华倚在门框上苦苦等盼她的纤弱身影。有辰光虽然困到床上了，但只要一听得母亲推门的声音，剑华就会马上下床，扑进她的怀里，轻轻地唤几声"阿妈"。金珠想到这里，眼泪水就在眼窠里打滚了。

倢仔说："金珠姐，我看剑华在赤松镇再待下去是呒啥好处的，可是不读书也不来三，哪能——跟我去上海，到我们大学的附中去读书，这样我身边也有个道伴了。"

金珠问："这样当然最好，可是你的个人问题⋯⋯"

倢仔看着金珠，摇了摇头："我现在不考虑这桩事体。金珠姐，你还不晓得吧，就前日子，他又被上面吃排头了。"

"为啥？"金珠惊出一身冷汗。

"哎，还不是他那种犟脾气！啥事体侪要扳真扳假，也许⋯⋯还有其他事体⋯⋯嗨，我这个表哥，有些事体真跟他讲不清爽。"

过了几日，金珠终于打听清爽，潘鹤鸣这次被撸脱校长的职务不讲，还划进了管制分子的行列，暂时安排在赤松中学看门，接受群众监督劳动。

其实潘鹤鸣被人家揪牢的小辫子还是那次公判大会种下的根子。镇上组织机关企事业单位干部学习讨论，他提出现在有些人到处宣传"楼上楼下，电灯电话"共产主义很快就要实现了，是不切实际的言论，按照马克思列宁主义的观点分析，那是"左倾"，还说农业合作化运动中强迫个别不愿意入社的农民入社的做法也是"左倾"。严文魁为首的一帮人就向县里写揭发信告他。就在不久前，根据上级关于开展机关内部肃清暗藏的反革命分子运动的指示精神，胥浦县成立了以刚升任县委副书记的山东胡子为首的"内部肃反领导小组"。山东胡子看到赤松镇告潘鹤鸣的揭发信，马上联想到了那次公判大会，认为是阶级斗争新动向，就把他列入了肃反运动的审查对象名单。这一审查问题就严重了，首先是他救过杨宝乾的命，杨宝乾也放过他一命，这说明了什么问题？第二，解放后他家里评为半地主富农，这就说明他的阶级立场问题了；第三，他扰乱镇压反革命分子的公判大会，破坏肃反运动，说明他是暗藏在革命队伍中的反革命死硬分子……潘鹤鸣哪肯接受这样的结论，就与领导小组辩。他说救杨宝乾是上面指示，是上级命令他争取将杨的队伍拉到共产党新四军里来的。领导小组就让他拿出物证人证来，但他一时不知当时的上级和战友在哪里。他继续辩解说，杨宝乾放他也是看在金珠的面上，因为他曾从日本人手里救过金珠的命。领导小组就问他，你与金珠是啥关系？金珠当时已经是国民党镇长的老婆……潘鹤鸣有口难辩，有冤难申。

弄清了潘鹤鸣的处境，金珠就迫不及待地想与他见面。这日吃好夜饭，金珠来到中学传达室门口，就听得潘鹤鸣在吟诵诗句：

"雷鸣预告的一切，闪电已把它写在乌云的后面……"金珠跨进门槛，正在汰碗筷的潘鹤鸣回头一看就呆在那里了。

金珠说："鹤鸣，侪是我……害得你……"

潘鹤鸣说："这与你有啥关系？我们面临的是真理与谬误的斗争。"

金珠说："我让你离开赤松镇这个是非之地，你就是不听。"

潘鹤鸣说："金珠，现在全国侪有一种极'左'的思潮……"

金珠打断潘鹤鸣的话："我不想听你讲大道理！我们去登记结婚……小麻子那里……"

潘鹤鸣眼里放出了光芒，但头发一甩却说："不，我要等他们把我的问题澄清了再说。"

"为啥？过去你都不嫌弃我，现在我们两个已是一根藤上的两个苦瓜了，啥人连累啥人么？"

"不，金珠，真理往往在少数人手中，我相信组织上会实事求是对待我的问题的。"

"你是个不见棺材不落泪的犟头！"金珠大失所望，含泪离开了潘鹤鸣。

金珠从赤松中学回来，刚到家门口，见剑光与严芳在玩造房子游戏，就把刚刚的一肚皮气发在小儿子身上："啥辰光了你还在痴啊！你看你一身烂污泥像个叫花子，今朝你就不要上床困觉！"说着就捉牢儿子在屁股上打了几记，突然间就看见严文魁从楼上下来，便要拉儿子回屋里去。"哎哟金珠呀，小把戏嘛侪贪白相的，打他做啥。芳芳，快回家揩面汰脚去。"严文魁目送囡儿上了楼梯，又看着剑光不情愿地进了自家家门，一转身挡住金珠问："这么晏了又去啥户荡了?"金珠心里发慌,就支吾起来:"噢噢……听说我寄妈生病……我去看看……"严文魁嘿嘿冷笑起来:"我就实话实讲了——据我所知,潘鹤鸣的事体还吭没完结呢,弄不好他要吃官司进监牢!"

金珠从严文魁的话里已经猜出自家去见潘鹤鸣也吭没逃出他的眼睛,心里又怕又恨:"姓严的,你为啥要揪牢潘鹤鸣不放么?过去不讲了,现在你当你的官他教他的书,河水不犯井水了,可是你还要告他的状,诬蔑人家这样那样的,你是不是非要把人家整死了才称心如意!"

"金珠你误会了你误会了,我晓得你是听信了社会上那些别有用心的人在瞎讲。清查革命队伍内部反革命是上面的精神,我们下面总不能去抵制吧?再者,潘鹤鸣这个人你是晓得的,总爱做出头椽子,总要跑到风口浪尖上去出风头,让我们哪能办么?金珠,我搭他无冤无仇的,我为啥要害……"

"你瞎讲!你是为了我。你不敢承认?几化年数了,从杨宝乾到彭家良再到潘鹤鸣,你就一直在背后搞阴谋诡计加害于他们。你不承认?今朝我就明明白白告诉你——金珠从来吭没看得起过你,你就死了这条心吧!"

严文魁被金珠说得面孔上红一块白一块:"好,好,讲得好。好极了!不过金珠你也给我听好了——只要我在赤松镇,啥人也不要想打你的主意!我要把你像大上海服装公司玻璃橱窗里的美女模特一样,罩在赤松镇这个玻璃罩里,让所有人看了流馋唾水,就是够不着搭不——"讲到这里,严文魁突然戛然而止,匆匆忙忙上楼去了。

金珠觉着蹊跷，环视四周，只见一个人立在暗头里，两只眼睛像猫眼一样发出绿光。她不禁脱口叫了起来："家良！"

小麻子拎着只新旅行袋跟着金珠来到她的房间，金兆隆闻声过来了。金珠见小麻子衣衫褴褛，身上有臭气，就忍住眼泪水翻箱倒柜给他寻替换的衣裳。剑光刚刚上床，听得响光，就要起来，小麻子尴尬地向他笑笑，叫他困觉。

金兆隆一时不知说啥好，就问："今朝回来的？"

"今朝。"小麻子两只眼睛望着天花板。

"算是他们放你出来了？"

"本来就判得轻，讲我表现好，立了功，就提前释放了。"

"那个洞里赤链蛇不是讲你罪孽很大么，我以为你是回不来了，一生一世。"

"东家，天地良心，我小麻子可能去做坏事吗？我们劳改农场的黄场长就讲了，你彭家良要是坏人，他黄字倒过来写。"

金珠说："过去的事体不讲了，这是你的衣裳，我去烧点水，你等一歇汏个浴。"

"不不不！"小麻子早有打算，说，"我搭江北阿三碰过头了，他单身，我就搭他住一起。"

"那你还回来做啥？那个姓严的弄不好还要……"

"他敢！他真要再搭我过去，我……教他吭没好日脚过！讲句真心话，原来我是打算留场就业的，做做砖头，一个月也有廿几块工钿。可是我……我想你们啊……老东家。哦，看我忘记心有多大，我们安徽也吭没啥好物事，我在场里称了点长生果，还是求指导员批条子的，剑光喜欢吃零食的。"

"家良!"金珠一把按住小麻子拉旅行袋拉链的手,"你我既然已经登记过……"

"不不,我上次不是在信上讲得清清爽爽了,小姐,我小麻子不配,真的。我想好了,过两天就去办解约手续。"

"家良,你这样做教我哪能……"

"这是我自家决定的。小姐,金珠,你待我好,我从心里感激你。可我这次回来是啥?我们指导员给我分析过的,坏分子帽子,管制,我不能连累你们,不能!"

金兆隆说:"家良,你要在江北阿三那里觉着不适意,就搬过来搭我住在一起。"

"到辰光再讲吧。"小麻子已从旅行袋中取出一大包带壳花生,然后拉上拉链,准备出门。金珠抓过旅行袋,重新拉开拉链,把一包衣物塞到里面。

金珠目送小麻子一颠一颠地向赤松桥走去。天上有一弯朦朦胧胧的新月,星星被乌云遮去了。赤松溪里也有一弯朦胧的新月,在暗淡的波光中颤抖。一歇歇,乌云将月亮也吞没了。金珠再望过去,小麻子已消失在黑沉沉的夜色里。

第二十二章

"奶奶,奶奶醒了!奶奶!"金珠醒来,见笑笑在床旁叫她,外孙囡望望已经梳妆打扮好,准备去学堂,金珠叮嘱一番,目送她出了门，便抱住笑笑亲热起来。

"奶奶，你看我这件衣裳好看哦？这是大大在香港为我买的。"

金珠点头称是，笑笑就下地踱起了八字步，有时装表演的意思。

金珠不响，但面孔上装出蛮欣赏的表情。

一歇歇，孙子在地上摆弄起玩具小火车："奶奶你看，火车来啦，呜、呜，吭叽吭叽吭叽，吭、吭、吭，嗤！好啦火车到赤松镇啦，奶奶快上车啰！"

金珠说："小鬼头，你要拉奶奶去啥户荡么？"

笑笑说："当然是香港啦。奶奶，大大讲了，香港的幼儿园好白相多了，有蹦蹦床，跷跷板，还有大气球，这么大这么大，还有许许多多好玩的物事，反正比我们镇上的幼儿园好白相多了。好嘞火车开啦，开到香港去啦，奶奶你哪能还不上车呀！"

金珠苦苦一笑："笑笑，你就一个人去吧，奶奶身体不适意，就不去了。"

"不嘛不嘛，笑笑就要奶奶陪笑笑一起去香港。大大讲的，只要奶奶同意去香港，他就带笑笑还有爸爸妈妈一起去香港。奶奶，你就快上车吧，快呀！"

金珠心里矛盾。

笑笑见奶奶不响应，就嘟起小嘴："奶奶，你是不要笑笑了？"

金珠连忙说："奶奶最宝贝笑笑了，哪能不要笑笑么。"

笑笑就上床搂住金珠："奶奶真要宝贝笑笑，那就快快上车吧，奶奶，笑笑求你了！"说着说着，小眼睛里就闪起了泪花。金珠海忍不住一把将孙子紧紧地抱在怀里，说："上车，等奶奶身体好点，搭笑笑一起上……"小家伙马上高兴得叫了起来："奶奶，我的好奶奶！"接着跳下床向外跑去，嘴里喊着"奶奶答应去香港啦！大大，奶奶说啦，她搭笑笑一起去香港……"

"灵光哦？金珠你看看，连这么小的小把戏也晓得钞票是好物事了，呵呵。"金兆隆从隔壁过来说，"我这个老棺材穷，呒没钞票给他买好吃好白相的，这几日看见我快不认得了，呵！"

金珠轻轻一笑，算是回应。

过一歇，金兆隆突然郑重其事地说："金珠，我侪搭你弄清爽啦，这个杀胚在那边倒真的呒没成家。"

金珠轻咳一声。

"金珠，我晓得你心里在想啥，不过也不能侪怨他，当初他要不走，百分之百人头落地，你我的处境就更加难了。十三图丁进余的女人你认得吧，有一次不是被弄到镇上来游斗，搭我们两个人排在一起的。原本是丁家的丫头，丁进余死脱花烛女人刚刚把她讨过来，解放军就打过来了，丁进余一枪毙，这个女人一眼福也呒没享着就顶了个枪毙鬼的女人的名义，比你我活得不晓得苦几化了。听说那天搭我们一起游斗回到村里，又让大队里关了起来，说是还要游村，不晓得哪能寻了瓶敌敌畏……"

"金珠，我好像搭你讲起过的，这个杀胚，人确确实实横得过头，不过讲到情义两字，还是……蛮重情重义的，那一次为了救你去炸日本人炮楼，明明晓得凶多吉少，他就是活要见人死要见尸，赤松镇上寻不出第二个了，血性得很哪！哦对了，就讲当初他跟那个女土匪的事体吧，我想他也是呒没办法了才跟她走的，他不走，那个绿玫瑰真要一枪一个把你们母子几个侪打死了哪能办？"

金兆隆见囡儿仍旧一声不响，又说："金珠，千错万错侪是阿爸的错。想当初……"

"阿爸，过去的事体就过去了，还提它做啥，这侪是命里决定的，嘿嘿。"

金兆隆听得囡儿干笑，就说："所以老古人讲——人之命，天注定。金珠，你既然认命，那就让这个杀胚给你还债，加倍还！"

"阿爸！"

"金珠，阿爸是老顽固，讲得不对你只当耳旁风。我这几日一直在想，这个杀胚为啥急急忙忙回来了，讲到底还是要儿子，真的，血脉相通嘛，他还是要想让自家亲生儿子继承家产嘛。所以我想啊，你就当这个杀胚死了，死了也要让他给自家小人还债。金珠我讲的意思你懂了吧？旧社会女人家有三从四德，我是早把你嫁出去了，你就当这个杀胚已经死了，从父从夫从子，你现在就剩下从子这一条了。你再想想，如果剑光小夫妻俩换成你，三十几岁的人了，过去吃的苦就算过去了，可现在一个还在街办厂里做纸盒子，一个还在铁工厂里车铁家生，一个号头就拿二三十只洋，现在爷老头子在香港当大老板，让你过去，你去不去？你讲呀。你不去？"

金珠无语，她心里清楚：儿子新妇当然是偏向于跟着老头子去香港的，因为在这里他们一无文凭二无后台，前程渺茫。他俩也深晓父母之间那种永远也填补不了的感情沟壑，若是跟上杨宝乾去了香港，又怕伤了她的心。可是，要让自己与这样一个丈夫生活在一起，她是无论如何接受不了的。

金兆隆又讲："哦对了金珠，我听说那个洞里赤链蛇也回来啦，听轧头发阿火金讲，一记头就补发工资五千多！听说已经回到严家埭自家老宅里去了。不晓得严芳还认不认他，剑光心里哪能想，真要认了，你哪能办？也认这个杀千刀亲家公？唉……金珠你也是亲眼看见的，那天我也被弄糊涂了，这个严文魁，比孙悟空还要结棍，哪能眼睛一眨，老母鸡就变鸭了，呵呵！金珠，你不记得了？"

金珠哪能不记得呢？

自从金珠放走潘鹤鸣之后，她从杨宝乾眼睛里经常会看到一种怀疑和敌意的。金兆隆受伤后就很少管米厂里的事体，金珠只得顶上去。杨宝乾那几年仍然很忙，像个救火队长，基本上不在家里落脚。抗战胜利不久，国共两党关系彻底破裂，国民党就越来越不得人心，所以不是这里的商家抗税，就是那里的农民闹事体，再不就是土匪抢劫了，侪要他出面去处理。应酬也多，县里的，专区的，军队的，一来就要张罗，酒肆茶楼，甚至鸦片烟馆。1947年选国大代表，国民党搭三青团斗，镇上也一样，为了个代表名额斗得差一眼双方动家伙。严文魁跟他也过不去，三日两头暗头里去县里告他这个告他那个，末了县里来人，他还得摸钞票把事体摆平。后来北边先打起来了，共产党把国民党打得落花流水，杨宝乾一伙就惶惶不可终日，就把个赤松镇弄得鸡飞狗跳，今朝捉个人来说对方搞赤色宣传，造谣惑众，明朝又去查啥间谍电台，弄得来满城风雨。开会讲话，不是讲共产党成不了啥气候，就是吹长江天险固若金汤收回北地指日可待；私下却大骂党国无能，官场腐败……

一日夜里，杨宝乾难得回到家里，刚刚困下去，忽听得外面有啥动静，一骨碌下床抄起手枪翻窗走了。听得有敲门声，金珠一边穿衣一边问啥人。对方讲是"两浦支队"的，让杨宝乾出来有话要讲。对"两浦支队"金珠已有耳闻，是近年出现的共产党队伍，浦东浦南联合支队的简称。金珠不敢怠慢，连忙点上油灯，打开房门。进来四五个人，便衣，搜了一遍，问："人呢？"金珠战战兢兢用手指指窗口，一个人走近看了看，说："翻窗逃了！"又问："要末把他女人带走讯问？"另一个戴眼镜的人摇摇头："追！"就带着人离开了。

第二日，金珠侍候一家老小吃过早饭，先给父亲搬了把竹椅子到阳面避风处，然后扶他出来，让他孵太阳望野眼解心焦。桂芳也跟在后头来了，手里抱着个自家缝制的洋囡囡，又蹦又唱："冲冲冲，努力打前锋。锄头扁担当武器，杀敌振雄风……"金兆隆只是摇头。金珠又回到屋里给父亲拿来水烟筒，装上一锅烟丝，把点着的纸撮送到他手里，金兆隆一边抠出一半烟丝放回烟盒一边问："金珠，昨日夜里啥人来了？"

金珠说："呒没……你是不是做梦……"

"我在楼下听得清清爽爽的。好像几个人的脚步声呢。我本来想摸上来看看。"

金珠一看瞒不过去，就把夜里发生的事体讲了，金兆隆听罢就"唉"了一声，用拳头打自家的头："佾是我佾是我，佾是我让你嫁人不着一世苦，造孽呀金兆隆……"

金珠说："阿爸，他过他的我们过我们的。"

金兆隆说："你讲得轻巧！这几日你不听得外头在传啥？共产党马上就要打过来了。共产党得了天下还能饶了他？"

"那也是他罪有应得。"

"不是他罪有应得不应得的事体！我看你肚皮里又有了，将来三个小人啥人养活？捞烂污泥吃也要有人去捞呀。"

"过去他也呒没管过小人，我不是一直跟阿爸一起过过来了？"

"我就不死啦？我给你算过了，将来我一死，连桂芳加上你，你要填饱五只肚皮。"

金珠不响，金兆隆说："金珠，这两年我也呒没力量去管这爿厂，我晓得兵荒马乱的你也不好做生意，这样，我把原本留着救急的一点积蓄……万一那个，你们就不会呷西北风了。"

"阿爸，你说的积蓄，就是那次差点被强盗抢走的床底地砖下陶罐里的银洋钿吧。"

兆隆笑得眼睛眯成一条缝："不是讲狡兔几窟吗？"

"不不，"金珠说，"要末你给桂芳留下，我是嫁出去的囡儿泼出去的水。"

金兆隆苦苦一笑，用纸撮头点点正在自娱自乐的桂芳，说："她后半辈子呀，我看也只能指靠你照应了。再说了，这点物事本来就应该是你的。"

"哪能是我的？"

"这你就不要管了。来来来，我讲给你听。"金兆隆一瘸一拐地找来一根带钩的细铁丝，走到楼下自家房间，抖法抖法将铁丝朝夜壶箱装饰条下方的一个小得几乎看不见的洞眼里插进去，拉出来时，随着铁丝有一只扁平的小抽屉就跟着出来了，金珠凑近一看，呆了——那里头躺着好几块金光闪闪的金条。"记住了，喏——我床横头这只小柜，还有你房间里那只梳妆台，开法侪一样的。"

"阿爸？"

金兆隆抿嘴笑道："你记得十月初三日本人打进来那天吧，你来,跪下来要我跟你们逃难去桂芳娘家,我为啥不走?我就怕这些物事出事体呀。"

金珠说:"不不,仍旧放你这里吧。"

金兆隆摇摇头:"我几化岁数啦?啥人晓得今朝还是明朝阎罗王来寻我啊。万一我……"金兆隆讲到这里忽然煞了车,因为他看见杨宝乾就立在门口。

"你哪能回来了?人家是来要你命的。"金珠慌里慌张地说。

杨宝乾只是冷笑:"他们是属老鼠的,夜里结棍,现在你让他们来呀!"

金珠跟着杨宝乾上楼去自家房间,边走边问:"是不是共产党马上就要打过来了?你也不去啥户荡躲一躲?"

"侪是谣言!打仗嘛,胜败乃兵家常事,他们就是占了整个北方,不是还有长江天险挡着么,大不了隔江分治,跟历史上一样,再来个南北朝。怕啥怕?"

"你不怕我怕呀,深更半夜的,一歇歇来人捉你了,啥人吃得消。"

"我晓得我理解我已经安排了,从今朝夜里开始,自卫队常备班 24 个钟头值勤,义务班就在我们家附近流动巡逻,这你就不用怕了吧?"杨宝乾说得很笃定,但过了一歇将金珠拉到一边轻声说:"要末你带小人到啥户荡去避一避?实事求是,一家人不讲两家话,形势越来越严重了。"

"去啥户荡避?你不是刚刚还在讲他们是打不过长江的么?"

"这个……是当然的……不过我要考虑你们万无一失呀。真要打起来了,枪炮是不生眼睛的。"

"那还有我阿爸搭桂芳呢?"

"这种辰光你不要考虑得太多了。"

"不,我们死也要死在一起!再讲了,共产党我见过多了,哪里像你们讲的那样。"

"你——你是早就被赤化了!"杨宝乾气得吼叫起来。

阴历四月的一个深夜,一声巨响惊醒了赤松镇上沉睡在梦乡里的人们。一歇歇,狗叫声、小人的哭喊声、脚步声乱成一片。金珠点亮油灯,开窗向外察看,月色里,好端端一座赤松桥无影无踪了。忽然听得杨宝乾上楼梯的脚步声,开开门,只见杨宝乾灰头土面地立在门口。

"钞票,快给我钞票!"杨宝乾一脚跨进门槛就说。

金珠问:"是啥人炸的桥?以后我们哪能去镇上么?"

"金珠,我要先出去避一避,再不走就来不及了。"

金珠这才想起,前些日子,镇上就传闻上海、松江还有胥浦县城,已经有不少人举家南迁,还听说在南京做事体的王振家的弟弟王振国也回来过,随后带了一家老少去台湾了。于是,镇上家底厚点的几户人家,又是变卖房产又是出手田地的,弄得全镇人心惶惶。金珠意识到,杨宝乾也要远走他方了。

见金珠爱理不理的样子,杨宝乾吼了起来:"你听清爽了哦你!快给我弄点钞票,值铜钿的物事也可以。"

杨宝乾这一吼把两个小人吓醒了,金珠连忙跑到床前搂住剑华,对两个小人说:"阿妈搭阿爸商量点事体,困。"然后对杨宝乾说:"走啥户荡去?不是讲长江天险固若金汤么?"

杨宝乾说:"他娘的我也是上了这帮狗贼的当,你还来挖苦我!金珠,我也是到了狗急跳墙的辰光了,不然我是不会来问你要钞票的。不过你要相信,我也就是避避风头,多则一年半载,少则一个号头两三个月,我一定会回来的。"

"你是晓得的,这两年米厂生意一直不景气,一家人家五六只嘴要吃,你又从来不给家里……"

"老头子不是给你留着笔财产么?"杨宝乾用眼光扫着屋里的家具。

"我阿爸?财产?"

"金珠,你就不要难为我了。"杨宝乾用准备好的一根细铜丝钩开了梳妆台的一只暗抽屉,"我这也是走投无路了,你放心,只要我回来,我侪还给你——哦不,还你座金山银山。"

金珠吭没去阻拦,看着他把楼上楼下的暗抽屉一只只钩开,拿出那些金条,用布包好。正在这个辰光,严文魁带着几个警察跑了进来。杨宝乾马上板起面孔说:"跑这里来做啥?还不马上把弟兄们集合起来!"

严文魁说:"集合好了,侪在镇公所恭候杨镇长你呢。"

杨宝乾说:"不要等我了,我还有公务要办,你就带弟兄们在河北滩修工事,连夜修,要不再弄些老百姓来一起修。再有,河南滩的船天亮之前一定要全部弄到北岸去,船主侪给我看起来,有不听话的,干脆,把他的船烧脱拉倒!"

"那你呢?"严文魁问,那几个警察已将杨宝乾团团围住,枪口侪对准了杨宝乾。

"你……你们这是做啥?"

"做啥？老子起义了！"

杨宝乾这才清醒过来："严文魁，你……这个党国的叛徒，奸贼！"

"杨宝乾，告诉你吧，我是共产党的人了，想不到吧？弟兄们，还不快把他捆起来给我带走！"严文魁说着，同时向金珠投去一个得意的微笑，然后转身出门。过了一歇，金珠见严文魁从门外步步倒进回来，原来，一管枪已抵在了他的胸口。杨宝乾乘机飞起一脚，踢开严文魁手中的手枪，然后拔枪指向那几个警察，命令他们放下枪支举起双手。

金珠这才看见，灯光下，面对着她的是一个黑衣女人，吊眼梢，高高的发髻。她被眼前这一幕弄糊涂了。只听得杨宝乾叫了一声"玫瑰"，那女人就说："你还真以为我死啦？我绿玫瑰命大福大，阎罗王不敢收我。"

绿玫瑰盯视着金珠，盯得金珠垂下眼睑。

杨宝乾说："真想不到还能见面。"绿玫瑰说："快点。有话上了船再讲。"杨宝乾说："你们来船了？去啥户荡？"

"你上了船就侪晓得哉。"

"我想我们不如……我搭何君明他们几个约好的……要么你让船先走，就我们俩，香港，或者澳门……"

"你真噜苏！这是钟老板的安排。"

"钟老板？他要我们……"

"舟山。与共产党血战到底！你们几个侪给我老实点，啥人动，我就崩了啥人。"

金珠看到，一双解放脚在自家面前的地板上移动着。

245

一歇歇，等杨宝乾把随身东西收拾好，绿玫瑰就说："走！"杨宝乾迟疑了。他一只脚已经跨出门槛了，另一只脚却迟迟不能抬起。他回头看金珠，看金珠怀中的囡儿，还有睡眼蒙眬的儿子。

"杨宝乾你是走呢还是不走呀！"绿玫瑰尖叫道。

"我不能丢掉自家的亲骨肉……"

"你，当初你是哪能搭我讲的？"

"要么我把儿子带上？就儿子一个人。"

"你以为我们这是要去游山玩水？你再婆婆妈妈我就把他们俩杀了！"绿玫瑰说着举枪对准了金珠，又把枪口对准了抗抗，杨宝乾连忙说："我走我走。"

等到两个人离开一歇后，严文魁才喊了起来："他娘的，还不快给我追！"于是，几个人连忙拾起枪支，吆五喝六地冲了出去。

金珠终于舒了口气。

"阿妈，阿爸去啥户荡了？他还回来吗？"抗抗问。

"寻死去了！困觉！"

"那个阿姨不是讲让阿爸上船么？"

"他们上船关你啥事体！"金珠大声叫了起来，叫罢，就紧紧抱住两个小人，全身抽动起来。

外面传来了几声枪响。金珠抬头看见窗外赤松溪上，一艘船正扬帆远去，白色风帆在夜色中闪着寒光，显得那么刺眼。

金兆隆说："强盗！走了也好，金珠，这个杀胚走了你就解脱了。老古话，好有好报，恶有恶报。教他吃子弹头，掼海里给大鱼吃脱……"

第二十三章

金珠对她父亲经常挂在嘴边的"好有好报，恶有恶报"这句话一直心存疑惑，多少年过去了，杨宝乾非但吭没死于非命，而且衣锦还乡了。而金珠身边许多个正直安分的人，反而命运多舛，倢仔便是其中的一个。

金珠记得，那天她刚刚起床，听见噼里啪啦的响声，头探出窗口一看，是只麦钓船，一条红尾巴鲤鱼正在船板上活蹦乱跳。麦钓捕鱼，是将一根长线拴上许多竹签做成的钓具，即把一根根竹签弯曲两头并拢，插进一颗颗蒸熟的麦粒，然后夜晚划船将它们放入河中，第二天清晨收线，自有一些上当的鱼儿，张嘴去咬麦粒，结果麦粒到嘴，两头并拢的竹签弹开，鱼嘴就被卡牢了。金珠想想好笑，笑这些鱼笨。突然剑华出现在门口，金珠一惊。剑华说："我跟倢仔阿姨一起乘夜班轮船回来的。她被大学里赶出来了。她让我跟她一起回寄大大家去，我说我还是先回自家家里。"金珠问为啥，剑华说倢仔阿姨变右派了，金珠又是一惊，连忙去了周家。

金珠一进周家门就碰到倢仔。金珠急切地问："倢仔妹，你这是……"倢仔说："嘿，金珠姐，真对不起你，我原本是打算把剑华一直培养到大学毕业的，可是你看……""你到底哪能了么？""我呀，嘿嘿，从此'投笔从劳'了。"倢仔娘听见声音走了出来，把金珠拉到一边贴着耳朵说："让人家扣了顶右派分子帽子，扫地出门了。你看她，还像啥事体也呒没的。"金珠早就听说反右了，她就担心潘鹤鸣，呒没想到倢仔会先变右派，就问："为的啥么？"倢仔娘长叹一口气说："为啥？上面让大家给领导提意见，她就真的提了，结果抓住她画的画，花呀鸟呀，说是含沙射影……"倢仔在一旁苦苦一笑："不过也好，金珠姐，今后我们就又可以在一起了。"金珠问："那也总得有个安排吧？""通知我到镇上中心小学报到，估计是教美术课吧。其实让我做啥侪无所谓，只要不受气不虚伪，现在好了，搭小把戏在一起……""倢仔！"金珠忽然想起刚刚那条红尾巴鲤鱼，便一把抱住倢仔。

周兰畦听得金珠的声音，从书房迎了出来："来来，进来。剑华回去讲啥了？咳，原来是想让倢仔帮你培养剑华的，啥人晓得……唉！""不要紧的寄爹，我就担心倢仔妹……""金珠姐你不要为我担心，我在那里也待腻了。""你讲得轻巧！"周兰畦说，随后示意金珠跟他走。

金珠听说县里让周兰畦担任县工商联领导，他却提出了退休的要求。退休之后，周兰畦一半辰光去华严寺与智越下棋谈经，一半辰光就在赤松溪边垂钓。

金珠随周兰畦进了书房，冷猛生见到一个老妇人从藤椅里缓缓立起，两人同时叫道："伯母！""金珠！"老人是潘鹤鸣的母亲，多年不见，苍老得几乎认不出来了。倢仔娘在身后说："想不到吧金珠，你也看见的，当初我阿哥阿嫂为抗战捐房子捐地，鹤鸣又是打日本人打老蒋打美国人，现在弄了个半地主富农，这么大的岁数还叫她插秧斫稻，还斗！所以我让她来这里住，看潘家湾的那些干部敢到我这里来动粗！"鹤鸣母亲笑着说："过去我们确实剥削了嘛，改造改造思想也好。我现在也习惯了,待在这里一日到夜饭来张口反而吃勿落困勿去。明朝,最迟后日,我还要回去,再不回去家里的鸡鸭怕侪要饿死了。"倢仔在外面大声朝里说:"舅妈,我看你呀,比我表哥还革命了,一开口就是革命呀思想呀。"金珠一听就猜定潘鹤鸣来了,倢仔讲这话是故意讲给他听的,抬头望过去,潘鹤鸣、她父亲和小麻子三个人已经来到书房门口。

金兆隆说,他是看见剑华,问出了回来的缘由,就想过来看看倢仔,路上就碰上接到周兰畦口信请了假过来看望他母亲的潘鹤鸣。两人走到药店门口,小麻子正好舞着鸡脚扫帚扫街,就跟进来了。倢仔说:"巧了巧了,今朝哪能这样巧啦!"发现众人莫明其妙地望着她,她又说:"金伯伯你评的是工商地主吧?我舅妈是半地主富农,再加上鸣哥哥、家良哥搭我,地富反坏右,今朝是五子登科,全啦!"潘鹤鸣认起真来了:"倢仔,你也相信我潘鹤鸣反党反社会主义?那侪是诬蔑不实之词!最近我正要写信寄给地委魏书记,我搭他抗战辰光是一个团里的,我要让他为我作证,我还要让他知道目前基层组织种种极'左'的思潮和做法。""鸣哥哥我看你省了这份心思吧,弄不好你又要让别人家豆腐里挑骨头挑出罪证来,罪加一等!哟,我讲错啦?我画的一幅兰花,完全是写生的,人家就硬说我是在宣扬所谓风骨,寓意对抗,你能搭人家讲得清爽吗!""倢仔!"周兰畦说,"今后讲闲话侪要小心点了,头上已经戴顶帽子了,岂可儿戏!还有你——鹤鸣,你想一想,就你那几封信能改变方针政策吗?不可能的!所以我讲你呀……"正说着,又有人进来,扭头一看,是智越。

周兰畦等大家侪退出书房后,对智越说:"我最近哪能坐不安立不定,好几日吜没去寺里了,今朝来有啥急事?慢慢讲,我先给你泡杯茶。""不用了,"智越摆手,"我是专门向老檀越辞行来的。""辞行?又要去哪个方向云游?"智越摇头:"还云游呢,镇上大前天来通知了,让寺内一切僧俗自行解散,自谋生路,他们要在寺里办啥农业大学搭养猪场。""啥?"周兰畦一惊。智越苦笑:"出家人四海为家。我是可惜这600年古刹……"周兰畦说:"这又不是你智越能左右得了的……唉……老子《道德经》里有这么一句话——'轻则失根,躁则失君'。"

到处是豪言壮语——"人有多大胆,地有多大产!""确保亩产一千五,力争实现双千县!""奋斗十昼夜,实现四无县!""苦战一年,炼钢一千!"家家户户为了捐献铁器伤在敲镬子撬箱锁铰链等,企事业单位商铺伤关门去炼钢练铁了,寒天腊月开挖赤松溪妇女突击队竟然赤膊上阵挑河泥,小学生掼脱书包爬上屋头顶捉麻雀聚集茅坑边挖蝇蛹……当然最忙的还是新任人民公社书记的严文魁。他一歇歇出现在小高炉上,一歇歇又现身于田里;上半日还在为设在华严寺的"红专农业大学"揭牌,下半天又去"大战十五天,消灭血吸虫"大会做动员报告。亩产万斤粮的卫星放出之后,他更忙了,因为江苏省领导要来开现场会。严文魁急啊,急中生智,连夜去现场督战,让社员把几块地里收获的稻谷堆到一块地里,把几块田里的稻根挖来放在一块田里(当时兴烧稻根灭虫增肥)。省地县三级领导到现场一看,夸他是敢想敢干的好干部。省领导发现严文魁的嘴有点歪,就关切地问他这是为啥,严文魁语塞,捂着腮帮假笑。他不好讲呀,因为要办大食堂,他相中了城隍庙大殿,就带头敲脱了城隍老爷的头，回家当夜嘴就歪了，镇上的人就说他是触犯神灵得到的报应。冯梅香急煞了，先是求医，求医无效就暗地里请师娘捉鬼，偷偷摸摸去城隍庙烧香叩头。可世上哪有不透风的墙，呒没几天就传得家喻户晓了。不过那天还好，民兵连长孙秋根向省领导编了个谎，说："首长你可能不晓得，我们书记已经整整三个月不困觉了，倦了就拼命咬紧牙关，头上浇冷水，结果……嘿嘿嘿！""严文魁同志！"省领导听了，心疼地对严文魁说，"身体是革命的本钱嘛，我现在命令你：马上回去睡觉！"严文魁就装出一副对一线恋恋不舍的样子。后来有的老百姓就讲，严文魁嘴歪不是别的原因，是他自家把嘴吹歪了。

金珠被分配在砖灰厂，所谓砖灰厂，就是把破砖烂瓦研磨成粉，烘焙后当作水泥，专供砌小高炉和搭猪棚用。做这种生活龌龊，满头满脑侪是灰，每天做下来口罩比小人屎布还要腻心。那"水泥"其实呒没啥凝结功能，可是啥人敢讲？健仔因为有一技之长，倒是摊上了份好工作——画图。到处画，机关学堂，企事业单位，街头巷尾，只要有墙的地方，只要能画图的户荡，侪画。画的侪是与"三面红旗"相关的题材，特别是宣传大跃进的。这对健仔来讲真是小菜一碟，信手拈来。譬如她画小高炉，就把小高炉画成几十座连成一片的冶炼群，边添料边出铁，那铁水啊就像滚滚长江汹涌不止。有人讲这不符合事实，严文魁说"画得好啊，这才叫钢铁长龙奔流不息。"她画农业生产，完全融汇了"人有多大胆，地有多大产"的时代精神，棉花得爬上扶梯去摘，稻穗要用拉锯去锯，番瓜要用吊车去吊……正好上面又一位大领导下来视察工作，看到这些画连声称赞，马上让随行记者拍了下来，还要严文魁把这位"具有丰富想象力的天才画手"请来见个面。严文魁哪敢把倢仔引见给省领导,就说:"这样的画手我们赤松公社有的是,倒不是画图的天才,是大跃进深入人心。不是讲'人有多大胆,地有多大产'么?这就叫人有多大胆,神仙都下凡。"大领导一听笑哈哈,说:"好,这句话讲得经典!难怪你们赤松公社工业农业扫盲除四害啥都放卫星呢。所以我说呀关键的关键是领导破除迷信解放思想,领导思想解放了,就会八仙过海,各显神通,人才辈出,卫星上天!"他关照随行记者一定要把严文魁的那句话写进新闻报道,以此反击那些思想僵化,裹足不前的右倾干部,把大跃进的烈火越烧越旺。倢仔听人讲后笑了一日一夜,差点笑脱下巴骨,第二日就在红专农业大学也就是原华严寺大雄宝殿的东墙上画了一幅新作——一个穿中山装的人手拿话筒高呼破除迷信解放思想,喇叭口所及范围之内画的是八仙过海,不过八仙的法器均已得到创新——铁拐李手中的葫芦变成了炼钢用的钢钎,汉钟离的扇子换成大南瓜,张果老胯下的毛驴改成了拖拉机,吕洞宾佩的不是宝剑而是镰刀,何仙姑的竹罩下是活蹦乱跳的大鲤鱼,蓝采和的花篮里装满了棉花朵,韩湘子肩扛苍蝇拍。画上方题着"人有多大胆,神仙都下凡"。这幅画可是给赤松公社赚足了面子,被记者拍了照登到省报头版,不久胥浦县从江苏省划归上海市,这幅画就被刊登在上海市的一份画报上。当然署名不是周倢仔,署的是赤松人民公社社员集体创作。

潘鹤鸣这个辰光被赶到红专农业大学喂猪猡,看见此画倒有点为倢仔担忧,憋了好几天,一日在路上碰着倢仔,见旁边呒没啥人,才对她说:"你怎么也这样了?是不是故意这样?"

健仔眯起一只眼睛笑了："哪能啦你这是？这可是赤松人民公社书记大人的原话而且受到上面大领导肯定的。"

"你就不怕别人看出你的动机？"

"你讲我是啥动机？你讲呀！"健仔见潘鹤鸣面红耳赤，又说："放你廿四个心吧。这年月侪热昏啦，哪里还有理智可言。"

潘鹤鸣说："寺里这么好的殿堂养猪猡，把几百年前的壁画侪作孽脱了；还有亩产几千斤上万斤的瞎吹，这不是马克思主义的科学态度嘛。这些'左倾'的做法我们可以向上面反映……"

"你也学会乱扣帽子了呀我的鸣哥哥！我可是一千个赞成一万个拥护三面红旗的噢。哎对了，听说你真还写了个啥材料送上去了，哪能一眼响光也听不见呀？"

"我是凭一个共产党员的党性向上面谈自家的看法，完全按照组织原则……"

健仔有点恨铁不成钢，几乎哭着对潘鹤鸣说："你比我都不如了，你还以为……地富反坏右，你还排在我前头呢我的鸣哥哥！你看看那些昧着良心不讲真话的人比你我活得好几化？你哪能还执迷不悟还寄希望于这些人啊！"

"你……"

健仔正想利用今朝身旁呒人这个机会把潘鹤鸣那个迂腐不堪的脑筋好好冲洗冲洗，忽见周兰畦向这边走来。

自从华严寺成了农业大学和养猪场后，周兰畦除了在家里就是垂钓赤松溪了。最近公社干部觉得宏济堂也就是现在的国药商店后面晒药场户荡大，就在那里办了个肥料厂——在地上埋几只大镬子，收罗些猪骨头羊骨头狗骨头烂骨头放到镬子里熬，熬出来的汤据讲是上好的肥料。这一熬就熬得赤松镇上臭气熏天，更不用说住在旁边的周家人了。周兰畦不想惹出"反对三面红旗"的麻烦，索性在赤松溪上搭了个蟹棚，白天钓鱼，夜里耥蟹，过起了优哉游哉的生活。全镇的人侪眼红他，看到他正襟危坐于河滩头，一顶草帽，一根钓竿，童颜鹤发，美髯飘飘，好不潇洒。赤松中学老师王水清路过那里，就坐到周兰畦身边看他钓鱼。王水清搭讪道："周老先生，想你有伊吕之才，听得讲县里几次做工作要你去任要职你却披裘钓泽，乃当今之姜太公、严子陵啊！"周兰畦捋须笑笑："哪敢哪敢。你晓得这河叫啥？"王水清说："赤松溪嘛。""这就对了。史书里有一句，说张良'愿弃人间事，欲从赤松子游耳'。所以这条赤松溪也叫留溪。"周兰畦说，"当年姜子牙垂钓渭河，钓的是啥？周文王；严子陵在富春江放钩，钓的是流芳百世的美誉。我呀，呵，也就钓个清心而已，哈哈哈！""清心？""是的，清心。"

俥仔见父亲过来，就故意开了个玩笑："阿爹，你看你把我吓得，我还以为撞上老古人了，咯咯咯！"又调转头来对潘鹤鸣说："好了好了鸣哥哥，你喂你的猪猡我画我的画去，我们，八仙过海，为大跃进各显神通。"

周兰畦看着离去的囡儿，说："鹤鸣，你不要与你表妹计较，她心里堵，就想寻个熟人发泄发泄。"

潘鹤鸣说："我晓得的。哦姑父，这两日收获哪能？"

周兰畦说："昨日夜里运气不错，耥着十几只大蟹呢。走，到我那个悠哉亭里坐一歇，先一起吃几只，你再带几只回去慢慢吃。"

两人来到蟹棚，潘鹤鸣问："刚刚你讲这个蟹棚叫啥亭？快哉亭？"

周兰畦呵呵直笑："我可不敢搭苏子由攀比，这里也不是长江。叫悠哉亭！"说着，生火，煮蟹，温酒。

潘鹤鸣说："姑父，你先忙，我去场里请个假再来。"

周兰畦沉下了面孔："啥请假不请假的，你们场长阿金木我熟，他阿妈还是你国怀表哥的奶娘，阿金木结婚我搭你阿孃还去吃喜酒了，你回去就讲是我留你在这里的。"潘鹤鸣只得硬着头皮留了下来。

周兰畦是利用河蟹的趋光性来诱捕河蟹。选择一块水底平缓的地方，拦起竹簖，又用粗草绳挡住河道，草绳的一段盘于岸边点上火，再在竹簖上方搭一草棚，挂上马灯。那些河蟹看见灯光一路过来，碰到河底草绳，闻到异味，便绕道而行，沿着竹簖爬出水面，这时只需将爬上来的蟹捉到篓里就是了。

周兰畦点燃行灶，在镬子里添上水，加几片老姜，从篓里摸出两雄两雌四只壮蟹放到里面，盖上镬盖后就配起佐料，一边对潘鹤鸣说："张岱讲'河蟹至十月与稻粱俱肥'，现在稻侪斫光了，你再不来今年就吃不上蟹了，那就悔之晚矣，呵呵。李渔在《闲情偶寄》讲过，'蟹之鲜而肥，甘而腻，白似玉而黄似金，已造色香味三者之至极，更无一物可以上之'。今朝我们两个黄酒加肥蟹，乃活神仙也。"潘鹤鸣哪来这种闲情，说："姑父，今朝东洋草还吪没铡呢，迟了猪猡……""你，"周兰畦面孔一板，光火了，"我刚刚讲的话白讲了，你哪能变得这样！"觉得自家话讲得有点过，又说："我晓得你现在戴了顶帽子，只能表现积极点，不过也不能太自卑了嘛。再讲，你看他们在做啥呀，简直是愚昧透顶。"潘鹤鸣说："前几日我写了个调查报告，要让上面认识到……""讲啥？""《论共产党员的修养》里讲的嘛,共产党员最基本的责任就是要遵循人类社会发展的规律……""鹤鸣,你哪能还一眼也拎不清!好了,今朝国事莫谈,就吃蟹。哪能,你是文吃还是武吃?"周兰畦看了看这个倒霉的侄子,摇摇头,取出一套精致的"蟹八件"来。潘鹤鸣说:"我哪里会文吃呢,来武的吧。"就抓起一只刚出镬的蟹,扒壳去底,把蟹砣一掰为二,蘸上佐料嚼了起来,却让周兰畦挡住了。"你再武吃也不能胡吃呀。"他说,随手拿起"蟹八件"帮潘鹤鸣清理干净,递到潘鹤鸣手里。潘鹤鸣还是放不下心里想的那点事体,说:"姑父,我想,列宁的新经济政策……"周兰畦好像根本吭没听见他在讲些啥,频频举盏邀他碰杯。周兰畦说:"我佩服第一个吃蟹的那个巴解,不过我估计他一开始吃蟹很可能搭你一样的,把蟹胃蟹肠侪吃进去了。看见了吧,这蟹胃,藏在壳子的蟹黄里,吃多了就肚皮痛。"

第二十四章

农村大食堂的口号叫"放开肚皮吃饱饭",弄得镇上吃商品粮的人个个像属兔的,眼睛血血红。桂林有几次被派到赤松镇解粮运粪,每次侪要提上一手巾包白米饭来看金珠一家,口气大得不得了:"吃!后日我还要上镇运粪,带一饭篮!"金珠说:"桂林哥,你不怕队里有人讲你闲话?""怕啥?讲好的吃饭不要钞票,我堂哥阿桂松今朝搭我一起摇船来装粪的,给他姨夫家带了撑足一饭篮饭。我是考虑到我们家成分有眼高,胆子小,要不我挑一担来给你们吃!"金兆隆糊了一嘴巴饭米糁:"要末把我们剑光送给你们算啦,小团饿得半夜起来喊肚皮痛。"桂林说:"只要金珠妹舍得,我保证他日日吃得来像条河豚鱼,真的!"金珠说:"他要不上学,我真就送你们乡下去了。桂林哥,你也吃呀。"桂林拍拍肚皮:"我出来就吃了两大碗,你看——'船舱'里装不下了,哈哈!你们吃,我还要去药店里弄点食母生。""啥人生病了?"金珠一惊。桂林笑了:"胃不好。全队的人胃侪不好,侪撑坏了。噢金珠妹,你不是搭药店里寿生、冬生蛮熟的么,现在食母生经常脱销,你能不能……"金兆隆已经忍不住了,"噗"的一声笑,饭米糁喷了出来。

不过,不长远桂林又来的辰光,不是带了白米饭来的,而是扎了白布腰带来的。金珠一见就吃了一惊:"桂林哥……是伯父……生的啥病?"桂林哭了:"啥病也吭没,浮肿,面孔上一揿一个坑,死之前吃了点铜钿草,半夜里就……"金珠早有耳闻,农村食堂经过几个月的蛮吃蛮弄,食堂里的粥越来越薄了,菜里的油腥越来越少了,于是就搞起了"瓜菜代"。可是地侪归公了,"以粮为纲"的原则是不容动摇的,生产队除了种粮还是种粮,哪里来的瓜何处来的菜?就是田角落种的豆类作物,也侪被充作在册田亩里的粮食产量放卫星放走了。于是,人们只得把眼光盯到野菜上。可是传统的野菜如马兰头、荠菜、马齿苋也是有数的,"僧多菜少",人们不得不把眼光移到那些过去喂猪喂牛的东洋草、铜钿草上,带来的恶果就是浮肿和中毒。金珠对桂林说:"你阿妹最近不大正常,先不要让她晓得,你快走,不要让她看见你戴的孝,我抽个空去送送曹伯伯,想当年抗战辰光他对我们太好了。""金珠妹你也不要去了,人已经埋了,再说你去了连个薄粥汤我们都端不出。"金珠鼻头发酸,就从抽屉里搜出几张粮票来,不管几斤几两,一起塞进了桂林的衣袋。看看正是街道食堂中午开饭辰光,先去桂芳房间看看,见正困得香,转身就去打了一大盆烂污面回来,让桂林"吃饱了再回去"。桂林端起盆三下五除二就把里面的烂污面报销了,嘴上虽说"吃饱了吃饱了",却伸出舌头舔盆底,舔得比猫舔过的还要清爽,然后若有所思地说:"金伯伯还讲要送剑光到我们乡下去呢,幸亏呒没当真,我看还是镇上好,每个号头再哪能还有二三十斤口粮搭几两油是吧?"讲得金珠眼泪水差一眼冒出来。

赤松镇第一个死于饥荒的是灰茭白季小妹。

灰茭白在清洁所做生活。灰茭白由于与费金龙的关系,被人看低,也只能去倒倒马桶。倒马桶不但龌龊,也是个特别熬人的生活,无论春夏秋冬,刮风下雨,天不亮就要出工。挑马桶的吹口哨,敦促各家把编了号的马桶拎出来;挑马桶的把马桶挑到公厕,倒马桶的把马桶里的污物倒掉,清洗干净,挑马桶的再把马桶送回原处。对于灰茭白来讲,生活苦点累点根本不算个啥,只要平安无事就心满意足了。可是她连这么一点也得不到。卖膏药续弦后,一开始待灰茭白不错,但过了一段辰光就厌弃她了。一年四季闻着一身马桶臭不讲,身背后还经常有人指指戳戳讲他就是那个汉奸姘头现在的男人。他追悔莫及,便对灰茭白百般挑剔,稍微不如他的意,就骂她是"狐狸精",是"臭女人"。茭白还能哪能?只有忍。不忍不来三啊,她还带着个拖油瓶呢。搞"大跃进",街道上认定卖膏药是劈石头卷钢筋出身的壮劳力,先派他上小高炉炼钢,小高炉停了就派他去蔬菜地挑粪,卖膏药困钉板出事体落下了病根,哪里吃得消这种重生活，每天回到家便把气出在灰茭白身上。皮祖兴进了铁木竹合作联社学打铁之后，认为自家翅膀毛长齐了，哪还忍受得了慢爷那种鄙夷的目光和居高临下的口气，开始与卖膏药分庭抗礼，同时对母亲的再嫁耿耿于怀，总是这也不顺心那也不情愿地难为自家母亲。灰茭白夹在中间，两面受气。两个大男人佫做着重体力生活，又是肚皮里佫憋着一股气，就暗暗较劲，寅吃卯粮，生怕自家吃少了吃亏，最后吃亏的就只能是灰茭白了。她就盼着这两个男人不吵不闹，所以几乎把自家的那份口粮佫让给他俩了，自家就拣些野菜瓜皮的煮了充充饥。后来有一日下班回到家门口，终因体力不支，一跤掼倒在地。

灰茭白醒来辰光发现自家裤子吭没穿，眼前是严文魁那张面孔，就知道是怎么一回事了，不禁怒从心头起，正要痛骂，严文魁从桌上端起一碗还冒着一点热气的阳春面，说："快，趁热吃一口，看把你饿的。"严文魁用筷子夹好几根面条送到她嘴边。灰茭白一开始还紧闭嘴唇，心想不要吃这畜生的物事，可是闻着热气中的香味，慢慢地就抵制不住食物的诱惑了，面条就像蛇一样直往喉咙里钻。

"小妹，想当初要不是费金龙……我早就……那个……"严文魁把面碗端到灰茭白嘴边，微微倾斜，让她呷点面汤，怕她噎住了。

"你要吭没搭费金龙有那种关系，我讨你，不可能讨那个冯大屁股，真的。"

灰茭白困惑不解地盯住严文魁。

"我晓得你想讲啥。你想想，日本人一走，哪一个汉奸有好下场的？我敢讨你做我女人？可是我是一直把你放在心里的，不然的话，我早找个女人结婚了。解放后的情况你也是清爽的，你讲我敢搭你那个吗？"

见灰茭白还在疑惑，严文魁说："这样吧，我搭街道上讲一声，先把你从清洁所调出来。"

灰茭白眼睛一亮，感激地看着严文魁："我倒无所谓，要么……你先给皮大胜调个户荡，在蔬菜队挑担子他身体吃不消。"

"这个嘛……可以考虑，可以。你先休息，我还有要紧事体。"严文魁边摸衣袋边说，"快点吃吧，面条胀了就不好吃了。"

俗话讲，饿了只需一口，冻了哪怕一层。灰茭白一碗阳春面落肚，面孔马上红润起来，精神也振作起来。她一把拉住严文魁的衣袖，嗲声嗲气地说："不要嘛，赤松镇上就你讲了算数，再要紧的事体你讲不要紧也就是不要紧了。"严文魁哪里经得住这种诱惑，就又把灰茭白抱进怀里。

严文魁走后，灰茭白见他放在台子上的物事是八分钞票二两粮票，正好可买一碗阳春面，眼泪水就不知不觉落下来了。

从此以后，严文魁就隔三差五来灰茭白家，每次侪是二两粮票，八分或者一角钞票。灰茭白也习惯成自然了，完全满足严文魁的需求，有辰光还发发嗲。严文魁私下里叫她"豆腐西施"，灰茭白起先不乐意："你也小看我阿爸是做豆腐的？讲句不客气的话，我们这一辈女人道里，赤松镇上我只对金珠甘拜下风！"严文魁搂着她的腰解释："你看你，豆腐西施是鲁迅小说里的人物，天底下最好看的女人。鲁迅是啥人你不晓得吧，最有名的大文豪。"灰茭白就有点得意，后来又来了醋意，用食指揿住严文魁的鼻尖说：

"算了吧你！啥人不晓得你心里只有金珠呀，你是得不到金珠就到我身上来揩便宜了。"严文魁说："这种臭女人白给我我都不要，面孔板得来像刚刚从排门板上揢下来的。小妹，我的豆腐西施，你看着，看我哪能要她好看。""不要，不要，金珠是我的好姐妹，她那个潘鹤鸣还是我的救命恩人呢，我不允许你那样，你记清爽了。"严文魁一听潘鹤鸣三个字，面孔就板起来了。灰茭白灵清，连忙坐到严文魁腿上，严文魁便又露出了笑容。

严文魁说到做到，卖膏药很快从蔬菜地调到了棉花加工厂看大门。生活是轻松了，一日到夜坐在门房间里烧烧吃吃嘎嘎山湖，可是花厂在离赤松镇六七里路远的前冈，还要24个钟头守在那里值班防火。卖膏药回不了家，严文魁轧姘头就更加便当了。

世上没有不透风的墙，不久严文魁姘灰茭白这桩事体成了赤松镇上的头号小道新闻。卖膏药晓得后，就请假回了趟家，问灰茭白究竟是哪能桩事体。灰茭白自然矢口否认。卖膏药就动手了。卖膏药虽然身上有伤病，但劈砖头石块的掌上功夫还是蛮结棍的，所以一下手就打得灰茭白眼花黼暗，哇哇直叫。门撞开了，小麻子走进来一把拉住了卖膏药的臂膀说："男子汉大丈夫，打自家女人算啥本事？有种你就寻严文魁算账去。"卖膏药问："好兄弟，讲实话，这桩事体是真是假？"小麻子拍拍胸膛："我日日扫街路过这里，亲眼所见。""那你为啥不早告诉我？""我就怕嫂嫂吃家生，你的脾气我不是不晓得的。""那你到辰光敢不敢为我作证？"小麻子犹豫了："……敢，哪能不敢……只要你放过嫂嫂，我啥都敢。"卖膏药马上放开了灰茭白，拉上小麻子气势汹汹去公社大院。家里过去用的钢叉刀铲火钳侪进小高炉了，卖膏药就随手提了根木门闩在手里，寻到了严文魁办公室就叫喊着要严文魁出来答话。严文魁沉着得很，骂死不开门。听着卖膏药声音低下去了，才从走道窗口探出头来，说："皮大胜，你诬蔑我这样那样，证据呢？"卖膏药一把将小麻子推到前面："这就是证人。"严文魁笑了："彭家良，你是要为今朝讲的每一句话负责的，晓得哦？不然的话你也晓得后果是啥吧？"就这句话，早把小麻子原先的一腔正义感打下去大一半："我……扫街经过皮大胜家……亲眼看见你……从里面出来的，天地良心，我要瞎三话四，就……"严文魁追问："好，就算我去过皮大胜家里，你讲我去他家里做啥了？"小麻子说："你问你自家嘛，你在里头做啥我哪能晓得么？"严文魁硬起来了："皮大胜，你听清爽了？"卖膏药的气势马上降了一半，他习惯性地拱手向围观人群说："各位父老乡亲兄弟姐妹，有啥人看见过严文魁姘我女人的，请出来为我作证，我皮大胜一定感恩戴德，今世不报来世必报……"可是他的话就像几片树叶落到地上，连一点响光也呒没。严文魁开了门，大发雷霆："皮大胜！几个户荡等我去处理事体呢，你把我堵在办公室里该当何罪？还有你——彭家良，你作假证诬陷革命干部，你吃官司还呒没吃够是吧！"小麻子低下头不敢看严文魁一眼。卖膏药见小麻子做了缩头乌龟，也呒没一个人出来为他作证，只得拖着根门闩闷声不响地离开了。

  卖膏药在外头吃了瘪，回家就拿灰茭白出气，又是揪头发又是打耳光，又是脚踢又是抢门闩。皮祖兴闻讯就赶回来要与卖膏药决一死战，可是卖膏药出完气已经回花厂去了。皮祖兴就要追了去算账，让灰茭白一把拉住了："祖兴，求你不要去了，侪是阿妈不好。"皮祖兴问："阿妈，外头讲的是真是假？阿妈，你为啥要这样作践自家么？"灰芨白不响。皮祖兴再问，还是不响，仔细一看，气息奄奄。急了，他一面求人去叫卖膏药回来，一面把母亲送到卫生院，可是还呒没到卫生院，人已经走了。

皮祖兴卖膏药一起整理灰芨白遗物，她枕头底下有两个纸包，一个写着皮大胜的名字，一个写着皮祖兴的名字，打开一看，侪是零碎粮票，点一点，两个纸包里的数额相等，一两不差。卖膏药与皮祖兴面面相觑，抱头痛哭。

接下来死于饥荒的是小麻子。

小麻子刑满释放回来后安排的工作是扫街。他单身卵一个，扫完街就基本上无事可做了，便经常到街道大食堂也就是过去的城隍庙门口闲荡，等开饭。大食堂归赵伯康管。日本人一把火烧了大昌酱园，让赵伯康这个酱园老板变成了贫民，解放后他当上了街道干部。所以赵伯康经常说"祸兮福所倚，福兮祸所伏，人生一世，命里注定"。赵伯康拍马奉承有一套，严文魁就让赵伯康兼上了街道大食堂主任这个肥缺。平常日脚他哪能多吃多占就不讲了，譬如炒个青菜，就大有学问。当时严重缺油，一大镬子菜就放半勺菜籽油。赵伯康门槛精，菜放进镬子里先不让翻炒，镬底的菜吸足了油才让翻炒，然后把那镬底的菜搛了藏起来与烧饭师傅两家分享，吃得两家人油光满面。不过赵伯康这人心地还算蛮好的，运粮运菜的船到了，就招呼像小麻子这样的闲杂人员帮忙卸货，生活做完后不是塞个馒头就是递个饭团啥的。

有一日小麻子扫完大街又来到大食堂，正好运来一船山芋干，赵伯康就招呼小麻子等人来帮忙。山芋干不但可以煮了吃，生吃也是甜津津的,就引来了一群正在大食堂周围打弹子扑洋片滚铁环的小把戏。他们一个个馋得两眼通红,口水直流,看见落下来的一片两片山芋干就一哄而上。小麻子掮了一桙桙山芋干走下跳板,冷猛生看见剑光正用一双饥饿的眼睛看着他。他就走到剑光身边故意让脚在台阶上绊了一记,身体就跟着一晃,最上面的山芋干就从桙桙里晃了出来。可是,还呒没等剑光捡到手,其他小把戏就蜂拥而上,眨眼抢了个精光。惹厌胚与搭碗搭镬子儿子阿猫狗两人为了一小块山芋干甚至大打出手,结果出手凶狠的惹厌胚竟一拳把比他大几岁的阿猫狗打得头破血流,哭爹喊娘。小麻子看见剑光手里一无所获,心里十分懊恼,又开始动起脑筋。终于,一船山芋干卸完,赵伯康给来帮忙的人各一把山芋干,小麻子转手给了剑光,剑光当场就吃完。小麻子说:"好吃哦?"剑光说:"好吃。"小麻子说:"还想吃吗?"剑光不响。小麻子说:"走,回家去吃。"说着就搡了剑光一把。哪里晓得严文魁的声音在他身背后响了起来:"慌啥慌,等一歇还有一船白米要来呢。"小麻子慌了:"严书记我……嘿嘿,我还有点要紧事体,我回去一趟再来卸……""你还有要紧事体?你一日到夜围着大食堂转,这才是你最要紧的事体吧?"小麻子"扑通"一声跪倒在地。这一跪,他藏在卷起的裤脚管里的山芋干落了下来。

第二日,严文魁就在大食堂开了个现场会。他借题发挥,上纲上线,说食堂是当前阶级斗争的前沿阵地。他当众算了一笔账:这一次小麻子偷了四两山芋干,大食堂从开灶到现在是几化辰光,如果一天偷四两山芋干或米面,那么小麻子一共就偷了食堂几化粮食。参加会议的群众一听这数字侪吓一跳:难怪大食堂的粥越来越薄了呢！群情激昂，义愤填膺，纷纷要求公社领导严加惩处。小麻子已成众矢之的，就是生一百只嘴巴也辩不清爽了，只得低头认罪。结果罚他连续六个月每月减去一半口粮，同时由扫大街改为挑马桶。

由于缺粮，大家每天吃的侪是稀汤薄粥，所以尿就多，大清早家家户户拎出来的马桶侪是满满当当晃晃荡荡的。一根扁担两只竹筐，下面5只上面叠2只，一担要挑14只马桶，小麻子人矮，一路上挑得磕磕碰碰，惹来了不少臭骂。小麻子也曾经一担只挑10只，可是试了几日下来，花得时间太长，耽误人家上马桶，骂声更大，居民要求镇上撤换挑马桶的人。可严文魁不让换，说："这是坏分子对三面红旗不满，故意捣乱，我们让他捣，看他能捣到啥地步！"

小麻子因为被罚掉一半的口粮，加上做重生活，身体越来越虚弱。这天，一早起来沿街吹罢口哨，第一担马桶刚上肩，两只脚就抖得厉害，好不容易硬撑挑到公厕门口，刚要屏牢气上一个台阶，一脚踩空，眼睛一黑，就骨碌碌滚下河滩去了。那十几只马桶也跟着朝河里滚，那些污啊尿啊纷纷而下。倒马桶的一看急了，哇啦哇啦喊叫起来，后来把他送到卫生院。这辰光小麻子已经只有出气吰没进气了，医生一把脉再翻翻眼皮说："不来三了，让他家里人准备后事吧。"赵伯康是以街道领导的身份赶来的，他被这话难住了：叫哪个"家里人"准备小麻子的后事呀？金珠赶来了，与几个邻里把小麻子抬回自家家中。因为刮"共产风"，金珠一家的房间只剩楼下靠西的两间，只得将小麻子的尸体放在门外，央人搭了个帐篷，在里面为他清洗身体，换上干净衣裳，又为他买了口薄皮棺材。也怪,早就断了气的小麻子突然之间微睁眼睛,当他看见金珠和她的两个小人,就动了动嘴巴,好像要讲啥,面孔上浮现出笑容,那笑容一直保持到给他入殓也呒没消失。

眼看着棺盖合拢,金珠在心里诅咒:"严文魁,你不得好死!"

第二十五章

小麻子的丧事刚刚办完,抗抗单位发来一封电报,说抗抗因公受伤,正在医院治疗,要求家属立即赶去。抗抗因何受伤?伤在哪里?伤势哪能?电报里只字未提。金珠吓得六神无主,找周兰畦分析问题出主意。周兰畦说,单位发来电报,说明伤势不轻,做母亲的应该去一趟。剑华已上高中,可以自理;桂芳让她娘家人接去暂时照顾;剑光尚小,自然由金珠带在身边。金珠想想也只能这样了。

金珠临走时放心不下,将自家那串珍珠项链给剑华戴上,说:"少则两三个月多则一年半载,阿妈就要回来的,你可要照顾好自家。这串项链是你外公外婆给我的,在峨眉山开过光,你把它戴上,让它保佑你平平安安。"剑华点头,一把抱住金珠大哭起来。

从上海乘火车一路向西北,扑入金珠眼帘的是北方萧条景象。到兰州换乘汽车后,一路尘土飞扬,满目秃山荒原,金珠心想,抗抗就在这种户荡生活,哪能每次来信侪夸这也好那也好?到了目的地,她才明白了其中的道理:小团大了,他需要的不只是吃饱穿暖,他更渴望做人的尊严。他在赤松镇得不到尊严,在这里得到了,所以物质方面的艰难困苦也就不在话下了。

令金珠感到欣慰的是,抗抗虽然压断了一条大腿,却已无生命危险。抗抗在这个国家重点水电建设工程的指挥部宣教部门工作,为了要求进步,经常走出科室去工地,有时还主动参加那里的施工。一天,他正与工人们一起施工时突然发生了山体滑坡,就被掩埋在泥石流下面了。对于抗抗的突出表现,指挥部给予了高度的评价,把他与另外两名工友树为标兵。金珠到了那里之后,指挥部领导亲自接见了她,夸奖她教子有方。指挥部腾出一间砖裙泥墙办公室让金珠一家居住,金珠看到工友住的一半在地上一半在地下的地窝子,感动得热泪盈眶。她好像自家心头突然抖落了一副沉重的枷锁,整个人也就神清气爽了。

金珠向四周望过去,一望无际的戈壁荒原,只有一条浑黄浊流流经门前,逶迤而去。金珠毕竟是受过一定教育的,晓得这条浑黄浊流就是黄河。她说:"抗抗,你不要看这里荒凉,我看比我们家乡要好,阿妈喜欢,真恨不得把一家人侪搬这里来过。你看,这不就是岑参、高适、王昌龄那些边塞诗人的诗里景致么?"此时有风帆经过,一轮太阳正摇摇欲坠,整个荒野沉浸在一片橘红色的晚照里。剑光自幼爱好文学,上小学前就被金珠教了不少古诗词,早就按捺不住自己了,清清喉咙,背起唐诗来:"大漠孤烟直,长河落日圆……"

这里当然也正是"瓜菜代"时期,而且此地远离城市和农村,副食品供应就更加紧张,但荒原上生长着苦苦菜,金珠就常与其他职工家属一起去挖苦菜,挑来掺进粮食中吃。工地不远处有个部队农场,农场里种有粮食和蔬菜,收获的季节,金珠就与大家一起去捡麦穗谷穗,捡回来用土办法加工成小米面粉,一家人吃得喷香。剑光与学校的同学们去部队地里挖解放军挖漏的土豆胡萝卜,居然也常能满载而归。荒滩上野兔多,抗抗的同事抓到后常给他家送来,金珠就留他们一起大快朵颐。

  金珠考虑到抗抗经济负担重,还承揽结毛衣的生活。一件大人的毛衣两块,四日一件,收入也是蛮可观的。工地上绝大多数是转业军人,北方人居多,老婆大多是从老家农村过来的,有的连毛衣还未见过。金珠有江南水乡女人特有的灵气和一双巧手,读女中的辰光又受过专门训练,结出来的毛衣贴身美观而且针法多样,自然受到广泛欢迎和追捧,所以送来的毛线生活让她忙不过来,不得不经常挑灯夜战。抗抗心疼妈妈,有时会说:"好我的某某同志,我妈都快累趴了,求求你另外找人吧!"来人就会说:"小彭同志,要不就一件,给我老婆的,其余的我全拿回去,要不这婆姨还能饶了我?她看见隔壁某某婆姨穿着你妈结的毛衣了,眼馋得都快睡不着觉啦。彭剑声我就求你这一次!"金珠埋怨儿子:"你也真是的!在一起工作的哪能一眼不讲情面,今后你就保证呒没事体求人了?不要讲人家还是给钞票的,就是不给钞票也是应该的。"后来金珠就把对结毛衣有兴趣的女人们召集到一起,教她们结毛衣,传授各种针法,还真培养出了好几个编织能手。

  抗抗的同事们看见金珠就叫伯母,伯母长伯母短的。邻居的小孩穿着金珠给他们结的漂亮毛衣,一见面就叫"上海奶奶",金珠对此真还有点不习惯,说:"我哪能就成奶奶了我?抗抗,你阿妈真的已经老了?"抗抗说:"人家是按照我的辈分这样称呼你的。你可晓得有人在背地里哪能议论你吗？"金珠眯起眼睛看着儿子："讲我啥？"抗抗笑笑："你猜。"金珠说："不见得是啥难听话吧？""那当然。"抗抗咬着他母亲的耳朵说，"人家讲你年轻，像我的姐姐。""你个小鬼也学会拿阿妈当玩笑开了！我都四十的人了，还年轻个啥呀。"金珠话是这样讲的，可心里甜滋滋的。她偷偷地去照镜子，发觉自家确实比来这里前年轻些了。她心里明白，是宽松的环境让她焕发了青春。

当然，一个人静下来的辰光，金珠还是忧虑重重的。虽然剑华来信总说一切侪好，是真好还是假好？她会不会还与那个汉奸的儿子缠到一起？阿爸毕竟年纪大了，一只脚还不大方便，千万千万不要掼跤；桂芳在她娘家住得惯么？他与健仔的关系有发展么？小麻子的实情一直瞒着抗抗……就在金珠看到抗抗已经能够走路去上班，打算返回她那个既想念又恐惧的故乡的辰光，抗抗出事了。

抗抗是在党支部准备发展他为预备党员找他正式谈话时出的事。支部书记说："彭剑声同志，支部研究了，鉴于你这几年的突出表现，决定接受你的入党要求。来，把这张入党志愿书填一下，支部打算今年'七一'发展一批新党员呢。"抗抗平时要求进步，一心想入党，可是一旦梦想就要成真，却说："书记，我谢谢组织上的关怀和培养，可是我觉得我还不够一个真正共产党员的标准，请党支部再考验我一个阶段吧。"支部书记有点不解，大半天没反应过来，说："你的入党申请书已经写了一大摞了，冲这一点就足以证明你入党的愿望是迫切的，你今天怎么啦？"抗抗说："最近我反思自己，总觉得自己与一个共产党员的要求还有一定的距离，与某某和某某相比我还差老远老远，所以……"支书说："别所以不所以了,共产党员也不是一定要十全十美的,支部对你平时的表现还是挺满意的嘛。再说了,你入了党就可以更加严格地要求自己了,党组织也就可以更加直接地培养和教育你了嘛。来来来,快把表格填上,下个星期还要放到会上过一过呢。要是会上通过了,事情还不少呢,征求群众意见啊,政审啊,提交党委审批啊,不要过了七一就又得等下一批了。"抗抗这个辰光已经满头大汗。"书记,"他结结巴巴地说,"我、我向党组织汇报一下我的家庭情况好吗?"支书说:"你档案里应当有这些东西的,我们调来看看就行了。当然,有必要的话还要核实一下,到底是发函调查呢还是派人去调查,那是以后的事了。我倒真希望上面派我去调查,听说你家里到处是小桥流水,还有大海,嗨,说出来不怕你笑话,长这么大我真还没有见过大海呢……"这时的抗抗面如土色,吞吞吐吐地把自己的家庭情况一五一十地向支书讲了一遍。

抗抗回到家里,金珠一看他面色不对,几经盘问,抗抗才讲出了支书找他谈话的经过。金珠心里一沉,说:"侪是阿妈不好,害得你……抗抗,既然事情已经到了这种地步,我也就不能再瞒下去了,其实你家良叔在你走后没几日就被镇上捉进去了,诬蔑他是青帮,被判了刑,提前释放回来时戴了顶坏分子帽子,后来又让严文魁逼死了。你家良叔是冤枉的,冤枉的,他从来呒没做过啥坏事体,真的,侪是姓严的……"抗抗听到这些消息,几乎瘫坐到炕上,为他家良叔的死而难过了一大歇,然后说:"阿妈,我招工填表时就已经把生父隐瞒掉了,你要早给我讲了家良叔的事体,我后来也就不会再写入党申请书了,这不是又多了一条隐瞒家庭成员政治面貌的证据么!"金珠含泪说:"本来阿妈想着为你们几个小人好，可啥人想得到……是阿妈害了你……"

要是在平常岁月，抗抗把事体讲清爽后最多被取消党员发展对象资格也就算完事了，不幸的是，这个地方当时正在开展双反运动。"双反"就是反坏人坏事，历史上有讲不清爽的、讲了对现实不满的话的、跟领导有点过不去的，都可能被作为"双反"对象关起来。抗抗被批斗，是因为"隐瞒家庭出身和社会关系"，"伪装积极妄图钻进革命队伍进行阶级复辟"，"收留反革命母亲逃避改造"等。除了批斗，抗抗还被下放到砖瓦厂劳动改造，接受群众监督。

抗抗被看起来之后，金珠被弄得六神无主，饭吃不下觉困不着，啥事体都不想想，啥事体都不想做。她恨杨宝乾，恨他抛弃家庭还祸害他们一生；也恨自家，恨自家不应该异想天开与小麻子结婚登记结果反而害了儿子。每日，她就立在门口朝去砖瓦厂的大路瞪着，她想儿子是无辜的，组织上总会网开一面放过他的。凭着她结毛衣结识的关系，她找到了姓高的总指挥，她说儿子是无辜的要抓要斗应该是她。总指挥说，你不归我管，我们哪能抓你斗你？她说，自从她改嫁后彭剑声与杨宝乾已经没有父子关系了，还说彭家良确确实实是工人阶级出身，那顶坏分子帽子是被人诬陷才被戴上去的，她一直没有告诉儿子是她的错，彭剑光绝没有隐瞒家庭成分社会关系的动机。总指挥说，脱离不脱离父子关系是你们主观上的一厢情愿，彭剑声生父和继父的反革命身份和坏分子身份是客观存在，你们老家回过来的函已经证明了这一点，至于他继父被陷害不陷害的事不是你和我说了算的。总指挥身上就穿着金珠结的毛衣，他比较客气地告诉金珠，双反运动是上面派下来的工作组一手抓的，要么你再找找工作组的易组长说说，要是他们同意让小彭过关，我敢保证我们这里完全没有问题。金珠听了心里怕得要死，因为这个叫易绍光的人整人很凶，随便啥人只要有点小辫子他就抓牢不放，关，斗，抓得原来关人的地方不够用，把新盖的影剧院也封了窗户用来关人了，群众背地里就给他起了个"一扫光"的外号。可是为了儿子，金珠还是硬着头皮去找他，工作组的一个成员告诉她，现在运动到了关键时刻，易组长讲了不宜与运动对象的家属见面。金珠豁出去了，跪在门口苦苦哀求，一扫光这才怒气冲冲地走了出来，说这算啥还不快快起来。金珠就起来，又把跟总指挥讲的话重复一遍，一扫光没听完就挥手，说你回去吧，你应该相信组织不会放过一个坏人也不会冤枉一个好人的。金珠只能说对对对是是是，我相信，我相信工作组。一扫光说那不就行了，你呀就再不要来找我了，我们会按照政策慎重处理你儿子的问题的。

金珠心里又抱有一丝希望。每天，从日出到日落，她就待在家门口，目光呆滞地望着茫茫戈壁荒原，望着门前那条由脚步和车轮踏出来轧出来通向砖瓦厂的黄土路。黄土路弯弯曲曲，望不到尽头。她已经吭没心思结毛衣了，有辰光硬逼着自家拿起棒针，想以此消磨这度日如年的时光，可是不是漏针就是让棒针把手戳了。夜里，剑光困去了，她躺在炕上，竖起耳朵听外面发出的任何一点响声，一听得脚步声就要爬起来看着窗外，直到那脚步声听不见为止。这天夜里，她也像往常一样躺在炕上听脚步声，发觉右眼跳得结棍，几次爬起又躺下，躺下了再爬起来，眼皮还是在跳，就鬼使神差似的穿衣出门，向着砖瓦厂那个方向摸去。

春寒料峭，金珠走了一段路，塞上的风发起了淫威，一歇歇就是飞沙走石，声若虎啸狼嚎。金珠几次被风沙刮得睁不开眼睛倒退着走,干脆就趴下匍匐前进。她不迷信,可她相信母子之间是心有灵犀的。爬着爬着,她忽然摸到了一块墓碑,她的心就揪起来了。再向前爬,一块,两块,三块……她这才发觉自家迷失了方向,走的是回头路。离工地指挥部不远,西南方向,有一块墓地,她去部队农场捡麦穗挖土豆路过无数次。抗抗说这是些建设者的坟茔,他们来自天南地北五湖四海,由于工地事故或生病,不幸死亡,就长眠于此了。因为对家乡的念想,约定俗成,坟墓的朝向一律朝东。金珠在黑暗中摸索着不断修正方向,一直爬到风沙骤然停息,凝神一辨,发觉又回到了家门口附近。剑光也是满头满脸沙尘,就坐在家门口等她,金珠一把抱住剑光说:"阿妈去寻你阿哥,你阿哥寻不着了……"

果然,第二日金珠就收到了抗抗畏罪自杀的通知。通知说抗抗是半夜翻窗跳进黄河自杀的。这无异于晴天霹雳,但金珠忍住了哭,只是将痛苦深深地埋在心底。她也吘没去找抗抗单位的领导,在抗抗的几位朋友帮助下,将儿子留在河边的一双布鞋埋在了建设者墓区里。水泥墓碑上刻着"抗抗之墓",金珠不想让儿子死后还带着杨姓或彭姓。回到赤松镇,金珠就把两个小人的姓改成她的姓了。

第二十六章

火车到了上海北站,金珠与剑光刚下车,剑华就奔上来抱住金珠痛哭流涕。剑华说，她得知哥哥去世的消息，哭了整整三日三夜，外公至今还在以泪洗面。出得出站口，只见皮祖兴上前叫了声金珠阿姨，接去行李，金珠心里就格登一记。乘在长途汽车上，四个人一路无话，神情黯然。金珠回到家，周兰畦一家三口和潘鹤鸣正在抚慰金兆隆。倢仔娘将金珠搂进怀里，说："金珠，金珠，你要挺住，挺住……"金珠说："我会的，我想开了，寄妈你放心。"周兰畦说："金珠经历得多了，我相信她能经得住打击。金珠啊，你还有老人小人加上桂芳一大帮啊，你要……"话到一半，他自己已止不住泪流满面了。金珠走到父亲面前，说："阿爸，抗抗人已经呒没了，你再哭也哭不回来你的大外孙子。你要是再这样下去自家身体出了什么事，你让囡儿我哪能办么。"经大家一番劝慰，金兆隆才慢慢地止住了哭声，平静下来。

经过一番交谈，金珠得知潘鹤鸣的问题已经得到甄别，倢仔的右派帽子也摘了，因此心里稍稍舒了口气。她让大家随便闲谈，自己拉上剑光去灶间洗漱，一歇歇，就听得隔壁房间里潘鹤鸣与倢仔在抬杠。

潘鹤鸣说："这一次中央七千人大会那才叫实事求是的大会呀。"

倢仔说："鸣哥哥，想当年我画荷花，有人就说我是含沙射影，你这样讲不等于否定社会主义建设的伟大成就吗？"

潘鹤鸣笑笑："你不要给我扣大帽子，我这话是有来头的，李捷，李捷你是认识的，他现在是县委书记，也去参加七千人大会的，他能瞎三话四？听说文件也下来了，正在往下面传达呢。"

倢仔说："哼，那个辰光有线广播里我也呒没少听得他李捷唱高调，又是亩产超双千又是钢铁产量翻一番啥的，哪能一歇歇来了个一百八十度大转弯？"

"倢仔，"潘鹤鸣更加认真了，"你总不能对过去的失误揪牢小辫子不放嘛！从今以后，中央真的要把经济建设放在突出位置抓起来啦。"

周兰畦说话了："民以食为天嘛，再不能像以前那样瞎闹了，是应该抓抓经济和民生了。"

"阿爹，你不要听他瞎讲。"

潘鹤鸣说："周倢仔同志！事情不是明摆着的么，你我的问题不是侪甄别解决了么？革命嘛，不可能总是一帆风顺的嘛……"

"历史永远是螺旋式前进的嘛，成绩是主要的，错误和缺点是难免的——是哦鸣哥哥？"倢仔学着他的腔调把话接了过来，又说："不过，鸣哥哥，你也不要横一个解决竖一个甄别好哦，我看啊，像我这样的摘帽右派，再哪能也还是另册上的人。"

"倢仔你这张嘴呀！"周兰畦说，"世路茫茫，一念求全则万绪纷起；随遇而安，则无人不得矣。这是古人的忠告。我看你再这样下去，将来还有大苦头要吃！"

金珠想，倢仔之所以与潘鹤鸣抬杠，更深的原因恐怕是她对他又恨又爱吧。

金珠洗漱后走进自家房间，见倢仔娘跟了进来，就说："寄妈，剑华和我阿爸让你操心了。"倢仔娘说："你又客气了。金珠，剑华搭祖兴的关系看出来了么？"金珠说："哪能看不出来。可寄妈你是晓得的，那个姓皮的……""你也不要总是把他与那个汉奸联系在一起。我看他对剑华是真心的。剑华一接到你的电报就与他到我家里来了，我就啥都明白了。"金珠说："我走之前就不大放心，托人给剑华物色个对象的,就因为那个杀千刀的关系,人家看不上剑华,倚怕影响自家的政治前途嘛。""金珠,我看他们两个的关系不是一般般的了,既然是对棒打不散的鸳鸯,也就只能随他们愿了。我听剑华讲,镇上的中学,估计大学录取率不会高的,再说自家出身不好,所以她想去镇上餐饮行业报名参加工作。这样也好,读书有啥好?像我们倢仔,早晓得就不让她去上啥断命大学了,她不上大学也就不会戴顶右派帽子回来。"倢仔娘讲着讲着就伤心起来,金珠反而调过头来安慰她:"现在不是摘帽了么,她吃了亏以后就不会再那个了。"倢仔娘说:"摘帽了有啥用,又不恢复原来工作,不过她说了就是让她再回大学里去,她也不会回去的,她不愿意回到那个伤心地去。这些倒还是小事体,反正在啥户荡倚是寻铜钿吃饭,我最担心的是她快四十岁了,还是一个人,我一讲起婚姻事体她就搭我发脾气……"金珠不晓得讲啥好,干脆不响。倢仔娘说:"我们那个就这样了,不讲了,唉!金珠,所以我看剑华既然自家看中了,就随她的意吧,现在新社会了,讲婚姻自主,你若不依,她要寻死觅活哪能办?""寄妈!""我晓得你心里不情愿,金珠,我本来是不想替他们说情的,可是……可是两个人已经……你想想,生米已经烧成熟饭了,你能再把它变成生米?顺水推舟,你好我好大家好,省得搭女婿结怨,将来不好相处。""这个死小囡!"金珠叹了口气。

  第二日,金珠一觉醒来,打开窗户,赤松溪上薄雾笼罩,这里那里船橹欸乃,还有淘米声、捣衣声、买卖声、打情骂俏声……一歇歇,阳光驱散薄雾,金珠发现楼前河滩边的一株桃树正开得灿烂,旁边那几棵柳树也已爆出了嫩芽。金珠有点怀疑自家的视觉和听觉是否有啥问题,就随手端起一盆水泼向窗外,想测测自家是在梦中还是在现实中,只听得窗下"哇"的一声喊,探头一看,一只木船正耥着螺蛳蚬子经过这里,船首手握耥具的男子在摇头抖落头上的水珠,船艄摇橹的娘子瞪着窗口骂人,吓得金珠连忙把头缩了回去。

春风又绿江南岸,可它几时才能吹到抗抗曾经生活过的那个地方呢?金珠在心里问自家。

金珠吃罢早饭,去了供销社。她家的轧米厂公私合营后,她就成了供销社的职工。她要把抗抗那里发生的事向组织如实汇报,然后办理恢复上班的手续。一走上大街,赤松镇与她离开前已经大不同了。南阳春茶馆里又坐满了孵茶馆的茶客,外墙上还贴着海报,有中晚两场评弹,中场《珍珠塔》,夜场《唐伯虎点秋香》。铁匠铺里叮叮当当的打铁声与洋铅摊头上噼里啪啦的敲木榔头声,就像两种打击乐器在演奏。药店、染坊、南货店、饮食店、烟纸店、布店侪敞开了门面,柜台后许多熟悉的面孔侪在向她点头致意。在城隍庙门前,炸臭豆腐干、余癞蛤蟆、卖日用小商品等的叫卖声不绝于耳。一个卖老鼠药的边打竹板边叫卖:"哎——山东磷化锌老鼠药,一角洋钿一包,两角洋钿买两包送一包,大老鼠吃了跳三跳,小老鼠吃了就掼倒……"昨日夜里,老鼠闹得蛮凶,金珠想买两包试试,就蹲到摊头前,不想对方叫了声"金珠",她这才发觉摊主是卖膏药,就说:"你哪能不卖膏药卖起老鼠药来了?"卖膏药面孔一红,说:"老鼠药比膏药好卖,呵呵。"金珠递上两角钞票:"给我拿三包。"卖膏药伸手挡住了:"不要钞票不要钞票,就祖兴搭剑华的关系,我哪能好意思……多拿几包,用完了只管来拿。"金珠连忙拿了三包老鼠药走人，随手把两角钞票亢在地摊上，卖膏药在身后又跳又叫："金珠！你——快把钞票拿回去……"

金珠到了供销社，找到管劳动人事的干部说明了来意，对方就把她领到主任办公室，金珠心里就喊"不妙"，果然主任一见她就说："你已经自动离职了。"金珠说："我是去服侍工伤的儿子的，走之前我是请了事假而且经你签字同意的。"主任说："没错，你第一次请了半年假第二次又续假半年我们侪承认，但后来呢？后来几个月你就吭没写请假条，这就属于旷工，旷工超过三十天就算自动离职了，这是规定。金珠急了，说我后来那几个月确实吭没请假，可是我当时吭心思想这些事体，我儿子被关起来了……"主任说："你儿子是'双反'对象，后来自绝于人民，你说我还能违反规定让你复职上班吗？"见金珠一面孔失落感，主任又说："要么你找公社头头讲讲，看他们能不能给你安排一下。"金珠似乎听出了些弦外之音，因为公社供销社虽然归县供销社管，但公社领导的话对他们有很大的影响力，是不是严文魁向供销社打过招呼了，他是想让她去求他……金珠只能怨自家。那么去街道找赵伯康，让街道上想想办法？可是，如果真是严文魁从中作梗，赵伯康还敢给我安排工作？她想，就是给我安排了，让我去扫街，倒马桶，或是摇绳织柴包，那不是在作践自家么？

金珠欲哭无泪，迈着沉重的步子回到自家家门口，只见桂芳蹲在墙脚，手里抱着个洋囡囡，正自言自语着："哦对了金宝，我们小宝又长大啦，马上就要上学堂啦，昨日头我还给他做了个小书包呢，你看呀——就这个，背在身上好看哦？哦小宝，来，阿妈教你《七条虫》，跟牢阿妈一起唱：米里虫，蹲在米囵中，人人见它皱眉头，呒没米虫人家穷；蜘蛛虫，蹲在弄堂中，排个阵形八卦图，只怕雨来不怕风；萤火虫，蹲在青菜中，一歇亮一歇暗，夜里举灯半空中；知了虫……"金珠控制不住自家了，叫一声嫂嫂就奔过去，桂芳惊慌地站起，死死抱着那个洋囡囡，一步一步往后退。桂林从屋内出来，说："我听得讲你这两日要回来，就带了点乡下土仪来看看你，我妹子缠牢我一定要跟来。"金珠看到桂林手臂上戴着孝，就意识到桂芳阿妈也走了，说："我正想过几日去你家呢，想不到……"桂林说："这段辰光我妹子一直蛮好的，摇纱织布喂猪猡，侪做，我阿妈一死，她毛病又重了。哦，刚刚听剑光外公大大讲，你去供销社办上班手续了？"金珠点头。金兆隆从屋内走出来，说："我说桂林啊，来看看就可以了，还带了那么多物事，真是！"桂林说："哪里，就一点点物事，侪是自家产的。青团是我妹子做的，大后天不是清明么。她听说你要回来了——我估计是从我儿子嘴里探听到的，前日子一早就出去挑艾了，回到家里又是淘糯米又是牵磨，说要在清明带了青团搭你一道去墓地看看金宝搭她婆阿妈，说金宝活着的辰光最爱吃她做的青团——唷，是潘老师来了！"潘鹤鸣与桂林寒暄之后，见桂芳立在墙角落，就上前说："桂芳，最近身体哪能？"哪里想到，桂芳操起墙角落的一把鸡脚扫帚冲过来，边唱道："冲冲冲，努力打前锋……"

金珠上去夺过扫帚，说："嫂嫂，你不可以这样的，这是潘校长，你在潘家湾的辰光潘校长对你好哦？"桂芳盯住潘鹤鸣看，然后拍手笑了："潘家湾，潘校长……潘校长好！"

潘鹤鸣说："好好，桂芳好！"潘鹤鸣问桂林："最近她就这种状态？"

桂林回答:"也不是。有辰光蛮好的,好的辰光一天纺三四两棉纱呢。她从小手巧,纺的纱匀、细,村里村外不少人家侪找她纺,我们还比别人家收得少,人家一斤一元,我们收八角,来不及纺。"

"桂林哥,"听桂林这么一讲,金珠眼睛一亮,"你家里现在还有几部纺车?"

桂林不解地看着金珠:"新的旧的三部呢,你……我记得有一年你不是在我家学过纺纱的么,呵呵,学来学去学不会。"

金珠说:"那个辰光纯粹是玩白相,呒没生活压力嘛,如果为生活所迫必须靠纺纱为生,还有学不会的?这样,桂林哥,嫂嫂今天不走了,明早你把她替换的衣裳侪带来,再给我想办法送两部纺车来,还有,为别人家加工的棉条,一起拿了来。"

潘鹤鸣也被弄糊涂了:"呵呵,金珠,你这是要开纱厂啦,啊?"

金珠说:"不错,我就想开家人工纺纱厂。不瞒你们讲,刚刚我去供销社了,他们不允许我上班了,说是我后来没续假,算自动离职。"

金兆隆叫了起来:"这不是要让我们一家人去呷西北风么!"金珠笑笑:"不怕!我有一双手……"桂芳在一旁先是泪眼婆婆,接着是笑,插话道:"金珠妹,纺纱,我教你,你一定学得会的。我们两个人,一天纺一斤,八角一斤,一个月三十斤,三八廿四,廿四块。快,阿哥,快回去把纺车给我们弄来。"

金珠高兴得抱住桂芳:"好,好,太好了。嫂嫂,我们两个人一天纺一斤纱。哦对了,我刚刚路过街道办公室门口看见的,不晓得从哪里弄来的石棉,许多家庭妇女在领,纺一斤几化钞票我忘记问了。"

桂林走后,潘鹤鸣把金珠拉到一边,递给她一只信封:"这是我这个号头的工资,你刚刚回来,肯定用得着。"金珠把信封推回去,说:"你刚刚落实政策,自家买点像样的衣裳,伯母那里也应该给一点。"

潘鹤鸣说:"我阿妈花不了几化钞票,粮是分的,菜是自家种的。所以我想……今后我把工资侪给你,由你……那个……"

金珠听明白了潘鹤鸣的意思,说:"你看看我这里,老的老小的小病的病,你会被我拖垮的!"

"我情愿。"

"那健仔哪能办?"

"你心里清楚,我与她……不可能。"

"那你也不能因为我们这个家庭误了你今后的前途。"

"……"

"鹤鸣,我搭你说过的,千万千万不要留在这个户荡,现在问题算是解决了,那就应该马上想办法调个地方工作。"

"李捷也叫我调个地方,到张桥中学去,可是我放不开这里……哦,这次在甄别我的问题上,李捷是说了公道话出了大力气的。要么我找找李捷,让他给县供销社领导讲句话,解决你工作的问题。"

"我不要!我说了我还有一双手,我又吪没犯法,他们总不能把我的这双手捆起来吧!"金珠说,"不要给人家李捷添麻烦了,我是啥人?啥身份?万一让别人抓住他的把柄,那不等于是我害他?"

第二十七章

金珠当然不会忘记,在那些以纺纱为生的日子里,她与桂芳是怎么熬过来的。摇石棉虽然比纺棉纱好赚些,可是那物事飞絮满屋,满头满脸,还往鼻头耳朵里钻,而且这一纺就纺了十多年,直到十年动乱结束,金珠也到了退休年纪,上面为她落实政策,按企业职工办了退休手续,这才结束了那种艰辛的生活。金珠是在苦水里浸了又浸的苦命女人,她并无奢望,只求平平静静地度过晚年,可是杨宝乾的还乡打破了她的平静。

杨宝乾从香港回来后,过去门可罗雀的家现在简直是门庭若市。有过去的朋友来访的,杨先生长杨先生短,杨宝乾无一例外,在镇上饭馆里请吃,并送红包。有家里也有亲人去了台湾、香港的,来打听自家亲人的下落,杨宝乾一律答应回去后代为寻找。还有县侨联、统战部的干部,在孙秋根的陪同下前来嘘寒问暖,然后宴请杨宝乾,请金珠一起去,金珠俦以身体虚弱为由婉拒了。

过了一段时间,金珠才渐渐有所改变,能够与杨宝乾一起接待来访客人了。她心里想明白了,既然杨宝乾已经回来了,该面对的事体还是要面对的,就当这个杀胚是在向孩子还债。

这天是个礼拜日,吃过早饭,金珠听得外面有人问候:"老爷叔你好啊,你身体看上去还蛮硬质的嘛,福气,福气。"金珠一呆,严文魁的说话声变得软绵绵的,已然没有了过去那种绵里藏针的杀劲。她朝严芳看去,严芳像无事一样专心致志地在汰碗筷,而严芳身边的笑笑"外公大大外公大大"地叫着飞奔出去。

有关严文魁的情形,金珠早已听得一些了。金兆隆腿脚不便,经常坐在家门口,夏天一把蒲扇冬天一只脚炉,自有那些闲来无事的老人来他这里嘎山湖,家长里短,东搭黄浦西搭海,金兆隆就从中选一些小道新闻讲给金珠听。有一日,金兆隆向金珠发布了严文魁从补发工资里拿出了三千元送给囡儿女婿的特大新闻,金珠还不大相信,后来看见笑笑在玩一把电动手枪,就问他是不是大大买的,小家伙神秘一笑,说"不告诉奶奶",金珠才觉得父亲讲的事八九不离十了。

金珠与她父亲一直住在楼下。杨宝乾每天应酬完了,会在金珠的房里坐一大歇才独自上楼去,尽管金珠不开口,他还是有一句呒一句地讲下去。

"金珠,过去的事体我侪听剑光讲了,为我你们吃了不少苦头,我心里是过意不去的。"

"金珠,我一听到大陆开放的消息,马上就写信过来了,接到剑光的回信我是几日几夜呒没困去,真的。"

"金珠,不是我心肠硬,当时也是呒没办法。不走,这边是不可能饶了我的,那边也是不会放过我的。"

"金珠,千错万错,侪错在我当时不应该强迫你嫁给我,不然的话你也就不会受这么多的苦了。不过当初我一见你就……真的……"

"金珠,我记得我临走辰光讲过一句话的,就是我拿了……应该算抢吧,抢了你阿爸的那些金条的辰光,我讲我将来还你座金山银山。我的意思……你最好跟我去香港，我会让你享福的，把过去我对你的亏欠全部补回来。再讲，我岁数大了，做不动了，让剑光小夫妻俩去接我班，哦对了笑笑搭望望，我一定会让他们念香港最好的学堂……"

最近两次，杨宝乾讲着讲着，就讲到了严文魁。

"金珠，听说了吧——严芳她阿爸也平反释放了。万一他要来我们家认亲呢？唉，这种事体太难处理啦，不认吧，严芳面上总觉着那个……对哦？认么，我晓得你搭剑光外公在他手里吃足了苦头……"

"金珠，我听剑光讲他丈人阿爸要来望望你搭我。我估计你是不大情愿的。可是辰光过去几化年数了，他不是也吃官司了，听说也是苦头吃足。我到了台湾后就信基督教了……"

金珠听杨宝乾这么讲，晓得那条洞里赤链蛇很快就要露面了。为此，她几个夜里困不着觉。见面不见面？如果不认这个亲家，将来与严芳如何相处……金珠还呒没理出个头绪呢，严文魁已经到她家了。

"来，我的小外孙呀，让外公大大抱抱。你猜猜外公大大今朝给你带啥好物事来啦？"严文魁说。

"爸爸讲了，别人家的物事是不可以随便拿的。"

"外公大大又不是别人家嘛。"

"你已经给我电动手枪了。谢谢外公大大。"小团哪懂得世间的弯弯曲曲。

"外公大大这一次买的比电动手枪还要好白相。"

"那是啥物事？小火车？"

"不对,比小火车还要好白相。"

"那、那就是……外公大大你快拿出来让我看看嘛,快嘛,快嘛!"

"哎呀呀,这小赤佬把外公大大的面孔要香脱了。好好好,看见了吧?"

"坦克车!外公大大真好!"

"笑笑!爸爸妈妈是哪能叮嘱你的?"剑光说。

"小把戏嘛,你也真是的!来来,外公大大先教教你哪能白相的。"

"咝——咝——咝——"是手拧发条的声响。接着是玩具坦克跑动的声音和"嘡、嘡、嘡"的炮击声。

"哪能,好白相哦?"

"好白相。"

"还不快点谢谢外公大大!"剑光说。

"谢谢外公大大!"

杨宝乾坐在椅子上看报,这时起身走到门口假装望望,然后惊叫:"哎呀呀有失远迎,请进,请进!金珠,你看——啥人来了?"

金珠抬头,只见严文魁一只手握着杨宝乾的手,另一只手提着礼品盒,笑容可掬。金珠心中的怒气一歇歇就涌遍全身。

严文魁也老了!芦花头,脸上寿斑,微驼的背脊骨,也许是牢狱生活的历练,他低眉顺眼,过去的那种老茄相一点也不见了。

"亲家母,你好啊!"

金珠真想拉下面孔痛斥他一顿,可是吐出的话却是"你来了。"

严文魁有些尴尬紧张,掉过面孔,把礼盒递给跟在身后的女婿，说："也呒没啥买的，这只野山参让你阿妈补补身体。"又笑眯眯地对金珠说："哦亲家母，听芳芳讲这两日你身体好些了，注意保养。"

金珠心里乱极了，竟不晓得如何称呼严文魁，就说："严……哦，哦，你太客气了。楼下狭窄，你们还是上楼去坐吧，我马上过去。"

大家舒了一口气，杨宝乾领着严文魁上楼，说："来看看就可以了，还客气啥。剑光他阿妈的病嘛，应该算好得多了，不过饭还是吃不大进去。"

严文魁说："还是人虚啊。人虚要靠调养，所以我倒主张让亲家母去看看中医。我在'里面'得了一身病，高血压，心肌缺血，肾脏也不大灵光，出来后去县医院看中医科，正好碰着过去的一个老熟人王医生，六七十岁了，嘿，就四个疗程，再去复查，基本上好了。"

"有这么灵光！剑光，要么你下个礼拜向厂里请个假，搭我一起陪你阿妈去看看这个王医生？"杨宝乾说。

"阿爸，孙镇长不是搭你讲过，我不用去厂里上班了，他搭我们厂长已经打过招呼，让我专门陪你走走看看，还讲等我加入县侨联的申请批下来，他就把我借调到镇上，负责侨务方面的工作。"

金兆隆一瘸一拐地跟了上来，听得剑光的话，就说："上班嘛还是要上的，当初你们小夫妻俩从东北回来，你阿妈托了几化人才给你们两个安排了工作的。还是学点技术好，这种跑龙套的事体不长久的。"

剑光哈哈大笑，一边下来搀扶他外公一边说："大大，现在是啥辰光？改革开放啦！最近河对过高音喇叭里广播的和平统一九条方针，你总听见了吧。"

杨宝乾说："要是台湾那边真能接受就好了，这不就是第三次国共合作了嘛。"严文魁说："亲家公，我相信第三次国共合作是一定能够实现的。合久必分，分久必合嘛。"金兆隆说："你们两个，也是第三次合作了吧？"

刚上楼的金珠听老人这么说，就"噗"的一声笑出声来。杨宝乾转移了话题："哦对了亲家公，你不是搭县医院那个王医生蛮熟的么，你有没有他的电话号？"

严文魁说："县医院每个诊室好像还吭没装电话吧。这样吧，你搭剑光定下陪亲家母去看病的日子，我和你们一起去，哪能？"

正当杨宝乾与严文魁在定陪金珠去看中医的日期，传来了楼下严芳的声音："唷，孙镇长来了！"

孙秋根也是提着礼品来的，大家又是一番客气。坐定后，孙秋根说："杨先生，我听我们办公室小薛讲，你前日子去华严寺了。你事先打个招呼嘛，我好派办公室的人陪你。"

杨宝乾说："呵呵，不用的不用的。我是搭镇上的几个老熟人嘎山湖嘎起华严寺，就一起去看了看。离开三十多年了，啥户荡侪想去看看，人一老就怀旧嘛，当然我晓得你们是不相信封建迷信的。"

孙秋根夸张地大笑起来，然后又换成一副认乎其真的表情说："这你杨先生就讲错了，我们历来尊重和保护宗教信仰自由，我猜啊你是听信了境外那些歪曲事实的宣传了。不过实事求是讲，'文革'辰光宗教确实受到过一定程度的冲击，是那些不懂事体的红卫兵瞎起劲嘛。老严，是哦？哈哈哈。杨先生，我今朝来这里，一是看看金珠同志搭你；第二呢，就是为了向你请教这桩事体来的。我最近去县里参加了个会议，会议的中心议题就是要彻底纠正过去那种极'左'的做法，修复被毁损的古寺名刹。"

金兆隆说："怪不得前几日我听别人讲起，华严寺小汽车来得仔摸老老。"

杨宝乾心里明白，孙秋根寻到门上来，请教是其次，想弄点赞助是主要的。他很愿意做这种善事，就说："我跟他们在寺里兜了一圈，损坏得很严重，但大雄宝殿还是可以修复的。塔上的檐头椽子基本上吭没了，不过只要塔身牢固也还是有办法修好的。最可惜的是那两棵白果树了，第一次枯死我记得是在抗战之初，不过抗战胜利后又活过来了；听他们几个讲，第二次枯死是'文革'辰光，讲是为了保塔，智越师自焚，白果树遭到雷击啥的，不晓得真的还是假的。"

"那还有假的？这天我正好在现场，亲眼看见的，还有金珠。金珠是哦？哦，严芳她阿爸，好像那天就是你还有孙……"

"阿爸！"金珠见气氛不对就叫了一声，金兆隆才发觉自家讲话豁边，连忙收住嘴。

杨宝乾心里明白，便把话题转移到台湾，说在台湾一座寺院里也有两棵白果树，是在日本入侵占台湾时死的，但抗战胜利台湾光复，这两棵树突然活了过来，长出新枝。

孙秋根松了口气，说："树也是有神性的嘛，弄不好我们华严寺这两棵白果树真还有活过来的可能呢。上面要求我们所有乡镇对这些古迹搞个普查，尽快启动修复工程。县里的基本原则是，上面拨一部分，剩下的让乡镇自筹。剑光是晓得的，我们镇上现在就那几个'柴爿厂'（社办厂）——现在叫镇办厂，还有几个街道办的小企业，发得出工资就不错了，修复华严寺的钞票啥户荡去弄？杨老先生走过三关六码头，见多识广，是不是给我们出出主意？哦，看我又差一眼忘记了，这次会上还布置了一个任务，要求各个乡镇修地方志。镇志乡志，这桩事体钞票问题倒不是主要的，主要是要由熟悉当地历史情况的人来搞。我已经查过了，民国辰光已经修到1934年了，还是周兰畦领头弄的，县档案馆里有，厚天厚地三大本呢。这次也巧了，嘻嘻，正好杨先生回来了，老严也回来了，我想来想去，弄民国后半段这一块呀，除了你们两个，再呒没啥人堪当此任了。"

杨宝乾说："这些侪是好事体啊，盛世修庙，盛世修志，我举双手赞成。我可以先表个态，杨某人一定会在资金上尽我所能的。当然修华严寺需要的费用肯定不是个小数字，孙镇长你看这样来三不来三——社会募捐？台湾香港办这种事体侪是这样搞起来的，企业老板、各家各户，自觉自愿，积少成多嘛。修志事体嘛，我呢回港之前回忆回忆，让剑光给我整理整理。"

"这就太感谢杨先生了！太感谢了！我已经搭办公室布置了，最近就要召开一个这方面的座谈会，杨先生，老严——你在赤松镇待的辰光最长了，你们可一定要帮帮忙啊。"

严文魁听孙秋根点了他的将，很有点感激涕零，泪水就在眼眶里晃来晃去，说："我呒啥问题，反正呒没事体做，寻眼事体做蛮好的。我是真正被我亲家实实在在的爱国情怀深深打动了，真的。"

不晓得金兆隆是真戆还是装戆，他插嘴说："你们讲的志不志的我不懂，好像讲是要把国民党搭共产党的事体侪写进一本书里去是哦?"

孙秋根哈哈大笑:"我正想征求你老人家意见呢,剑光外公,志书嘛哪有分这个党那个党的,只要是历史上存在的发生过的人搭事体,重要的统统侪要写进去的。所以说啊,你也是要写进这本书里去的。金老先生,你也要帮助我们回忆回忆,剑光,你外公的这段历史,也交给你去整理了。记住了?"

"我?呵呵,把我写进书里去?"金兆隆先是做出一副呆相,接着摇头,"算了算了,我是给日本乌龟做的镇长,我看就不要写进去了,这是要辱没祖宗搭子孙后代的!"

剑光说:"大大,我听阿妈讲起过的,你当那个维持会会长和伪镇长给抗战是出了大力气的,要不是这样,抗战胜利的辰光你早就让当时的政府镇压了是吧?所以你就不要推三阻四了,你就把当时真实的情况讲出来,我全部给你记下来,还你一个历史真实面目。"

金兆隆内心压抑多年的怨气终于爆发了:"还还我一个历史真实面目呢!我黄土埋到喉咙头了,苦头吃到头了,噢,到现在再还我啥历史真实面目,我不要!我早就脚炉盖当镜子照——看穿了,啥历史不历史的,混堂里捞卵毛——分得清哎!"讲完,老人面色铁青,一瘸一拐下楼去了。

大家面面相觑。金珠想,赤松镇六任五个镇长今朝到了四个,这半个世纪的是是非非、恩恩怨怨,啥人能讲得清道得明呢?那个也曾经是赤松镇镇长的潘鹤鸣现在又在啥户荡呢?人家荣归的荣归了,平反的平反了,就是她父亲金兆隆也扬眉吐气了,难道他……正七想八想呢,忽然听得楼下又有动静——

"金伯伯,是我呀。你身体好哦?"

"唉，好啥呀好，蚕老一霎，麦熟一晌，不晓得哪一日夜里困下去明朝早晨头就起不来翘辫子了，呵呵。你是……"

"哈哈，金伯伯，你连我也认不出来了？"

金珠的神经高度紧张起来，脑子里嗡嗡作响，竖起耳朵在听。

"啊呀呀，是潘老师！潘老师……"

"金伯伯，金珠她……我是从甘肃回来的……家里好像有客人？"

"噢，噢，有……金珠蛮好，蛮好。潘老师，你也平反了？"

"嗯。"

"潘老师，他们给你补发工资了吧。"

"哦，补发……给了……金伯伯，实际上我两年前就释放了，我是在劳改农场学堂里教书……"

"那你为啥不早点回来……连封信也不写来……"

"我屁股后头还留了个尾巴，就是剩下的一些历史问题，又嬲来嬲去嬲了一年多刚刚算弄清爽，所以我……你是晓得我这个人的，我就是要干干净净回到赤松镇上来。家里有客人，我下次再来。这些百合干是带给金珠的，兰州出的，喏，这两包水烟给你，也是兰州的特产。"

"潘老师你也太客气了，远天远地的……"

第二十八章

金兆隆把潘鹤鸣送的百合干拎到金珠房间。"我算了算潘老师今年也就六十六七岁嘛,哪能老得来,面孔上侪是皱纹。我不敢让他进来呀,几个冤家对头侪在楼上,真要碰到一起不晓得啥收场是吧?"金兆隆叹了一口气,又说:"潘老师还是喐头喐脑的,啥人要是跟上他啥人吃苦头!"

金珠说:"不要忘了,那次公判大会上是谁救了我和阿爸?"

就因为在公判大会上救人,潘鹤鸣开始陷入泥塘,不能自拔,越陷越深。金珠想,不过,在她从大西北回来后的一段辰光,也就是"七千人大会"之后,潘鹤鸣也曾经有过一丝转机。

由于上面调整了政策,人们很快摆脱了饥馑,政治空气也宽松了许多。剑华与皮祖兴成婚,也给金珠一家带来了喜气。潘鹤鸣因为接了代理校长的职务,忙得不可开交,与金珠难得见面,更不要讲婚姻的事体了。不过金珠已经蛮满足了。她觉得,只要他好,只要他还在她身边,她就觉得生活踏实,眼前也就充满了阳光。

但好日子不长,有一日,潘鹤鸣来金珠家说:"上面让我去干圩乡担任'四清'工作组副组长,先去县里集中学习半个号头。"金珠早就听说又要搞啥运动了,只是听得雷声还吭没看见落雨,现在听潘鹤鸣这样一讲,心就又揪了起来。潘鹤鸣笑道:"这一次是整顿农村干部,叫'小四清'。不整不来三啦,现在的干部是越来越脱离群众了,做官当老爷,这样下去上面的方针政策还哪能贯彻落实下去么!所以这次运动又叫'社会主义教育运动',目的就是要教育干部全心全意为人民服务。"金珠心里还是不踏实,问:"那要几化辰光?"潘鹤鸣说:"具体情况我现在也讲不清爽,要到县里才晓得。我们是先搞试点,然后在面上铺开……金珠,你哪能啦?"金珠不响,过了一大歇才说:"鹤鸣,我们结婚吧,就明朝。"潘鹤鸣被她讲晕了："明朝？我连一眼眼思想准备也吥没呢，再讲我明朝就要到县里去报到，这么重要的任务我总不能去请假呀是吧？"金珠不响，看着潘鹤鸣。潘鹤鸣说："金珠，等我结束了工作组的工作回到赤松镇，我就搭你结婚。金珠，你不相信我讲的话？我可以对天发誓……"潘鹤鸣觉得后面有人，掉头一看，剑光已在门口尴尬地立着，只得有话没话地问："剑光，放学了？今朝全校师生大会上祝书记的报告你们班里反应哪能？"剑光若有所思地说："潘叔叔，我正想问阿妈一个问题呢，正好你也在，那就请教你了。"潘鹤鸣笑："啥问题？""祝书记在报告里不是讲阶级斗争无处不在么，我们班主任就布置我们写篇作文，让大家谈谈自家的认识，可是我写着写着就写不下去了。他在报告里讲，随地大小便也是阶级斗争的具体表现，要那么讲的话，小把戏一生下来想尿就尿想拆就拆，那他们算是哪个阶级的？"潘鹤鸣啼笑皆非，说："你为啥就想到小把戏身上去么，你应该从你们中学生的角度去分析思考这个命题……""我们中学生？那我再问个问题：马克思主义唯物论不是讲存在决定意识吗，我从小就吥没见过父亲，也从来吥没剥削过别人，那他们为什么总是歧视我，要我克服非无产阶级思想、与剥削阶级家庭划清界限啥的，难道我在娘肚皮里就是一颗反革命种子了？这算是存在决定意识还是意识决定存在？这算是唯物主义还是唯心主义？"潘鹤鸣支支吾吾地回应："上面的精神就是要求家庭出身不好的同学从主观上严格要求自家，不过你讲得也有道理，存在决定意识，你又吥没参加过剥削……不过……这么讲吧，你虽然吥没参加过剥削，她——你阿妈有可能把她的剥削阶级思想传播到你身上……哦不不，实际上每个人侪需要在改造客观世界的同时改造自家的主观世界嘛……"金珠在一旁说:"好了好了,你潘叔叔就要去搞啥教育运动了,今朝请他在我们家里吃顿饭,你快去把篮里的菠菜给我拣好了汏清爽。"剑光说:"潘叔叔,你是校长,你讲我在学堂里哪一点做得比别人推板——学习成绩?参加社会活动?劳动态度?可是我打过好几次入团报告,连个回音都呒没……""剑光!"金珠阻止道,"快去拣菠菜!"潘鹤鸣说:"呒没关系呒没关系,剑光讲得很有道理,可是……"剑光说:"阿妈!在学堂里,人家不让我们随便讲话,我们也不敢多讲,怕万一让别人捉牢扳头,可是回到家里,我向亲娘发泄发泄心中的苦处,你不是阻止就是训斥,阿妈,我快闷死了!"金珠当然晓得儿子心中的憋闷,可是她又能哪能呢,只能说:"杨宝乾,你个害人精!"

形势说变就变,呒没几日辰光,街上摆地摊卖菜的农民不见了,滩渡头停着的卖螺蛳卖大头菜卖甘蔗的小船不见了,城隍庙门前场地上那些算命拆字的卖狗皮膏药让人用圈套香烟茶杯的侪不见了,茶馆里也见不到说书先生了。政治标语又多了起来,石灰墙上、屋头顶上写着"千万不要忘记阶级斗争"、"阶级斗争,一抓就灵"……

有一天桂林女人提了一篮新蚕豆到金珠家。金珠说:"从来侪是桂林哥来的,今朝哪能嫂嫂你亲自来了?"桂林女人哭了。原来,解放前桂林一个远房弟弟的父母双亡,桂林阿爸见他年纪还小无依无靠,便收留了他,让他做些零碎生活;运动中有人提出这也是剥削,虽然桂林阿爸已死,可那时桂林早已年过十八,最后就把一顶富农帽子扣到了桂林头上,行动就受到了限制。金珠从潘鹤鸣那里知道,"小四清"(清账目、清仓库、清财物、清工分),已发展到了"大四清"(清政治、清经济、清组织、清思想);不光农村要搞,城镇也要搞了。

果然,"社教"工作组开进了赤松镇。

工作组里大部分人是大学的教师、学生和剧团演员,宣传鼓动搞得有声有色,教唱歌排节目的,闹猛得不得了。不久,查出了许多"四不清"干部。有一日镇上的企事业单位与街道联合开批斗会,接受批斗的是街道主任赵伯康和企事业单位的几个干部。先是呼口号,接着是演节目。那些从大上海来的师生和演员,唱歌跳舞变戏法,评弹沪剧绍兴戏,样样来三。镇上自然也要出节目,演的是杨柳青调《社会主义教育运动实在好》。原本镇上就流传着一首杨柳青调——"六月里咯癞痢真苦恼(哪哈咿哪哈),苍蝇叮来蚊子咬(呀呀哩呛哪哈)……"如今旧瓶装新酒——

社会主义教育运动实在好(哪哈咿哪哈)

革命群众乐陶陶(呀呀哩呛哪哈)

"四不清"干部(哎嗨哟)

吓得心里直发毛

社会主义教育运动实在好(哪哈咿哪哈)

革命群众斗志高(呀呀哩呛哪哈)

"四不清"干部(哎嗨哟),

看你还往哪里逃

……

这个节目虽然演得不像工作组那样专业，却接地气，赢得的掌声最为热烈。金珠现在的身份是家庭妇女，归街道管，街道上通知她参加，她不得不放下手中的石棉条去参加。她也觉得开心，过去总是在台上被别人斗，现在看过去斗自家的这些人也被别人斗了。不过当她看到剑华和皮祖兴也在台上手舞足蹈地表演杨柳青调时，心里还是有点吓嗞嗞的。

演出结束后是忆苦思甜。工作组在全社遴选出几位老贫农到各地各单位上台诉苦，这天上台的是位老太太，一身老布衣裳，一面孔老年斑皱纹，一副苦大仇深的样子。她话还呒没出口，台下就响起了阵阵口号声："千万不要忘记阶级斗争！""不忘阶级苦，牢记血泪仇！"一开始她讲的是旧社会做童养媳如何如何苦，还哼了首民谣《养媳妇苦》，有的人听得眼泪水嗒嗒滴。可后来讲着讲着就跑题了，说"旧社会苦是苦，可是每到插秧或者收斫稻辰光，东家饭是尽你吃的，咸肉切得这样大（用手比画），苦就苦在三年自然灾害，妈妈草、棉花籽，喂猪猡的物事，哪一样呒没吃过，吃得来浑身浮肿，走路脚发抖……"工作组的人就说："阿婆，今朝就讲到这里吧，接下来要开批斗会。阿婆，你先下去吃口茶，休息休息。"

第三轮口号喊过，批斗会正式开始，赵伯康自然是众矢之的。一是他抗战前当过商会会长，战争弄得他倾家荡产变成了贫民，解放后他当上了街道干部；"四清"不是要清政治么，有些对他有成见的或嫉妒他的人，就非要给他安个混进革命队伍的"四不清"罪名不可。二是三年自然灾害辰光，别人家伢饿得前胸贴着后脊梁，赵伯康却把持住大食堂多吃多占，一家人吃得面孔红堂堂；"四清"

不是要清经济么，他赵伯康是不是也该清一清？三是这把宜兴夜壶解放了嘴巴还是呒没装个开关，一讲话咕咚咕咚乱倒一气，自然要得罪不少人。譬如曾有人与他闹矛盾时说："你宜兴夜壶来三呀，国民党用你，共产党也用你，一个不倒翁啊。"赵伯康说："要末你来，老子本来就不想做了，你还当这里是金銮殿啊。"这样讲讲气话，当初呒啥要紧，运动一来就是问题了。

有人去寻死了，先是那个一身咸鱼味的合作商店小头头胡吉观。合作商店的职工斗他，斗来斗去，有人便咬他让商店职工把生了蛆虫的咸鱼洗了撒上盐，晒干了再当咸鱼干卖。这就引起了民愤，街上的乡下的侪抢着揪他去批斗，车轮大战。胡吉观竭力辩解，说这侪是为了合作商店的生存，是呒没办法的办法。斗他的人说他是故意毒害贫下中农和革命群众，说他对新社会充满仇恨，是阶级斗争的新动向。斗得胡吉观生不如死，一根麻绳头颈里一套，翘辫子了。接下来是过去开茶叶行的王振家。王振家抗战胜利后当过商会会长，运动一开始，就有人揭发他解放前徽州老家是地主，由此推断，他是逃亡地主，再加上他弟弟逃到台湾去了，因此被斗得七分似鬼，想不通就一头扎进了赤松溪。第三个是吴祥生。他的绸缎庄合营之后，他被分在百货公司鞋帽专柜当营业员。他改不了他那奸商毛病，譬如，人家来买顶帽子，嫌小，店里呒没大号的，他讲有的有的，你稍等，就拿上那顶帽子去了店后头，把帽子在楼梯扶手的木球上一套，撑撑大，再拿出来让买家试戴，就合适了。吴祥生已到了退休年龄，因为"四清"运动，把办理退休的事体搁下来了。现在同事把他这些事体侪抖出来，就成了不法商人的典型案例，还有不挨斗的？岂止挨斗，还成了宣讲阶级斗争的典型材

297

料,被胥浦县乃至市里广为采用。吴祥生想不通,也一头跳进赤松溪。不过,他吃了几口水后本能地抱住了水底的一根木桩,最后浮出了水面,捡得一命。因为这是抵抗运动,他被加倍地批斗。

"四清"运动的第三年,工作组说,这次运动的重点是整党内那些走资本主义道路的当权派。于是,严文魁被群众揪了出来。

每次批斗严文魁,侪会出现失控的场面。江北阿三几次三番冲上台去打他,扬言要把他碎尸万段。卖膏药用他那劈石头的手,上去就在严文魁肋排骨上来了几记,亏得那时是冬天,身上穿得厚。皮祖兴还要狠,手心里囥了把削铅笔刀,趁大家纷纷上去拳打脚踢之际,在严文魁大腿上来了两刀,痛得严文魁哇哇直叫,工作组看到流血事件,立刻上前阻止,寻找动凶器的人,哪里还找得到?村里的贫下中农更是对他恨得咬牙切齿,把他像狗一样今天牵到东村去斗,明天又拉到西庄去批,批判他虚报产量、克扣口粮,多吃多占、困别人家女人,扇他耳光,吐他馋唾,恨不得剥其皮抽其筋啖其肉。任凭群众哪能骂哪能打哪能作践他,他始终两句话:"我有错,我有罪。"那些书生们觉着严文魁蛮罪过相的,就连拉带劝:"同志们要注意政策!""大家要摆事实讲道理!"后来批斗严文魁,工作组就安排了两名基干民兵,一左一右保护他。这又惹怒了众人,纷纷讲工作组不相信群众,包庇"四不清",有人还写信告到胥浦县"四清"工作团。于是,上面派人下来调查。上面一来人,告状的那些人又成缩头乌龟了。县工作团领导认为案情复杂,亲自到赤松镇主持了一场对严文魁的批斗会。工作团领导让严文魁主动交代问题,严文魁先是痛哭流涕,深责自家放松政治学习,辜负了党的培养,可是讲到具体问题,总是豆腐三碗三碗豆腐。工作团领导就叫大家揭发，可是台下却鸦雀无声，吭没人敢站出来讲话。严文魁因此逃过了一劫。

第二十九章

金珠和桂芳在摇石棉，桂芳抬头看看满身白絮的金珠又是心疼又是好笑，说："金珠妹，你看看，我们两个人侪变成白毛女了。"金珠也心疼地看着桂芳，说："我教你歇歇你就是不肯，你搭我不一样，身体不好。"桂芳说："歇啥，人越歇越懒。剑光搭我讲，这学期读完他就初中毕业了，他要考中专，考上了再读三年就可以工作了，他说等他工作了，我们俩就不用摇石棉了。所以我想啊，他真要考上中专，要添衣裳交学费书费伙食费啥的，我们总得给他多准备点钞票是吧。"这时外面响起了锣鼓声，金珠觉得奇怪，今朝既非节庆也吭没听说有啥大的社会活动，便停下生活，开门出去张望。

这是游街示众队伍。金珠第一眼看见的就是潘鹤鸣。他头戴高帽颈挂木牌，眼镜贴着白胶布，高帽子木牌子上写着黑字"反革命修正主义分子潘鹤鸣"，姓名上打红叉。他身后的五六个中学教师也都头戴高帽，颈挂木牌。一大帮中学生在这些被示众的教师前后打着横幅，敲着锣鼓，喊着口号。潘鹤鸣好像听到了金珠心中的呼唤，一抬头就与金珠的眼光碰在一起。他向她微微摇头，一副迷惘和无奈的样子。

有关"文化大革命"的信息,金珠不是一眼也不晓得,河对岸高音喇叭是每天按时广播新闻的。她总以为,这是上面的事,也就一只耳朵进一只耳朵出了。后来,剑光每天晚上回到家里总是身上手上侪是墨汁,她就问剑光这些天在做些啥,剑光慷慨激昂,反修正主义教育路线什么的说了一通,金珠觉得好笑,说:"你们懂啥叫修正主义啊,你就给我老老实实读书。"剑光说:"我们校长就是身边的修正主义教育路线代表。"

让金珠更加想不到的是,潘鹤鸣被学生从"四清"工作组揪回来游斗后呒没几天,剑光也被打成反动学生不能回家了。一开始她还宽慰自己,学生子嘛,生在红旗下长在新社会,还能犯啥错误,还不是这些小把戏在闹着玩。可是一连半月不见儿子影子,急了,抗抗生前的音容笑貌立即出现在她眼门前。她不寒而栗。她见严芳穿着旧军装雄赳赳气昂昂地从学校回来,就迎上去:"芳芳,剑光他……"哪能晓得严芳面孔一板,说:"我不认得那个地主资产阶级孝子贤孙!"金珠不敢再自讨没趣,便弄了点吃的拿了几件替换衣裳,去了赤松中学。看大门的女校工说,现在学堂里正在搞"文化大革命",不允许任何外人进入校园。金珠说:"那你就帮个忙把这个包裹交给初三(2)班的金剑光同学吧。"女校工说:"你是金剑光的妈妈吧,你快走,再不走让小将们看见就麻烦了。"金珠只得退了出来,沿着学校的竹篱笆兜圈子。她终于从竹篱笆的洞洞眼望见了儿子。儿子与原来延寿堂药店老板朱德璋的儿子大块头正向靠河滩的那间厕所走去,他俩都戴着白袖标,手提扫帚水桶,身后是几个手握竹条的同学,其中一个是洋铅的儿子惹厌胚。洋铅家里小人多,两个儿子四个囡儿。惹厌胚因为惹是生非,三天两头被洋铅吃生活,还不给他吃不给他困,剑光就经常带惹厌胚来家中"避难",所以惹厌胚在别人面前张牙舞爪,看见金珠总是彬彬有礼一句"金阿姨好"。现在,看见惹厌胚,金珠心里放松了许多,就朝剑光叫了起来。剑光停下,向她看看,又无奈地转身走了。金珠急了,就喊:"惹厌胚,快过来。"呒没想到惹厌胚走过来举起竹条子就抽,幸亏两人中间隔着篱笆。金珠脑筋还呒没转过弯来,就听得惹厌胚在篱笆那边说:"反革命分子金珠,反动学生金剑光正在接受革命师生的批判,你来这里是不是想与他搞攻守同盟?休想!滚!"金珠差一点晕过去,等惹厌胚走远后,听得有人在轻轻地叫她的名字。她朝篱笆内一看,是王老师,他身边是一对粪桶,白袖章上写着"牛鬼蛇神"四个字。王水清说:"你往左边走两百米,有个边门,旁边篱笆下面有个出水洞,你把包裹放在那里,扯把草遮一遮,我告诉金剑光去拿就是了。"金珠千恩万谢,问:"王老师你哪能也……""金珠,现在做我们这一行的——嘿嘿,好像就呒没一个好人啦。"王水清摇头,挑起粪桶匆匆离去。

有一天凌晨,金珠被河对过的锣鼓声吵醒,心里就七上八下的,下床穿衣着袜。去灶披间洗漱,看见墙角落有一星火苗,她吓了一跳,细看那是父亲手中的纸撮,才镇静下来。金兆隆问:"啥响光么吵得来别人困不成。"金珠侧耳细听,河对过的锣鼓声好像越来越响了,她宽慰父亲说:"你管它啥响光不响光的。"又说:"黑咕隆咚的也不开只灯,省那几个铜钿有啥用,万一掼一跤哪能办?"她"咔嚓"一声拉亮了电灯,见父亲眼睛红肿得泡酥豆似的,显得恐惧和不安。金兆隆说:"我已经几日几夜呒没合眼了,右眼跳来结棍。剑光到底哪能了么?哪能一直不回家?会不会……"金珠伸手试试汤罐里的水,觉着还有热度,就给父亲舀了盆揩面水,故作镇定地说:"侪是一帮学生子嘛,能弄出啥名堂来。"金兆隆说:"我看不见得。听广播里讲,这次运动好像要……""你搭我侪是死蟹一只,这么多运动过来了,还怕啥?大不了……"金珠忽听得"咕咚"一声,回头一看,老人手里的水烟筒落在地上。"阿爸你哪能啦?"金珠用手背贴着父亲的额角头试试,呒没发烧,问老人哪里不适意,老人讲呒没啥不适意的地方,就是心发慌手发抖。金珠说:"我还是去把寄爹请过来给你看看。"

金珠走出家门,快要走到赤松桥了,发现几个戴着红卫兵袖标的学生正在桥头忙啥。一直等那几个学生离去,金珠才过桥,看到桥栏杆上"赤松桥"三个字被白漆涂脱了,白漆上写了三个红漆字:赤旗桥。

金珠走过大桥,来到赤松镇大街,到处是红旗招展,锣鼓喧天,大幅标语。百货商店门口,一群红卫兵把有龙凤图案的一匹匹布往火里甩,把有花卉鱼鸟图案的热水瓶、玻璃杯朝石板地掼。木业社门口堆满了被敲得七零八落的老式镂花婚床、上了漆的不上漆的棺材板,已引燃一堆稻柴,准备付之一炬。南阳春茶馆门前有一大堆碎瓷片,也是人山人海。吴祥生家门口,有几个红卫兵喊叫着"抄到金砖了!抄到金砖了!"从屋里冲出来,叫吴祥生当众跪下。卖膏药家门口,惹厌胚和另一个学生在卸那块"祖传伤科皮大胜"的招牌,卖膏药在一旁说:"我这块牌子要是算四旧的话,那你阿爸摊头上那块牌子也应当算四旧了,要破大家一起破!"惹厌胚说:"我阿爸牌子上呒没'祖传'两个字,祖传就是四旧,你懂吗!"金珠又急又怕,哪里还敢逗留,一路小跑到寄爹家门口时,周兰畦的寿材已经被劈碎点上了火,一些红卫兵小将正在往火里扔书籍字画,烈焰腾腾。从屋里又走出几个红卫兵,每人手里抱着一盆兰花,一边喊着"烧烧烧,烧掉一个旧世界,砸砸砸,砸出一片新天地",同时将花盆掼进火堆。金珠晓得周家藏有不少名人墨宝,张大千的,傅抱石的,还有南社友人的;还有很多线装书,周兰畦曾经在她面前炫耀过,哪本哪本是善本。这时健仔从人缝里轧了过来,轻声地叫一声"金珠",用手朝城隍庙方向指了指。

城隍庙前早已围得水泄不通。金珠踮脚向里看去,几个红卫兵正抡着铁榔头敲那座抗战纪念碑上的"民国三十五年冬立"几个字。可是,那纪念碑是花岗岩的,坚硬无比,每一榔头下去只能溅起火星。一个穿着褪色黄军装的红卫兵挥手用北方话喊道:"甭砸了甭砸了,这么砸砸到猴年马月呢。快去找几根麻绳来,要粗的,越粗越好,整个拉倒它不就完事儿了!"金珠定睛一看,是赵伯康的三儿子赵卫国。这赵卫国长得特别像他父亲,讲起话来更像,摇头晃脑咕咕咚咚地,所以镇上人叫他小夜壶。小夜壶人聪明,前年高考,赤松中学就他一人考进了北京名校。可是他哪能回来了?他回来做啥?金珠正在心里嘀咕,赵卫国已经开始自报家门了:"革命的同志们,我是首都来的红卫兵,是专门回到家乡来串联点火的。点什么火?点造反的火革命的火无产阶级文化大革命的熊熊烈火!"小夜壶又说:"革命的同志们,在伟大的抗日战争中,国民党在蒋介石'攘外必先安内'的反动政策指导下,一味只知内斗打击政敌,不思精诚团结,以御外敌。所以这座所谓的纪念碑,实际上是在为国民党反动派涂脂抹粉,大家说要不要把它拉倒?"话音刚落,四周就响起:"要!"紧接着口号声锣鼓声不绝于耳。这时几个红卫兵抬来了几盘臂膀粗细的麻绳，在赵卫国的指挥下，拉绳的拉绳爬高的爬高，一歇歇就在纪念碑顶上捆了三道绳。于是，赵卫国就动员看热闹的群众侪伸出手来，一起把纪念碑拉倒在地。赤松镇的群众啥辰光见过这种事体，纷纷倒退着抽身要走。赵卫国急了："革命的同志们！革命不是请客吃饭，不是做文章，不是绘画绣花，不能那样雅致，那样从容不迫，文质彬彬，那样温良恭俭让……"只有少数几个群众跟着红卫兵一起拉绳，同时"一、二、三，一、二、三"地喊了一大歇，但纪念碑依然岿然不动。这个辰光，金珠发现了周兰畦。

周兰畦已经走近纪念碑，仰头看着这座纪念碑，面色凝重。良久，他从腋下取出一把宝剑，剑出鞘寒光闪闪，两腿呈弓状，用力一劈，纪念碑底座上的一只小石狮子掉落在了地上。金珠在抗战中见过这把宝剑，上面镌着"还我河山还我血"七个字。

金珠回到河南滩时，家门口早已是锣鼓喧天了。她心里明白，要想逃避现实是不可能的，便不急不忙地向前走去，几个红卫兵上来将她扭住了。红卫兵正在往外搬物事，桌椅板凳杂七杂八的物事掼了一地。金兆隆正在为那把水烟筒与一个红卫兵纠缠。"小同学，我啥毛病也呒没，就好吃口水烟，你就留下它让我解个心焦吧！""这是四旧，你再犟我就不客气了，放手！"那个红卫兵猛一用力，就从金兆隆手中夺过水烟筒，接着就用它向扑过来的金兆隆头上砸去。金珠见父亲头上鲜血直冒，就挣脱挟持她的人，向父亲奔去。严芳双手叉腰，挡住了她的去路。紧接着，几个红卫兵上前把金珠摁在地上。严芳跳上一只掼在场地中央的梳妆台，英姿飒爽，慷慨激昂："不破不立。破字当头，立也就在其中了。这些雕花镂草的旧家具,不仅是四旧,也是腐蚀革命人民斗志的鸦片……"严芳还呒没把话讲完,脚下那只梳妆台"咔嚓"一声坍了,严芳猝不及防,一跟斗摔在了地上。不过严芳很快从地上爬起,拍拍身上的灰尘,还露出一丝笑容。她用脚跟狠踹那只散了架的梳妆台。这一踹,梳妆台里的暗抽屉暴露了。严芳弯腰捡起暗抽屉,目光如炬。红卫兵小将蜂拥而上,去砸那些桌椅橱柜床架,寻找其他暗抽屉。金珠与金兆隆立即被红卫兵五花大绑起来,逼他俩招供把暗抽屉里的变天账和金银财宝转移到啥户荡去了。这就苦了父女俩,把解放前夕杨宝乾绿玫瑰抢走金银财宝的真实情况讲出来吧,那就等于是给国民党反动派反攻大陆提供经费;不讲呢,那这些暗抽屉是派啥用场的,总得有个说法呀。斗来斗去,金兆隆有点吃不消了,就编起了故事,说这些暗抽屉过去是为了防强盗抢请人做的,不过,解放前的一天夜里,一帮土匪来到他家,逼他拿出金银财宝来,最后他们往他身上浇煤油说要烧死他,他只得把暗抽屉打开,结果所有值钱的物事侪被抢光了。严芳大声说:"地主资本家反革命分子金兆隆,你这是在讲故事呢还是在污蔑我们红卫兵是土匪?"金兆隆后悔也来不及了,在震耳欲聋的口号声中红卫兵让他呈喷气式飞机状……

破四旧、抄家、批斗持续了一段时间后,公社举办了阶级教育展览会,礼堂内展出的是从地富反坏右的家抄来的东西;礼堂外展出的地富反坏右,他们被分成两排,分别跪在礼堂大门外的路两旁,被称作"陪展"。所展展品五花八门,雕龙画凤的旧式家具,古色古香的盆盆罐罐,祭祀用的烛台香炉,早就作废了的旧钞票,土改时的土地证,金银首饰,练功用的铁皮刀剑……当然,这些东西既然被陈列到这里,就成了阶级敌人企图复辟的证据。担任讲解员的严芳是这样讲解水烟筒的:"革命的同志们,你们可不要小看这把水烟筒啊,它是工商地主、伪镇长、反革命分子金兆隆从万恶的旧社会一直使用到现在的东西,这不正证明了他念念不忘旧社会吗?要不然,他怎么会为了这把水烟筒,竟然与我们破四旧的红卫兵顽抗到底呢?"接着她解说金珠的几件旗袍:"革命的同志们!这旗袍是旧社会那些地主资本家剥削阶级的太太小姐们穿的。大家不妨想一想,问一问:解放快二十年了,人民早就当家做主了,她们为啥还要恋恋不舍地收藏着这些旗袍呢?就是念念不忘阶级复辟,妄图重新骑到人民的头上作威作福,让我们吃二遍苦受二茬罪……"讲到那几只暗抽屉,那就更加耸人听闻,罪大恶极了。有些参观的人经严芳一挑唆,义愤填膺,强烈要求金家父女交出被转移的变天账和金银财宝,对跪在门外的金家父女,打耳光的、吐馋唾水的、脚踢的、乱瓦片砖头的。金珠怕父亲吃不消,就跪行到金兆隆身前,替他遮挡。

后来,暗抽屉让一个从县里下来检查工作的领导看中了:"好,太好了,太典型了,你们赤松公社不但挖得深挖得透,还很有创造性啊,这对全县的破四旧很有指导和借鉴意义啊!"于是,在这个领导的指示下,金珠父女就像马戏团里的两只狮狮,随着那几只修复好的装有暗抽屉的橱柜,被人家牵来牵去,今天到干圩明朝去泖桥,几乎到过胥浦县所有公社城镇,成了阶级教育展览的拳头展品,最后装有暗抽屉的橱柜落户在了县阶级教育展览馆。

面对这些凌辱和苦难,金珠渐渐麻木了。有一次被揪掉了不少头发,又被剃成了阴阳头后,她就索性剪成了板刷头,红卫兵就呲没办法再拿她的头发发泄了。每次听得锣鼓声,金珠就主动挂上木牌子戴好高帽子,早早恭候在家门口。金兆隆如法炮制,也还真少吃了不少苦头。金珠还为父亲和自家缝了两副很厚的棉护膝。金珠最担心的是剑光,他在学堂里能熬得过这样的打击么?剑光啊剑光,你可千万千万不要想不开,做出像你阿哥那样的事体来啊!

潘鹤鸣也是让她牵肠挂肚的一个。他的宿舍也被抄了,抄出一大堆书籍,其中有许多是苏俄的,就让人家把这些书与"苏修"联系上了,那个斗呀!尤其像惹厌胚这样的差生,因为过去不好好读书调皮捣蛋,被学校记过大过或是留校察看,就趁此机会对老师疯狂报复。阶级斗争教育展览会展出期间,金珠虽然与潘鹤鸣近在咫尺,相向而跪,却从来呒没机会交谈,两人只能用眼光交流。金珠觉得他变了,彻底变了,规规矩矩地跪在那里一动不动,一副迷茫无奈的样子。

倢仔与潘鹤鸣形成了鲜明的对比。她还是那么清高,那么桀骜不驯。斗她的人要她交代"反革命罪行",她就一句话:"没有。"人家逼她一面敲锣一面自报家门,她锣都不接,任他们打骂,剃阴阳头,依旧高昂着头,蔑视那些施暴者。第二天,她顶着个阴阳头照样上街买油炸桧豆浆粢饭团吃。金珠曾劝她:"你不如把头发剪成我这样的,也好少吃点苦头。"她说:"满清入关,逼迫汉人剃头,说是留发不留头,留头不留发,当初就有许多志士仁人不从,为此捐躯,这叫啥?气节!"金珠几乎是哀求她:"倢仔,我的好妹妹,你就不要搭他们硬碰硬了,人在屋檐下不得不低头,就是为了你阿爸阿妈,你也要学乖点,忍一忍海阔天空。"倢仔说:"金珠姐,我是人哪,人!我不是马戏团的猢狲。"

第三十章

　　太阳刚刚出来，河对过那只高音喇叭就响了起来："今天，我们赤松中学红卫兵要采取一项伟大的革命行动，欢迎广大革命群众早上到公社大门口集合……"通知最后勒令牛鬼蛇神必须在七点钟之前到公社大门口报到。金珠一看座钟，已经过六点了，连忙边戴高帽子边叫父亲。她叫了好几遍，听不见回音，就推开老人的房门，立即被眼前的一幕吓坏了——金兆隆正脚踩椅子，手握麻绳，准备悬梁自尽呢！"阿爸！你、你……"金兆隆扭头看着囡儿，说："金珠，你让我走了算啦，我求求你！"金珠一边把老人搀扶下来一边说："你不是经常对我讲的，好死不如赖活嘛。你还说过日本人打进来逼得你上吊，幸亏呒没最后蹬那一脚，否则就看不见东洋乌龟被赶出去的那一天了。你哪能自家讲的话也不算数了啊阿爸！"金兆隆摇头："老古话，阵头雨好过毛毛雨难熬。金珠，这样连日连夜的恶弄我实在吃不消了。"金珠说："又不是你一个人这样，跪在公社礼堂大门外两排六十七个人呢，别人家忍得牢就你忍不牢？"随手拿过属于金兆隆的木牌帮他挂上，又说："你要真上吊死了，就是抵抗运动，剑光在学校里就更不好过了，你不为自家着想也要为你外孙想想呀。"金兆隆听了这句话，就动手给自家戴上高帽子，对着墙上的小镜子照了照，看戴正了还是挂歪了，随后就像去出工一样跟着金珠出门了。不过呒没走几步，他两脚一软，说："金珠，今朝是去游街还是陪展啊？我这两只脚一眼劲道也呒没。"

公社大门口前早已人山人海了，金珠暗暗叫苦，心想，看今朝这种架势，父亲怕真的难以招架呢。一歇歇工夫，严芳代表红卫兵宣读砸烂华严寺的宣言书，金珠不敢相信这就是住在自家楼上的那个芳芳。接着是严文魁抑扬顿挫地讲话："革命的红卫兵小将同志们，我代表赤松人民公社，坚决支持你们的革命行动！大破剥削阶级四旧，大立无产阶级四新……"

严文魁虽然在"四清"中被批斗，由于组织上还呒没给他下任何结论，他就还是赤松公社的负责人。他脑子活络，善于审时度势，在公社干部中第一个站出来支持红卫兵。红卫兵要破四旧，他就提供了一份抄家名单，除了那些五类分子管制分子，还把他的眼中钉如卖膏药、江北阿三等人也圈了进去；红卫兵要搞啥活动，他就提供一切方便；这次红卫兵要冲击华严寺，他还提供了已经还俗多年的僧尼名单。

其实华严寺早已面目全非，围墙呒没了，菩萨罗汉不见了，里面住进了农家，还养着猪猡鸡鸭，放生池成了沤肥池，如果呒没那座华严塔，基本上就看不出一点古刹的痕迹了。

队伍浩浩荡荡地来到华严寺，照例是锣鼓喧天地闹了一大歇，然后分成两拨人马，一拨人马对押过来的五类分子、还俗的僧尼进行现场批斗。小将们用剪刀和推子把还俗的僧尼的头发剪光，说是让他们原形毕露，还其历史真面目。

另一拨人马去华严塔破四旧。他们推不开塔门，就用榔头铁镐砸，奇怪的是这门砸不开。心急之下，惹厌胚便从外墙向上攀爬了。惹厌胚想用粗麻绳绑住塔尖，让下面的人一起把塔尖拉下来。

惹厌胚腰里系着一捆细麻绳（到时用它把粗麻绳吊上去），绳上系着一柄大榔头，攀住檐椽艰难地往上爬；塔身长有青苔，不少地方已经腐朽。

这时塔下响起一阵欢呼，原来，塔门终于被砸开了。红卫兵发现里面几处地砖有些松动，就撬开来往下挖去，挖了将近一米深时看到了石板，有人说下面可能是地宫了。一歇歇，公社武装部部长孙秋根带着一队基干民兵跑步赶到。他们如临大敌，在塔四周圈出了一个禁区。又一歇歇辰光，严文魁也赶来了。严芳仰起头对已经爬到五层的惹厌胚喊道："下来！快下来！四旧肯定侪困在地下脚，下来！"惹厌胚手搭凉棚望了望塔尖，说："只剩两层了叫我下去，这不是……要么我上去先把那颗绿珠子敲脱再讲。"严文魁也喊道："小将，小将快下来，你这样太危险了，下来！""革命嘛，就要一不怕苦二不怕死。"惹厌胚话是这样讲，身体却早已向下移动了，因为他发现六七层的檐头基本上都朽光了，呒没像小人书里那些侠客飞檐走壁的本事，就休想上到塔顶去。

这边的挖掘成了热点焦点，那边的批斗会就冷了场。不少红卫兵小将纷纷跑到这边来看稀奇。金珠也算是老"运动员"了，她乘机移动到金兆隆身边，见父亲面色不大好看，就安慰说："阿爸，看样子快了，你再坚持一歇，今朝他们是呒没辰光来作践我们了。"金兆隆苦苦一笑："那也讲不定。弄不好真的挖出啥物事来，他们一定还要游行，我们还要让他们牵来牵去的。"旁边的吴祥生说："兆隆啊，你我侪是过来人了，熬得过昨日，还怕熬不过今朝。"这时，只见一队小学生雄赳赳气昂昂地来到了眼门前，其中许多小朋友戴着红小兵袖章，扛着竹竿做的红缨枪，为头的身穿肥大的军装，腰上别着假手枪。在他的指挥下，小学生们在牛鬼蛇神面前站好队，唱起了语录歌，一首接着一首。然后呼起了口号："千万不要忘记阶级斗争！""大破剥削阶级四旧，大立无产阶级四新！"在口号声中，一个鼻涕团被推到前面，吴祥生一个箭步上去抱住了那个小学生："小弟，你哪能啦？"小弟沉默地看着他的祖父，在小朋友一浪高过一浪的口号声中，挣开祖父的怀抱，从衣袋里摸出一张揉得皱巴巴的纸来，抻开，扔在了吴祥生脚下："大大，这是我与你断绝祖孙关系的声明，你签个字吧！"吴祥生还吭没完全反应过来，哭不是笑不是地说："小弟，你搭大大开啥国际玩笑……""不，从今朝开始，我不是你的小弟，你也不再是我的大大，我要加入红小兵。吴祥生，快签字！""呵呵，小弟，大大早晨头搭你买了两根芦粟，甜天甜来，大大搭你俩斩好的，放在灶头间吃饭台……""不！我不要吃你买的物事，我不吃剥削阶级剥削来的物事，我要加入红小兵！""那当然那当然，大大支持你加入红小兵。""那就快签字啊！""大大不是讲了支持你参加红小兵么？""同学们讲了的，只要我不与你这个资产阶级的大大决裂，我就吭没资格加入红小兵。大大……我求求你了，你就签字吧！大大！"小弟讲着讲着，就跪在地上，鼻涕眼泪一齐落下来了。"小弟！"吴祥生也哭得老泪纵横，拿纸的手剧烈地抖动着。这时，对面华严塔门口又发生了很大的骚动，把小将们的注意力吸引过去了。

原来，正当大家期待打开地宫石门的辰光，突然从塔的二层蹿下来一个老和尚，红卫兵们不看不晓得，一看吓一跳，俩扔了手中工具向外逃，一个个面如土色。

严文魁因为在大跃进的辰光敲脱城隍老爷的头，至今还有点嘴

311

歪,所以他嘴上劲大,心里多疑,行动迟缓,他是故意过了一大歇才来到华严寺的。现在冷猛生从塔里走出个老和尚,严文魁早就吓得舌头发僵,可又不能在红卫兵小将面前露出自家胆小,只得一边后退一边色厉内荏地问道:"你……你是啥人?你要做啥……"老和尚走到一堆好像是早就准备好的硬柴堆上,他衣衫褴褛,形容枯槁,两眼却闪着夺目的光芒,双手合十,口中念着阿弥陀佛。"你……你说你到底是啥人!"老和尚开口了:"严文魁,不认得老衲了?"严文魁从老和尚的口音里听出来了:"你是智……智越?你不是回四川去了么?哪能……你究竟想做啥?"智越说:"求你们免华严寺一劫。"严文魁说:"哪能个免法?"智越说:"请你们马上离开华严寺。"严文魁又硬起来了:"可能哦?"接着转身大声问道:"红卫兵小将革命的同志们,你们说还挖不挖华严塔?""挖!"大家缓过神来,情绪又高涨起来。"挖倒华严塔!砸烂华严寺!""破四旧!立四新!"这山呼海啸般的声浪在天空中回旋,与越来越近的雷响声混在了一起。智越再不讲话,他双手一抖,展出一袭崭新的茶褐色条纹缦衣,搭好在身上,然后正襟危坐于硬柴堆,目光炯炯,口中念念有词;而后,他摸出一只玻璃瓶,启盖,将里面的液体浇洒到自家身上,再摸出一盒自来火……"轰"的一声,刹那间烈火飞腾。智越纹丝不动,任凭火焰吞噬……很快,火中的柴堆下塌,智越无影无踪了。此时,狂风骤起,乌云翻滚,一道道闪电,雷声一声比一声响,"轰隆隆"惊天动地的巨响,华严塔东边那株白果树被雷一劈为二。紧接着是瓢泼大雨。

　　大家被眼前这一幕吓蒙了,吓噎了。锣鼓哑了,口号声停了,你望着我,我看着你。过一歇,突然间哭喊声一片,不管是大人小孩,无论是刚才威风凛凛的红卫兵还是来看热闹的老百姓,几乎侪迈开自家的双脚,不由自主地逃离了华严寺。

金珠见潘鹤鸣一个人还规规矩矩地站在老户荡,淋得像只落汤鸡,就跑过去拍了他一记:"你看你,别人家侪走了你还戆站着做啥!"潘鹤鸣说:"不是还吭没宣布解散么?"健仔过来说:"金珠姐,你就让他戆站着,等一歇红卫兵还要给他评个先进五类分子呢!"话是讲得恶狠狠的,可她的眼眶里闪着泪花。

等到大雨停下,严芳、惹厌胚等几个红卫兵头头喊着要重整旗鼓时,但留在现场的已经吭没几个人了。严文魁有点心虚,就说:"我看今朝的革命行动到此为止吧,任重而道远,你们回去再研究研究下一步的斗争部署。"当然,就这样撤退有损于红卫兵的形象,所以严芳他们又吼了一阵口号,才离开华严寺。

华严塔东边那棵被雷劈的白果树很快就枯死了,过了一段时间,西边的白果树也渐渐地枯萎了。

关于智越有不少传说。有的说智越实际上大跃进那年根本吭没离开过华严寺,他就藏在塔里守护呢,又说某某人在某某辰光某某户荡见到过智越的;有的说,那天出现的那个老和尚是智越的魂灵;有的说,智越几年前就在四川坐化成仙了,这一次他是下凡来护塔的。

第三十一章

金珠吃好早饭,天上落起了雨。她背上一捆石棉纱撑了把伞出门去交货，看见有一队红卫兵敲锣打鼓地从赤旗桥过来，就急忙返回家中，先帮父亲挂木牌戴高帽子，然后自家挂木牌戴高帽子。这时红卫兵队伍已停在她家门口了。

金珠看到了她日夜牵挂的儿子。

剑光的头被人揿着，头发蓬乱，衣裳龌龊，右手臂戴着白袖章，那白布几乎成了黑布，看不清上面写的是啥字；一双直贡呢布鞋已经破烂，鞋尖钻出两只乌黑的脚指头；雨淋在头上，因为双手被人反剪着，呒没办法去揩雨水，雨水就流进了头颈里。站在他身后拧他臂膀的是惹厌胚和另一个红卫兵。金珠还是不解——这些小孩哪能也变得如此凶残如此薄情寡义了呢！严芳摆了摆手，让口号声和锣鼓声都停下来，叫人搬来了一条长凳，令金珠和金兆隆站到长凳上接受批斗。金兆隆身体虚弱，怕自己从长凳上栽下来，连忙"扑通"一声跪倒在地，对着严芳叩头："芳芳……小将，你就让我跪在地上接受批斗吧，我的两只大腿实在……"也许严芳觉得跪着比站在凳上挨斗受到的惩罚更重，才勉强点头同意了金兆隆的请求。在一阵"横扫一切牛鬼蛇神！""打倒地主资本家金兆隆！""打倒反革命分子金珠！"的口号声之后，严芳就带领大家背诵语录："革命不是请客吃饭，不是做文章，不是绘画绣花……"然后走到剑光身边，大声问道："金剑光，你不是已经在学校里表了态要与你剥削阶级反革命的家庭决裂吗？今朝我们就给你这个机会，让你当面向你的外祖父和母亲说。你不反悔吧？"

"不反悔。"

严芳示意松开剑光的臂膀后，剑光就从衣袋里摸出一张被雨弄湿的纸头，念了一遍与家庭决裂的声明。惹厌胚觉得光这声明还不行，喊叫着要剑光当众揭发他外祖父和母亲的"滔天罪行"。这就让剑光为难了。他生在新社会，长在红旗下，解放前他的祖辈父辈做过哪些坏事体他确实不了解。所以不管同学们如何叫喊着要他揭发，他只能低头不语。这时有人问："金剑光不革命怎么办？"有人就答："金剑光不革命就叫他灭亡！""斗斗斗，斗倒这个地主资产阶级的孝子贤孙！""打打打，打死这个反革命狗崽子！"于是，无数个拳头落在了剑光的身上，无数口馋唾水吐在剑光的面孔上。金珠看在眼里疼在心里，就从长凳上下来，向儿子那边跪行过去，一边大声说道："侪是我的错，我交代，我坦白，我认罪……"于是，无数个拳头落在了金珠的身上，无数口馋唾水吐在金珠的面孔上。

严芳连忙制止："别打了别闹了！同学们，我们上阶级敌人的当了！"她叫金珠重新站到长凳上，转身对剑光说："现在摆在你面前的只有两条路，何去何从，任你选择。金剑光，你听清楚了吗？"

"听清楚了。"

一个红卫兵说："好！革命不革命还是反革命，就看你的具体行动。为了证明你与你那个反革命外祖父和母亲的决裂，你就当众打他们两个的耳光吧。打呀！打！"

见剑光犹犹豫豫不动手，惹厌胚喊道："不打也可以，吐，用馋唾水吐也算。"

金珠向儿子使眼色，让他过来打她吐她。剑光的泪水在眼眶里打转。有几个同学将剑光往金珠这边推搡，剑光就竭尽全力向后退。

这时一阵骚动，小将们四处逃窜，原来，桂芳满头满脸石棉屑，披头散发，手操一根门闩，像一头被激怒的狮子，正向这边冲了过来，边唱着她经常挂在嘴边的《冲杀歌》："冲冲冲，努力打前锋……"落雨地滑，有几个小将滑倒了爬起来再跑，弄得一身泥浆。惹厌胚算是胆大的，舞动着手中皮带且战且退且说"你来，你这个女噘头，你来呀，来"，可是当桂芳挺着门闩不顾一切地向他冲去时，也吓得一溜烟逃了。

金珠连忙从凳上下来，冲过去从后面抱住桂芳："嫂嫂！嫂嫂！"桂芳用门闩指着逃远散的小将们发出轻蔑的笑声："来呀，你们跑啥，你们这些东洋乌龟狗汉奸，你们这些牛头马面夜叉鬼……"金珠好不容易把桂芳弄进屋里，一起换掉了淋湿的衣裳，随手摸了摸她的额头，心里就格登一记；再出去向四周看看，不见剑光身影，心里更加焦急。

等金珠把周兰畦请到家里时，桂芳已经气若游丝。金珠自责不该让桂芳纺纱，一定是劳累促成了桂芳病重的。周兰畦说："人的七情——喜怒忧思悲恐惊，侪连着五脏六腑的，怒伤肝，忧伤肺，思伤脾，悲伤心，恐惊则伤肾，抗战胜利前那一场大火，桂芳受的刺激太大了，能够活到现在，全靠你金珠的悉心照料。今朝她肯定是因为碰着这种野蛮至极的事体，气过头了，旧病复发，再加上淋雨受了风寒，好比是雪上加霜……"金兆隆泪如雨下，说："要怪侪怪我，那天我要是早一点开仓，金宝就不会出事体，金宝不出事体桂芳她也就不会……"

桂芳的丧事很简单。棺材店已无棺材可买，就找了个木匠，用四块板子钉成只薄皮棺材，连漆也呒没上。金珠舍不得这个同甘共苦的嫂嫂，让桂芳在家里待了三天，又央求别人去中学打听剑光的消息，想让他回家送送自家舅妈。那人去后回来说，听剑光同学讲，人还在学校接受批斗，让他请假回来是不可能的事。不过那三天竟安逸得很，吭没任何人来打搅，金珠就陪在嫂嫂跟前与她讲了三日天张。第三日，桂林听到噩耗请了假来给他妹妹送行。让桂林与他妹妹见过面之后，金珠就给桂芳入殓。剑华寻来桂芳生前那个形影不离的洋囡囡，放到她右臂与肋骨之间，不晓得哪能，桂芳早已僵硬的右臂竟自动地弯曲过来，把洋囡囡抱住。金兆隆因此又很伤感："侪怪我，怪我……她就想着给我们金家养个小人……"

　　料理完桂芳的丧事，又过了几天，金珠说："剑华，这些日脚你弟弟也不晓得哪能了，我这几夜一闭上眼睛抗抗就来到眼门前了，剑光他会不会……寻个熟人打听打听，再带点钞票粮票给他。"剑华面孔一板："我不去！我不去找与亲娘决裂的人，我吭没这种弟弟！"金兆隆在一旁劝道："他也是被逼无奈嘛，剑华啊，听你阿妈的，万一剑光……抗抗已经吭没了，剑光要是……"剑华还是不情愿："哼，还是个堂堂七尺男子汉呢，要是我，打死也不会声明……"皮祖兴说："我去看看吧。不过我听说这几日学生子侪搞革命大串联去了。先是红卫兵骨干，出身好的，可是这些人一走就关不牢门了，学生子差不多侪跑了。据说市里还专门发了文件，凡是上海市范围内的火车站侪不让学生子免费坐火车，可还是挡不牢啊，学生子就绕开上海市，从附近的浙江、江苏几个小站乘火车走了。"金兆隆不解："那政府就不管？"皮祖兴笑道："管？哪能管得牢！现在不单单是学生子，我们厂里也有两个职工搞串联去了。厂领导讲，要派民兵去捉那两个人回来呢。哈哈，捉鬼去吧！"金兆隆说："所以你阿妈要你们快点去打听嘛！万一剑光也昏头昏脑跟了别人出去，回转来他们不剥了他的皮？""我看啥人敢！"皮祖兴把头颈一拧吼了起来,"他们要再敢欺负剑光,我就造他娘的反!"金珠说:"造反?闭嘴!"剑华说:"阿妈你也不要太神经过敏了,报纸上广播里侪这样讲——革命无罪,造反有理。"金珠把面孔一板:"那也轮不到你们讲这两个字!你们不要命啦!"皮祖兴说:"阿妈,我们也只是憋得吃不消了发发牢骚嘛。"

皮祖兴答应去学校看看的,但一连十几日也呒没回音。金珠托人让剑华回家来,问其缘由,剑华吞吞吐吐地说:"剑光跟几个出身也不大好的同学逃出去串联了。听一个已经回来的同学讲,他在杭州火车站看到剑光与大块头在排队等去南昌的火车呢。这个同学告诉剑光,南昌的红卫兵辣手,出站要你自报家门,只要是黑五类子女就用皮带抽回去。在他的建议下剑光改去北京了。"金珠说:"现在啥节气了还去北京!他身上就那两件单衣,冻不死也冻坏了。"剑华说:"这你就瞎担心了。牛皮大王家的老二馋痨胚也串联回来了,高一班的,一帮五个人,出去半个多号头,吃得白白胖胖回来,还一人穿了一件军大衣。"见母亲一面孔困惑,剑华笑道:"真的,阿妈你不信可以直接去问馋痨胚嘛。我还问他哪能吃得这么胖回转来了,他讲现在全国各地侪有大串联接待站,吃困侪有人管的,呒没粮票呒没钞票也呒没关系,只要一张学生证就有吃有困的了。馋痨胚还讲他活到现在就这次出去串联才真正吃上了饱饭,才体会到吃饱饭有几化开心。他说他们先到的杭州,每顿饭就一只菜,不是青菜豆腐汤就是豆腐青菜汤,不过饭是可以随便盛的。馋痨胚讲他们第一碗饭干吃,第二碗饭淘汤,第三碗饭才搭菜一道吃脱,所以他们几乎顿顿三大碗,吃得来肚皮像落水鬼。""你还能高兴得起来啊!"金珠说,"人家是啥出身我们剑光是啥出身,我就怕剑光回转来让他们吃家生。"剑华说："你待在家里摇石棉等于是井底之蛙晓得个啥！这些日子外头造反造得来天翻地覆，我要不是肚皮里这个小鬼头，也早就跟祖兴他们……""好啊，怪不得我问起祖兴你总是支支吾吾啥不肯讲，说，是不是祖兴也参加造反了？"剑华说："是又哪能啦？"金珠不禁心里一紧，说："剑华，这么大的事体你哪能瞒着我一声不响呀？这个小鬼从小骨头鲠我是晓得的，可是再鲠也不能搭政府作对呀。"剑华说："啥人搭政府作对啦？大串联是革命行动。"母女俩正说着忽听得敲门声，吓得金珠面孔煞白，开门一看，竟是潘鹤鸣。

不等金珠问话，潘鹤鸣一边反手关门一边说："听得讲桂芳……"金珠说："已经埋了。"潘鹤鸣若有所思地说："记得当初她离开难童学堂的辰光，我说过抗战胜利了给她记功。后来，唉……"金珠说："幸亏她老早脱了，要不然啊，她也要吃阶级成分的苦头的。"潘鹤鸣说："你真不容易……"金珠说："死了才好啊，啥也不晓得了，管你天崩地裂呢！"剑华插嘴说："潘叔叔你也一定晓得我弟弟跟着别人串联去了吧，可是我阿妈……"金珠不等剑华讲完，一把抓住潘鹤鸣的臂膀，摇着："鹤鸣，你说就这么个小把戏懂啥么，他们为啥一定要揪牢剑光不放啊！你说这样弄还让人活下去吗！"潘鹤鸣低声安慰道："金珠，我想这一切都是暂时的……"

"你再不要给我讲大道理了！"金珠说，"当初我错就错在对你讲的话坚信不疑，所以每次运动我总怪我自家命不好，怪自家不应该嫁给杨宝乾这个杀千刀，啥委屈啥苦水也就咽下去了。为啥？还不是为了这三个小人，要不我怕早就那个了。我就盼着三个小人快点长大成人，可是他们哪能连小把戏也不放过呀！这三个小人跟杨宝乾或是我享过一天福吗？我金珠是坏人吗？你潘鹤鸣心里比啥人侪清爽！再讲剑光他外公，你也是心里清清爽爽的，就一个生意人，普普通通的老百姓，现在已七十多了，还不放过他，跪得两只脚馒头肿得像啥……"

金兆隆说："我吃点苦头倒无所谓，可是，小人有什么错？"

潘鹤鸣说："对，你们讲的侪对，不过你们也不要急，剑光已经是十六七岁的人了，我想他不会出啥事体的。"远处传来了锣鼓声和口号声，剑华说："又有啥事体了？"潘鹤鸣说："不是红卫兵，学堂里已没啥人了。""鹤鸣，你还是躲一躲好。"金珠拉上潘鹤鸣往灶披间里跑，把他囤到柴仓里，用几捆稻柴压在他身上；然后帮父亲挂木牌戴高帽子，自家挂木牌戴高帽子。

一场虚惊。这支队伍不是来揪金兆隆和金珠的，他们打着"赤松公社手工业工人革命造反兵团"，"赤松公社工人革命造反司令部"旗号，高呼着"革命无罪，造反有理"，"揪出赤松公社最大的走资派严文魁"口号。此刻正是掌灯时分，楼上严文魁家窗户里的灯亮着。

剑华一眼就看见了队伍中的皮祖兴，他戴着造反派红袖章，正在带头喊口号。"阿妈，这不是祖兴吗！"剑华朝皮祖兴奔了过去。金珠不由自主地退进屋里，只留一条门缝向外偷看。潘鹤鸣走到金珠身后说："听得讲上海的工人分成了造反队与赤卫队两派，造反派已经得势。"金珠问："上海工人造谁的反？"潘鹤鸣说："我也弄不明白，也许……"

工人造反队伍到了楼下，锣鼓声与口号声震耳欲聋，严文魁只得打开窗户，探出头来讲话："革命的同志们！我完全支持你们的革命行动。无产阶级文化大革命，是一场触及人们灵魂的大革命……但是，大家也是晓得的，最近上面发了关于抓革命促生产的紧急通知，通知要求我们一手抓革命，一手抓生产，保证革命和生产两不误。广大革命同志！一定要坚守岗位，狠促生产……"楼下面的人不耐烦了，一阵口号声就把严文魁的讲话压了下去，只见皮祖兴带着几个人要冲上楼去。金珠急忙开门挡住女婿："祖兴，你要做啥？"皮祖兴说："阿妈，这不关你的事体，你快回屋里厢去。"金珠说："你这是造反你晓得吗？"皮祖兴哈哈大笑："对，是造反呀。阿妈！你……我哪能搭你讲呢，大家俦造反啦。"金珠把女婿拉到一边低声说："祖兴，让别人家造别人家的反去，我们这种家庭不参与，好吗？再讲，剑华肚皮一日比一日大了，你要待在家里好好照顾她。"皮祖兴面孔唰地翻了："阿妈，你再这样阻止我们的革命行动，我们也要对你采取革命行动了！"说完，拨开金珠就向楼上冲去。金珠还想追上去阻止他，却被剑华拖住了。剑华说："阿妈，人家对严文魁采取革命行动嚒你跑出来瞎起劲做啥？"金珠说："做啥？我是怕这个小棺材吃官司！"剑华笑了："阿妈，现在有两个司令部你晓得哦，一个是无产阶级司令部，一个是资产阶级司令部，造反是造资产阶级司令部。再讲了，这种人早该打倒了，赤松镇上哪个人不恨严文魁，你哪能反而站到严文魁那一边去了？""姓严的再怎么样让别人家去揪去批斗嚒，他皮祖兴算啥？他能代表无产阶级司令部？你就不怕别人家怀疑他是搞阶级报复。"剑华说："阿妈！他严文魁能代表无产阶级吗？我告诉阿妈吧，我也要造反了！我就是要报姓严的复，就是要把他拉下马，再踏上一只脚,让他永世不得翻身!"

第三十二章

赤松镇轰隆隆冒出了几十个造反派、保守派组织,除了"赤松公社工人革命造反司令部"、"赤松公社手工业工人革命造反兵团",还有"赤松公社商业职工革命造反司令部"、"赤松公社下放工人革命造反军团"、"赤松公社民办教师革命造反队"等,复转军人的"红卫军",农村的"赤卫队"、"赤旗军"、"贫下中农革命造反联合司令部"等,学生们串联回来成立的"八·一八"、"九·一五"、"风雷激"、"东方红"、"驱虎豹"、"井冈山"、"战到底"等。

严文魁是赤松镇上最大的走资派,不管哪个造反组织游街开批斗会,侪要揪上他去当"活靶子";有辰光造反派揪斗县里的头头或是县里各部、委、局的头头,严文魁是第一陪斗员的不二人选。批斗的花样日日翻新不断升级,啥"土飞机"、"倒挂金钟"、吃污呷尿……严文魁苦头吃足,他老婆囡儿跟着倒霉。冯梅香是赤松中心小学支部书记,她被中心小学斗罢镇上斗,镇上斗好再交给各个大队的小学去斗。这还不算,只要是针对严文魁的批斗会,她几乎场场陪斗。严文魁被揪出来后,严芳就东躲西藏,连家也不敢回了。

镇上除了武装部长呒人敢碰,其他大小干部几乎侪成了走资派、"黑干将"、"黑爪牙"。赵伯康这一次自然也逃不过,他不仅是反革命修正主义路线的黑干将，还因为当过国民党的商会会长，被扣了顶国民党残渣余孽的帽子。

眼看着一些扶不起拎不清的脚色也当上了司令副司令啥的，卖膏药皮大胜也不甘寂寞了。卖膏药本来属于自由职业，与医疗卫生有点搭界，所以他不惜成本弄了一桌酒水把公社医疗卫生造反组织的几个头目请了请，很快就加入了医疗卫生系统的造反组织。可是，一个卖狗皮膏药的，那些有着大学中专技校文凭的医生护士根本看不起他，任凭他如何努力表现，也只是个跑龙套而已。卖膏药不服气，就凭借他大跃进辰光在街道工作过和亡妻季小妹曾是街道清洁工的双重身份，主动把街道上的那些残疾人组织起来，成立了街道残疾人革命造反军团，并毛遂自荐当上了军团司令。卖膏药当上了司令，第一个进入他斗争目标的是街道主任赵伯康，可是赵伯康被批来斗去，也就是解放前当过商会会长、"瓜菜代"辰光多吃多占那些老问题。弄不出大花头，卖膏药就无法吸引部下跟着他造反，他在赤松镇造反派中的地位和威望也无法树立起来。神算瞎子阿瑞知道皮司令的心事后，便拆字算命，拆来拆去竟然拆出了一个惊天秘密：赵伯康三子一女，按年龄大小排序为赵卫中、赵卫华、赵卫民、赵卫国，这不是要复辟"中华民国"么！

卖膏药听瞎子阿瑞这么一讲，惊得差一眼从椅子上掼下来。这还了得！于是，针对赵伯康的新一轮大字报铺天盖地，批斗会接二连三，步步升级。与此同时，北京有消息传来：赵卫国因为是反动学生组织小头目，被捉起来了。赵伯康如何受得了这些，一天夜里，跳进了赤松溪，"畏罪自杀"。

跳赤松溪的一个跟着一个，冯梅香也是其中一个。一天夜里，金珠刚刚困到床上,忽听得"扑通"一声响,连忙开窗看赤松溪,只见有水花,就断定有人投河了,便拔挺喉咙喊救命。后来在距此三里路的地方,冯梅香的尸体被网船上的人用滚钩从河底打捞上来。

冯梅香死时,严文魁已失去了人身自由,严芳不晓得逃到啥户荡去了。冯梅香的丧事由她娘家的人从乡下跑来料理的,听得冯梅香妹子声嘶力竭的哭声,金珠心软了,忍不住去了楼上。因为被抄家,冯梅香连一件像样的衣裳也呒没,金珠就回家翻箱寻出一身看看还可以的衣裤,送上去给她穿上。

赤松镇各个造反派组织与保守派组织,通过大联合,已基本分属两个司令部,赤松公社革命造反联合司令部和赤松公社革命联合司令部,简称"赤造司"和"赤联司"。赤造司是踢派,要踢掉公社老班底;赤联司是保派,支持公社老班底。两派都自称革命派,互相攻击的大字报把镇上沿街两侧的墙壁都贴满了;后来,两派设台演讲辩论;再后来双方动起了手脚,甚至操起了家生。

倢仔利用这种时机,经常串门串到金珠家。一天,金珠问她:"寄爹寄妈最近还好吧?"倢仔皱起眉头:"阿妈倒还是老样子,她就是担心我,其实我老早就是死猪不怕开水烫了,金珠姐你讲是哦?就是阿爹总好像心事重重的,家里书佮烧脱了,他就写写毛笔字打发日脚,写好了烧脱写好了烧脱。"正说着,门外响起脚步声,抬头一看,只见剑华推门进来。倢仔笑着迎了上去:"哎哟我当是啥人呢,原来是牛夫人驾到!"看到金珠一家人张嘴看着她,倢仔很得意,故意拖了一段辰光才说了出处:"剑华啊,你看你家那个牛金星牛大军师啊,一出门前呼后拥的,请你代我转告他一句:小心被胜利冲昏了头脑。"剑华满面羞愧,半天才说:"我这不是正要搬我阿妈去劝劝他么。"金珠说:"我还要哪能劝?这个小棺材你再哪能讲他就是听不进去嘛。还有你自家——我呒没讲过?你就是不听,跟他去轧啥闹猛!"剑华跺脚:"当时我也是想出出恶气就跟他去造反了。可是我越轧苗头越觉着不对,前日夜里两派辩论来辩论去,最后钢钎铁棍侪拿出来了,吓死人!"健仔说:"金珠姐你不要多心——我就嘴巴怵点——姓皮的这个小鬼也不称称自家几斤几两,还想夺权当官?"金兆隆说:"有种出种,我看这小棺材越来越像那个姓费的了,走起路来肩胛骨一耸一耸,轻骨头一个。"健仔说:"金伯伯你可不能这样讲,你这个讲法搭血统论不是一个意思么?"金兆隆摇头:"我不懂这个论那个论,我是老早就看不惯这个小棺材了。剑华你不要多心,当初你搭他好,你阿妈在西北,你硬要我表态同意你们这桩婚事,我就去给他接生的阿兰花那里问这小鬼的生辰八字,阿兰花讲好像是吃过中饭过一歇生出来的。我一听,那不就是午时末么!我是应也不是不应也不好。老古话:日昼午时初,手里握把锄;日昼午时正,手里托颗印;日昼午时末,手里捧只钵。捧只钵,呵呵,讨饭胚一个!"金珠见囡儿眼泪出来了,就说:"阿爸你少讲两句不要紧哎!"

　　金珠想起皮祖兴有一次在这里吃老酒,几杯下肚后就吹嘘起来,说自家只是"军师",要不是出身问题,"他妈的赤松镇半壁江山早就归我了"。金珠故意问:"你出身有啥问题?"皮祖兴说:"阿妈,我耳朵不聋,小时候就有人在我背后指指戳戳,讲我是费金龙的私生子,哪能哪能,我侪觉得着的。我现在要雪耻……"他拍拍自家胸膛又说："我哪能啦我？就一个打铁的，我怕啥？我就要造他妈的反！"金珠说："那你也不能太出头了，出头椽子先烂。我还听说你用鞭子抽严文魁。"皮祖兴头颈一拧："抽了。我还想杀了这个害人精呢！他害得我阿妈……"听女婿这样说，金珠也呒话可讲，可心里七上八下的。

金珠让倢仔搭她父亲在家闲聊，自家跟囡儿要去寻皮祖兴，不想还呒没去拉门，门已被推开了，进来的是潘鹤鸣。倢仔说："哎呀呀，我们真正的布尔什维克潘来啦。"金珠说："今朝哪能有空出来？"潘鹤鸣说："哪里，他们把我赶出校门了，让我去街道报到。"金珠说："让你去街道做啥工作——织草包？轧棉花？挑马桶？扫街？"潘鹤鸣说："是，扫街。我已到那里报到了，是卖膏药安排我。""卖膏药！"倢仔叫起来，"卖膏药安排你？嘿嘿嘿，城头变幻大王旗呀！"剑华说："街道造反派夺权了。"金珠问潘鹤鸣："那今后你的工资哪里发？"潘鹤鸣说："这个……学堂里从旧年九月份开始每月只发给我十八块生活费了……"金珠说："卖膏药呒没搭你讲工资几化？""我刚刚去报到嘛，我们还是应该相信组织……"潘鹤鸣发现金珠与倢仔的眼眶里都含着泪水，一时手足无措，不知如何是好。也就在这个辰光，一个穿军大衣戴护耳军帽的人推门进来。

"阿妈！"这个军人打扮的人大叫一声，"扑通"一声跪在了地上。

"剑光！"大家几乎同时喊道。

"阿妈，原谅我……都是我不好……"剑光痛哭流涕。

金珠说："剑光，我的好儿子，回来就好，回来就好，阿妈不怪你，阿妈日日夜夜在等你回来，阿妈晓得你会回来的。"

金兆隆说:"剑光,快起来,快过来,让大大看看。"

剑光摇头:"本来我是呒没面孔回来了,我已公开声明与家庭决裂,大大、阿妈,你们打我几个巴掌吧,要不我就不起来,我不是人,我是……"

潘鹤鸣说:"剑光,父母是从来不会搭自家的子女计较的,人间自有亲情在啊。"

"哼,亲情?"倢仔说,"现在哪里还有亲情不亲情的,你呒没看见赤松镇上有多少人家一家人分成几派在相互写大字报揭发呢。"

潘鹤鸣说:"倢仔,现在是先让剑光起来,这些闲话以后再讲好不好?"

倢仔说:"剑光,你阿妈为你饭吃不落觉困不去,你看她人瘦成啥样子了,你再这样跪下去,是不想让你阿妈快活起来?"倢仔走过去,硬是把剑光拉了起来。

金兆隆说:"剑光,千错万错,侪是你大大的错,千怪万怪,就怪你大大……"

"不,大大,我晓得你要讲啥,我啥人也不怪。"剑光说,"我这次出去串联,看到的听到的太多太多了,过去我不懂事体。"

金珠听剑光这么讲,觉得儿子突然之间长大了,心中悬着的一块石头也总算落了地。

这天夜里,金珠刚刚困着觉,就被一串急促的脚步声吵醒了,一个身影从窗口闪过,接着是上楼梯的声响,钥匙开门的声音,再接着是关门声,过了一歇又是楼梯响,是下楼来了,脚步声停在金珠家门口,同时不远处传来嘈杂的叫喊声。金珠听得门外有嘤嘤的哭泣声,便下床蹑手蹑脚来到门背后,细听了一歇,开门,一把将那个哭泣的人拉了进来,随手关上门。

"金阿姨救命!"黑暗中,严芳双手拉住了金珠的一只手。金珠让严芳躲起来,说:"我不让你出来你就不要出来。"

金珠听得几个人从门前跑过去,上了楼梯,好像其中有皮祖兴的脚步声;几分钟后,他们下来了,果然有皮祖兴,只听到他说:"操!明明看见她朝这里跑的,哪能眼睛一眨就不见了,撞鬼了!你们几个再到小弄堂里搜搜,我一歇歇过去。"

"阿妈,开开门!"皮祖兴敲响了丈母娘家的门。

"啥人么,深更半夜……"金珠装着被吵醒了。

"阿妈,是我——祖兴。"

"哟,现在都啥辰光了?"

"阿妈,你先开门,我有要紧事体。"

"啥要紧事体?"

"你开门我进去搭你讲嘛。"

忽然传来惹厌胚的嗓音:"弄堂里俉搜过了,呒没……会不会躲到剑光家里了?"惹厌胚的发问不仅让金珠吓了一跳,也让皮祖兴吃了一惊。

皮祖兴在门外说:"阿妈,听说剑光回来了,我有话要搭他讲。哦,对了,他同班同学也想见见他。"

"他困着了,有啥话明朝再讲吧。"

剑光不知何时已经起床来到门口,他开门说:"哪能啦姐夫?深更半夜捉人?捉啥人?"

皮祖兴连忙摇手:"哦不不,我是听说你回来了,所以……嘿嘿,剑光,要么你出来一下,你同学想搭你商量桩事体。"

惹厌胚有点尴尬："今朝街上碰着大块头了，说是搭你一起串联回转来了。剑光，过去……唉，那侪是走资派严文魁作的孽嘛，你回来了就好，我们还是同学嘛，一起造反，跟严芳他们那些保皇派彻底决裂。"

皮祖兴说："他现在是你们中学的红卫兵造反派总司令。"

"我就挂个名，呵呵。"惹厌胚说，"所以我一听说你回来了，就想请你当高参。我们啥人不晓得啥人嘛，你的笔头子在我们年级啥人比得过，在全校也是数得上的。哪能啦，你还在为过去……还是因为……革命不分早晚，造反不分先后嘛，欢迎你加入我们组织，真的剑光。"

剑光笑笑："我讲了加入你们组织了？姐夫，我觉得你们好像在追一个人？"

"严芳，她是死不改悔的保皇派。"惹厌胚说，"刚刚追到这里的，一眨眼就不见了！"

剑光说："你们是怀疑严芳躲到我们家里？"

"哪里哪里。阿妈搭你让严芳弄得几化苦，她还有面孔到这里来？不可能。是哦惹厌胚？"

惹厌胚尴尬地说："那肯定的……不过……进去看看也好嘛皮大哥你讲呢？"

皮祖兴说："你讲啥？让我带人搜我丈母娘家？"

惹厌胚说："现在不讲究这些了。"

"啥？惹厌胚，你这猪头三！"

"祖兴！"金珠喝住女婿，说，"搜总比不搜好嘛。总司令，请！"

惹厌胚反而推让起来："不不，我也是怕别人家晓得后讲皮大哥闲话嘛。"

金珠等他俩离开后,返回自家房间,只见严芳已跪在地上。

"芳芳你……快点起来,起来!"

"金珠阿姨,过去……我……对不起……"

剑光说:"严芳,快起来吧。要讲过去,啥人呒没上过当做过错事么。还记得运动刚开始我画的那张漫画吧,人家翟老师一个好人,就是平常辰光对我们要求严一点,我却……结果害得人家哎脱,真是……"

严芳起身:"翟老师哎脱跟你那张漫画关系不大,主要是我们斗他斗得太厉害了,他很要面子……"

金珠从灶披间端来一盆揩面水,说:"芳芳,先揩把面,我去弄点吃的,你肯定夜饭还呒没吃。"

"金珠阿姨!"严芳一把拉住金珠,说,"你不要去忙了,我马上要走的。"

"去啥户荡?自家家里不能回去了。"

剑光说:"严芳,现在已经发展到武斗了,我回来的路上听说不少地方打死人了,有的省份把枪支弹药都弄出来了,你这样深更半夜出去我阿妈能放得下心?"

"……"

金珠早就看出严芳的心思,说:"我晓得你还在顾忌前段辰光那些事体,小把戏嘛,懂啥,放心吧芳芳,我,剑光,还有我们一家人,侪不会计较的。听话芳芳,我马上去弄点吃的来,就一歇歇工夫,你们同学之间讲讲张。"

剑光看着金珠的背影说:"我阿妈多少年苦头吃过来了,啥事体拎不清?"

严芳点头,心头一热,竟抱住了剑光。

第三十三章

金珠有辰光想起剑光与严芳的姻缘,既欣慰又懊恼。欣慰的是,严芳还算是个比较通情达理的新妇;懊恼的是,与严文魁结为亲家,那是难以接受的。好在剑光与严芳结婚的辰光,严文魁已经坐牢,而且他们俩是在东北农场办的婚礼。金珠内心深处是希望严文魁永远待在牢里,这样就不会与严文魁再见面了。可是,严文魁还是回来了,而且严文魁回来后,杨宝乾竟然与他称兄道弟,隔三差五在一起吃酒。金珠从他们交谈中听到的片言只语里,知道赤松镇的镇志编撰工作已经启动,这两个人俩是特聘顾问;华严寺的修复工程方案得到了上面有关部门的首肯,杨宝乾承诺捐款;镇上的服装加工厂为欢迎杨宝乾参观,连厕所里都喷了香水……金珠还从杨宝乾与剑光、严芳的交谈中,知道杨宝乾在港澳曾经营过几家成衣厂,现在经营房地产公司;孙秋根一直在拉杨宝乾投资,想让赤松镇成为胥浦县第一个引进港资的镇,可是杨宝乾心有疑虑,怕政策不稳定,倾向于让一家老少去香港,让儿子逐步接班。

望望去年初中毕业,她不愿意再给外婆添麻烦,改变考高中将来考大学的初衷,考进了一家卫校,想早日参加工作回报外婆。杨宝乾听说此事,也就更加疼爱这个外孙囡了。他打电话给香港那边,咨询有关望望赴港就学的所有问题。望望早就觉察到外公与外婆之间的隔阂,知道外婆是不会离家赴港的,就对外公说:"我不去香港读书了,我要早日参加工作,用我自家挣来的钞票孝敬奶奶,陪奶奶一生一世。"后来,杨宝乾单独对金珠说:"你看看,你不走望望也不走,她要是不去香港读书,我哪能对得住我们的剑华!"金珠故意气他:"你就带上儿子新妇搭孙子去嘛,望望毕竟是外孙囡,虽然她跟了我的姓,但讲到底还是别人家的后代,镇上的人也把她搭那个姓费的……""你哪能把望望搭费金龙拉到一起了!从今朝开始,不管啥人要再讲这种话,我就……不客气了!"从香港回来至今,杨宝乾始终迎合讨好金珠,可是就这一句话让他翻脸了,把正在看的《圣经》"啪"的一声掼到桌上,吓得金珠不敢再开口。

望望每个礼拜六下午都要回来,与家人团聚,礼拜天下午再回卫校,杨宝乾算准了时刻去汽车站接送。这天,杨宝乾到车站去接外孙囡,看见望望从车上下来后,被一个穿着花格子衬衫的男子拦住了。那人头颈上的金项链闪闪发光,左手无名指上的金戒指像裁缝师傅的顶针箍,又宽又厚。望望尖叫一声,绕开那人向杨宝乾奔过来。

杨宝乾对那人说:"你想做啥?你把我外孙囡吓坏了。"

那人说:"阿爸,我是祖兴啊,我是你女婿……"

皮祖兴这个名字杨宝乾早已耳熟,他听家里人和镇上人讲,十多年呒没皮祖兴的消息了,当年他犯的是叛国罪……

剑光串联回来的第二日早晨,金珠一家人与严芳正在吃早饭,皮祖兴又过来了。他一见到严芳,就说:"哈哈,昨天夜里我就猜到你在这里的。"金珠把粥碗往饭桌上一蹾,对女婿说:"你想做啥?"皮祖兴说:"阿妈,我真要想做啥我昨日夜里早就那个了。我是来搭剑光商量事体的。剑光,惹厌胚既然要你加入他们组织,你就应了,又不是让你去冲冲杀杀,人家是看中你的文才。你要到了他那里,今后我们俩就可以携手……""祖兴!"金珠厉声说,"你可不要把剑光拉下水去!还有你自家,快点回单位去促生产,你再这样下去将来要后悔的。"剑光说:"姐夫,听说学堂要复课闹革命了。"皮祖兴说:"你们可能还不知道,昨天夜里造反派把胥浦县的权夺啦,那个在我们镇上当过书记的县委副书记秦……就是山东胡子,听说昨日畏罪自杀了,全县十六个公社已经夺了十四个公社的权,就差干圩与我们赤松两个公社啦……"皮祖兴见严芳心神不定的样子,就说:"我们是对事不对人,严芳,你完全可以反戈一击……"严芳说:"我现在啥组织也不想参加,我马上就要回乡下娘姨家种地去了。"剑光见严芳站了起来,便放下碗筷对金珠说:"阿妈,我送送严芳。"金珠说:"路上要小心点,看到那些人避开点。芳芳,要是真的复课了,剑光会想办法通知你的。"她瞪了女婿一眼,说:"今朝芳芳要是在路上碰脱一根汗毛,我寻你算账!"为表明自己对严芳绝无坏意,皮祖兴等剑光和严芳走了一歇后,才向金珠告辞,却被金珠叫住了。金珠说:"你先不要走。"皮祖兴说:"阿妈,我忙,要么吃过夜饭我再过来一趟。"金珠说:"忙?厂里侪教你们搅得停产了,还忙啥?""我……"金兆隆在一旁听一大歇了,终于说话插嘴了:"他是想夺权当大亨!"皮祖兴说:"外公大大,我又不是三岁小囝,不会瞎闹的。不信你去问别人,我们手工业造反派的司令是阿猫狗不是我。"金兆隆"噗"地笑出声来:"阿来宝福气好啊,一个搭碗搭镬子的,养了个司令官儿子,福气!"金珠晓得女婿已走火入魔,现在再哪能劝说也已无济于事,就说:"祖兴,剑华对我讲最近脚肿得结棍,肚皮也不大适意,你还是先陪她到县医院妇产科去检查检查,看看要紧不要紧,还有几化辰光要生。"皮祖兴点头:"那好那好,我陪她去。阿妈,我真还有点要紧事体要做,等忙完了马上就陪剑华去做检查。""我讲的是今朝就去检查,现在!"金珠气得大叫起来,"我再哪能苦口婆心搭你讲,等于放屁!好吧,你夺你的权去,我陪她去检查。"讲完,走进自家房间,"嘭"的一声关上门,摇动纺车,可是因为心里有气,动作猛,那石棉就不听她的话,一扯断了,一扯断了。

皮祖兴走后不到一个时辰,剑华挺着个大肚皮来求救了:"阿妈阿妈,你快去劝劝祖兴!"

金珠一惊:"又哪能啦?"

"两派打起来了,惹厌胚从楼上掼下来掼死了,但祖兴还在那里上蹿下跳,我去劝他,差一眼让他打了一巴掌。"

金兆隆说:"让他去!这个小棺材是不见棺材不落眼泪的!"

"阿爸!"金珠瞪了父亲一眼,拉上囡儿就出了门。路上,金珠从剑华的嘴里得知了事情的来龙去脉。

原来,以赤联司为首的保派,主要由机关事业单位的人加上年轻的公社社员组成,他们得天独厚,控制着广播站和民兵武装,给工人造反派和红卫兵造反派为主的赤造司,也就是踢派造成了很大的压力。随着夺权斗争愈演愈烈,赤造司体会到舆论的重要性,决心拿下公社广播站。广播站在公社大院旁边的一座水泥两层小楼里,上下只有一个外楼梯,楼梯口外被赤联司设了蒺藜铁丝网。赤造司的人冲了好几次侪吪没成功,广播站还在广播《告全社革命群众书》,把赤造司讲得一无是处。惹厌胚向赤造司头头拍胸脯,说他不走楼梯也能上去。惹厌胚父亲洋铅除了敲铅皮等,还给人家上房修水漏啥的,惹厌胚经常当父亲的下手,练就一身攀爬的本事,只见他迅速上了电线杆,凭借电线横担、墙体等,很快两只手就抓住了二楼的窗框,里面的人慌了,操起家生打他的手,戳他身体。终于,惹厌胚手一松,掉了下来,后脑勺着地……

惹厌胚的死,使武斗的规模升级,双方都在调集人马。金珠和剑华赶到那里,只见皮祖兴手拿短木棍,一口一个"造反有理",一口一个"以血还血"。皮祖兴的后爹卖膏药带领着一帮人也在那里摇旗呐喊,制造声势。剑华好不容易把皮祖兴拉了过来,皮祖兴气得眉毛倒竖:"你不要来打朋!吪没看见老子……""祖兴,今朝你是扎足台型了,啊?"金珠怒目而视,"我叫你陪剑华去检查身体,你讲忙,洋铅家里死人又不是我们家里死人,你忙啥呀忙!"皮祖兴忍了又忍,说:"阿妈,我们要讨个公道嘛。"金珠说:"讨公道用得着操家生哦?这是犯法!"皮祖兴说:"这是啥逻辑?他们把人打死了!""那你要哪能?""哪能?我们就是要采取革命的行动,敌人不投降就教他灭亡!"剑华在一旁说:"皮祖兴,你若还要这个家,就马上跟我回去,否则……你就再也不要回家了!"皮祖兴疯了似的用木棍点着剑华的鼻尖:"你不要拿这个来压人,革命者坐牢杀头都不怕,还怕离婚?离,现在就离!"金珠一看这副样子,晓得再哪能讲也是无济于事了,连忙拉上剑华离去。

母女俩出得公社大院,刚转了个弯,只见一帮人正挤在一起看一张糨糊还不曾干的大字报,"揪出赤造司黑军师、日本特务皮祖兴"十几个大字赫然在目,她俩的脑子一下子懵了。

这张大字报把皮祖兴与早已死掉的汉奸费金龙联系在一起,通过演绎,推断皮祖兴为潜伏的日本特务。这可是一颗重磅炸弹,一记头就把赤造司炸得晕头转向。

过了一天,有一个署名"追穷寇"的贴出了一张说剑华是日本特务的大字报。这张大字报无中生有地给剑华起了个"剑华良子"的日本女人名字,说剑华是金珠被日军掳去后怀上的。再接下来的一些大字报,把剑华的出生与金兆隆在敌伪时期任职的历史联系起来,剑华的日本特务身份就铁证如山了;剑华是日本特务,那么金珠、金兆隆当然也是日本特务……苦难再一次降临这个不幸的家庭,金珠、金兆隆、剑华同时被关押隔离审查。

不久,上面指示,要求成立"三结合"的"革筹会",然后过渡到"革委会"。赤联司利用日本特务案打得赤造司丢盔卸甲,担任了组阁重任。严文魁是老干部代表,孙秋根是民兵代表,被组合进了革筹会。根据上级关于维护各派团结的要求,也给赤造司安排了两个名额,一个是红卫兵造反派代表,一个是工人造反派代表。阿猫狗是工人造反派的司令,出身好,加上他蔫,就被组合进了革筹会。阿猫狗原来身边的那些人不情愿了,要求增加工人造反派的"入筹"名额,自然不会得到同意。他们就闹,发传单,贴大字报,还逼迫阿猫狗发表书面申明,拒绝"入筹"。赤联司见赤造司还不服输,就加大了对日本特务案的打击力度。

在被关押审讯中,皮祖兴脾气犟,死活不承认;金兆隆父女是老牌"政治运动员",知道怎么对付。剑华就成了突破口,赤联司的几个审讯者对她采取了威逼利诱、车轮大战等各种手段，要她承认自己是日本特务，是以皮祖兴为首包括金珠、金兆隆在内的日本特务组织的骨干。剑华终于吃不消了，在别人写好的一份供状上签了名。赤联司的人得到了这个"证据"，就把这祖孙三人放了出来，让他们在家里"随时听候传讯"。

"阿妈，"回到家里，剑华悔恨交加，抱住金珠说，"是我害了你们，侪是我不好……"

金珠说："阿妈心里清爽，就是不签名也是这样。"

"阿妈，我是实在吃不消……连续几日几夜啊……不承认就打骂，不许困觉……"

"所以你要好好休息，明朝一早我去街上买只老母鸡来炖，给你补补。"

"阿妈，有天夜里我做了个噩梦，梦见你……被他们打死了，我就哭醒了。"

金珠说："别人家哪能讲阿妈的？讲我是老运动员，呵呵，一个老运动员哪能随随便便就给别人打死了？我在里面最担心的倒是你肚皮里的小人……"

"要不是肚皮里的小人，我怕早就……那个了，真的阿妈。"

"瞎三话四！"金珠把囡儿搂紧，"好死不如赖活，以后再不许这样讲，听见了？"

"阿妈！"剑华将身体一扭，"我不想把小人生下来，真的。"

"……"金珠惊愕地看着囡儿。

"我不愿意小宝宝像我一样，生下来就任人欺凌。"

金珠正要好好劝慰剑华，健仔在门外叫她，她连忙跑去开门。

倢仔说:"我吃夜饭辰光得到的消息,说他们把你们放出来了。"

金珠说:"哪里,让我们随时听候传讯,继续交代问题,皮祖兴的三顿饭让我们烧了送过去。进来吧,进来讲。"

倢仔说:"等一歇再讲,你先跟我去看看。"

"看啥?"

"你跟我去就晓得了。"

金珠心里又七上八下起来,便回身宽慰了剑华几句,随后跟着倢仔出去了。过桥往镇上走,走到离城隍庙不远的地方,倢仔"嘘"了一声,让金珠往她手指的方向看。

昏暗的路灯光下,几只猫在舔墙上淋下来的糨糊,听得她俩的脚步声,那些猫"刺溜溜"地跑散了;潘鹤鸣正在墙上刷还冒着热气的糨糊,已经贴了三张纸的大字报。

"你们……"潘鹤鸣发现了她们,"我……"

金珠见他贴的大字报上赫然写着这样的标题——金剑华是金珠与潘鹤鸣所生的女儿。

"鹤鸣!"金珠大惊,"你这不是引火烧身么?"

"我,我想过了,他们最多再给我加一顶坏分子帽子嘛。"

"可这不是事实!"

"他们说你们是日本特务更不是事实!"

"你这样写他们能相信吗?"

"那让他们去潘家湾调查。"

"假的就是假的,他们还能把假的调查成真的。"

"现在不是有许许多多假的事体侪变成真的了吗?潘家湾当初

就有人怀疑过我们俩……那个……我听说过的。"

"鹤鸣,我不允许你这样做!他们会把斗争矛头转到你身上的。"

"这正是我所希望的。让他们整吧,流氓,生活作风败坏,游街示众,打,这总比让剑华和你莫须有地背上个日本特务的臭名好多了吧?再讲,事实就是事实,事实真相总有一日会大白于天下的。"

"不!我不同意!"金珠伸手扯下了刚刚贴上去的大字报,撕碎,扔掉。忽然听得远处人声鼎沸,金珠心里头好像被捣了一记,大声叫道"剑华不好了",拼命向自家家里奔去。健仔不解,只得紧随其后。

果然是剑华出事了。只见一群人围在河边,在几道手电筒光柱下,剑光正拖着他阿姐上了岸。剑光说:"阿姐还在透气。"他们把剑华送往公社卫生院,途中剑华一阵撕心裂肺似的吼叫,紧接着,响起了婴儿的啼哭声……

剑华死后,皮祖兴被放出来料理妻子丧事。金珠连剑华的身边都不让他靠近。皮祖兴跪着哭,还打自家的嘴巴,骂自家不是人,又操起菜刀叫嚣着要去报仇雪恨。金珠不理他,只顾给剑华擦洗身体。她把剑华头颈里挂着的那串珍珠项链,摘下来攒在地上,自言自语:"囡儿,我可怜的囡儿,你还指望菩萨保佑呢,不灵光了……"金兆隆拾了项链收起,说:"你拿它出气做啥!泥菩萨过河自身难保,哪还顾得上来保佑我们剑华……"皮祖兴见金珠给剑华已经擦洗好,正要拿衣裳为她替换,就过去抱起那叠早就摆放在桌上的衣裳,想打下手。"你给我放回去!"金珠说。皮祖兴不敢违拗,乖乖地把那叠衣裳放回原处。他说:"阿妈,我错了,侪是我的错,从今以后我……""人都死了还说什么'从今以后'!"金珠吼叫着,"姓皮的,你给我滚!"金兆隆在一旁说:"你个枪毙鬼!你还有面孔走进我们这个家啊!你还我外孙囡,还我剑华!"金兆隆拿起门闩踉跄着奔上去,照着皮祖兴的头就是一记——不过,这一门闩吭没打着皮祖兴,半空中让剑光接住了。

"大大,你今朝打死他也换不来阿姐的性命了。"剑光说,"再讲,阿姐的死也不是他一个人造成的。"剑光转向皮祖兴,挥了挥手:"你走吧,走得越远越好,再不要让我们看见你!"

皮祖兴当天就在赤松镇上消失了。

剑华留下的女孩,生下来的辰光像只小猫,金珠硬是一口奶粉一口米浆把她养活了。一有空闲,金珠就把她抱在怀里,面对赤松溪,她想让投河死去的囡儿看到她的亲生囡儿是哪能一日日长大的。稍大一点,金珠就对她讲,你阿妈就在这河里看着你,在向你招手呢。辰光一长,这小人也就真以为那镜子一样的水面下住着自家的妈妈,就总是对着赤松溪舞动小手手咯咯地笑,嘴里"妈妈妈"地喊个不停。

金珠给她起名叫金望溪,乳名望望。

第三十四章

金珠从窗口看见一个穿花格子衬衫的男人在房前路上徘徊。"小棺材真还活着!"她咬牙切齿地说了一句。

杨宝乾说:"既然望望的父亲还活着,迟早……"金珠说:"我不认这个枪毙鬼!""你声音轻点好哦?"杨宝乾摆摆手说,"我是这样想的,过去的就让它过去。""剑华的死与他有关,讲过去了就能过去?""那是过去时势造成的嘛,也不能侪怪他。""可是他当初要听我一句话,剑华也就不会……他还偷越国境,给望望造成的伤害还小吗?""我听说当初他已经走投无路,不走,弄不好就让人家斗死。"金珠不响。杨宝乾又说:"金珠,浪子回头金不换,或许这小鬼……""你要认他你就认去,反正我是再也不想看见这个害人精了!""你不想见他是你的权利,可是你不让他见自家的囡儿,好像……从情理上讲,就有点……那个了,是吧金珠?"

"是呀,如果望望想认呢?"金兆隆突然跨进门槛说。杨宝乾连忙迎上去,搀他坐下,说:"剑光大大讲得对,要么先征求征求望望的意见?"

金珠不语。

杨宝乾走向窗口,想看看皮祖兴还在不在门外,却看见严文魁正在向这里走来。

"老严,你过来路上看见一个穿花格子衬衫的男人哦?"

严文魁说:"好像有,刚刚,一边落眼泪水一边上桥了。啥人么?"

"望望她父亲,就是那个皮祖兴嘛。"

严文魁说:"是他?我哪能吪没认出来?昨日早上我在茶馆吃茶,倒有人讲起了,讲他回转来了,从牢里出来后就做生意了。听说他现在改姓盛啦,盛家不是吪没子嗣嘛,那幢房子就归他了。还有卖膏药死后留下来的那个房子,听说也归他了。"

金兆隆说:"当初大家硬劲把他搭费金龙捏到一起,把他和他阿妈当坏人弄,弄得他阿妈……罪过不罪过!不然这小鬼也不会造反,害得我们剑华……"

严文魁心虚,连忙说用一句"当初辰光是极'左'路线嘛"支吾过去,然后大惊小怪地说:"宝乾兄,你还吭没听说吧——华严寺那两棵白果树活转来啦!"

"真的?"

"我今朝亲眼去看的,绿了,那两棵树侪爆出树芽了。"

前些日子,上面批准修缮华严寺的消息一传开,华严寺上空很快就升腾起久违的香烟。开始,一些人只是在破旧的大雄宝殿门前空地上烧香叩头,后来来了三个还俗的老和尚,重新削发为僧,请来了一尊半人高的释迦牟尼坐像,将其供奉于粗粗粉刷过的大雄宝殿正中央,三个老和尚操起那铙钹磬铃、云板木鱼,很快烧香拜佛的人摩肩接踵。孙秋根还让人在大殿左侧放了一只功德箱,在旁边墙上贴出告示,鼓动信众捐助善款,争取早日修复古刹。令人意想不到的是,功德箱日进斗金。此事传到县里,县里的领导表扬赤松镇政府思想解放得快,步子迈得大。孙秋根喜出望外,脑筋一动,又想出了个新点子:做一个法会立一块功德碑。准备在法会上让杨宝乾加上几个万元户做表率,现场捐款;将捐款100元以上的信众姓名按捐款多少排名,刻在功德碑上。更加令人意想不到的是在两天前,一场雷暴雨,那两株白果树竟突然活了过来。

金兆隆说:"这就怪了,这是那两棵白果树第二次复活。我不是迷信,我看啊,太平盛世真的到了。听说书先生讲,唐朝贞观年间……"

杨宝乾对华严寺在"文革"中的遭遇早已耳闻，一眼就看出了严文魁的尴尬，连忙打断金兆隆的话说："阿爸，我是备了几副香烛的，那你明朝搭我一道去华严寺？"

"去！几化年数不烧香了，我要去求菩萨保佑，保佑我们家的大人小人从今以后太太平平。"

"阿爸，你这样一瘸一拐的，走得动哦？"金珠问。

杨宝乾说："不碍，明朝正好礼拜日，让剑光严芳搀上，就二里路碰顶了嘛。"又转头看金珠："要么明朝我们一家人侪去轧轧闹猛？"

"我哪有闲心思去轧这种闹猛，还不晓得她哪能呢。"金珠说，向楼上望望的房间方向努嘴，随后轻手轻脚上楼，来到望望房门口。推门，门闩牢了，她吓一跳，叫"望望"，吭没回音，再把耳朵贴到门缝上细听，一眼声响也吭没。她急了："望望！望望快开门！望望……"

好不容易弄开门，只见望望眼睛又红又肿。望望叫了声"奶奶"，一头扑进金珠怀里，放声痛哭。

这天夜里，金珠基本吭没合眼。金珠陪坐在外孙囡床前，第一次详细地向望望讲述了她母亲的真实身世，望望只是静静地听，一声不响。后来她倦了慢慢困去了，金珠生怕发生意外，就在床的另一头半坐半躺地一直熬到天亮。等到他们去华严寺了，才闭上眼睛打个瞌睡。忽听得一阵急促的敲门声，金珠下床去开门，一看是桂林。桂林带来了乡下土仪：活鸡活鸭，活蹦乱跳的大鲫鱼，马兰干，芝麻绿豆赤豆……桂林说，早听说杨先生回来了，想来望望，因为忙，一拖就拖到今朝。金珠说："不是单干了？不需要每天扛把铁搭去混工分了,哪能还忙得连上个镇也要算准日脚呀,忙点啥事体么?"桂林虽已年近古稀,却比以前精神多了,说:"忙啥?搭儿子新妇一起养鸡养鸭养兔子,还要抽出辰光照料两个池塘的鱼,旧年头又翻造房子,盖三层楼,忙得脚后跟踢到后脑勺。"又纠正金珠的说法:"金珠妹,现在农村搞的叫家庭联产承包责任制,不是分田到户搞单干,这是领导专门在会上讲了又讲的。"金珠差点笑了,说:"他们刚刚走,今朝华严寺开法会,你就坐着呷茶吃香烟,我就用你送来的物事烧几样小菜,等他们回来后一起吃老酒讲张。"桂林说:"我也是去华严寺的。"金珠说:"你不是忙得脚后跟踢着后脑勺了么,哪能今朝倒有空去轧这种闹猛?"桂林从衣袋里摸出一张胸签来,说:"镇政府通知的,让我带头捐点钞票,不去总不好吧,啥人让你是万元户么。"金珠凑近胸签一看,是今朝法会的特邀嘉宾,这才恍然大悟,说:"好啊桂林,前几日高音喇叭里讲的曹家埭那个又是养殖专业户又是致富带头人,就是你吧,不过我听名字好像不叫曹桂林呀。"桂林笑笑,说:"叫曹光明,我让我儿子出头的。"金珠说:"好哇,老古人讲,瓦爿也有翻身日。好像呒没几化辰光,你就成万元户了。"桂林说:"金珠妹,讲句心里话,钞票不钞票倒是其次,关键是头上的紧箍咒掼脱了。老古话,树树要皮,人人要脸。你讲是哦?"他一边匆匆朝门外走,一边说:"金珠妹,我再不走就来不及了,这样,过几日我搭老太婆一道来,接你搭杨先生一道去我家里住几日。"金珠问:"那棵石榴树还在吗?竹园还在吧?现在能扠到小虾吗?黄鳝还照得到么⋯⋯"桂林答:"在,能⋯⋯"

金珠送走桂林回到望望房间,见她还困得蛮酥,就寻来结了一半的毛裤结起来。结着结着,又打起瞌盹来。迷迷糊糊中,好像听得又有人敲门,问:"啥人?"不响,照敲。金珠只得走去开门,马上呆在那里了——是个身穿僧服的老尼姑,颈上挂着念珠。金珠盯住细看,不禁叫出声来:"俫仔!"一把揪牢宽大的衣袖想拉她进门,俫仔却如脚底生根,再哪能用劲也拉她不动。俫仔说:"贫尼还有要紧事体,就不进去了。"金珠说:"俫仔,你这是到啥人家家里了么,快,进来呀!"俫仔说:"出家人四海为家,金珠姐,我真有要紧事体,就不讨扰了。"金珠急得差点哭了:"俫仔,我的好妹子,我有交交关关的话要搭你讲啊,那年你走后,你阿爸阿妈……""这是他们的命。金珠姐,佛门以为,生即死,死即生。当初我阿爹阿妈若是苟延残喘,那也是活受罪。我当初心里就这样想过,他们把我支走,一是怕我再有不测,二是他们已经决定……那个了,你是晓得我阿爹脾气的——宁愿站着死,决不跪着生。我今朝特地来寻金珠姐,有两桩事体。""你讲你讲。""第一桩事体,我已搭华严寺的法净师父交代了,让他与你见个面,拣个好日脚,为我阿爹阿妈念堂经,为他俩超度超度。可怜他们连个骨殖也寻不着,我阿哥国怀前几年也在美国亡故了,如今这里就你这个过房囡了,我求你代我给我阿爹阿妈尽孝了。"她说:"俫仔,寄爹寄妈的骨殖在呀,就埋在桂芳娘家的自留地里,要么俫仔妹妹,你先住下来,我把寄爹寄妈的事体仔仔细细讲给你听,再商定个好日子一起去。""真的?""说来话长,所以我说你还是先住下来嘛。""不不,金珠姐,我真有要紧事体,拜托你了金珠姐,我这生这世最后一次求你了。"说着,俫仔就地跪下,向她叩了三个响头。她连忙将俫仔搀起,鼻头一酸,泪水在眼眶里转来转去:"你放心好了。俫仔妹,你表哥鹤鸣,在'文化大革命'吃官司去了甘肃,现在也回转来了……"金珠看到健仔，潘鹤鸣的形象就跳到眼前，不想健仔好像呒没听到一样，面孔上毫无表情。"我老早就想给寄爹寄妈搞个纪念仪式了。给寄爹寄妈念堂经当然再好不过，你放心，我一定……"健仔说："金珠姐，还有第二桩事体。"金珠说："你只管讲。"健仔说："还记得智越师自焚那天的情景吧？"金珠说："还像在眼门前。"健仔说："他是为了华严寺珍藏的宝物免遭洗劫才自焚的。"金珠问："就是传闻中的血经啥的？"健仔说："差不多。"金珠说："你哪能晓得的？"健仔说："是我临走之前阿爹告诉我的。当时许多地方破四旧已经破到古刹，智越师担心华严寺也因此遭劫，就从四川赶来。华严寺的镇寺之宝和另外几件宝物只有当家和尚心里清楚，外面只是一些传闻而已。智越师决心用自己的生命来保护那些宝物，所以拜托我阿爹万一他身遭不测，就去四川找他师兄智超，将华严寺珍藏宝物的详情转告智超。可是金珠姐你是晓得的，我阿爹当时被他们斗得吃不消了，已有了以死抗争的念头，就把智越师托付给他的事又转托给我。哪里晓得，我到了四川，智超师也已经……金珠姐，现在华严寺的当家和尚我不了解，我的意思是，请你代我同时向政府和寺方交代。"金珠说："好，好的，我一定办好这桩事体。妹子，你这一去杳无音信，想得我……来来来，快进来，让我们姐妹两个坐下来好好叙叙。"她揪牢健仔袖子往屋里拉，可健仔还像刚才一样纹丝不动，只是把头伸过来对着她耳朵讲出了有关华严寺珍藏的秘密，然后一声"阿弥陀佛"，人就不见了。

金珠醒来的辰光，发现毛裤、棒针还在怀里，望望正看着她。她觉得这好像是个梦，又不像是梦，细细思忖，总觉着有点蹊跷。望望的两个初中女同学敲门进来，要拉上望望去外头白相，金珠就叮嘱一番。待她们走后，金珠不由得向华严寺赶去了。

华严寺里人山人海，金珠寻找穿僧衣的人。在大雄宝殿遇到正在烧香叩头的金兆隆、剑光与严芳，就把刚做的梦讲了个大概。剑光说："阿妈，日有所思夜有所梦，你肯定是想倢仔阿姨了。"金兆隆说："今朝这么多人，到啥户荡去寻？七石缸里捞芝麻吧你！"忽然金珠看见有个穿僧衣的人走过，连忙追上去叫了起来："倢仔！"那人掉过头来，竟是个和尚。金珠尴尬地说："我是在寻一个师太，哦，你能不能领我去见你们寺里的法净师父……""施主，我就是法净，你寻我有啥事体？"金珠问："今朝可有一个尼师来寻过你？五十几岁，人就搭你我差不多高矮。"法净回答："有啊，说是从四川过来的。""她在哪里？她叫啥？"法净说："走了，我让她吃了中午的斋饭再走，她说不用。来，跟我来，她给我留下名的。"金珠跟了法净走进方丈室后，法净翻开一本簿册，指着一个名字说："你看，你讲的那个师太是不是就是她。"金珠一看，上面写着"5000元"，署名"劫余"，旁边还写着周兰畦夫妇的名字与生辰八字，就点了点头。法净说："你是不是叫金珠？"金珠说："是啊，她让我搭你联系，请你为她爹娘念堂经超度亡灵。"法净说："这就对了。她还讲到华严寺珍藏的宝物，她让我与你联系。智越师当初为了护塔……那天我是亲眼看见的，他们在这里批斗我们这些还俗的僧尼……所以我们一回到寺里就打算给智越师建座塔，难就难在不晓得他的骨殖去啥户荡了。"金珠说："我晓得，可是我的倢仔妹子寻不着了……"

金珠回到家里，人像丢了魂一样，眼睛定洋洋地盯牢一个户荡不动。杨宝乾说："倢仔已是出家人了，这次她回来是为了周先生生前托付给她的事体。"剑光说:"说不定是阿妈灵光一现,或者讲是一种幻觉吧。"金兆隆说:"不可能。你阿妈不是搭那个叫法啥的和尚碰过头了嘛,榫头对卯眼,一眼眼也不错。"杨宝乾说:"倢仔是个何等聪明的人,她肯定也是看准时机已到,才专门来交代这桩事体的。今朝分管民族和宗教事务的县政协黄副主席给我留了个联系电话,要么我现在就去给他打个电话?"金珠点头。

过了两天,华严寺里来了一些县机关干部、僧侣,还有几个带着施工工具的工人,孙秋根在一旁陪着,把他们领到塔下。先是华严寺的几个和尚在塔下焚香诵经,然后由工人动手发掘。原来,智越在此圆寂了好几年之后,住在寺里的几户农民见塔门洞开,猫狗众牲跑出跑进,实在看不下去,就找了些旧砖把塔门封死了。华严寺里重新燃起香火时,回到寺里的几个和尚只是将塔基四周平整打扫一番,还吭没启封塔门。这天,工人砸开封住塔门的砖墙后,在塔底内墙旁的一堆泥土下找到了一只有"宏济堂药号"字样的甏子,内有骨殖。当年周兰畦为智越收拢了骨殖。

又过了两天,报纸上说从华严塔地宫与塔刹里,找到了15枚舍利子、700多年前华严寺当家和尚德然刺指沥血书写的华严经、御赐镇山法印等。

第三十五章

因为倢仔的突然出现又突然消失,十几年前的往事浮现在金珠脑海，挥之不去。

剑华死后，金珠一直沉浸在极度的悲痛之中，直到"断七"那天，她才强打起精神。天蒙蒙亮，金珠就拎了只篮头去买菜，打算烧七样剑华生前爱吃的小菜。

金珠过桥上了大街，只见垃圾满地，心里一紧。平常天还呒没亮，潘鹤鸣就把大街扫得干干净净了。他病了？出啥事体了？金珠走着想着，就听得口哨响，接着看到一个熟悉的身影挑着副空担向这边走来，是潘鹤鸣。她下意识地闪进了旁边小弄堂，等他过了弄堂口，就放轻脚步跟了上去。潘鹤鸣在快到南阳春茶馆的辰光，放下空担，又吹了几声口哨，随后东张西望一番，弯下腰，从地上捡起一个个烟屁股，随后倚在还未开门的百货店排门板上，将一个烟屁股衔在嘴上，"哧"的一声划亮自来火。"鹤鸣！"金珠几乎叫了起来。潘鹤鸣一惊，先是急忙将烟屁股乱脱，然后看着金珠，就像小学生犯了过错，等着班主任对他批评教育。

从潘鹤鸣吞吞吐吐的言语中，金珠知道了街道里每月只发给他十二元的生活费，只够吃饭钿，他烟瘾大，只得拾烟屁股过过瘾；原本负责这一片挑马桶工作的历史反革命分子戚友仁病倒了，街道里就把戚友仁的扁担交给了他。金珠又气又恨又心疼，可又呒没办法，就从身上摸出几张角票和半斤粮票，说："你真是酱甏里落苏，哪能啥人侪要捏你一把的！早饭呒没吃吧？快点去买点大饼油炸桧，吃饱了再挑……"潘鹤鸣连连推辞："不不不……我不能拿你的钞票，你摇石棉……"正在两人你拉我推之际，街东头传来了嘹亮的歌声，一队人马风风火火地正向这边过来。两人连忙消停，潘鹤鸣匆匆挑起空担走了。

这是一支举着红旗打着横幅唱着歌的队伍。横幅上分别写的是:"砸烂赤联司,还我战友血!""革命无罪,造反有理!"……走在队伍最前面的是赤造司的司令阿猫狗。阿猫狗身后是工人造反派战士和红卫兵造反派战士。金珠不敢面对他们,便贴着墙侧身而走,听得有人叫她,接着就看见阿猫狗已来到她面前。

金珠有点猝不及防:"不……你……阿猫狗……你们……你好……"

阿猫狗说:"金阿姨,我姓赵。"

"哦,赵猫狗赵司令。"

"金阿姨,阿猫狗是我的小名,学名叫赵继林。不过我现在已经改名啦——赵帆,一帆风顺的帆。"

"赵帆——造反……"金珠明白了,说,"这名字改得好,改得好!过去你阿爸迷信,你小辰光病多,阿猫狗阿猫狗,猫狗好养嘛。我记得你小辰光左耳朵上还戴了只铜耳环呢。"

阿猫狗说:"金阿姨,剑华她……真想不到……"

金珠说:"不,是剑华她自家想不开……"

"不!"阿猫狗大手向空中一挥,"血债要用血来还!支左的解放军已经进驻县里啦,我们现在就是要步行去县里见支左的解放军,要求追认惹厌胚——哦不,要求追认钱其中同学为烈士!对,我们还要揭露赤联司诬陷皮祖兴和金剑华的滔天罪行!"

金珠吓一跳:"不,赵帆同志,皮祖兴金剑华怨他们自家不好,你们不要再为他们……那个了。"

阿猫狗做了个斩钉截铁的动作:"不!不达目的,决不收兵!"

金珠不敢跟阿猫狗这样缠下去,找个借口匆匆离去。她买好小菜回家，走到离周家不远的地方，瞥见几个戴红袖章的人正在墙上贴大字报。她不敢停下看，就边走边用眼睛瞟，大字报的标题是"宜将剩勇追穷寇，不可沽名学霸王"，副标题的字要小一些看不大真切，但"周兰畦"三个字还是映入眼帘。金珠不觉心里一紧，急忙拐进了周兰畦家门。

周兰畦正在庭心里练太极剑，听得脚步声，他一边舞剑一边向金珠点头示意。金珠忍了一歇还是忍不牢，问："寄爹，你呒啥事体吧？"

周兰畦话："金珠，有啥话就讲，他们要向我开刀了？呵呵。"

"哦，不，噢寄爹，寄妈、健仔在家里哦？"

"你寄妈去隔壁头了，王家姆妈一早来叫她去的。健仔嘛你晓得的，最近小学堂里分派她扫厕所，早走了。金珠，我看得出你心里有事体，讲吧。"周兰畦说着，做了个收势。

金珠把街上看到的讲了，又说："或许是我瞎猜测，我只看到你的名字在大字报上。"

周兰畦说，"在这个年代，啥事体不可能发生，我是早就有所准备了，反正躲过初一躲不过十五，倒不如让他们早点动手。"

"寄爹，也许……"

"哦对了，今朝是剑华断七吧，买点小菜烧给她吃？要么你稍等，我给剑华写副挽联。"

"不不寄爹，大字报都快贴到你额角头了，你还是先做些思想准备。"

"啥大字报小字报的，我周兰畦一生清清白白，他们还能……"周兰畦正说着，门外突然响起了锣鼓声，一歇歇，一帮套着红袖章的人气势汹汹地冲了进来,又是抄家又是绑人,把金珠买的小菜也掼了一地。倢仔娘听到动静从隔壁回家,一进门也被反拧住臂膀捆了起来。随后三个人俓被挂上木牌,被押向城隍庙门口。在那里,金珠看见金兆隆、倢仔、卖膏药也挂着与他们三人一样写有特务分子的木牌,先后被押了来。

锣鼓声和口号声的喧嚣过后,一个赤联司的头头走上台。他先是念了两段语录,接下来就说:"革命的同志们,一些别有用心的人,为了达到他们不可告人的目的,今朝一早,蒙蔽了一些不明真相的红卫兵小将和革命群众,打着所谓革命的旗号,游行到县城了。是可忍孰不可忍!革命的同志们啊,根据我们掌握的情况来看,前一阶段挖出来的日本特务案的几个成员,只是小喽啰小虾米而已,黑掌柜一直躲在阴暗角落里兴风作浪呢。那末这个黑掌柜又是何许人也?喏——就是这位大名鼎鼎的周兰畦!"

那个头头将周兰畦的历史进行一番歪曲,把周兰畦曾留学日本、与大汉奸周菊畦的血缘关系、从日本人手里救出杨宝乾等人的事体捏到一起,推理出周兰畦就是赤松镇上暗藏最深的日本老特务。

惊天动地的口号声中,几个戴红袖章的奔上台去,向那个头头汇报了几句,那头头摆手让大家静下来,随后无比兴奋地说:"同志们,革命的同志们,这是我们刚刚从周兰畦家里抄出来的两样罪证,大家擦亮眼睛看清爽了——这把剑上刻的是啥字?'还我河山还我血'。革命的同志们啊,他是要啥人还给他河山呀?不就是妄图夺走我们无产阶级的红色江山吗!大家再看看——这是啥?几封信。这可不是一般的信啊。外面的信封是从香港寄过来的,里面的信封是美国寄到香港的,信封套信封,看到了哦?这几封信是以他的儿子周国怀的名义从美国寄到香港再从香港转邮过来的!由此可见,周兰畦不仅是个老牌日本特务,还是个美蒋间谍。反革命罪行昭然若揭,铁证如山……"

口号声、唾骂声汇成一片,只见几个臂戴"赤卫队"袖章的后生农民走上来,将一袋碎玻璃倒出来,然后把周兰畦架到碎玻璃上,强迫他跪下。刹那间,周兰畦的面孔变了形。健仔看不下去了,突然挣脱反拧着她臂膀的手,冲了过去,也不晓得哪来的力气,把一个赤卫队员推了个四脚朝天,然后歇斯底里地高叫着:"让我来跪在碎玻璃上吧……"这一闹倒蛮灵光,那几个人竟迟迟疑疑地走开了。那头头急了,说:"革命的同志们,革命不是请客吃饭,不是做文章,不是绘画绣花……"

这时,跑上来一个赤造司的喽啰,对那头头耳语了几句,那头头便高兴起来,眉飞色舞地说:"革命的同志们,革命的同志们!下面让我们用最热烈的掌声,欢迎赤造司的司令赵帆同志上台讲话。同志们鼓掌呀,同志们让我们一起高呼:革命不分先后,反戈一击有功!无产阶级革命大联合万岁……"

金珠怀疑听错了,偷偷向那里瞟了一眼,只见阿猫狗正左顾右盼地走了过来。日后金珠才弄明白,那天阿猫狗带了队伍去县里见支左的解放军,走到半路有人骑自行车追上来汇报镇上发生的事情。阿猫狗有点怕了,马上带着队伍回头走,向赤联司伸出橄榄枝。据悉,这是严文魁给赤联司出的主意,说这叫敲山震虎。

不久,皮祖兴偷越中苏边界被中国边防军抓获的消息传来,这就更加鼓舞了赤联司的革命斗志。当然，他们不可能弄到周兰畦金珠他们搞特务活动的任何真凭实据，只得把他们陆续放回了家。有天夜里，周兰畦让健仔把金珠和潘鹤鸣叫到家里，金珠见老人形容枯槁就想哭，周兰畦却拉住她的手笑道："哪能啦，你吃的苦头比寄爹多得多了，我可从来吭没看见你落下来过一滴眼泪水，而且唾面自干，寄爹自愧不如，哪能今朝反倒哭出乌拉起来了，呵呵。"

健仔忍住悲痛说："阿爹，这段辰光你吃的苦头还少啊！他们还讲不讲法律啊！"

周兰畦摇头："讲你不懂事体吧，你是脚炉盖当镜子——看得穿得很；讲你懂事体呢，你连最起码的事体也掰不清。公检法都被砸烂了，你不晓得？"

金珠说："那你就甘心承受这种不白之冤了？"

周兰畦又笑笑："你不是也这样的么？哦，不讲这些不开心的事体了，不讲了。金珠、鹤鸣，今朝我请你们来晓得为啥哦？"见两个人一面孔疑惑，就说："我一生一世吭没搭任何人做过媒人，今朝啊我想把你们两个撮合到一起。"

"寄爹！"

"姑父！"

"呵，哪能啦？不情愿啊？你们还以为我一眼也不晓得？只可惜我这个媒做得太迟了。"见金珠把目光移到了健仔身上，周兰畦说，"健仔她愤世嫉俗，玩世不恭，再在这里待下去迟早要出大事体的，所以我已决定让她去四川找智越师的师兄智超，避避风头。"

健仔说："阿爹，我一切听你的，我只担心我走了之后你们两个……"

健仔娘在一旁说:"你阿爹年纪轻轻东渡日本,跟随中山先生闹革命,后来北伐,后来抗战,啥事体吽没经历过?可是你要是有个三长两短……你放心吧……"健仔娘说着说着,眼泪水就嗒啦嗒啦往下落。

潘鹤鸣不解:"姑父,你是讲要让我表妹去当尼姑?"

健仔说:"要真能出家就谢天谢地了,是一种精神寄托,吽没啥可怕的。"

周兰畦说:"金珠,鹤鸣阿妈也早就有这个意思了,可惜她来不成。"见潘鹤鸣和金珠两个人面红耳赤,周兰畦就干脆抓起两人各一只手,拽到一起,说:"啥辰光去登记啥辰光搬一起住你们自家商量,我的意思你们应该领会,既然侪已经被人家踩到脚底下了,再不要前怕狼后怕虎了,相濡以沫,相依为命,总比孤零零一个人好些吧……"

"寄爹!"

周兰畦说:"我晓得你想讲啥。金珠,前一段婚事不讲了,后来你主要是为了别人好,一直委屈自家,结果才弄到今朝这种地步的。"

这时健仔已点着了两支红烛。蜡光将她的两颊映得通红。她一手拉着金珠的手,一手拉着她表哥的手,说:"来来来,金珠姐,鸣哥哥,这是我给你们专门准备的红蜡烛,拜个堂吧!嘿嘿嘿……"

潘鹤鸣说:"这就免了吧健仔?等我明天去街道提出结婚申请……"

健仔说:"啥啥啥,喂喂喂,鸣哥哥,你吽没发大头寒热吧?你要去向街道提出结婚申请?你呀你,怪不得你把我金珠姐害得——"

"倢仔,有些事体你可能不清爽。"金珠连忙为潘鹤鸣辩解,"他原先是党员嘛,他不可能不经过组织同意就自作主张的,我心里明明白白。后来我也耽搁过他……"

周兰畦摆手,不让金珠说下去:"过去的事体侪不要讲啦。哦对了,有桩事体我先问问你,鹤鸣,我听说李捷被结合进县革委会班子里了,我的意思是,你应该看机会去找找他了,你年纪还不太大,不能吃一世亏呀,就是为了金珠,你也要努把力,争取把自家的事体撇清爽。"

潘鹤鸣说:"姑父,我也想过,不过我晓得李捷自从到胥浦县以来,就一直在吃批评,是有名的老右倾,所以你看他做了十几年的副书记才转正的,结果这次运动又让别人整下去了,所以我担心不要因为我影响到他今后的政治生涯。"

周兰畦捋须称是,说:"那就不讲了。来来来,既然倢仔把蜡烛点好了,你们两个就相互鞠个躬,算是拜过堂了嘛,哈哈哈。"

金珠说:"寄爹,这就免了吧?"

潘鹤鸣也说:"现在不搞这一套了,再说……"话音未落,倢仔乘机将他俩的头一左一右搇在了一起,一边对磕一边喊道:"夫妻对拜——一鞠躬,二鞠躬,再鞠躬!"

周兰畦笑道:"好了好了,我总算了却了一桩心愿,我祝你们两人白头偕老,幸福美满!"

金珠含泪道:"我也祝愿寄爹寄妈长命百岁!"

周兰畦注视着金珠,摇摇头:"我哪敢有这种奢望呢。古人有云,生死有命,富贵在天。更何况我这个'不齿于人类的狗屎堆'。

'已矣哉！国无人莫我知兮，又何怀乎故都？'"

金珠记得这是屈原《离骚》中的诗句，不觉一惊："寄爹你……这一次他们整你，完全是皮祖兴这个小棺材惹出来的穷祸。他们为了争权夺利，想方设法整垮一方，就把我们几个当垫脚石替死鬼了。"

显然，潘鹤鸣也听出了一点不祥的苗头，说："金珠讲得不错。我听说公社革委会快要宣布成立了，那个阿猫狗也弄上了个革委会副主任衔头呢。看样子'文化大革命'就算基本结束了吧？"

周兰畦摇头"怕是刚过了头九或是二九吧。"

从周兰畦家里出来，潘鹤鸣金珠两个人就有点恋恋不舍了。潘鹤鸣将金珠送到她家门口，两人已经道了别，可金珠又掉转身来把潘鹤鸣送到了家门口。金珠早就想来看看街道上给潘鹤鸣安置在棚户区的这个家了，因为怕别人看见就一直吭没来过，所以当潘鹤鸣又要送她回去时，她谢绝了。她说她就想进去坐坐。当潘鹤鸣不得不开了门拉亮了屋内那盏15支光电灯时，金珠被眼前的一切震惊得差点晕倒。真正叫家徒四壁！一张用砖头支起来的竹榻，一只用旧砖搭的台子，一只泥草糊就的黑乎乎的行灶，这几乎就是这个屋里主人的全部家当了。一股刺鼻的烟臭味把金珠吸引了过去。在那只台子上，一只缺角破碗里盛满了拾来的香烟屁股。

潘鹤鸣故意轻松地笑道："你不要看这草棚，冬暖夏凉，真的。哦，你看这被头，前几日我阿嬢给我拆洗的，重新翻弹过的，把我焐得热死了。"

金珠面对潘鹤鸣，问："我们啥辰光去登记？"

"登记？哦——明朝是礼拜天呀，要么等下个礼拜我有空再去哪能？"

"那就下礼拜一。"

"金珠，你看我现在……这种处境……"

"正因为这样，我要你马上搭我登记结婚，马上搬到我那里去住！"

"金珠，能不能让我……"

金珠吮没再让潘鹤鸣讲下去，一把将他搂住，踮起脚用嘴唇堵住了他后面要讲的话。

潘鹤鸣再也无法抵挡，全身颤抖，热血沸腾。他香她，从额角头到头颈、肩胛骨，一遍一遍地香。他的手也不停地在她身上滑动，从后脑勺到后背再到腰部、臀部，还用力将她的身体向自家身上贴紧，再贴紧，以致痛得她差点叫出声来。她当然吮没叫喊，三十多年来，她渴望的不就是这一刻？她闭上眼睛，尽情享受着这一切。继而，他放开了紧箍着她的双手，将它们伸进她的衣襟，摸住了她的两只妈妈，先是谨慎地轻轻地抚摸，渐渐地就是揉搓，拼命地揉搓。她忍着痛，顺从他做的一切，幸福得眼里闪着泪花。终于，两人同步向竹榻移动，乘势倒在了竹榻上……让金珠想不到的是，尽管他用尽了吃奶力气，累得气喘吁吁满头大汗，却始终吮没达到预期目的。金珠说："你太紧张了。慢慢来嘛。"他"嗯"了一声，再次努力，还是一点效果也吮没。金珠问："你哪能啦？"潘鹤鸣说："过去……想你……手淫……一直蛮正常的，可能是怕……""怕啥？""要是让别人晓得了……"金珠差一眼笑出声来，说："怕啥？我们不是要结婚了吗。""可是还吮没正式登记嘛，要是让他们捉牢哪能办?"金珠说:"斗就斗,只要我们两个在一起,哪怕一日天,一个时辰,一个钟头,死也值了。"潘鹤鸣说:"金珠,我们要做就做堂堂正正的夫妻。明朝,不不,后天他们一上班,我们就去登记。"

让金珠和潘鹤鸣万万呒没想到的是,第三日早上,当他俩准备去办结婚登记手续时,传来了周兰畦一家人失踪的消息。接着就听说周家被查封了。她与他,哪里还有心思去考虑自家的婚事!健仔的出走,金珠是心里有数的,她只能常常为她担忧为她暗里祈祷。可是周兰畦夫妇的失踪,不要讲赤松镇上的人了,就是金珠也是疑惑重重,百思不得其解。直到三年后的一天,周家浜一位解放前给周家看坟屋的老人来寻金珠,说现在上面强制不准土葬只许火葬了,所以农村里结合农业学大寨搞农田基本建设,把所有坟地都挖掉平整成农田了。他们生产队在挖周家祖坟时发现喜圹里躺着两具呒没棺木的尸骨,他猜测周兰畦夫妇八成是吃了毒药钻进自家的喜圹死去的,就悄悄将骨殖分别装进两只甏里藏了起来。他打听到金珠与周家走得近,就寻来了。金珠得知消息后,连夜去了周家浜,将两甏骨殖弄回了家,后来埋进了桂林家的自留地里。

第三十六章

金珠与法净师商定了为周兰畦夫妇做法事的日子后,杨宝乾问金珠:"你不搭老潘讲一声?人家是周先生的嫡亲侄子。"

金珠不晓得如何应答。杨宝乾说:"金珠,不瞒你讲,我搭老潘已经碰过头了,他最后混到这个样子,我是想不到的。我请他来家里坐坐,他只讲有空再来,可是到今朝也不见他来。金珠,我们俩老了,人世沧桑,啥事体俩经历过了,不会去计较过去那些陈谷子烂芝麻了,所以我想不管哪一日,把老严、望望她阿爸,还有老潘一起请过来,吃一顿,聚一聚,你看哪能?"

金珠慌了:"我不晓得,我不管,你想哪能就哪能……"

应付严文魁就够金珠精疲力竭了,后来又来了个潘鹤鸣,接着又是皮祖兴,她真不晓得如何应付是好。眼前,她只想着把周兰畦夫妇的法事办妥了。不过她又想,正如杨宝乾所言,既然要为周兰畦夫妇办法会,再哪能也不能绕过潘鹤鸣啊。可是……

那天做法事,七个和尚各就各位后,磬铃鼓钹齐鸣,整个破旧的大雄宝殿马上呈现出一种庄严肃穆的气氛,逼着人屏息静气。忽然觉着身后有一股熟悉的气息,金珠不用扭头去看,就晓得是潘鹤鸣。杨宝乾让出中间的拜垫说:"你是周先生嫡亲侄子,当中。"一个相恋半世、让她日思夜想的人突然来到身边,而且几乎是身体贴着身体,金珠紧张得连气都透不过来。她反复告诫自家要顺其自然,落落大方。她打定主意,做完法事后干脆请他去家里吃顿饭。不想,法事中间休息辰光,她正要与他交谈,一个眼忽剌,潘鹤鸣不见了。金珠急急忙忙奔出大殿,就听得墙角那边传来了两个人的对话——

剑光:"潘老师,我早就听说你回来了,本来应该去看看你的,可是你也晓得的,我阿爸回来了,我要陪他……"

潘鹤鸣："不要不要，我晓得你忙。你忙你的。"

剑光："潘老师，既然今朝你来了，我想搭你正式谈谈。"

潘鹤鸣："正式谈谈？呵呵，搭我谈啥呀？"

剑光："……"

潘鹤鸣："剑光，你有啥话就直讲嘛，只要用得上我，你潘叔叔一定竭尽全力。"

剑光："潘老师，我就直截了当问你了：你这次回来有啥打算？"

潘鹤鸣："打算？我是想叶落归根的……"

剑光："潘老师，我的意思是……你看，我阿爸回来了，他想把我们一家人接到香港去，前一段辰光我阿妈好像有点松口的意思了，可是你这一回来……"

潘鹤鸣："我？我一回来哪能啦？"

剑光："潘老师，平心而论，我对你是感激不尽的，要不是你，我就……唉，潘老师，你的恩德我会记一辈子的，可是……潘老师算是我求你了，从今以后，你不要再来打搅我们家……的生活，我想跟我阿爸阿妈一起离开赤松镇去香港，可是我阿妈不走我想走也不能走啊，所以……你最好还是马上离开……"

金珠心中的怒火烧到了喉咙口，她正要斥责儿子，只听得杨宝乾在她背后大声吼了起来："剑光！你在讲些啥呀！你你你……还不快点向你潘叔叔赔礼道歉！"

金珠突然觉得心如刀绞，一歇歇就口吐白沫，摜倒在地。

也就在周家一家三口从赤松镇消失后不长远，"三结合"的赤松公社革委会成立了，两派之间的斗争好像偃旗息鼓了，那宗所谓的特务案也就不了了之了。接着又传来消息，学校要真的复课了。金珠觉得眼门前一亮，从抽屉里取出布票钞票，准备给剑光剪布做身新衣裳。刚出门，就碰着剑光和严芳正兴高采烈地走来。严芳一见金珠，叫了声金阿姨就抱住了她。金珠搂着严芳左看看右看看，嘴里有讲不完的话："好像瘦了点，不过长高了；黑了，不过比以前壮实了。你娘姨吭没搭你一起来？你也参加生产队劳动？还挣工分？怪不得晒的！这身老布衣裳好看，是你娘姨织的？你自家织的！哎呀呀芳芳，纺纱织布侪学会啦？你还带这么多物事来做啥？乡下土仪也是靠汗水浇出来的嘛……"正讲着，只见王水清腋下夹着教材之类的物事，手捧红宝书从门前经过。他家就在离米厂不远的农村。金珠注意到，王水清虽然穿的是一身土布中山装，倒蛮挺括的，棱是棱角是角，人也就显得神采奕奕。金珠老规矩，鞠躬问候："王老师好！王老师从家里来？"王水清连忙弯腰还礼说："你好你好！金珠，现在不可以这样了。"见剑光严芳也弯腰向他行礼，急忙阻止，说："金剑光，严芳，长远不碰着了，总算真的复课啦！我是前几日才接到通知的，这不——紧赶慢赶才整理出这些教材，也不晓得工宣队那里通得过通不过。你们忙，我们语文教研组有个小会。"金珠目送老人背影渐渐远去，眼门前又出现了潘鹤鸣的身影。

今天，潘鹤鸣穿着半新半旧的蓝卡其中山装，头发是新轧的，三七分，梳得一丝不苟，左胸袋盖下露出了两支钢笔的金属别头，亮晶晶的，美中不足的是那副眼镜还用白胶布粘着。潘鹤鸣兴奋地说："复课啦，开学啦，学堂里毕业生还吭没着落呢，说是又要招收新生了，教室不够用，老师也缺，公社教卫组把我们这些人侪召回去啦……"金珠关切地问:"那学堂里给你安排住啥户荡了?工资啥人发?街道发还是学堂发?每月发几化工资?"潘鹤鸣笑笑:"现在复课是第一位的,其他问题暂时不考虑。严芳,今朝刚刚赶回来的?"严芳显得有点尴尬:"嗯嗯,潘校长,你……好……"剑光也别别扭扭呒话找话问:"潘校长,我们原来六六届初中的学生现在算是初三生呢还是高一生高二生呀?"潘鹤鸣连连摆手,说:"不能叫我潘校长,叫我潘老师,现在学校由工宣队领导。剑光刚刚提到的这个问题倒是个实际问题,不过呒没关系,那天会上赵主任已经讲过了,说是上面的意思是让学生先回到学堂里来,参加斗批改,学工学农学军。"严芳嘟哝:"又是斗批改,又是学工学农学军,那还复啥课!"潘鹤鸣早已沉浸在复课的喜悦之中,就说:"除了斗批改、学工学农学军,文化课当然也是要上的嘛。赵主任在会上也讲了,让我们自编一套教材,先教起来,以后看上面有啥说法再讲。所以这几日可把我们这些老师忙死了,原来教你们代数几何的田济民田老师昨天夜里突然之间晕过去,差一眼眼……那个了。"严芳忽然问:"潘老师,你讲的赵主任是不是就是那个管公社教卫组的副主任阿猫狗?"潘鹤鸣说:"你讲的是赵帆,就是他,现在是分管全公社文化教育卫生的副主任,真正的工人阶级出身,人太朴实了。"剑光听了,差一眼笑倒。

复课后的情况正像严芳担心的那样,学生除了装模作样上几节文化课外,主要是进公社农机修配厂和铁木竹联社的几个小工厂参加劳动,下乡锻炼,斗批改。阿猫狗小学呒没毕业就跟着他父亲阿来宝搭碗搭镬子了,后来又进了铁木竹联社当工人,他做梦也想不到就造了几天反,先是突击入党,跟着就当上了公社革委会的副主任。他是进驻中学的工宣队的上级，经常要到中学来听汇报做报告。有一次他在县里听了一个批判文化界"三高"的报告会后到赤松中学来传达，说苏联有个跳芭蕾舞的女演员乌兰诺娃，月薪多少多少，上海的某京剧演员一个月拿几化钞票，某大学教授工资又是多少，我们工人阶级贫下中农战天斗地一年才拿几张钞票，简直让人无动于衷（义愤填膺）！还说对于这种不合理的社会现象和这些资产阶级臭老九，我们工人阶级、贫下中农和革命师生就是要批倒批臭他们，让他们如过街老鼠人人喊打无处藏若（匿）！阿猫狗的这一番话，讲得工宣队的人拼命鼓掌，讲得教师们筋肉痱子发一身，讲得学生子大眼瞪小眼。

在阿猫狗的过问和督促下，工宣队在中学组织成立了文艺宣传队，演《白毛女》，唱控诉旧社会地主压迫农民的歌曲《听妈妈讲那过去的事情》，唱得"黑十类"出身的老师和学生心惊肉跳，抬不起头来。他还让工宣队和进驻小学的贫宣队在公社所有学校搞"忆苦思甜"，吃忆苦饭，让出身好的控诉旧社会罪行，让成分不好的联系家庭自揭家丑，最后"红五类"学生的阶级仇恨得以高效发酵，就将一部分"黑十类"出身的学生逐出了学校。

王水清就是因为复课"复"脱性命的。因为过去的语文课本不让用了，几个语文老师只得按照工宣队的要求凑在一起编教材。为了不出任何纰漏，不管哪个年级，他们只选毛主席和鲁迅的诗文。这样小心谨慎，王水清还是出错。按照"三忠于"规定，教师讲课必须手持红宝书，那天王水清讲《七律二首·送瘟神》，讲着讲着就声情并茂忘乎所以了，于是，在高声诵读到"借问瘟君欲何往，纸船明烛照天烧"这一联时，竟然手举红宝书做了个送行的姿势。

王水清被革命小将当堂拿下。王水清本来胆小，他吓坏了，当日夜里借口上厕所，乘人不注意一头跳进了赤松溪。第二日早晨天亮之后，人们才找到了他肿胀的尸体。经分析，他投河后被河水冲到了金珠家的滩渡头，挂住了滩渡石下的木桩，潮水一落，尸体才被人发现的。

剑光作为黑十类子女被逐出校门后，就成天缩在自家小房间里。金珠晓得他心里压抑，很为他担忧，可又无能为力。后来，大块头来了几次，与儿子在小房间里交谈。大块头与剑光从小白相大的，又是同班同学，这次也被逐出校门。金珠心想，这样也好，同病相怜，惺惺相惜，让他们在一起说说话，总比一个人闷在心里好些。又有几次，严芳进小房间与剑光喊喊促促的。金珠想，年纪不小了，让他们谈谈情说说爱也不错。哪里晓得，有天一帮中学生在一个年轻老师的带领下闯进家门。在那个叫陈老师的老师指挥下，一部分人控制住了正在吃饭的金珠一家人，一部分人就走进剑光的小房间翻箱倒柜搜了起来。一歇歇，搜查的几个出来向陈老师报告，反动传单一张也搜不着，倒是搜到了一首诗。说着就把一张纸头交给老师。陈老师一边看诗一边问剑光："金剑光，这是你写的反诗？"剑光说："这是首古诗，我觉得好，就抄下来了。""古诗？哪个朝代哪个诗人？""这……这是首反修诗。最近中苏边界不是搞得蛮紧张嘛，——'万籁喑喑，如磐苍穹'，但是反帝反修的战鼓也已经擂响——'隐雷阵阵，电闪踵踵'……""你不要给我狡辩了！"陈老师气得脸上的几粒白麻都凸起来了，说，"请吧，有话你到学堂里搭工宣队讲去。"

金珠和金兆隆吓呆了，等反应过来，剑光已被带走。金珠把潘鹤鸣找来，商量此事。潘鹤鸣安慰了几句，然后说，最近学堂里出现了一些传单，批血统论和教育革命的，工宣队进行了分析，把几个怀疑对象弄了进去，通过审问对笔迹啥的，认为不是他们。后来就怀疑到被逐出学校的那些"黑十类"子女身上，剑光自然就成了重点怀疑对象。金兆隆说："几个学生子从剑光房间里搜出来的一张纸头，那个叫陈老师的讲是啥反诗不反诗的……"金珠说："剑光讲是反修诗，那个陈老师说剑光狡辩，就把他带走了。"潘鹤鸣说："只要搭反动传单不搭界，就一首诗我想也不会拿他哪能的，毕竟还是个中学生嘛……你能不能再去剑光房间里寻一寻，有没有这首诗的草稿，让我看看问题大不大。"金珠说："房间里是不可能再寻得着啥了。唉，啥人晓得这小鬼……"就在这个辰光，严芳突然出现在门口，说："这首诗是剑光写给我的，他们就会捕风捉影，我要抗议！"潘鹤鸣说："严芳，你冷静一点，冷静。你说这首诗是剑光写给你的，你能不能拿来给我看一看？"严芳说："我有，我现在就可以背给你听——万籁暗暗，如磐苍穹，愁云凝未动。隐雷阵阵，电闪踵踵，凄切亦悲恸。莫蹉跎，志九重，胸藏全宇，手揽经纬，叱咤风云。盼得春风浩荡日，驱阴霾，舞长虹。"潘鹤鸣一边听一边皱起了眉头。严芳说："潘老师，这真是剑光专门写了送给我的。"潘鹤鸣盯住严芳："他写这首诗的用意是啥？""反修……不不，他是勉励我胸怀大志，为国家……那个……莫蹉跎，志九重。你说这不是勉励我不要虚度光阴，努力学习，将来……"潘鹤鸣说："金珠，你拿张白纸头来。严芳，你把这首诗给我写下来。"严芳疑虑地看了潘鹤鸣一大歇，才把那首诗写了下来。潘鹤鸣默读了诗句，自语："写得倒是蛮像样的，新旧体结合，只是个别韵呒没处理好。"他问严芳："你有办法给剑光送个信或者讲上话吗？"严芳点头："我去关剑光的那个户荡看过了，就在学校的木工间，剑光在内间，外间有四个同学看守，其中两个还是我过去的部下，一直关系蛮铁的。"潘鹤鸣将那张纸叠拢装进衣袋，把严芳拉到门外，嘀咕一番，转身便走。

金珠急了，三步并两步追了出去："鹤鸣，这小鬼会不会搭反动传单牵到一起？要真那样……"潘鹤鸣回头安慰她："现在事体还呒没全部弄清爽嘛，你不要七想八想。放心，剑光会很快回来的。"

一个下半日，金珠与他父亲枯坐在家里，等候命运的发落。忽然听得楼梯响，金珠认定是严文魁下班回家了，就不由自主地出门追了上去。奔到楼上，严文魁正在用钥匙拧房门暗锁，听得楼板响，扭头一看是金珠。

"是金珠啊，寻我？那就进来讲吧。"

为了儿子，金珠硬着头皮跟他进屋，央求他："严主任，我家剑光岁数还小，不懂事体，你能不能搭学堂里的领导讲一声，能从宽处理的就从宽处理，我保证他今后不会再犯这样的错误了。"

"错误？"严文魁扭头看着金珠，"要真是啥一般性的错误就好了。再讲，金珠，我实事求是对你讲——这种话可不能讲给别人听——现在的公社领导班子不像过去我讲了就算数啦，我还是被他们结合进去的，就是我想帮这个忙，也是孤掌难鸣啊，弄不好还要让别人捉扳头。"

"不会的不会的，"金珠算是豁出去了，老着面皮恭维严文魁，"在赤松镇严主任你是资格最老威信最高的老领导，你讲句话还有人敢不听的?"

严文魁哈哈大笑,说:"这就是你抬举我了,金珠。在你眼里,我严文魁是个啥我还不晓得?呵呵,还资格最老威信最高呢!"一句话把金珠说得十分尴尬。不过他马上又换了一种口气说:"金珠,我讲句实话,再哪能我们在赤松镇上也相处几十年了,单凭这一层关系我也是愿意帮你一把的嘛,你讲是哦?可是现在的问题是:一,文教卫生公安司法不属于我管,我一发话很可能有人讲我一手遮天,搞一言堂,难哦?二,据我刚刚听他们讲,你们家剑光的思想也太……那个啦,简直是反动透顶!金珠,这不是我瞎三话四噢,最近中学里出现了一些反动传单,你们家剑光就是重点怀疑对象,要不是这桩事体,你想,他们会突然之间来抄你们家?"

"不,不会的,我们剑光一日到夜在家里,连门也难得出的,我相信我们家剑光不会……"

"你相信有啥用么,癞痢头儿子酥瓜香,你哪能晓得他脑子里在想些啥嘛。我下班前中学工宣队把那首诗抄给我看啦,金珠啊,这样的诗能随便写的吗?"

"我了解我儿子,他从小喜欢诗词,抄这写那的,实际上是不懂装懂,无病呻吟。"

"无病呻吟?跟《水浒传》里宋江写在酒楼墙上的那首反诗有啥两样?还有黄巢的咏菊诗。"

"不会的不会的,他还小,生在新社会长在红旗下,哪能会得……"

"还小?好像比我们家芳芳大一岁吧,十八岁的人了还小啊?金珠,我劝你还是先做做你儿子的工作,让他老老实实交代问题,争取宽大处理。如果真牵涉到反动传单的事体,你就让他把幕前幕后的事体讲清爽,到底是搭哪些人在一起搞的,主谋是啥人。我在这里给你再透露个不该透露的消息:县里已经把这个案子列为全县重点'三反'案子了,马上要派人下来了,真的。所以……"正当严文魁对金珠进行蒙骗恫吓的辰光,他呒没想到,门"吱呀"一声响,自家的囡儿已立在他面前了。

"阿爸,你们不要煞费苦心了,印发反动传单的人就在这里——严芳。"

严文魁呆住了。

金珠也困惑地看着严芳。

严芳走进自家的卧室,出来时捧着一大堆物事放到台子上:"阿爸,请你查验,这是印好的传单,这是刻字用的蜡纸钢板。你再仔细看看,这传单上的字,是不是就是我的笔迹?"

严文魁一屁股坐到椅子上。一大歇,他才算缓过一口气来,盯着囡儿的面孔说:"芳芳,那是不可能的,你说呀那不是你,你……"

"为啥不可能?白纸黑字,铁证如山。"

"那一定是阶级敌人利用你的年幼无知……"

"年幼无知?我已经成人了,只比金剑光小一岁还不到,就那么容易让别人利用?"

"可是那些传单上的反动言论,绝对不可能出自你手!"

"哪能不可能?阿爸,这就是你小看自家的囡儿了。我是这次运动的亲历者,我深有感触!"

"芳芳!"严文魁几乎跳了起来,"你不要命啦!"

严芳笑了，说："阿爸，啥叫反动？反动就是逆历史潮流而动。就讲他们搞的所谓的教育革命吧，学工学农学军我不反对，可是不学习理论知识哪能培养出社会主义建设的接班人？再讲那个血统论，一个学堂里的学生子，还要分啥红五类子女、黑五类子女、黑十类子女？那些出身不好的学生做过啥坏事体了么？一些人为啥总要把他们踩到脚底下，歧视，打击，凌辱，这人道吗？这次所谓的反动传单一出来，他们就把出身不好的学生传去审问，恫吓，这公平吗？今朝要是我再不站出来……"

严文魁听着囡儿的慷慨陈词，一言不发，面孔上却发生着急剧的变化——愤怒，惊诧，惶惑，恐惧……等到严芳把话讲得差不多了，他才轻声问严芳："这么讲你是要自首？"

严芳说："你可以马上叫人来把我捉进去。"

严文魁闭上眼睛想了一大歇，说："芳芳，还有金珠，你们坐下来听我讲。芳芳，今朝这房间里就你，我，还有你金阿姨，这样好吧——刚刚啥事体侪当呒没发生，剑光的事体我再去问问，一定尽我所能把这桩事体处理好。"

严芳说："不，我现在就要去自首。"抬脚就朝门外走，急得严文魁一把抓住她的裤脚管，眼泪水也跟着出来了："不要……芳芳，你千万千万不要去，千万……我现在就你一个亲人了，你你你……"

金珠不晓得如何是好，只得瞪大眼睛看着这父女俩。突然，楼底下传来喊严主任的声音，严文魁马上拭去泪水背着双手走到房门口，问："小李啊，啥事体么大惊小怪的！"

"严主任，案子破啦！"

金珠一听，几乎晕了过去。

那个小李一边气喘吁吁地上楼，一边说："孙副主任请你马上回公社里去，人已经带到公社了。"

严文魁好像也被弄糊涂了："你说的是哪个案子么？"

"就是搞反动传单的啊，那首反诗也是他写的。"

"啥人？"

"潘鹤鸣。"

"你能确定？"严文魁眼睛光芒四射。

"他自首的还能有假？那首诗我是亲眼看见的，就贴在他家的墙上，毛笔写的，啧，一手好字！孙主任已经让我把它揭下来送到公社去了。"

严芳失声叫道："潘老师，你这是何苦啊！"

金珠全明白了，潘鹤鸣李代桃僵，自家把自家推进了万丈深渊。

她瘫在了椅子上。

一连好几日，赤松镇街头巷尾俱在谈论潘鹤鸣。有的讲，潘鹤鸣组织成立了一个叫什么地下组织，是有组织有纲领有计划有目的的，人员遍及华东六省一市乃至全国各地。有的讲，潘鹤鸣老早就是潜伏在共产党内的阶级异己分子，要不然国民党镇长杨宝乾会在自家家里轻易放过他？要不然他会搅公判大会的局？金珠估计这一次潘鹤鸣是在劫难逃了。枪毙？在遥远的监牢里终老病故？自杀身亡？她痛不欲生，同时连日连夜为他购买和赶制衣裳，棉的单的俱有，打算把这些物事送进去给他。在为他缝棉衣时，忽然想到那串珍珠项链,便随手把它缝了进去。她巴望它万一能够显灵,让他绝处逢生。

金珠正在为如何将这些物事送到潘鹤鸣手里发愁,严芳出现在了她的面前。几天下来,严芳变得憔悴不堪。"金阿姨,"她说,"我受不了了,我要去自首,我不能让潘老师……""不要!"金珠制止她,说,"事体已经弄到这种地步了,你一去,那就是他与你们几个人一起去吃官司。剑光已经搭我讲了,那些传单是你与他还有大块头一起搞的。"严芳说:"我真想不通,那些传单上明明不是潘老师的笔迹,他们哪能睁着眼睛讲瞎话!我们不能让潘老师为我们背黑锅。""芳芳,"金珠说,"潘老师成立了地下反党组织,可能吗?""不可能。""这就对了。这些人心里是非曲直侪哦没了,过去讲的司法程序早就荡然无存了,所以我想,如果你搭剑光还有大块头去自首,不是正好让他们抓住了把柄,坐实你们潘老师是有组织有纲领有计划有目的的反革命集团首领了?"金珠见严芳不响,就问:"芳芳,你现在有办法把这些衣裳带给潘老师吗?"严芳说:"公社里的人我侪熟,我一定想办法送过去。"

第三十七章

潘鹤鸣被正式逮捕押走哦没几天,金珠得到一个消息:潘鹤鸣的母亲病重。金珠当夜就带着剑光去了潘家湾。金珠虽然自抗战之后再哦没来过这里,但是潘鹤鸣家在村里的位置还是记得的。她举手敲响了潘家大门:"潘伯母我是金珠。"屋里传来了赖声赖气的声音:"敲啥敲!那个死老太婆老早搬小屋里去了!"金珠就绕到后头小屋,屏息静气地听,只有猪猡的哼哼声。"潘伯母,我是金珠,潘伯母……"终于,她听得"咔嚓"一声响,小屋西头的那间草棚里亮起了微弱的灯光。"潘伯母!"金珠推门进去,只见昏暗的电灯光下,潘鹤鸣的母亲正半倚在竹榻上,目不转睛地看着她。"潘伯母,你……剑光,快叫婆婆!"老人已是气若游丝,只能用面部很细微的表情变化,给了他们一个感激的微笑。"伯母,你不要急,鹤鸣不会有啥大事体的。"老人摇头苦笑。"伯母,他们就把你赶在这种户荡住?"老人还是苦笑。"伯母,你去看过病哦?医生讲你到底是啥病?"老人摇摇瘦骨嶙峋的手,金珠明白,老人吭没去看过病。又问:"伯母,你病成这个样了,啥人给你烧水烧饭呀?"老人眼睛定洋洋地看着金珠,一歇歇泪水流了下来,接着是剧烈的咳嗽。金珠看见灶头上有一只竹壳热水瓶,就想到给她倒点开水呷,哪晓得一提热水瓶,是空的,再摸摸灶上的镬子和汤罐,也是冰冰凉。她有点泪眼模糊了,说:"你们潘家门里这么多侄子侄孙,难道他们……"老人摇头,又抻出五个指头来摆了摆,接着低下头做了个自家被人家揪斗的姿势。金珠说:"是不是鹤鸣被捉进去了他们又来揪斗你了?"金珠心如刀割,同时升腾起一股勇气,说:"伯母,既然他们不照顾你还斗你,你就跟我去镇上,我搭剑光服侍你。剑光,你先留在这里照顾婆婆,我马上回去想办法弄只小船来接。"老人一把拉住金珠的一只袖子,摇头。金珠从老人的表情里看出她在讲啥话,说:"伯母,我不怕,真的,不怕,大不了他们也把我捉起来,吃官司,枪毙。伯母——不不,阿妈,我已经与鹤鸣把终身大事订好了。鹤鸣呒没告诉你？你放心，不管他发生啥事体，我今生今世就是他的人，你就是我的婆婆，婆阿妈，不，是亲娘。阿妈，我会像对待自家的娘亲一样给你养老送终的，剑光也会把你当自家奶奶一样孝敬你的，剑光，快叫奶奶呀！"剑光犹豫了一歇，含着眼泪水叫了声奶奶。老人的面孔上浮现出了笑容……金珠把面孔埋在老人怀里，有关老人的往事涌上心头，一歇歇，她好像听不到老人的心跳声了，起身一看，老人已闭上眼睛，安详地走了。

那段辰光，学校先是组织学生下乡劳动，后来就办学习班，剑光每天回家后就足不出户，严芳有时从楼上下来，与他在小房间里讲张。金珠不经意地听到他俩的谈话，基本上是文学方面的话题，鲁迅郭沫若茅盾，《红日》《三家巷》《欧阳海之歌》，诸如此类，心里就放心多了。有一日，她打扫儿子房间时突然发现一张血书，吓一跳，仔细看了一遍，这才舒了口气。这是儿子要求去东北的血书。前些日子，有关知识青年上山下乡的话题已经在小镇上传得沸沸扬扬，说是上面的精神是"四个面向"——面向农村，面向边疆，面向工厂，面向基层。金珠根据听来的那些信息分析，从家庭政治条件来讲，剑光只有一条路可走——就地插队落户。她想，这样也好，儿子在身边，相互有照应。可是，儿子却选择了远离家乡这条路。当夜，她问儿子，为啥一定要去那个千里之外的户荡？剑光回答："阿妈，我再也不愿意待在这个鬼地方了，我要远走高飞。"

"剑光，难道你忘了你阿哥是哪能死的？"

"我不会像阿哥那样单纯。"

"现在中国搭苏联关系搞得这样紧张,弄不好要打起来的!"

剑光哈哈大笑:"打吧,打起来才好,我就盼着打仗,打起来我就可以马革裹尸,血洒疆场,总比在这里苟延残喘强。"

金珠惊愕地看着儿子的面孔,过了一大歇才调整好自家的情绪,婉转地说:"剑光,你的心境阿妈是晓得的,侪怪我,把你连累了。可是你要去那么远的地方,万一有个三长两短,教阿妈哪能办么?"

剑光笑了:"阿——妈!我们学习班上老师讲了,去黑龙江是进农场,吃食堂困集体宿舍,比插队落户好多了,哦对了,听说每月还有十几块或廿几块生活费呢,我以后就可以往家里寄钞票啦。"

"我不要你的钞票。"

"可是你也不能把我困在这个户荡受一生一世的气呀!"

金兆隆插嘴说:"老古话:金窠银窠,不如家里的狗窠。"

剑光不耐烦了:"现在连八字还呒没一撇呢,你们以为阿猫阿狗侪可以去黑龙江的?政审严得来一塌糊涂!"

金珠听儿子这样一讲,心里宽慰了不少,就连忙向父亲使了个眼色,金兆隆也就撇撇嘴巴不讲了。

可是,不长远辰光,严芳就兴奋地跑来报信了:"金阿姨,金阿姨,报告你个好消息:我与剑光侪批准啦!"看见金珠一面孔不解,又说:"剑光可难啦,听说开了好几次会,最后作为'可以教育好的子女'典型破格批准了。我当初让他写血书,他还讲写了也是白写,要不是我逼牢他写啊,做梦去吧!"金珠这才明白。最近一段辰光,她一直被这桩事体搞得困不着窬。她理解儿子的苦衷,因此希望儿子实现自家的愿望,尽快离开这个伤害过他威胁着

375

他的户荡;她也晓得黑龙江那个地方生活条件十分艰苦,离国境线又近,又巴望着儿子的意愿化为泡影。可是,不晓得为啥,与当年抗抗要离家时一样,她又不由自主地在为儿子的远行做着准备:棉衣棉裤全部翻新做过,填进了厚厚一层新棉絮;拆脱了自家唯一的一件毛衣搭儿子的一条毛裤,凑起来给儿子织了一件超厚的高领毛衣;牙膏牙刷、信封邮票、脸盆毛巾、紫菜虾米等备了不少。

剑光听到严芳的声音从屋里出来。金珠见儿子得知自家的愿望终于实现后,显得十分淡漠,呒没任何亢奋的表现。这是对故乡和亲人的眷恋,还是那个"可以教育好的子女"典型刺伤了他的自尊?金珠想,两者俦有一点。

显然,严芳已沉浸在美好的遐想中,她迎向剑光,兴奋得眉飞色舞:"名单明朝就要正式公布了,听说还要给我们发棉衣棉裤,搭部队上一式一样的,可惜我娘姨给我做的那些棉衣裳了!哦还有,临走那天,听说公社搭我们中学还要为我们专门召开欢送会呢。"

"……"

"剑光,我这是百分之一百的官方消息!公社教卫组的老马讲的,还能有假?对了剑光,听老马讲,我们这一批去的是那个地方,那个啥江……我哪能就在嘴边讲不出来了!他讲那里离边境线就隔半条河,对过就是苏修,说是立在这边都能看得清那边老毛子的鼻头嘴巴眼睛睫毛呢,哈哈!"

剑光依旧一面孔淡漠:"你讲的那条江叫乌苏里江。"

"对对对,就叫乌苏里江。这名字太好听啦!嗨,东北有的是无边无际的原始森林,听说有老虎,狗熊,还有鹿啊獐子啊,许许多多野生动物。对，还有辽阔的草原。剑光，到了那里，我们就一起骑上马，驾——"

"芳芳！"是严文魁在叫她。严芳一听得她父亲的声音，就把面孔拉下了。

严文魁走前几步，说："你要去黑龙江？"

严芳扭着身体说："你不是在大会小会上口口声声说广阔天地大有作为好儿女志在四方么。"

严文魁说："建设边疆保卫边疆，我是百分之一百支持的。我的意思是，你总该先征求征求我的意见吧？我就出去学习一个多月，教卫组的人还以为我是晓得的，还问我就一个囡儿哪能舍得放出去，我拿过名单一看才……"他见严芳不理睬，就笑着对金珠说："听说你们剑光也被批准去黑龙江了？很好，很好。"

金珠说："严主任，还有芳芳，要么进屋里坐坐？"

"不客气不客气。"严文魁说，"我是昨日夜里学习刚刚回来的，我想搭芳芳谈谈。芳芳，跟阿爸上楼去。"

金珠见严芳把头一拧，就劝她："芳芳，马上要出远门了，还不回去搭你阿爸好好讲讲张。等一歇就到我们家里来吃饭，就算是阿姨为你们两个饯行，哪能？"严芳很给金珠面子，点点头跟着严文魁上楼去了。

不过，也就一歇歇工夫，严芳落着泪水下来了。金珠说："马上就要走了也不搭你阿爸多讲讲张？"不想严芳说："我搭他吭没共同语言！金阿姨，他肚皮里这些鬼花样你还不清爽？让我不要去黑龙江，说是先把我安排到我娘姨家插个队，过几个月就把我弄到公社广播站当广播员。"

金珠说:"这样也不错呀。芳芳,你阿爸就你一个亲人了,岁数也不小了,再讲黑龙江……"

"阿姨!"严芳打断金珠的话,"你现在不也就剑光一个儿子了吗?"

"我们两家情况不一样。"

"有啥不一样?不都是人么!"

"芳芳!"金珠感激地看着严芳,心里似一股暖流流过。

剑光走后第七年,一个阳光明媚的日子,金珠收到了儿子一封厚重的挂号信。打开一看,喜出望外:几张胖乎乎的婴儿照片,一张剑光与严芳合抱着儿子的合影。她对父亲说:"这小鬼瞒得倒蛮紧的,从来吭没在信上透露过一眼眼信息。"金兆隆笑得合不拢嘴,说:"我倒老早看出点花头经了。"金珠说:"好是蛮好,就是搭那个姓严的攀亲家我总觉着……那个……"金兆隆道:"老古话:不是冤家不聚头。不过就是迟了点,要是那个洞里赤链蛇现在还在台上啊,我们剑光就是赤松镇上的驸马爷了,看啥人再敢碰我们一根手指头!呵呵。"

严文魁的下台怨他自家不争气。

1970年代初期,赤松镇除了本镇城镇户口的插队知青以外,市里、县里也相继插下来不少中学毕业生。其时,正好全国掀起了学唱样板戏的高潮,赤松公社当然不甘落后,阿猫狗闻风而动,立即组织举办了一场学唱样板戏的汇演活动。全公社各大队纷纷组织社员排练节目,这就给下乡知青提供了发挥特长的用武之地。汇演那天,公社革委会全体成员到场,公社礼堂里气氛热烈。节目演出过半，一位扮演李铁梅的女知青登台亮相，字正腔圆地唱了一首《都有一颗红亮的心》，全场发出了雷鸣般的掌声和欢呼声。严文魁呆住了，竟忘了拍手，双眼死死盯着这位女知青出神。

几个月后的一个晚上，这位年轻漂亮的名叫薛雁的女知青来到了严文魁家中。原来，月初上面下来了上调指标，要在本公社抽调几名老三届高中知青去高校进修半年，然后补充到本地学校师资队伍中去。阿猫狗对薛雁早就有所觊觎，便让薛雁插队的那个大队把她的名字报上来，哪晓得名单到了一把手严文魁手里，薛雁被卡住了。阿猫狗急了，对严文魁说，这是他亲自抓的插队知青中"可以教育好子女"的一个典型，大队上也是同意的。严文魁问阿猫狗，她一年出工多少天？贫下中农反映究竟哪能？你让我把这样的人放到会上去研究，别人会有啥想法？面对严文魁的一连串提问，阿猫狗哑口无言。薛雁出身于市里一个资本家家庭，从小娇生惯养，农村的艰苦生活让她度日如年。为早日跳出"农门"，她准备豁出去了。严文魁单身多年，如今又见眼前站着的是自己心仪已久、貌若天仙的女人，哪里还能克制得住自家，还没交谈几句，他就一把将薛雁搂进了怀里……门被撞开了，阿猫狗已咬牙切齿地站在门口。

严文魁猥亵女知青，破坏上山下乡的事体刚刚发生，平静了一段时期的赤松镇又出现了铺天盖地的大字报，揭露了严文魁自抗战到解放前夕的所作所为；隔离审查、批斗、游街示众……呒没几化辰光就把严文魁整得人不像人鬼不像鬼。他吃不消了，绝望了，两眼一闭，就跳进了赤松溪。

这天，金珠去街道交石棉纱回来已是掌灯时分，急急忙忙提了淘箩水桶到滩渡上去淘米提水。自从王水清的尸体氽在她家滩渡石下后,她一到那里就心里发毛,特别是天黑辰光。金珠下到最后一级滩渡石,先是习惯性地用水桶底在水面上平移几个来回,以便撇开河面上的漂浮物,再让桶口入水,提了满满一桶水放到身边,然后把淘箩浸到水里。就在这个辰光,她突然觉得滩渡石下面有动静,就哆嗦哗哗地说:"王老师,我是你的学生金珠,你是好人,我……我晓得你是冤枉的……"不想那滩渡石下头真有人与她搭话了:"金珠,你不要怕,我不是王水清,也……也不是落水鬼,我是严……"金珠叫一声"妈呀"掼脱淘箩就要跑,可是她的一只脚被严文魁抱牢了。

"金珠,你不要怕,我真的是严文魁啊。"严文魁抬起湿漉漉的上半身,对着惊魂未定的金珠说,"我看看活不下去了,我想自杀,可是我……"

金珠这才稍许定下心来:"有啥想不开的么严主任,你看我,从日本人打进来到现在,啥苦头吭没吃过,啥凶险吭没碰着过,牙齿咬咬紧,不也挺到今朝了。"

"可是我……我是一落千丈,职务全部撸脱了,党籍肯定是要被开除的,自家女人也死脱了,我活着还有啥意思么……"

"你还有芳芳呀,你这样走了今后芳芳哪能办?"

"要是芳芳还认我这个爷老头子,我也就不走这条绝路了。"

"芳芳她……"

"唉,不瞒你讲金珠,去黑龙江几化辰光了,她连一封信也吭没来过。"

金珠相信这话,就说:"她还小不懂事体嘛,过一段辰光她也许就来信了。我家剑光来信讲起的,他搭芳芳分在一起,俫蛮好的。这样吧,我写信给剑光,让他告诉芳芳,你想她,让她尽快给你来封信。"

"那就太谢谢你了。"严文魁从水里爬上滩渡,向金珠叩头,"金珠,你是个好人,真正的好人,我真后悔过去……我是畜生!我不是人!"

金珠屏住了呼吸。

严文魁起身,又说:"金珠,人之将死其言亦善,你就相信我这一次吧。我晓得我这一次是难逃劫数了,所以我想好了,与其像狗一样活在世上,倒不如死了痛快。刚刚我被水冲过来辰光,突然之间想到你,就拼命扑,扑,我已经在下面等你等了一歇了,再等你不到我也就……真的金珠。"

"……"

"金珠,我一直想在临死前再见你一面,把心里想对你讲的话一塌括子倒出来,不然我死不瞑目。真的。金珠,我这一生一世心里装的就你一个女人,可是你就从来不把我严文魁看在眼里……"

金珠听到了自家的心脏在怦怦剧跳。

"金珠,你不要相信街上那些大字报,讲我哪能坏哪能坏。我做过亏心事,可是那也是不得已。我心里明明白白,是姓孙的想抢我的位置,还有那个阿猫狗……"

"可是,我搭你当官不当官有啥关系么,你为啥要盯牢我害我!"

"我害你——金珠?嘿嘿,金珠,你是真不晓得还是假不晓得?我是一直……爱着你的。是的,我是对杨宝乾、潘鹤鸣还有小麻子做过手脚,可是这侪是为了你,我不是害你,是爱你。"

"你爱我？胡说八道！这么多年了，你紧追我不放，把我害得好苦呀！"

"天地良心！金珠，那次日本人去曹家埭捉你，是杨宝乾把日本人引了去的，我根本不晓得你逃难逃在曹家埭，我是碰见了杨宝乾，想用日本人的刀……啥人晓得……还有，大字报上诬蔑我投靠日本人当和平军啥啥的，其实我当初是走投无路了，我是身在曹营心在汉，随时准备反水的……"

金珠盯着面前这个一身泥水的男人，只能苦苦摇头。严文魁却还在为自家辩解："还有杨宝乾搭绿玫瑰逃走的那天，虽然那是策反我让我这样做的，可是你应该晓得的，我是实实在在为了你啊金珠，我的目的就是要先杀脱杨宝乾，然后……"

"可是潘鹤鸣碍你啥事啦，他就是在那次公判大会上站出来主持了公道，你为啥就把他盯牢不放？最后弄得他……他可是为你家芳芳搭我家剑光几个去吃官司的，你……你的良心难道让狗衔走了！"

"金珠，你消消气，说真的，我现在也特别后悔，后悔这么多年来对老潘太……太那个了。不过金珠，实事求是讲，就讲解放初那次公判大会吧，山东胡子会前就定下调子的，我能哪能？再后来，我发觉你们两个太那个了，你根本不把我放在眼里，所以我就……不过他老潘的的确确也太戆了，赤松中学属于县教育局搭镇上双重领导的嘛，他来镇上参加政治学习，带只耳朵来就是了嘛，哎，他就要当出头椽子，讲起来一套一套的，评头论足，让我们镇上哪能贯彻落实上面精神。哦对了，他还喜欢写书面意见呈到上头去，这也不对那也不是，你说他这不是自找苦吃么。这次运动我可呒没把他哪能,一开始就是学生子红卫兵揪他斗他的,后来又是造反不造反的,侪乱套了,当然也要怪他老实,不,一个寿头,中学搭街道有啥关系么,噢,学校造反派让你去街道劳动改造你就去街道报到?唉,所以我发现他在街上扫地挑马桶,就觉得好笑。"

"严文魁你不要讲了,你这个害人精!你就会打着革命的名义,把坏事做绝,你……哪还有一点点人气味呀!"金珠用足全身力气,狠狠地扇了严文魁一记耳光。

"金珠,你骂吧,你打我骂我吧,可是金珠,我敢发誓,我做的这一切侪是为了你。"

金珠屏住了呼吸,突然一把揪牢严文魁的衣领,拼命摇晃:"姓严的,你哪能还有面孔活在这个世界上啊!你为啥不去死啊!你快去死快去死快去死……"

第三十八章

隐隐约约的雷响声。金珠睁眼向四周望望,发现自家不是躺在楼下自家房间的床上,而是躺在楼上杨宝乾住的套房里屋。瞥一眼窗外,天空阴沉沉的。深深地吸口气,空中弥漫着一种潮溻溻的气味。我哪能躺在这里?之前发生了啥事体?她思来想去,这时听到从外间传来的杨宝乾的声音:"哎呀是孙镇长,你们哪能这样客气,请坐请坐!"

孙秋根说:"不好意思不好意思,我们也不晓得金珠同志需要点啥物事，就——哈哈，表示点心意吧。哦杨先生，这是我们镇上的张书记；张书记，这位就是杨宝乾先生。杨先生，你回来的辰光，我们张书记正好去市党校进修了，昨日刚刚回来。"

杨宝乾说："这这这……张书记孙镇长，这教我心里哪能过意得去么！"

孙秋根说："应该的应该的。前一段辰光听说剑光阿妈身体已蛮好了，哪能突然之间又……"

"还不是让剑光气的！"是金兆隆的声音。

杨宝乾说："也不单单是气的。她心理压力大，又不搭任何人交流，闷在心里，还能不闷出毛病来。在县医院住了两天，医生说人虚，要靠长期调养，身心调养，我考虑到几个人轮流去县城，轧公交车，不方便，所以昨天夜头叫了辆救护车送回来的。"

听杨宝乾这样一讲，金珠才记起华严寺剑光指责潘鹤鸣那一幕。正追忆着那天发生的事情，忽然有个半生半熟的声音钻进了她的耳朵："阿爸，外公。唷，镇上领导也在啊？"是皮祖兴的声音！那声音比过去不晓得糯到哪里去了。

杨宝乾说："祖兴，自家人嘛你还带这么多物事来做啥！你看你看，西洋参我带回来了，还呒没动呢，你又……医生讲你阿妈不会有啥危险了。我听望望讲起，说你到苏北办事体去了，昨日回来的？"金珠从中知晓这翁婿俩早已见过面讲过话了，望望已认了亲生父亲皮祖兴，即盛祖兴。

孙秋根说："盛经理，你是不是搭赵帆到他苏北老家谈投资项目去了？你不要怀疑因为赵帆是'三种人'我们拆他棚脚，那个项目我们晓得的，绝对不能投。那个户荡公路不通，也呒啥优惠政策,你不是拿肉馒头去打狗?哦对了,我正好带着几份我们镇招商引资的最新文件,你拿一份去看看,税收免二减三,优惠吧?"

盛祖兴说:"免二减三!是优惠。我这次去苏北只是去看看,阿猫狗的阿哥搭我是赤卵弟兄嘛,呵。哦对了,孙镇长,你最近有空哦?"

孙秋根说:"有事体寻我?有话你只管讲。"

盛祖兴说:"这……其实事体也早就过去了,可是我觉得弄清爽比不弄清爽好,至少对我家望望也有个交代。"

孙秋根说:"啥事体么?只要我能办到的我一定给你办。"

盛祖兴说:"孙镇长是这样的,我搭费金龙吭没血缘关系,镇上过去哪能一直把我当反革命子女一样对待?我想弄清爽当初究竟是哪能造成的?该不该追究当事人的责任?"

金珠想象得到孙秋根那副瞠目结舌的尴尬相。这时,严文魁从外头喊着进来:"喔唷,我一听声音,就晓得是张书记孙镇长来了。张书记,学习才回来?有啥新的精神带回来啦……"

张书记说:"老严你坐,我听老孙讲你搭杨老先生还是亲家,啊?哈哈!"

又听得杨宝乾"唷"的一声,说:"老潘呀,你也来了,带物事来做啥!医生讲了,金珠不会有啥大事体……"听得潘鹤鸣来了,金珠心里波翻浪涌。她努力想让自家平静下来,可是心口一阵剧痛,几乎昏厥过去。金珠重新恢复知觉后,外间赤松镇前后五个镇长的聚首已经接近尾声——

"老潘,你真要回西北去?"这是杨宝乾沙哑的声音。

"你们不要以为大西北就是一片荒凉,现在也蛮好啦,除了冬天,搭这里农村几乎一模一样。再讲农场里的人对我俩蛮好的,那次我出窑压断脚——喏,这只右脚,现在走路还有点跷吧——劳改农场的领导连夜派车送我去地区医院。后来我在农场学校当代课老师,不管是刑满留场的职工还是农场的老领导,还有他们的家属小人,一见面俩是潘老师长潘老师短的,我动身那天好几个学生来送行,哭得来鼻涕眼泪一面孔,呵呵,真的。吃的也比过去好多了,有的物事比这里便宜多了,西瓜三五分洋钿一斤,一买一车,吃不完烂脱也不肉麻……"

金兆隆说:"潘老师,剑光不懂事体,你不要往心里去,算他瞎三话四放臭屁。"

杨宝乾说:"三十几岁人了还不懂事体!"又说:"孙镇长,我哪能听别人家讲老潘的住房问题一直吮没着落,如果有住的户荡我想老潘你也就不一定要回农场了吧?"

"是这样的杨先生,"孙秋根说,"现在是中学搭街道在踢皮球,一方讲老潘原本是教育系统的人,后来也是在回到中学教书辰光进……进去的;一方讲当初生活费还在街道领,学校是因为复课闹革命把他借过去的,推来推去落实不下来。张书记,要么我们回去再研究研究?哟!张书记,我们两个不是还有个会么,差一眼忘记了,不陪诸位了,不好意思不好意思。"

送走孙、张两位回来,杨宝乾说:"老潘,刚刚孙镇长不是表态了么,让他们研究去,你再等等。"

"谢谢杨先生。不过,大前天农场那边来信了,我走后一共就六个教师,最近又走了两个,我不回去学堂要开不出门了。"

"你不是早过退休年龄了么?"

"呵呵，这倒无所谓，反正闲着吺没事体做。我们那里缺人啊，特别是我们这种由劳改农场撤销后转到地方上的农垦单位，大多数是远离城镇的，有点门道的啥人肯去？噢杨先生，今朝我是来……来……告别的。"

杨宝乾说："你不可能讲走就走吧，要么等金珠身体稍微好一点，我们一起聚聚，吃顿饭。"

"不要了，我火车票都订好了，后天的车，是我的一位学生给我订的，他陪我一起到兰州，然后分手。剑光的同班同学，镇上人侪叫他大块头大块头的。喏，这是……"

"老潘，你这是……"

"杨先生，这串项链是我吃官司去的辰光……当初……后来……金珠缝在棉袄里……严芳送给我……我要走了……我想我应该……"

屋里静得出奇，连几个人的呼吸声侪能听得真真切切。过了一大歇工夫，金兆隆问："剑光阿爸，你见过这串项链？"

金珠听得有人跌坐到椅子上的声音。

还是金兆隆的声音："金珠给你看过这串项链？"

杨宝乾说："吺没。不过我认得出的，你看——这串珍珠项链顶头是颗白玉做的观音像。"

金兆隆几乎叫了起来："你……你是……汤……天宝！"

还是金兆隆的声音："那年……重阳节前后……黄昏……就在门前滩涂上……"

杨宝乾说："是的……就在这个户荡，好像那天风蛮大的，河南滩就停着一只船……"

随着这翁婿两人的交谈，金珠走进了一个遥远的梦幻般的世界——

西风鼓起凌厉的翅膀，扫过赤松溪上空，河滩头拢着的几只木船，不住地颠簸磕碰着。也许是风大的缘故，又是吃夜饭辰光，河北赤松镇上阒寂无声。

"潮水哪能还呒没来呀？"河面上掠过一个女人的声音，哆嗦呓呓地。蹲在南岸废桥堍上的男人把头颈往领口里缩了缩，向滩涂头停着的一只船问："今朝初几么？"

"忘性大！大前日刚刚给金宝过了生日。"船后舱露出了女人的身影，头扎印花头巾，身着芦花布大襟夹袄；一张摊面饼一样的大面孔上，最显眼的是那两个朝天大鼻孔。身旁边还有个小人，三岁上下，光郎头，额前一小撮刘海，头颈上戴着铜项圈；腰里用红布带拴着，一头系在船艄一只铁圈上，这是为了防止小囝落水。

"呵呵，那就还要一大歇哩，初一月半子午潮嘛。"男人说。接着，他立起身来，伸了个懒腰。看他的立相，两脚叉得蛮开，脚馒头户荡有点弯曲，就晓得从小在船上长大——船在水中晃荡不停，必须分腿而立，方能保持身体的平衡。

这是一只砻糠船。船艄上养着盆潮来花，正含苞待放；船艄下河水里拴着两只雌麻鸭，边叫边啄食着顺水氽过的漂浮物。这只船按理应该与对岸的船只停靠在一起的，船主怕船上的砻糠被风刮下来，遭到来滩渡上提水淘米汰衣裳的人白眼，才孤零零地将自家的船停靠在南岸。

"阿大！要么我摇橹你背纤，不然今朝啥辰光才到张桥么。"

叫阿大的那个男人解开大裤裆，两脚摆成八字拆尿，女人这一喊把他吓一跳，把半泡尿憋在里头再也拆不出来，火了："放屁！今朝船上装的啥？——砻糠！逆风逆水能走得动？真叫有福不会享，十三点！"

女人的嘴巴动了动，想顶几句，最后还是不敢讲出来，只得剜了男人一眼，背转身去。

"阿大，"过了一歇歇，女人又从后舱探出头来说，"昨日夜里我做了个梦，一个财神爷，搭戏里调加官的打扮一式一样，宽袖大袍，好像就立在我们船头上。哦对了，天上还有观音菩萨，也搭庙里观音像一式一样的穿着打扮，脚下头还有几朵祥云。"

"你是大年三十盼月亮——痴心妄想！老古话：穷做梦，富烧香。我看你呀，想发财想痴了！"

女人被丈夫刨得直翻白眼，只得又将那张摊面饼面孔缩进舱里，不过心里还是不服，掼出一句气呼呼的话来："哼，瓦爿也有翻身日，北风还有转南时呢。"

这桥堍其实就是一大堆大石头，北岸也有一堆，像两尊威严的神像守护着这古老的河道。这里原本是一座宏伟壮观的大石桥，桥下舟楫穿梭，桥上行人如织，风光过一时的。也就三百多年前吧，倭寇多次进犯苏松一带，烧杀抢掠，无所不为，搅得民不聊生，朝廷就发兵追剿，贼寇逃到这里，眼看要被追上了，就把桥炸了，从海里逃走了。这以后，赤松镇河南的几爿商家店铺侪迁河对岸去了。此时此刻，风高水冷，只有一只小船孤孤单单停靠在南岸。不过，一歇歇，船舱里传出了热气腾腾的儿歌，女人在唱：

小弟弟,有志气,
明朝领你街上去,
青皮甘蔗买不起,
买只坏生梨,
我吃肉来你吃皮。

"阿妈你坏阿妈你坏!"

"是阿妈唱错了,应该是金宝吃肉阿妈吃皮。"

"不是的不是的,歌里是这样唱的——你吃肉来我吃皮,阿妈你坏!"

"好好,阿妈坏,坏。要末我们一起唱《小弟弟姓啥》?"

"好!"

于是,河面上响起清亮女声与奶声奶气童声的对歌。声波过处,流水欢腾,几尾鲦鱼泼剌剌跃出水面,在暮色中划出几道耀眼的弧线。

(女)小弟弟姓啥?

(童)姓易(李)。

(女)李啥?

(童)易(李)太白。

(女)白啥?

(童)白牡台(丹)。

(女)丹啥?

(童)台(丹)药瓶。

蹲在桥堍上的阿大笑了，笑得眼眶里噙满了泪水。他随手在面孔上自上而下抹了一把，把眼泪和已经挂了一大歇的鼻清水一并收入掌心，两手一搓，那些涕泪化为乌有。他向船舱里喊："引娣，天快黑了，还不烧饭？吃饱了潮水一来就起锚。"女人手脚麻利，船艄的行灶很快就冒出了袅袅炊烟，燃烧的柴爿发出噼里啪啦的声响。

"啪！啪！"突然之间，不远处传来更响亮的声音，阿大几乎从地上弹了起来，循声望去。

"土……土匪！"他喊着，转眼间就从河岸上顺着土坡滑到滩底，起了铁锚，拎着，"嗖"的一声跃上船头。"引娣，快支橹！"见女人还呆头呆脑地看着自家，火了："吭没听得枪响啊？还木知木觉！"

"枪响？是不是啥人家做红白喜事放的铳？"

"放你娘的屁！"阿大已经掂着竹篙，将篙头戳在岸上了。

"朝啥方向走么？"引娣虽手握木橹，可方寸已乱，不晓得东南西北了。

"还啥方向啊！先把船弄到河当中嘛，黄浦里木排，汆到哪里是哪里了。"

"那不是走回头路了？今朝半潮水白摇了？"

"你呀！我问你，命重要还是力气重要？"

也就在这当口，暮色里一个怀里抱着物事的男人气喘吁吁地来到岸边，阿大手里那杆正要用力撑船的竹篙不由自主松下来了。

"船上的大阿哥，做做好事，求求你！"那人穿着的绸缎衣裳，

"碰着强盗抢啦?"阿大问。

"天下第一军!一家老小侪、侪……"

阿大倒抽一口气,面孔唰地全白了。

有关天下第一军的事体,阿大早有耳闻:这一带的一些农民、盐民及无业游民,由于不堪忍受地主豪门逼租逼债和统治当局的苛捐杂税,自发地组织起了一支武装队伍,劫富济贫,号称"天下第一军"。一开始也就几十号人,后来发展到了二三千人马,纵横江浙交界九个县域。这些人冲击镇公所,抢商号富户,当众烧毁债券账册。据传天下第一军的头领叫汤天宝,文武双全,文能出口成章,武能百发百中,而且手段残忍,杀人如麻。啥人家小人如果不听闲话,大人只要哄他讲汤司令来了,保证这小人立即变乖。副头领叫童守义,足智多谋,人称"小诸葛"。下面还有"四大金刚"啥的,侪各有千秋,也是了不得的人物。由于天下第一军里的人侪是土生土长的,招之即来,挥之即去,平时就分散在各乡各村耕作,军警就是与他们打个照面,也认不出来。政府又是悬赏缉捕又是调集大批军警围追堵截,非但吡没消灭天下第一军,反而赔脱了两个警察分局局长和一个保安团团长的性命。有关天下第一军的传说,经过民间演绎,听起来就像《水浒》一样神奇而又惊心动魄了。

所以,当阿大听得"天下第一军"五个字之后,第一反应就是咬咬牙把船撑开去一些。可是那个男人已经放下怀里抱着的两件物事,走到了水里,双手抱住篙头说:"大阿哥,恩人,我求求你了求求你!我今生报不了我下世当牛做马……"

阿大犹豫了。犹豫之间,就听得不远处传来了让他心惊肉跳的追骂声。他又急又怕,铆足劲去抽被那人死死抱牢的竹篙。也就在这个辰光,突然响起了婴儿的啼哭声。哭声出自刚才被那人放下的其中一个物事里,他发现,那是个襁褓!

"恩人,我晓得你也难,我也不忍心害你一家人,我这些金银财宝归你了,我只求你救我囡儿一命,求求你恩人……"

阿大见那人从滩涂上拿起一个包裹,解开,是只木头匣子,打开,从匣子里捧出一把又一把亮晶晶的物事朝船上的砻糠囤里乱。那些亮晶晶的物事钻进砻糠就不见了。

"不要,不要……"阿大觉着面皮发烧,"我又不是做那种事体的人……"紧接着他"嗖"的一声跳上滩涂,抱起那还在啼哭的婴儿,将其递给早已伸手候在船尾的妻子。随后,他爬上船头,一手掂篙一手伸出去接那男人:"快!快上船!"

哪里晓得,那个男人把手一缩,说:"恩人,我不能连累你们。我只求你把我囡儿扶养成人,我在阴曹地府给你烧香叩头。"他用力将船头一推,自家捧起那只空匣子上了岸。也就在这个辰光,一把明晃晃的大刀已经架在他头颈上了,一把鸟铳一样的物事顶在了他腰里。

"跑呀,我看你再往啥户荡跑!"

"快把匣子放下来,举起手!"

那男人瞟了眼已经离岸的砻糠船,轻轻地舒了口气,乘拿大刀、拿鸟铳的两人一个不注意,纵身跳进了赤松溪。

"不好,跳河了!"

"快,快跟上去,不要让他跑脱了!"

水面上先是泛起一串白色泡沫,泡沫被打着漩涡的河水带向下水方向。眼看着那两个人一边呼叫一边追着那坨泡沫飞奔而去,阿大连忙叫引娣推艄,随后放下篙子,贴着砻糠囤来到船艄,说了句"你快去看看小囝",便接过船橹拼命摇了起来,可是迟了——河岸上又露出了一个人头来。

"这只船不要跑!听见唲没砻糠船?他娘的快点摇拢来!听见唲没?再不靠过来他娘的老子就开枪啦!"这是一个沙喉咙。

暮色里,阿大看见那人举着手枪,枪口正对着随船移动的自家,吓坏了,只得乖乖地扳了几橹,将木船靠到岸边,然后下水,再爬上船头,把锚下了。

那人虽然长一码大一码,却身轻如燕,脚一跷就纵身上了船头;小木摇晃了几下,可是那人却稳如泰山,看得阿大心里发毛。

"装的啥?"

"砻、砻糠。"

"去啥户荡?"

"张……张桥。"

"张桥?"

阿大见两道贼亮的目光正紧逼着他,双腿就有些发软,一边看着自家的脚指头一边说:"原本是在这里等来潮水去张桥的,不是听得枪响么,就吓得起……锚……"

那人从鼻孔里嗤地笑了出来:"吓啥吓?告诉你,我们天下第一军专门劫富济贫,你一个摇船的怕啥怕,嗯?"

"不、不怕,长官,我当时不晓得是你们开的枪……"

那人又笑了:"以后不许长官不长官的,天下穷人是一家。走,领我到船艄看看。"

阿大吓坏了，说："过不去呀，要么长官你先上岸，等我把船身掉过来你直接上船艄？"那人也发现很难从砻糠囤边上的船帮上过去，就准备上岸，可是一只脚刚刚抬起又缩了回来，伸手从阿大手里夺过篙子，将竹篙点住河滩，背贴着砻糠囤，依靠竹篙平衡住身体，踏着一掌宽的船帮走过了中舱。阿大心里暗暗叫苦，只得跟进后舱，说："吭啥看头的，就我们一家人。"后舱里暗黜黜的了，金宝的眼睛在闪烁，引娣已经将一只妈妈塞在婴儿嘴里。

那人显然还吭没看清爽引娣在做啥，就弯腰把头伸向引娣，直至闻到一股奶香，才直起腰来。

"这两个小人侉是你们的？"

"嗯，嗯……"

"几岁啦？"

"噢噢，大的三岁，小的……还吭没足岁……"

"男的女的？"

"噢噢，一男一……女……"

那人突然抓住拴在金宝身上的红布带，提起，急得金宝边哭边喊阿妈，还舞动起两只小手去抓那人的面孔。那人见势就抻开臂膀将金宝高高擎起，正好金宝开裆裤里的小卵头对着他的面孔，一股热流不失时机地浇了那人一面孔。阿大的头都大了，厉声喝令金宝马上停住，那人却哈哈大笑："我就看看嘛你还怕我吃了？好，浇得好，看来我真的要交好运发大财了，哈哈哈！"随后把金宝轻轻地放到船板上。

阿大好不容易松了口气，那人好像又想到了啥，把头伸到引娣面前，几乎贴上了她的面孔，突然一把扯开包裹婴儿的破袄，婴儿身上的绸缎衣裳便显露出来了。阿大吓得面色煞白。那人从衣袋里摸出一盒自来火,取出三根,并排擦着,一手举着火一手张开挡风,见火舌稍稍稳定些,再用挡风的那只手去掂量婴儿头颈上挂着的一串珍珠项链,凑近看看,又捏在手里摩挲。

"汤司令!"那两个追赶跳河男人中的一个气喘吁吁地跑到船上说,"报告汤司令,人……人肯定死了,我们追了两里路,连个水泡也呒没了……"

阿大夫妇一听得"汤司令"三个字,早就吓得魂飞魄散,之后的事体就啥也不晓得了,直到自家的船顺风顺水佘了好长一段水路,最后船头与河岸猛烈碰撞,才将阿大震醒过来。阿大揉揉眼睛朝四周看了又看,拎起锚链往岸上虱过去,然后摇醒还在浑身发抖的引娣。此刻,月亮已升上中天,星光灿烂。刚刚困醒的婴儿伸开两只小臂膀,哇的一声哭了。

"引娣,还不快点喂妈妈!"阿大说。

引娣有经验,晓得婴儿的哭首先是尿湿的缘故,就一边给她解尿布,一边指挥丈夫把一件破布衫扯成几块尿布。"阿大!"冷猛生里,女人兴奋地叫起来,"真是个女的!"这一喊又把婴儿吓哭了,引娣连忙将一只妈妈塞进了她的嘴里。

阿大说:"这就好了,是天老爷把我们死脱的金珍还给我们了,哦不不,是观音菩萨把儿媳妇给我们送来啦。"他走上前来,弯腰把嘴巴贴在婴儿面孔上香了又香的,又说:"从明朝起就不要喂金宝了,三岁的人了还吃啥妈妈!省下来伲给我们的小囡儿——小新妇吃。哎引娣,你听得哦!"

女人说:"哼,你就会指手画脚还会戳铲人!我讲昨日夜里做了个梦你还讲我啥大年三十盼月亮——痴心妄想。哪能？哦对了，我梦里不单单梦到观音菩萨了，还有财神爷呢！"

引娣这一讲提醒了阿大，他说："是呀，我看见那个男人把匣子里的金银财宝俜乱到砻糠里了，我去摸摸看——哦，引娣，小囡头颈里项链还在吗？"

"在，在。阿大，我看啊，这小把戏肯定是这串珍珠项链显灵救了她的命，索性——金珍——金珠——我们就叫她金珠好了？金珠，我的小宝贝，快叫阿妈，快叫，我的珠珠……"

金珠怀疑自家在做梦，做了一个离奇的梦，可是越来越响的雷声告诉她这不是梦，外间几个人还在交谈——

"剑光他大大，你就是砻糠船上的那个船主？"这是杨宝乾的声音。

"……"金珠想象得到父亲在落泪，在缓缓点头。

"那个头颈里戴这串项链的就是……就是……金珠了？"

"你不是被官府杀了吗？我亲眼看见的，县城关帝庙……要不然我也不会到赤松镇上来开米厂了……"

"那是别人的人头。当初我逃在上海，让一个手下出卖了。在押往胥浦的半路上，我的一个好兄弟用十根金条买通了那两个解差，就寻了个讨饭的……从此我也就易名改姓了。"

潘鹤鸣有点自言自语地说："汤——杨，天宝——宝乾，绝了！我们当初哪能就想不到这一层呢，要是弄清你就是那个天下第一军的汤司令，再哪能也要把你争取到我们这边来的。"

杨宝乾说："当初也是挖空心思想出来的。老潘，你是讲——"

"后来你就投靠了达甫公司的老板华达甫,华达甫介绍你入了国民党,又把你引荐给专区专员韩斌,抗战前一年韩斌就把你安排到赤松镇当了镇长?"

"老潘……"

"赤松镇被日本人占领之后,你又回到老家把天下第一军的几个把兄弟召到一起,发展武装,打出了抗日救国的旗帜?"

"老潘!"

"杨先生,你还记得一个叫叶顺林的人哦?"

"他是我加入八支队前的一名部下,蛮来三的,后来不晓得哪能跑了。"

"他是我们新四军的人。"

"原来这样!早晓得有今朝,当初应该听你话投奔新四军,也就不会妻离子散家破人亡了。"

金兆隆说:"照你这样讲,我当初也不应该来赤松镇开米厂了。我当时不敢回老家去开店办厂呀,一传开就晓得我是发横财了,你晓得了还不来弄死我?后来得知你死了,又考虑到金珠是在这里捡到的,万一她家里还有亲人来寻呢,才来赤松镇开米厂的。现在想想,如果当初索性让金宝搭金珠成亲就好了,可是我就是舍不得把金珠许配给我们金宝。唉,不讲了不讲了,世上啥人不晓得自家迟早要死的,可是还呒没听得过有人晓得自家迟早要死钻棺材里去的。"

严文魁说:"抗战辰光要是杨先生投新四军就好了,至少……"

金兆隆不客气地打断说:"他投了新四军也不一定就能过上安稳日脚,就拿潘老师来讲——你不要多心潘老师——赤松镇上的人侪在讲你潘老师是革命比啥人侪早，功劳比啥人侪高，混来比啥人侪糟，苦头吃仔摸老老。真的。"

"金伯伯，话不能这样讲。我们当初参加革命并不是为了自家日后发达享福的。"

严文魁说："是啊，老潘的觉悟就是高。"

金珠听得她父亲先是从鼻头里发出一连串的嗤笑声，然后说："剑光他阿爸——不不，汤天宝汤司令，那天夜里我见你扯开金珠身上的破夹袄，把那串项链放在手里玩白相，你难道就看不出金珠就是那个财主的小囡？你为啥当时就不一把捏死她啊，省得我们金珠吃了……吃了吃不尽的苦头啊！"

"我……我哪能想得到后来发生的这一切么。人嘛，侪有点恻隐之心的是哦，当时这串项链上的观音也提醒了我……几个号头大小的小囡……我下不了手……再讲我们造反也是被逼上梁山的，抢的烧的杀的侪是贪官污吏土豪奸商……"

金珠几十年积压在胸中的苦水，终于汇成一股不可阻挡的洪流，冲决了她一直死守着的理性堤坝。"啊——！啊——！啊……"一阵撕心裂肺的喊叫声，压过了越来越响的雷声，压过了骤然而下的瓢泼大雨，在赤松溪上空回荡，回荡……

第三十九章 暨跋

还记得这部小说中前面讲到的那个大块头吗？我就是那个大块

头,这部小说的作者。我生于赤松镇长于赤松镇,与书中剑光是同班同学。1968年,上山下乡,剑光和严芳去了黑龙江,我在当地农村插队。后来在西北工作的大哥见我插队几年毫无动静,就让我到他那里去参加工作了。在那里,我开始了业余文学创作。1980年代初,也就是剑光他父亲从香港衣锦还乡那段时间,我正好回家料理母亲的丧事。当时,我对潘老师的经历及他与剑光母亲之间的情感纠葛已经产生了浓厚兴趣,特地与他相约一起回西北,目的是想进一步深入了解他和他们。同时,"文革"中所谓反动传单,是剑光、严芳与我三人所为,剑光的那首所谓反诗也曾抄赠与我,如果不是潘老师舍身相救,我与他们两个可能都得锒铛入狱,我是想借此机会报答潘老师的恩情。金珠阿姨那一阵撕心裂肺的喊叫声我也感觉到了——镇上在传金珠阿姨小辰光家中遇强盗抢其生父将她托付给金兆隆的故事,镇上的人侪以为这样一来,金珠阿姨受到的刺激太大太大了……所以我当时以为潘老师不会在第三天与我如约启程了。可是让我意想不到的是,第二天黄昏他就到我家里来商量明天动身的细节问题,还把一个令人振奋的消息告诉了我。

原来,金珠阿姨的那一阵叫喊,等于是将常年积压在内心的块垒释放一空,第二天竟奇迹般地下了病床。她叫剑光把潘鹤鸣、皮祖兴、严文魁请了去,杨宝乾让酒馆烧一桌菜送到家里,一家人与他们三人一起吃了顿中饭。席间,她得悉潘鹤鸣所在的农场离抗抗工作过的地方不远,就想与潘鹤鸣一起去那里的建设者墓区看看抗抗。杨宝乾说,你身体这样虚弱,还是拜托老潘先去看看,然后我们一起去看抗抗。他对老潘说,听说你那所学校连个篮球也买不起,学生还在窑洞里上课。既然你丢不开那所学校,干脆我出资赞助，帮他们重建一所学堂，怎样？潘鹤鸣感动得热泪盈眶，说，谢谢杨先生，不过我还不晓得上面是否允许接受私人捐助办学。杨宝乾说，要么老潘你回去先与当地有关部门联系联系，规划规划，我呢也好做一些准备，到辰光水到渠成……

潘老师与我一起登上西去的列车，到兰州我随他下车，把他送上了去他农场的长途汽车，自家才换乘火车返回塞上江南的。我给潘老师写信，他在回信里还说起了那两件事情，一是抗抗的墓不见了，那个地方已经成了一个规模很大的化工基地；二是代杨宝乾问了私人捐助办学的事，学校和地方有关部门竟婉言谢绝了。后来，我又写过几封信给他，却一直不见回音。我急了，就给他学校领导写了封信，从回信中才得知，七月份那里遇到了一场暴雨，潘老师为了抢救被山洪围困在倒塌了的教室里的学生，被山洪卷走了……

想不到兰州一别竟是我与潘老师的永诀！命运之神对他竟是如此不公！此时，我脑子里有了以他与金珠阿姨为男女主人公写一部长篇小说的想法。

没多久，我收到了一位同学从老家寄来的新编的《赤松镇志》和《胥浦县志》。在县志和镇志的人物志中，对辛亥革命老人周兰畦都有较详尽的介绍和极高的评价；杨宝乾也被写进了镇志的人物志中，是把他当作农民运动首领和国民党抗日军人给予肯定的；严文魁和金兆隆的名字只出现在镇政权沿革的表格中；不晓得是因为潘老师任职时间太短还是其他原因，翻遍整部镇志，偏偏寻不到潘鹤鸣三个字。我为他鸣不平，我的写作激情被点燃了。

这部小说的初稿写得还比较顺利，可是写到结尾部分我就举棋不定了。我构思的好几种结局，被自家一个个推翻了。当时手头工作很多，我只得暂且将它放下。哪里晓得，这一放，就放了二十多年！

去年，我决定回沪居住，在整理旧物时发现了这部尚未完成的小说。我便想，趁现在还不算老，还写得动，回去后再收集一些素材充实进去，整理整理，润润色，一定要给这部作品画上一个圆满的句号。我通过他人要到了剑光的手机号，电话那头传来一串苍老的笑声："是大块头啊，长远长远不联系了，你还好吗？前几日我阿妈还讲起你呢。"我听了差点惊叫起来，我给老人家算了算年纪，早过鲐背之年了。

回到老家听剑光讲，那次我陪潘老师走后，金珠阿姨的身体恢复得很快，他阿爸杨宝乾却像变了个人，自责，寝食难安，足不出户，不停地抽烟，嘴里不停地讲着两个字：作孽。金兆隆倒反过来劝他，命里注定你搭我们金珠有缘分，怪啥人呀怪？再讲了，那个辰光老百姓活得苦，痴子望天坍，穷人盼民反，我要不是胆子小，也差一眼跟我们那里的土匪头子鲁进根当强盗去了。严文魁也来劝他，还联系到自家的进退成败，用以宽慰杨宝乾的负罪心理。孙秋根也来过，小一半是探病安慰，大一半是来打探和敦促杨宝乾投资办企业的事体。

据剑光讲，杨宝乾收到香港一份电报，就急得像热镬子上的蚂蚁。剑光当时只晓得那份电报是公司的襄理拍来的，啥事体，他父亲不肯讲。后来，电报接二连三地来，每来一次电报，杨宝乾面孔上就多了一层阴影。终于有天夜里，剑光听得赤松溪里"噗嗵"一声响，一轧苗头不对，连忙翻身下床出门——迟了。

杨宝乾自杀前连一句话一个字都未留下，剑光从那些电报中大概知道了他投河的原因。1980年代初，香港楼市由热变冷，地产业发生了崩盘现象。杨宝乾在还乡之前，已经意识到了这种危机，可是他归心似箭，觉得还乡两三个月后再回去应对也为时不晚。杨宝乾接到襄理告急的电报时，家中的事还未处理好，他答应襄理抓紧时间处理好这里的事情马上返港。其间，他也曾有过马上将部分资金抽到赤松镇上来办个成衣厂的想法，一则可兑现他对家乡政府的承诺；二则，万一因地产危机造成公司破产，他也可在大陆为自己留下一条生路。可是哪里料到，那边的形势瞬息万变，简直是兵败如山倒，还不到一个月的工夫，他公司的那座大厦就轰然倒塌了。

　　杨宝乾的自杀，对剑光的打击自然十分沉重。紧接着他又得知潘老师牺牲的消息，心里更是愧疚不已。金珠阿姨却很淡定，对他讲，你也晓得阿妈这一生是哪能活过来的。命运命运，命虽天定，运会转机；缘分缘分，缘是天意，分是人为。所以人生在世，一要任其自然，二要奋发有为。又说，恢复高考的辰光，我以为你会去参加考试的，可是你把这样好的机会错过了！不过还来得及，我听说好多人去参加电大学习了，你也不想再去争取争取？金珠见剑光不响，就说，我今朝把话甩在这里，你要再这个样子吊儿郎当混日脚，笑笑你们自家去领。"文革"十年，造成各种人才青黄不接。年龄是个宝，文凭不可少。剑光因为听了金珠的话弄了张文凭，竟峰回路转，红运当头，先是当上了镇上那爿农机修造厂的头头，后来当了镇工业公司经理，再后来提到镇政府干了一届副职。剑光对我说，他很有可能通过竞争再上一个台阶的，而金珠却鼓励他下海。严文魁听到女婿主动退出官场下了海，气得差点吐血。严文魁晚年享受离休干部的待遇，寿终正寝。孙秋根这样讲，我他娘的比人家参加革命就迟几个月嘛,噢,一个离休一个退休。孙秋根在换届时因为不符合干部"四化"要求,也吆没做出啥让人折服的政绩,就从乡长位置上退了下来。为此他耿耿于怀,走到哪里牢骚发到哪里;吃酒浇愁,天天吃得东倒西歪,结果遇上了车祸,被汽车碾得血肉横飞。

我在剑光的陪同下,来到了那座熟悉的老楼房前。一推门,只见灯光下一个满头白发的老人坐在窗前,望着外面的河水出神。金珠阿姨听得响光,缓缓地转过头来,我看到的是一张两颊凹陷的面孔,不过,她依旧神清气爽。

"是大块头啊,呵呵,眼睛一眨,也变成个老头子了。"还是那种带有磁性的声音,虽然吆没以前那样清朗,但听起来还是那么舒适。

我说:"金珠阿姨你都快是百岁老人了,我们还能不老?"

她手握着蒲扇一边抬起屁股让座,一边让剑光泡茶,说:"呵呵,我也觉着奇怪,过去困难辰光是度日如年,熬熬熬,日子就像小脚女人一样,走不快,这个几十年哪能一个眼忽刺,一记头就过去了,真叫白驹过隙。有辰光想想真可惜,太平日脚嘛,你就让大家慢慢交享受享嘛,呵呵。"

剑光笑着说:"阿妈,好日脚还在后头呢,你呀,活一百多岁是吆没问题的。"

老人笑得合不拢嘴:"你外公大大活着辰光讲过的,叫稀奇古怪——七十为稀,八十是奇,九十为古,一百嘛——那就是怪了,我可不想让别人家讲我是只老妖怪噢。"

我连忙说:"我听人家讲,现在是七十小弟弟,八十多来兮,九十不稀奇,金珠阿姨活一百岁就叫大福气。"

忽然听得门外叽叽喳喳有人讲话,一歇歇就进来老老小小好几个人,严芳我认得出,还有几个经剑光介绍我才恍然大悟。望望已经是个四十多岁的中年妇女了,现在是镇中心卫生院的副院长。笑笑的爱人也在镇中心卫生院上班,是儿科医生。笑笑的儿子,长得与笑笑小辰光一式一样。望望的囡儿已是大姑娘了,长得也很像年轻辰光的剑华。姑娘见我热得满头大汗,就操起遥控器开了空调,说:"热死啦,太太你是想把大块头公公蒸熟了吃啊?"望望连忙抢过遥控器把空调又关了,说:"乐乐,你哪能一眼也不懂事体,太太几化岁数了,肩胛骨又有毛病。"我见乐乐气得美目圆睁,胸脯一起一伏地,正为这难堪之际,金珠阿姨几句话引来了一屋子的笑声:"我肩胛骨痛不痛倒呒没啥关系,主要是现在环境污染太结棍哉,上面不是要求大家从节约一度电一滴水做起从我做起从现在做起么,所以啊,就让大块头公公吃吃苦头算了,大块头,你不介意吧?呵呵。"

我当然说不介意,接过严芳递上来的扇子,边扇边低声问:"严芳,金珠阿姨这些时髦话从啥户荡学来的?"

严芳说:"老太太跟形势跟得比我们紧,电视新闻联播一日不脱,社会主义核心价值观廿四个字倒背如流,真的,不信你让她背一遍听听?"又说:"最近她还吵着要上网呢,这不——笑笑给她把电脑买回来了。"

我朝严芳手指的方向看去,还真有一台还未开封的东芝电脑放在台子上,就说:"我比她小一个辈分呢,现在写点物事还在用笔,买了台电脑也就看看新闻、发个电子邮件啥的,连下载个资料也不会,是求我儿子帮忙的,她近百岁的人了,太不简单了。"

严芳笑笑:"她说孔夫子讲的,要七十而从心所欲……"正说着,只见一个长得蛮帅气打扮得很入时的小青年走了进来。那小青年向众人笑笑,算是打了招呼,就迫不及待地去牵乐乐的手,乐乐把手一甩嘴里嘟哝起来:"我太太等你等死了,哪能今朝才来呀!早晓得这样子,我就让汪卉来帮忙了,有眼小本事就臭豆腐摆架子……"那小青年红着面孔一边拆电脑包装盒一边解释,讲自家工作忙,走不开。严芳又咬着我的耳朵说:"你猜,跟我外甥孙囡谈恋爱的这个小赤佬是镇上啥人家人?"我离开赤松镇几十年了,哪能猜得出,她故意不讲,把我憋了一大歇才又把嘴巴凑到我耳朵边:"孙秋根!孙秋根的曾孙。名牌大学毕业的,学的 IT 专业。"这一说让我吃了一惊,脱口就问:"那祖兴啥意见?"严芳说:"剑光还吪没把祖兴的事体讲给你听?死也死了好几年啦!一有钞票就无法无天,吃喝嫖赌抽,败得差不多了,腻头又大,就问以前受过他贿的人借要,不给就咬人,啥都讲出来,结果让他扳倒了好几个干部,有的被他咬进监牢里去了。当时不是搞双轨制么,他就行贿弄紧缺物资指标倒卖。最后……唉,估计是毒瘾发作,熬不牢了,就跳河了。""啥?"我又是一惊。严芳又说:"小姑娘跟这个小赤佬从小学到中学都是同班,青梅竹马,老早就相好了。现在的年轻人你又不是不晓得,大人的话有几个肯听的,两个人还门槛精得要死,晓得望望是我婆阿妈一手领大的,啥侪听她的,一到礼拜日就到这里来,拍老太太马屁,后来你听笑笑他奶奶哪能讲——小把戏的婚姻大人不要去干涉,弄不好他们要恨你一生一世的。她还对我们讲,时势造英雄,时势也造奸雄枭雄狗熊,坏时势好人有可能变坏人,好时势坏人也能变好人,看人不能看他们的上辈哪能哪能。想当初黄帝与炎帝,一对死冤家,如今不侪是炎黄子孙了。冤家宜解不宜结,大家要和平相处,海纳百川,要不然世界就吙没太平日脚。你听听,讲起来一套一套。"我四顾不见笑笑,就问:"听说你们笑笑是复旦毕业的,这小赤佬来三,哪能今朝吙没来?"严芳掩饰不住内心的骄傲,说:"搞技术的嘛,一日到夜钻在业务堆里出不来。听说县领导搭笑笑已经谈过好几次了,要提他当官,老太太不同意,让他继续照搞技术工作。"

我转身看金珠阿姨,她正在聚精会神地看着小孙为她调试电脑。一歇歇,她起身对我说:"大块头,你先搭他们吃茶讲张,我有点事体。"剑光说:"今朝正好七月半,我阿妈要去放河灯了。"

窗外,月明星稀。

放河灯是我家乡祭祀祖先的旧俗,还有一说是为了普度落水鬼和其他孤魂野鬼。我依稀记得,在我童年时代,每到七月半夜里,赤松溪上飘荡着星星点点的河灯,蔚为大观。胥浦县与浙江平湖毗邻,平湖西瓜灯闻名华夏,或许受平湖的影响,旧时赤松溪河灯中也有不少西瓜灯。不过这种旧俗在我少年时代就已消逝了。剑光好像看出了我的疑惑,说:"我也弄不清我阿妈是从哪一年开始放河灯的,反正这几年我年年看见她在放。老小人嘛,随她的意吧。"这时,老人从隔壁捧出一只西瓜灯来,放到桌上,擦着自来火点着里面的蜡烛,然后郑重其事地捧着出了门。到了滩渡头,她沿阶而下。我问剑光:"你们也不去搀扶搀扶?万一绊跤。"

剑光说:"不会的,她就要一个人放,不让别人伴。"

我说:"毕竟近百岁人了,还是小心为妙。再有,让她一个人住在这里,你们也不担心?"

"我们讲过几十次上百次了,让她跟我们一起住新楼房,可是我阿妈就是不依,她说她丢不开这个老房子,弄得我们每天要过来几趟。前几年我还在做生意,出个远门心里总为她提心吊胆的。不过快了,这块地盘开发商已经盘过去了,马上开发,楼下六间是我们私宅,拆迁会给一大一小两个单元,等这里楼起来后,我们一起搬这里来住。大块头,其实我心里明白得很,我阿妈哪里是丢不开这几间旧房子,她是离不开这条河。"

是的,我想,她是丢不开眼前的这条赤松溪。因为这条河,与她传奇坎坷的一生有着千丝万缕的联系;因为这条河,承载着她无尽的思念……

月光下,我见金珠阿姨已将那盏西瓜灯放到河里,接着用一块布头垫在滩渡石上,坐下,静静地目送着那盏河灯顺水向远处氽去。

2018年3月28日改定于松江反哺斋

```
图书在版编目 (CIP) 数据

乡村伤变史 / 朱正安著.—上海：文汇出版社，2018.11
ISBN 978-7-5496-2719-6

Ⅰ．①乡… Ⅱ．①朱… Ⅲ．①长篇小说－中国－当代
Ⅳ．① I247.5

中国版本图书馆 CIP 数据核字 (2018) 第 211825 号
```

乡村伤变史

著　　者　朱正安
责任编辑　朱耀华
特约编辑　甫跃辉
装帧设计　张志全

出版发行　　文匯出版社
　　　　　　上海市威海路755号
　　　　　　（邮政编码200041）

照　　排　南京理工出版信息技术有限公司
印刷装订　启东市人民印刷有限公司
版　　次　2018年11月第1版
印　　次　2018年11月第1次印刷
开　　本　890×1240　1/32
字　　数　250千
印　　张　13
印　　数　1-2700

ISBN 978-7-5496-2719-6
定　　价　49.00元